Immobilientransaktionen mit Bezug zu einem Immobilien-Sondervermögen

Europäische Hochschulschriften

European University Studies
Publications Universitaires Européennes

Reihe II	**Rechtswissenschaft**
Series II	Law
Série II	Droit

Band/Volume **5574**

Alexander Benedikt Görlich

Immobilientransaktionen mit Bezug zu einem Immobilien-Sondervermögen

Zahlungs-, Sicherungs- und Vollstreckungsmöglichkeiten im Anleger- und Vermögensschutzsystem des Investmentgesetzes

PL ACADEMIC RESEARCH

Bibliografische Information der Deutschen Nationalbibliothek
Die Deutsche Nationalbibliothek verzeichnet diese Publikation in der Deutschen Nationalbibliografie; detaillierte bibliografische Daten sind im Internet über http://dnb.d-nb.de abrufbar.

Zugl.: Frankfurt (Main), Diss., 2013

D 30
ISSN 0531-7312
ISBN 978-3-631-64641-0 (Print)
E-ISBN 978-3-653-04053-1 (E-Book)
DOI 10.3726/ 978-3-653-04053-1

PL Academic Research ist ein Imprint der Peter Lang GmbH.
Peter Lang – Frankfurt am Main · Bern · Bruxelles · New York · Oxford · Warszawa · Wien

Dieses Buch wurde vor Erscheinen peer reviewed.

www.peterlang.com

Vorwort

Die vorliegende Arbeit wurde im Wintersemester 2012 durch den Fachbereich Rechtswissenschaft der Johann Wolfgang Goethe-Universität Frankfurt am Main als Dissertation angenommen. Das Manuskript wurde – mit Ausnahme des Ausblicks – im Juli 2012 abgeschlossen. Spätere Entwicklungen konnten aufgrund der aktuellen Entwicklungen im Hinblick auf das Entstehen des KAGB nur noch bis Dezember 2012 im Ausblick, der die KAGB-Entwürfe beschreibt, berücksichtigt werden. Die entsprechenden Werke wurden jeweils in der Woche ihres Erscheinens bewertet und als Ausblick in die Arbeit integriert. Der Ausblick wurde im Rahmen der Veröffentlichungsphase im Oktober 2013 aktualisiert. Der ebenfalls in diesem Zeitraum entstandene Nachtrag, der nicht Gegenstand der Dissertation war, vervollständigt die Überleitung zum KAGB.

Mein herzlicher Dank gebührt meinem Doktorvater, Herrn Prof. Dr. Guido Pfeifer für die Betreuung der Arbeit und die Gewährung großer Freiheiten bei der Themenwahl und Anfertigung der Dissertation. Mein herzlicher Dank für die zügige Erstellung des Zweitgutachtens gebührt Herrn Prof. Dr. Moritz Bälz.

Einen besonderen Dank richte ich auch an Herrn Dr. Marc Banzhaf, der meine Neugier auf das Investmentrecht weckte und mir durch seinen Zuspruch den Mut zur Anfertigung einer Arbeit in diesem Bereich gab.

Den größten Dank aber verdienen meine Eltern, Christel und Wolfgang Görlich, die in jeder Lage ein offenes Ohr hatten, auch in den Durststrecken treu zur Seite standen und zu keiner Zeit an dem Vorhaben gezweifelt haben. Ihnen widme ich diese Arbeit.

Frankfurt am Main, im Oktober 2013 Alexander Benedikt Görlich

Inhaltsverzeichnis

Einleitung

A. Fragestellung

Immobilien-Sondervermögen[1] im Sinne der §§ 66 ff. Investmentgesetz (im Folgenden: InvG) illustrieren die Möglichkeit der Bündelung zahlreicher einzelner Anlagesummen zur Abbildung eines finanzstarken Immobilienportfolios ohne das zwingende Erfordernis eines individuell hohen Mitteleinsatzes. Das Konzept hat Vor- und Nachteile. Es basiert auf einer *kollektiven Anlage*, die unter Beachtung von *Risikomischungsgrundsätzen fremdverwaltet* wird. Während die *kollektive Anlage* einerseits den Aufbau eines beträchtlichen Wertes ermöglicht und die individuellen Verwaltungskosten senkt, führt sie andererseits zur Standardisierung des Verwaltungsangebots. Während die *Risikomischung* einen vollständigen *Substanzverlust* verhindern soll, reduziert sie zugleich die erzielbaren Erträge. Während durch die *Fremdverwaltung* die Einheitlichkeit der Portfolioentwicklung unter Berücksichtigung der erforderlichen Sachkompetenz der Verwalter sichergestellt werden soll, baut sie, da stets ein weisungsunabhängiges Verwaltungsrecht der Kapitalanlagegesellschaft[2] (im Folgenden: KAG) besteht, eine Distanz zwischen den Anlegern und der Anlage auf.[3] Das ist unabhängig der jeweiligen Eigentümerstellung, also der Eigentümerstellung der Anleger im Fall der *Miteigentumslösung* oder der Eigentümerstellung der KAG im Fall der *Treuhandlösung*.

Selbst wenn sich aus dem Investmentvertrag ein Anlageziel ergibt, dessen Mittel des Erreichens divers umrahmt werden, ist die Überwachung der Investition im Vergleich zur individuellen, selbstverwalteten Anlage erschwert. Vor diesem Hintergrund stehen die Vorschriften des InvG: Einerseits soll für den Anleger bereits vor der Anlageentscheidung erkennbar sein, welches Produkt er wählen kann, andererseits sollen die Publizitätsvorschriften des InvG die für das Eigentum charakteristische jederzeitige Bewertbarkeit des Vermögens gewähr-

1 Im Folgenden wird als Synonym auch der Begriff „Immobilienfonds" oder statt Sondervermögen der Begriff „Fonds" verwendet. Ein Immobilien-Sondervermögen ist aufgrund seiner Vermögensgegenstände ein „nicht richtlinienkonformes" Sondervermögen, vgl. zur OGAW-Richtlinie: Fn. 95, dort Artt. 49 ff. sowie Kapitel 2 Abschnitt 3 bis 8 und Kap 4 des InvG und Beckmann, in: Investment-Handbuch (EL 8/11), 410 § 2 Rn. 4.

2 KAGen werden auch als Investmentgesellschaften bezeichnet.

3 Zu strengen Anlagerichtlinien und Einzelweisungen, vgl. Reiss, S. 234.

leisten.[4] Schließlich soll der Anleger durch die grundsätzlich jederzeit bestehende Rückgabemöglichkeit in der Lage sein, die Entscheidung für das Produkt durch eine Entscheidung gegen das Produkt zu ersetzen. Die Rückgabemöglichkeit wird allerdings durch § 81 Abs. 1 S. 1 InvG ausgeschlossen, wenn das Produkt und damit die dahinterstehenden Anleger gefährdet sind. Grundsätzlich[5] nicht vorgesehen ist ein Mitbestimmungsrecht der Anleger während des Anlagezeitraums.

Bei Immobilien-Sondervermögen im Sinne des InvG kommt es angesichts der Portfolioentwicklung relativ häufig zu Transaktionsvorgängen. Die maßgeblichen Verträge werden dabei von einer KAG mit einem Dritten, der je nach Fallgestaltung auf Verkäufer- oder Käuferseite steht, geschlossen. Kauft die KAG eine Immobilie, stellt sich aus Verkäufersicht vor allem angesichts der möglicherweise geringen Kapitalausstattung der KAG die Frage nach einer adäquaten Sicherung des Kaufpreises. Wird die Immobilie anschließend übertragen, steht die Frage nach der Zahlungsabwicklung im Vordergrund. Verkauft die KAG eine Immobilie und wird die Immobilie anschließend übertragen, kommen Rückabwicklungsfragen (besonders aus Sicht der am Investment-Dreieck beteiligten Personen, nämlich Anleger, KAG und Depotbank) in Betracht. Die Untersuchung beschäftigt sich deshalb sowohl mit dem Kauf als auch mit dem Verkauf (*schuldrechtliche Ebene*) sowie mit Erwerbs- und Veräußerungsgeschäften (*dingliche Ebene*) einer KAG mit Bezug zu einem Immobilien-Sondervermögen.

Steht die KAG auf Erwerberseite, ist auch der Zahlungsvorgang näher zu betrachten: Angesichts dessen, dass die KAG bei Erwerbsgeschäften den zugrunde liegenden Vertrag mit dem Verkäufer im eigenen Namen schließt und – auch wenn sie den Kaufpreis selbst schuldet – gemäß § 25 S. 2 Nr. 1 InvG in Verbindung mit § 22 Abs. 1 S. 2 InvG nur auf eine gesetzlichen Vorschriften und den Vertragsbedingungen entsprechende Weisung hin von der Depotbank verlangen kann, eine Zahlung aus dem Sondervermögen vorzunehmen, wird der Zahlungsvorgang interessant. Kommt die Depotbank einer Weisung nicht nach, stellt sich die Frage, ob die Weisung gesetzlichen Vorschriften und den Vertragsbedingungen entspricht. Diesbezüglich wiederum erscheint § 22 Abs. 1 S. 2 InvG insofern von Bedeutung, als er die Depotbank anhält, bei der Wahrnehmung ihrer Aufgaben „unabhängig von der Kapitalanlagegesellschaft und ausschließlich im Interesse der Anleger“ zu handeln.

4 Schwark, S. 201.
5 Die Ausnahme ist § 81b InvG.

Ob diesem Interesse mit einem zwar rechtmäßigen, aber unzweckmäßigem Geschäft der KAG, das der Weisung zugrunde liegt, genüge getan ist, bedarf der Erörterung.[6]

Ob es angesichts der im Einzelfall möglicherweise bestehenden Unsicherheiten seitens der KAG möglich ist, eine Zahlung für eigene Rechnung zu erbringen und anschließend im Sinne des § 29 Abs. 1 InvG Regress zu verlangen, ist in diesem Zusammenhang mit zu betrachten. Besonders betrachtet werden auch Zahlungs-, Sicherungs- und Vollstreckungsmöglichkeiten im Anleger- und Vermögensschutzsystem des InvG: Dieses prägt sich gegenüber Dritten zunächst darin aus, dass die KAG, deren Kapital das des Sondervermögens erheblich unterschreitet (Vgl. § 11 InvG), zum Vertragspartner wird und ein direkter Zugriff auf das Sondervermögen (grundsätzlich) wegen gesperrter Konten und Depots (§ 24 InvG) oder der Eintragung eines *Depotbanksperrvermerks* im Grundbuch (§§ 76 Abs. 1 S. 1; 26 Abs. 1 Nr. 3 InvG) verhindert wird. Aus Sicht des Gläubigers kommt angesichts des möglicherweise zu geringen Kapitals der KAG[7] der Frage, welche Möglichkeiten er hat, um das Sondervermögen in Anspruch zu nehmen, großes Gewicht zu.

Schon die Fremdverwaltung im Kollektivmodell legt das Erfordernis von Schutzvorkehrungen zugunsten der Anleger und der Anlage nahe. Im InvG prägt sich das Schutzsystem mit den dahinter stehenden Wertungen im sogenannten „Investment-Dreieck" aus. In diesem Rahmen tritt eine das Vermögen von Anlegern verwaltende KAG bei der Wahrnehmung ihrer Verwaltungspflicht auch gegenüber außerhalb des Investment-Dreiecks stehenden Personen auf. Neben den sich aus dem InvG ergebenden Befugnissen beim Auftreten der KAG bilden die Folgen deren Auftretens für das Immobilien-Sondervermögen den Kern der Analyse. Zu fragen ist vor diesem Hintergrund daher nach Leistungsbeziehungen und Ansprüchen der Beteiligten. Deshalb ist das InvG mit dem Ziel zu untersuchen, festzustellen, welche Modifikationen sich für den Ablauf einer Immobilientransaktion ergeben. Eine besondere Betrachtung verdient in dem Zusammenhang die Beziehung zwischen der das Immobilien-Sondervermögen verwaltenden KAG und der gemäß § 24 Abs. 3 InvG das Immobilien-Sondervermögen überwachenden Depotbank.

6 Zwar hat der BGH eine Prüfung von Zweckmäßigkeitserwägungen abgelehnt, vgl. BGH WM 2001, S. 2053 f., gleichwohl wird nicht allerseits eine strikte Ausklammerung befürwortet, vgl. dazu Kapitel 2, C. III. 2.

7 Ohl, S. 39.

Vor dem Hintergrund des Schutzsystems des InvG zugunsten des Sondervermögens kommt folgenden Fragen eine zentrale Rolle zu:

- Wie wirkt sich das InvG auf den Ablauf einer Immobilientransaktion aus?
- Wie sind Forderungen eines Dritten aus einem seitens der KAG mit einem Dritten geschlossenen Vertrag zu begleichen – inwiefern kann die KAG angesichts § 25 S. 2 Nr. 1 InvG auf die Depotbank oder das Sondervermögen verweisen?
- Welche Sicherheiten können von einer KAG (insbesondere beim Erwerb einer Immobilie für ein Immobilien-Sondervermögen) mit Wirkung für das Sondervermögen gestellt werden?
- Inwiefern kann in Gegenstände des Sondervermögens vollstreckt werden?

Im Hintergrund spielen zahlreiche weitere Fragen eine Rolle, auf die auf dem Weg der Analyse einzugehen ist. Einige davon sind diese:

- Ab wann gehören Ansprüche, wenn die KAG (im eigenen Namen) einen Vertrag mit einem Dritten schließt, zum Sondervermögen?
- Welche Anforderungen sind an Geschäfte mit Bezug zu einem Immobilien-Sondervermögen zu stellen, sodass eine Weisung im Sinne des § 25 S. 2 Nr. 1 InvG in Verbindung mit § 22 Abs. 1 S. 2 InvG ergehen kann? Und: Wie wirkt sich dabei das *Interesse der Anleger* im Sinne der §§ 9 Abs. 1 S. 2; 22 Abs. 1 S. 1 InvG aus?
- Ist die Zahlungsvariante des § 25 S. 2 Nr. 1 Var. 1 InvG, nämlich die Zahlung des Kaufpreises durch die Depotbank auf Weisung der KAG, bei Immobilienkäufen exklusiv zu verstehen oder kommen andere Zahlungsvarianten in Betracht? Insbesondere: Ist es möglich, dass die KAG den Kaufpreis verauslagt und anschließend Aufwendungsersatz verlangt oder schon umgehend nach dem Eingehen der Verpflichtung die Befreiung von ihrer Verbindlichkeit verlangt?
- Gibt es Ausgleichsmöglichkeiten für Fälle, in denen die KAG für eine Verpflichtung gegenüber einem Dritten einstehen muss, sie aber – weil Vorschriften des InvG oder der Vertragsbedingungen nicht beachtet

wurden – wegen § 30 Abs. 2 InvG weder den Gegenwert aus dem Geschäft noch eine sonstige Kompensation erhält?

- Wie wirken sich Verletzungen des InvG und der Vertragsbedingungen aus?
- Wie weit geht die Kontrollbefugnis der Depotbank in Bezug auf die Weisungsausführung im Sinne des § 25 S. 2 Nr. 1 InvG?
- Welche Folgen hat das Stellen von Sicherheiten entgegen § 31 Abs. 4 InvG?

Ohne investmentrechtliche Besonderheiten vollzieht sich eine Immobilientransaktion durch die Übereignung des Grundstücks aufgrund eines beurkundeten Kaufvertrages im Sinne der §§ 433; 311b Abs. 1 S. 1 BGB.[8] Einen „Normalfall" einer Transaktion gibt es zwar angesichts der Vielfältigkeit der Transaktionsobjekte und deren Besonderheiten – beispielsweise genannt seien Verträge mit Projektbezug – nicht,[9] zwischen den Vertragsparteien kommt es aber stets zur Vereinbarung des Eigentumswechsels an einem bestimmten Grundstück[10] gegen einen bestimmten Kaufpreis[11]. Der Eigentumswechsel erfolgt durch die Umschreibung des Grundbuchs,[12] weshalb ein Leistungsaustausch *Zug um Zug* nicht möglich ist.[13] Die Umschreibung kann sich, trotz des Rechts auf Eintragung durch das Grundbuchamt innerhalb einer angemessenen Frist,[14] verzögern[15] oder gar scheitern.[16] Im Interesse beider Parteien liegt daher eine risikominimierte Abwicklung.[17] Zur Vermeidung von gewährleistungs- und haftungsrechtlichen Streitigkeiten ist für beide Parteien zuvorderst die Richtigkeit der

---

8 G. Schneider, S. 2; Weirich, Rn. 155; Everts, in: Grundstückskaufverträge, Rn. 1. Zu den zwingenden Bestandteilen des Kaufvertrags: Seufert/Ostertag, S. 13. Betrachtet wird vorliegend der Direkterwerb (Asset Deal).

9 Siehe nur die Ausführungen bei Grziwotz/Everts/Heinemann, Grundstückskaufverträge. Zu zusammengesetzten Verträgen und der Frage der Beurkundungspflichtigkeit, vgl. Heinemann, in: Grundstückskaufverträge, Rn. 31 ff.

10 Zu den Vertragsgegenständen: Seufert/Ostertag, S. 25 ff.

11 Dazu: Seufert/Ostertag, S. 41 ff.

12 Seufert/Ostertag, S. 44.

13 Brambring, in: Beck'sches Notar-Handbuch, A. I. Rn. 50; Hansmeyer, in: MittRhNotK 1989, S. 149 (163).

14 Böttcher, in: Meikel, Einl H Rn. 16; Dümig, in: KEHE, Einl C 51 ff.

15 Zur (rechtswidrigen) Verzögerung der Eintragung: BGH KommJur 2007, S. 234 ff.

16 Zu den Folgen: Hagenbucher, in: MittBayNot 2003, S. 249 ff.

17 Zu den im Rahmen der Due Diligence maßgeblichen Überprüfungen vgl. Kersebaum, in: Van Kann, Rn. 218 ff.

dem Vertrag zugrunde liegenden Umstände – insbesondere dabei die Richtigkeit des Grundbuchs – von Bedeutung.[18] Abseits dessen liegt das Interesse des Verkäufers in einer möglichst frühen Kaufpreiszahlung, insbesondere vor dem Zeitpunkt der Umschreibung,[19] während das Interesse des Käufers in der Sicherung des vereinbarungsgemäßen[20] Erwerbs vor der eigenen Kaufpreiszahlung liegt.[21] Die Frage, wann der Käufer zur Kaufpreiszahlung verpflichtet ist, ist damit für beide Parteien von erheblicher Bedeutung, wenn auch mit unterschiedlichen Akzenten.[22] Vor dem Hintergrund des Interessenausgleichs stehen die Kaufpreisfälligkeitsvoraussetzungen,[23] die das „Kernstück"[24], den „Schwerpunkt"[25] des Kaufvertrags darstellen. Je nach den Modalitäten der Finanzierung – insbesondere in Bezug auf Bereitstellungsgebühren oder Vorfälligkeitsentschädigungen – kann der Fälligkeitszeitpunkt selbst von großer Bedeutung sein.

Die (rangrichtige) Eintragung einer Auflassungsvormerkung verkörpert dagegen nur das Sicherungsinteresse des Käufers.[26] Für ihn ist neben der Lastenfreiheit auch das Nichtbestehen oder Nichtausüben von Vorkaufsrechten bedeutsam.[27] Deshalb ist aus seiner Sicht der Verzicht auf das Ausüben des Vorkaufsrechts der jeweiligen Gemeinde relevant. Der Verzicht kann, wie auch das Vorliegen von Löschungsbewilligungen der Gläubiger von Belastungen, als Kaufpreisfälligkeitsvoraussetzung vereinbart werden. Im Kontext des InvG ist diesbezüglich besonders die Löschungsbewilligung hinsichtlich des *Depotbanksperrvermerks* (§§ 76 Abs. 1 S. 1; 26 Abs. 1 Nr. 3 InvG) relevant. Dabei er-

18 Zu Gewährleistung und Haftung vgl. Ott, in: Van Kann, Rn. 331 ff.
19 Brambring, in: Beck'sches Notar-Handbuch, A. I. Rn. 50, 109.
20 Hier kommt der Lastenfreiheit bzw. Lastenfreistellung eine zentrale Rolle zu, vgl. Seufert/Ostertag, S. 44; Hansmeyer, in: MittRhNotK 1989, S. 149 (163).
21 Seufert/Ostertag, S. 44; Amann, in: Beck'sches Notar-Handbuch, A. I. Rn 100.
22 Seufert/Ostertag, S. 44.
23 Jeweils mit Übersichten: Seufert/Ostertag, S. 44 ff.; Brambring, in: Beck'sches Notar-Handbuch, A. I. Rn. 50; Weirich, Rn. 338 ff. Hirschbaum, in: Van Kann, Rn. 616 ff. Zur Bedeutung der Fälligkeitsmitteilung durch den Notar vgl. Brambring, in: Beck'sches Notar-Handbuch, A. I. 106.
24 Seufert/Ostertag, S. 44.
25 Schöner/Stöber, Rn. 3152.
26 Waldner, Rn. 282 ff.; Schöner/Stöber, Rn. 3152a; Brambring, in: Beck'sches Notar-Handbuch, A. I. Rn. 50; Amann, in: Beck'sches Notar-Handbuch, A. I. Rn. 54 ff.; Hirschbaum, in: Van Kann, Rn. 632 ff. Zu den anderen Bezeichnungen: Seufert/Ostertag, S. 44. Zum Zweck vgl. § 873 Abs. 2 BGB. Zu den Risiken vgl. Hagenbucher, in: MittBayNot 2003, S. 249.
27 Waldner, Rn. 289, Schöner/Stöber, Rn. 3152a; Brambring, in: Beck'sches Notar-Handbuch, A. I. Rn. 50. Hirschbaum, in: Van Kann, Rn. 622 ff. Zum Vorkaufsrecht der Gemeinde vgl. § 28 Abs. 1 BauGB.

scheint eine Löschungsbewilligung unter dem Vorbehalt der Kaufpreiszahlung im Sinne der dem InvG zugrunde liegenden Schutzwürdigkeitserwägungen und Interessen vorzugswürdig.

Wiederum für beide Parteien sind die Transaktionskosten[28] insofern bedeutsam, als es um die Frage der Kostentragung, deren vertraglicher Regelung und Haftungsfragen geht.[29] Eine zentrale Rolle spielen auch die im Zusammenhang mit der Beurkundung und der Grundbuchänderung entstehenden Kosten sowie die Erschließungskosten. Soweit solche Kosten im Zusammenhang mit der Erreichung des vertraglich vereinbarten Zustands entstehen, werden diese regelmäßig vom Verkäufer getragen. Die Vertrags- und Vertragsdurchführungskosten trägt dagegen regelmäßig der Käufer. Neben den parteiabhängig entstehenden sonstigen Kosten – beispielsweise Kosten der Finanzierung sowie für Rechtsanwälte und Steuerberater[30] – ist die Grunderwerbsteuer in den Blick zu nehmen. Diese wird, trotz gesamtschuldnerischer Haftung, bei fehlenden vertraglichen Vereinbarung gemäß § 448 Abs. 2 BGB oder aufgrund der Verkehrssitte[31] im Innenverhältnis der Parteien als vom Käufer zu tragen eingeordnet.[32] Die Zahlung der Grunderwerbsteuer stellt (deshalb) keine Kaufpreisfälligkeitsvoraussetzung dar.[33] Häufig finden sich in Kaufverträgen zahlreiche verfahrensrechtliche Anweisungen.[34] So wird beispielsweise der Notar beauftragt, nach Eintritt der Fälligkeitsvoraussetzungen eine Fälligkeitsmitteilung zu senden. Diese kann fälligkeitsbegründend sein (konstitutiv) oder lediglich deklaratorischen Charakter haben.[35] Lösemöglichkeiten des Verkäufers werden durch eine der Auflassungserklärung oder der Erteilung deren beglaubigter Abschriften vorausgesetzte Unbedenklichkeitsbescheinigung (§ 22 Abs. 1 S. 1 GrEStG) sichergestellt.[36] Insbesondere hinsichtlich des Kaufpreises kommt darüber hinaus

---

28 Seufert/Ostertag, S. 51.

29 Brambring, in: Beck'sches Notar-Handbuch, A. I. Rn. 12; Schöner/Stöber, Rn. 3186 ff.; Grziwotz, in: NJW 2000, S. 2646 (2647).

30 Z.B. Beratungen im Zusammenhang mit den §§ 4 Nr. 9a, 9 Abs. 1, 2; 15a IV; 13b Abs. 2 Nr. 3 UStG.

31 Westermann, in: MüKoBGB, § 448 Rn. 11.

32 Förster/Herrler, in: NJW 2010, S. 2090; Beckmann, in: StaudingerBGB(2004), § 448 Rn. 26. Zur Differenzierung zwischen Innen- und Außenverhältnis: Seufert/Ostertag, S. 51. I.E. für eine Kostenteilung: Grziwotz, in: NJW 2000, S. 2646 (2647).

33 Andernfalls könnte der Käufer den Verkäufer durch Nichtzahlung hinhalten.

34 Dazu vgl. Block, in: Grundstückskauf, S. 63 (72).

35 Waldner, Rn. 300.

36 Schöner/Stöber, Rn. 3189. Zum Rücktritt und dessen Folgen: BGH NJW 2008, S. 63; Derleder, in: NJW 2009, S. 1034 ff., auch zur Rückgängigmachung von Belastungen.

eine Unterwerfung unter die sofortige Zwangsvollstreckung in Betracht.[37] Diese soll dem vertraglich gebundenen vorleistenden Verkäufer die „mit quälender Langsamkeit arbeitenden Mühlen der Justiz“[38] ersparen.

Auf den Kaufvertrag folgt in der Regel der Eigentumsübergang vom Veräußerer auf den Erwerber.[39] Der Eigentumserwerb vollzieht sich gemäß §§ 873 Abs. 1; 925 BGB. Neben der materiell-rechtlichen Einigung im Sinne des § 925 Abs. 1 S. 1 BGB (Auflassung)[40] sind vor allem die Vorschriften der Grundbuchordnung von Bedeutung. Dabei ist abseits eines Antrages im Sinne des § 13 Abs. 1 GBO die Eintragungsbewilligung[41] des Betroffenen erforderlich. Maßgeblich für die Rechtsänderung ist ausschließlich die Eintragung des Erwerbers im Grundbuch.[42] Der Antrag im Sinne des § 13 Abs. 1 GBO kann durch einen bevollmächtigten Notar gestellt werden. Werden die Einigungserklärungen für die Übereignung bereits zeitlich zusammen mit dem Kaufvertrag in notariell beglaubigter Form abgegeben, führt dies neben einer Bindung der Beteiligten an die Einigung im Sinne des § 837 Abs. 2 BGB zu einer Verfahrensverkürzung.[43] Bei diesem Vorgehen muss allerdings das Risiko einer die Interessenlage der Parteien verzerrenden vorschnellen Eintragung, die ohne Sicherung der Kaufpreiszahlung erfolgt, verhindert werden. Dies kann verschiedentlich geschehen:[44] So ist beispielsweise einerseits eine in Ansehung der Kaufpreiszahlung aufschiebend bedingte Einigungserklärung[45] denkbar oder andererseits eine Vollzugs- und Ausfertigungssperre gegenüber dem Notar, der dann den Nachweis der Kaufpreiszahlung abzuwarten hat, bevor er einen Antrag auf Eigentumsänderung stellt oder dem Käufer oder Grundbuchamt eine Ausfertigung oder Abschrift erstellt (beurkundungsrechtliche Lösung).[46]

---

37 Brambring, in: Beck'sches Notar-Handbuch, A. I. Rn. 113; Weirich, Rn. 331; V. Rintelen, in: RNotZ 2001, S. 3. Vgl. dazu § 794 Abs. 1 Nr. 5 ZPO. Zur Bestimmtheit des Anspruchs vgl. Brambring, in: Beck'sches Notar-Handbuch, A. I. Rn. 114; BGH NJW 1995, S. 1162; BGH DNotI-Report 1999, S. 196. Zu den mit der Abtretung des Kaufpreisanspruchs einhergehenden Problemen: Hoffmann, in: NJW 1987, S. 3153 (3154).

38 Wolfsteiner, in: DNotZ 1990, S. 531 (549).

39 Zum zeitlichen Rahmen vgl. Weirich, Rn. 220.

40 Weirich, Rn. 207.

41 Zum Verfahren: §§ 19; 29 GBO.

42 Weirich, Rn. 496, 516, 521; Schöner/Stöber, Rn. 3203; G. Schneider, S. 5.

43 G. Schneider, S. 4. Zur getrennten Beurkundung: Seufert/Ostertag, S. 73.

44 Zum Überblick: Baur/Stürner, § 22 Rn. 7 ff.; Waldner, Rn. 301 f.

45 Zu unterscheiden ist diese vom unter Vorbehalt stehenden Eintragungsantrag im Sinne des § 16 Abs. 1 GBO.

46 G. Schneider, S. 4; Seufert/Ostertag, S. 72; Baur/Stürner, § 22 Rn. 7.

Denkbar ist es auch, dass die Bewilligung ausdrücklich als nicht in der Urkunde enthalten festgestellt wird und der Notar bevollmächtigt wird, diese nachzuholen, sobald der Kaufpreis gezahlt wurde (verfahrensrechtliche Lösung).[47] Alternativ kommt auch die Vereinbarung einer abzuwartenden Frist und eine entsprechende Weisung an den Notar in Betracht.[48] Neben der außerdem bestehenden Möglichkeit, den Kauf zu bedingen und durch eine Rückauflassungsvormerkung zu sichern, kommt es seitens des Verkäufers in Betracht, sich für die (noch ausstehende) Kaufpreisforderung beim Eigentumsübergang ein Grundpfandrecht eintragen zu lassen.[49] Im Sinne der Risikoverteilung unter Berücksichtigung der Insolvenzrisiken kommt auch die Zwischenschaltung eines Notaranderkontos[50] in Betracht.

In der Regel liegt der Besitz-, Nutzen- und Lastenübergang[51] vor dem Eigentumsübergang. Dieser kann mit der Kaufpreiszahlung einhergehen und führt zu einer Veränderung der Gefahrtragung.[52] Daneben kann der Transaktionsvorgang durch diverse vertragliche Vereinbarungen hinsichtlich der Risikotragung flankiert werden. In Bezug darauf spielen sich im Kaufvertrag befindende Garantien (des Verkäufers) neben Fragen nach Rechten des Käufers wegen Sach- und/oder Rechtsmängeln und der Haftung des Verkäufers eine wichtige Rolle.[53] Darüber hinaus finden sich in Kaufverträgen, die vermietete (oder verpachtete) Immobilien betreffen, regelmäßig Vereinbarungen, aufgrund derer die Einnahmen aus Mietverhältnissen (oder Pachtverhältnissen) an den Käufer abgetreten werden.[54] Mit der Eintragung des Käufers in das Grundbuch wird diese Übergangsregelung durch § 566 Abs. 1 BGB[55] obsolet.[56]

---

47 Seufert/Ostertag, S. 72; Hansmeyer, in: MittRhNotK 1989, S. 149.

48 OLG Düsseldorf, NJW 1954, S. 1041; Baur/Stürner, § 22 Rn. 7. Zu den Möglichkeiten, vgl. Waldner, Rn. 301.

49 Baur/Stürner, § 22 Rn. 9.

50 Vgl. Heinemann, in: Grundstückskaufverträge, Rn. 665 ff.; Canaris, BVR, Rn. 288.

51 Dazu: Brambring, in: Beck'sches Notar-Handbuch, A. I. Rn. 128 ff.; Baur/Stürner, § 21 Rn. 14; Hirschbaum, in: Van Kann, Rn. 651 ff., 677 ff.

52 Weirich, Rn. 336, 348; Brambring, in: Beck'sches Notar-Handbuch, A. I. Rn. 10; G. Schneider, S. 16; Seufert/Ostertag, S. 61.

53 Vgl. G. Schneider, S. 17 ff.; Zu Rechts- und Sachmängeln: Baur/Stürner, § 21 Rn. 15 ff.

54 Tischler, in: Lindner/Figura, Kap. 2. Rn. 126; Zum Pachtzins: OLG Düsseldorf ZMR 1993, S. 15. Brambring, in: Beck'sches Notar-Handbuch, A. I. Rn. 131. Zur Zulässigkeit: Langenberg, in: Schmidt-Futterer, § 556 Rn. 270.

55 Zur Anwendung auf Pachtverträge vgl. §§ 581 Abs. 2; 593b BGB.

56 Zu den Folgen des Übergangs der Mietverhältnisse vgl. Derleder, in: NJW 2008, S. 1189 ff.

Auch wenn für Immobilientransaktionen einer KAG mit Bezug zu einem Immobilien-Sondervermögen im InvG nur wenige Regelungen vorhanden sind, lässt sich daraus nicht der Schluss ziehen, das InvG habe auf den beschriebenen Ablauf keine wesentlichen Auswirkungen. Schon allein aufgrund des *Kollektivanlagemodells* in *Fremdverwaltung* und der damit einhergehenden vermögens- und haftungsrechtlichen Separierung der verwalteten Sondervermögen sind Besonderheiten im Vergleich zu dem beschriebenen Ablauf veranlagt. Im Rahmen der Untersuchung sind deshalb vor allem die für Immobilientransaktionsvorgänge maßgeblichen Regelungen zu betrachten. Deren Reichweite und Auswirkungen sollen durch Auslegung ermittelt werden und für die von den Regelungen demnach nicht erfassten Bereiche soll erwogen werden, inwiefern ein Rückgriff auf andere Vorschriften, insbesondere solche des BGB in Betracht kommt. Beispielsweise wird dies im Rahmen von Rückabwicklungsfragen von Bedeutung sein.

Den gedanklichen Ausgangspunkt für die Untersuchung bildete die bereits im Jahr 2008 aufgekommene Immobilien- und Finanzmarktkrise.[57] Bis in die Krise hinein stellten sich Immobilien als im Vergleich zu anderen Anlageformen insgesamt (zunächst) als eher wertbeständige Anlage dar.[58] Und auch wenn die Anlage in deutsche Immobilien erst vor wenigen Jahren bei institutionellen Investoren eine hohe Beliebtheit erlangte,[59] zeigt sich jetzt die Selbstverständlichkeit, dass auch diese Anlageform nicht stets Erträge erwirtschaftet.[60]

Durch beträchtliche Rückgaben seitens der Anleger und damit verbundene Liquditätsschmälerungen gerieten zahlreiche Immobilien-Sondervermögen in Schieflage.[61] Prominente Namen im Zusammenhang mit derzeit zahlreichen Schließungen und Abwicklungen[62] offener Immobilienfonds sind „Axa Immoselect", „Degi Europa", „Degi International", „DJE Real Estate", „KanAm US-

---

57 Heun, in: JZ 2010, S. 53 ff. (insb. 55); Grundmann/Hofmann/Möslein, in: Finanzkrise und Wirtschaftsordnung, S. 1 ff.; Schwintowski, in: Finanzkrise und Wirtschaftsordnung, S. 41 ff.; Posner, S.75 ff., 117 ff.; Socher/Hanke, in: NJW 2010, S. 495 (496); Möschel, in: ZRP 2009, S. 129.

58 Vgl. Grundmann/Hofmann/Möslein, in: Finanzkrise und Wirtschaftsordnung, S. 1 (14); Horst, in: ZMR 2009, S. 655.

59 Van Kann, in: Van Kann, Rn. 4.

60 Billand, in: Schäfer/Conzen, S. 42; Leykam, in: Immobilien-Zeitung 46/2011 (17.11. 2011), S. 3.

61 Vgl. dazu: Manager Magazin vom 25.10.2011, „Aberdeen löst ‚Degi International' auf", abrufbar unter: http://www.manager-magazin.de/finanzen/immobilien/0,2828, 793963,00. html, zuletzt abgerufen am 14.03.2012.

62 Leykam, in: Immobilien-Zeitung 04/2012 (26.01.2012), S. 1.

Grundinvest“, „Morgan Stanley P2 Value“, und „TMW Immobilien Weltfonds“.[63] Sowohl das stabilitätsgefährdende strukturelle Problem der Inkongruenz zwischen langfristiger Anlage und jederzeitiger Rückgabe als auch das sich auf die Liquidität auswirkende Abwertungsrisiko sind bereits lange bekannt,[64] dennoch ist das sich aus der im Vergleich zu Wertpapieren geringen Fungibilität ergebende strukturelle Problem der Immobilien-Sondervermögen bislang nicht gelöst.

Durch die Öffnung eines Immobilien-Sondervermögens für eine unbegrenzte Anlegerzahl und durch die Öffnung sowohl für Kleinanleger als auch für institutionelle Investoren sind beträchtliche Vermögenszuwächse möglich, die angesichts der Anlagevorschriften (§§ 67; 73 Abs. 1; 80 Abs. 1 InvG vorbehaltlich des § 74 InvG) in dem Portfolio abgebildet werden müssen und bei beträchtlichen Rückgaben zur Instabilität des Fonds führen können. Die grundsätzlich jederzeit bestehende Rückgabemöglichkeit verstärkt dies. Auf den ersten Blick scheint das Risiko durch die Möglichkeit der Aussetzung der Rücknahme von Anteilen durch die KAG im Sinne des § 81 Abs. 1 S. 1 InvG beschränkt zu sein, tatsächlich ist dies aber nicht der Fall: Verlangen beispielsweise institutionelle Investoren größere Anlagesummen zurück und wird insbesondere die Schwelle von (mindestens) fünf Prozent des Sondervermögens, die für die tägliche Rücknahme von Anteilen bereitgehalten wird (§ 80 Abs. 1 S. 2 InvG), unterschritten, führt das dazu, dass die Rücknahme ausgesetzt wird. Zur Aussetzung der Rücknahme reicht es gemäß § 81 Abs. 1 S. 1 InvG aber schon aus, dass „die Bankguthaben und der Erlös der nach § 80 Abs. 1 [InvG] angelegten Mittel zur Zahlung des Rücknahmepreises und zur Sicherstellung einer ordnungsgemäßen laufenden Bewirtschaftung nicht ausreichen oder nicht sogleich zur Verfügung stehen“. Müssen dazu in größerem Umfang Vermögensgegenstände liquidiert werden, stellt sich die Frage, ob der im Sinne des § 67 Abs. 5 S. 1 InvG vorgegebene Preis erzielt werden kann. Alternativ oder zusätzlich kann die fortlaufende Bewertung des Sondervermögens durch den Sachverständigenausschuss plötzliche oder stetige Wertverringerungen (beispielsweise durch Abnutzung)

63 Vgl. dazu: Manager Magazin vom 29.12.2011, „DJE Real Estate wird aufgelöst“, abrufbar unter: http://www.manager-magazin.de/finanzen/artikel/0,2828,806263,00.html, zuletzt abgerufen am 14.03.2012; Manager Magazin vom 26.10.201, „Der steinige Weg aus der Krise“, abrufbar unter: http://www.manager-magazin.de/finanzen/artikel/0,2828,793878,00. html, zuletzt abgerufen am 14.03.2012.

64 Vgl. Ortmanns, in: ZfIR 2006, S. 229. Im Zusammenhang mit dem AnsFuG: Zur Fristeninkongruenz vgl. Gesetzesentwurf, BT-Drucks. 17/3628, S. 1; Beschlussempfehlung, BT-Drucks. 17/4710, S. 2. Zu Abwertungen vgl. Unterrichtung durch die Bundesregierung, BT-Drucks.17/3803, S. 3 (Zu Nr. 12).

offenbaren. Aufgrund einer Abnutzung können Instandsetzungen erforderlich werden.[65] Zum Werterhalt (des Sondervermögens) kann es überdies notwendig sein, Transaktionsvorgänge durchzuführen. Insbesondere können solche Transaktionsvorgänge auch im Zusammenhang mit dem Erhalten oder Wiederherstellen der Barreserve stehen. Ob dann ein guter Preis für abzustoßende Immobilien erzielt werden kann, ist fraglich. Abseits dessen aber schmälert jedes Rückgabeverlangen, das nicht durch ein Hinzukommen „neuen" Vermögens ausgeglichen wird, den Wert des Sondervermögens. Kommt es dazu, dass Rücknahmen ausgesetzt werden, der Fonds also (vorläufig) geschlossen wird, ist es – wie die aufgeführten Beispiele zeigen – durchaus möglich, dass der Fonds mangels Vertrauens potenzieller Investoren in der Abwicklung endet.[66] Hier zeigt sich offensichtlich das Spannungsverhältnis zwischen der langfristigen Anlage der Gelder der Anleger und kurzfristigen Rückgabeverlangen der Anleger.

In diesem Kontext steht § 80c InvG, wonach in den Vertragsbedingungen Rückgabetermine möglich sind – jedoch mindestens alle zwölf Monate – und Anteilrückgaben, soweit sie 30.000 Euro pro Kalenderhalbjahr für einen Anleger übersteigen, erst nach mindestens 24 Monaten möglich sind (Mindesthaltefrist). Bei derartigen Rückgaben besteht eine Rückgabefrist von 12 Monaten, zu deren Wahrung die Abgabe einer unwiderruflichen Rückgabeerklärung erforderlich ist. Wirken sich trotzdem (massive) Rückgabeverlangen von Anlegern und ein sich wegen des Erfordernisses regelmäßiger Bewertungen im Sinne des § 79 InvG offenbarender Wertverfall von Immobilien im Portfolio eines Sondervermögens[67] so deutlich auf die Liquidität des Vermögens aus, dass kurzfristig Engpässe bei der Begleichung bereits bestehender Forderungen Dritter möglich sind und es mittelfristig – angesichts des investmentrechtlichen Grundsatzes der Risikomischung – zu nachteiligen Auswirkungen auf die Portfoliozusammensetzung und -entwicklung kommen kann,[68] begründet schon das allein einen Großteil der aufgeworfenen Fragestellungen. Auch wenn gemäß § 74 InvG für die Anlaufzeit von Immobilien-Sondervermögen bestimmte Anlagebegrenzungen nicht anzuwenden sind, ist es im Kontext der Begleichung bereits bestehender Forderungen durchaus denkbar, dass die Depotbank einer Weisung der KAG im Sinne des § 25 S. 2 Nr. 1 InvG mangels ausreichenden Vermögens nicht nachkommen kann und so eine Auszahlung an den Dritten nicht erfolgt.

---

65 Vgl. § 78 InvG.

66 Vgl. Jungbluth, in: ZeitOnline vom 16.05.2012, „Klappe zu. Ein Immobilienfonds nach dem anderen steht vor der Abwicklung", abrufbar unter: http://www.zeit.de/2012/21/F-Immobilienfonds, zuletzt abgerufen am 12.07.2012.

67 Kritisch zur Ermittlung der Objektwerte: Zetzsche, in: ZBB 2007, S. 438 (443 f.).

68 Zu beachten sind jedoch die Maßgaben des § 67 InvG, insb. § 67 Abs. 2 S. 2, 4 InvG.

Im Kontext der Bereitstellung von Sicherheiten besteht für Immobilienfonds gemäß § 82 Abs. 3 S. 1 InvG die Möglichkeit der Belastung der zum Sondervermögen gehörenden Vermögensgegenstände, dennoch erscheint diese für Sicherheiten vor dem Hintergrund der Beschränkung nach § 82 Abs. 3 S. 2 InvG als nicht stets ausreichend. Im Übrigen kann nicht ausgeschlossen werden, dass die Depotbank mangels (vermeintlicher) Gesetzes- und Vertragsbedingungskonformität die Zahlung verweigert. In jedem Fall kann sich dies zulasten des Gläubigers auswirken. Im Rahmen der Untersuchung soll daher die Auswirkung der Mechanismen des InvG für die Anleger und die Gläubiger einer KAG dargestellt werden.

B. Forschungsstand

Die zentrale Fragestellung, wie Immobilientransaktionen mit Bezug zu einem Immobilien-Sondervermögen abzuwickeln sind und welche Zahlungs-, Sicherungs- und Vollstreckungsmöglichkeiten dabei in Betracht kommen, ist in dieser Art noch nicht Gegenstand einer wissenschaftlichen Untersuchung geworden. Zwar sind Haftungsfragen im Innenverhältnis des Investment-Dreiecks an sich schon zum Gegenstand von wissenschaftlichen Darstellungen geworden,[69] dennoch fehlt es bei diesen Erörterungen über das Investmentrecht weitgehend an einer Klärung der Fragen, die sich aus dem Aufeinandertreffen zwischen Personen und Vermögen im Anwendungsbereich des InvG und außerhalb des Anwendungsbereichs des InvG stehenden Personen und Vermögen ergeben.

In Kommentierungen[70] und Handbüchern[71] werden (haftungsrelevante) Fragen dieses Kontextes angesprochen, jedoch nicht in der im Rahmen dieser Untersuchung vorliegenden Art und Weise.

69 Aus der älteren Literatur sei Ohl, Die Rechtsbeziehungen innerhalb des Investment-Dreiecks, Berlin 1989, stellvertretend für viele genannt. Aus der aktuelleren Literatur sind Seegebarth, Stellung und Haftung der Depotbank im Investment-Dreieck, Frankfurt a.M. 2004, und Reiss, Pflichten der Kapitalanlagegesellschaft und der Depotbank gegenüber dem Anleger und die Rechte des Anlegers bei Pflichtverletzungen, Berlin 2006, zu nennen.

70 Beckmann/Scholtz/Vollmer, Investment. Ergänzbares Handbuch, Berlin; Berger/Steck/Lübbehüsen, Investmentgesetz, München 2010; Brinkhaus/Scherer, Gesetz über Kapitalanlagegesellschaften, München 2003.

71 Assmann/Schütze, Handbuch des Kapitalanlagerechts, München 2007; Canaris, Bankvertragsrecht, Berlin 1981; Schimansky/Bunte/Lwowski, Bankrechts-Handbuch, München 2011.

Es ist daher essenziell, die Besonderheiten der Abwicklung von Grundstückstransaktionen herauszuarbeiten und die im InvG zahlreich enthaltenen Regelungen für die Parteien des Investment-Dreiecks und den Schutz des Sondervermögens im Zusammenhang mit Vorgängen zu betrachten, die Außenstehende betreffen. Im Zusammenhang mit einem im Kontext eines Einbringungsvertrages[72] stehenden Grundbuchverfahrens hat sich beispielsweise jüngst Rechtsunsicherheit hinsichtlich der Eintragungsfähigkeit der Verfügungsbefugnis einer KAG gezeigt.[73] Dies und das Fehlen von Erörterungen der hiesigen Thematik lassen sich möglicherweise darauf zurückführen, dass Sicherheiten im Rahmen von Immobilientransaktionen im Bereich des InvG bis zur Immobilien- und Finanzmarktkrise möglicherweise keine große Rolle spielten. Dies wiederum könnte unter anderem auf eine bislang aus Sicht der Gläubiger als ausreichend erachtete Liquidität der KAGen zurückzuführen sein. Ob dies zutrifft, muss allerdings dahingestellt bleiben, denn zwar können gerade bei Immobilien-Sondervermögen problemauslösende Vorgänge außerhalb der Beziehung der betreffenden Vertragspartner wahrnehmbar werden und im Bereich juristischer Auseinandersetzungen für die anwaltliche Beratungspraxis Bedeutung erhalten, da es im Gegensatz zu auf Wertpapiertransaktionen aufbauenden Fonds an einer Lösung der Vertragsparteien untereinander[74] fehlt; gleichwohl fehlt es auch heute – trotz zahlreicher Schließungen und Abwicklungen – bislang an einer verstärkten Thematisierung in wissenschaftlicher Literatur, an Gerichtsprozessen oder gar Urteilen, die sich mit der Zahlung, Sicherung oder Vollstreckung im Zusammenhang mit Transaktionen beschäftigen.

Dennoch ist es in Anbetracht der im Vergleich zu Kapitalmärkten erheblich geringeren Liquidität der Immobilienmärkte[75] gut vorstellbar, dass diesbezügliche Fragen künftig Bedeutung erlangen; besonders aus Sicht des Gläubigers einer Geldforderung, die gegen einen Immobilien-Sondervermögen gerichtet ist.

C. Methode

Um Antworten auf die aufgeführten Fragen zu erhalten, sollen zuvorderst die Wertungen des InvG herausgearbeitet werden. Im Anschluss an die Analyse der Strukturprinzipien des InvG und der „Wechselwirkungen“ zwischen der KAG

72 Es handelte sich um ein Spezial-Sondervermögen im Sinne des § 91 InvG.

73 BGH WM 2011, S. 1551 f.

74 Dies kann durch eine Clearingstelle erfolgen, die dazu dient zwischen Banken Forderungen und Verbindlichkeiten zu verrechnen, vgl. Franke, in: Assmann/Schütze, § 2 Rn. 140 ff.

75 Vgl. Köndgen/Schmies, in: BRH, § 113 Rn. 97.

und der Depotbank im Investment-Dreieck sollen die für Transaktionsvorgänge erheblichen Regelungen des InvG beleuchtet werden. Das InvG hält für Veräußerungen von Immobilien im Zeitraum zwischen der Löschung des *Depotbanksperrvermerks* (§§ 76 Abs. 1 S. 1; 26 Abs. 1 Nr. 3 InvG) und der Eintragung des neuen Eigentümers und bei Erwerbsvorgängen von Immobilien für den Zeitraum bis zur Eintragung des *Depotbanksperrvermerks* nur wenige Regelungen bereit. Bei Veräußerungsvorgängen ist insbesondere die Zustimmungspflicht des § 26 Abs. 1 Nr. 3 InvG beachtlich, aber nur wenig aussagekräftig für den detaillierten Ablauf von Veräußerungsvorgängenen. Bei Erwerbsvorgängen spielt dagegen überdies der Bewertungsvorbehalt im Sinne des § 67 Abs. 5 S. 1 InvG eine Rolle. Darüber hinaus sind vor allem die Vorschriften der §§ 20 ff. InvG beachtlich. Im Zusammenhang mit diesen und anderen investmentrechtlichen Vorschriften, die mit dem Blick auf Transaktionsvorgänge auszulegen sind, sind die Rechtsbeziehungen der Beteiligten ins Bild zu rücken. Ein besonderes Augenmerk wird dabei einerseits auf das Verhältnis zwischen der KAG und den Anlegern gerichtet, andererseits auf die Konstruktion des Rechtsverhältnisses zwischen der Depotbank und den Anlegern. Mit Blick auf die Zahlungsvarianten wird vor allem auf zwei Vorschriften einzugehen sein:

Erstens auf § 25 S. 2 Nr. 1 InvG, der vorsieht, dass die Depotbank eine Forderung eines Dritten, die gegenüber der KAG besteht, aus dem gesperrten Konto des Sondervermögens begleicht, zweitens auf § 29 InvG, worin sich die Regelung findet, dass die Depotbank der KAG „die für die Verwaltung des Sondervermögens zustehende Vergütung und den ihr zustehenden Ersatz von Aufwendungen“ auszahlt. Es soll gezeigt werden, wie sich das InvG auf Immobilientransaktionen auswirkt. Dabei kann das Ziel angesichts zahlreicher transaktionsspezifischer Besonderheiten (beispielsweise dem Erwerb von Entwicklungen, der Beteiligung von Dritten sowie einer hybriden Finanzierung) nicht darauf liegen, eine Detailbetrachtung sämtlicher Einzelfälle abzudecken.[76] Vielmehr erfolgt die Betrachtung von Immobilientransaktionen mit Bezug zu einem Immobilien-Sondervermögen mit dem Zweck, die einschlägigen Vorschriften des InvG in Bezug auf Transaktionsvorgänge zu erörtern, ihr System zu erkennen und dort, wo ein System nicht erkennbar ist, ein konsistentes System zu entwickeln. Die im Rahmen der Untersuchung anfangs deutliche Konzentration auf die Strukturen des InvG unter Berücksichtigung des Leitprinzips „Anlegerschutz“, das sich in den Anlegerinteressen manifestiert, soll der Herausarbeitung von Wertungen dienen, die bei der Normauslegung zu berücksichtigen sind. Insbesondere sollen sie unbestimmte Rechtsbegriffe verständlich machen und aus-

76 Vgl. dazu: Saemann/Schlüter, in: Van Kann, Rn. 141 ff.

füllen. Auch wenn es den „Normalfall“ einer Transaktion nicht gibt, sollen der Verlauf und die Folgen der zugunsten der Anleger risikominimierten Abwicklung von Transaktionsvorgängen im Vergleich zu einem um die Vielfältigkeit der Transaktionsobjekte und deren Besonderheiten bereinigten „Standard“ einer Immobilientransaktion erfolgen. Die Untersuchung verläuft in einer über die Regelungsmechanismen des InvG hinausgehenden Betrachtung, die sich – sofern dies im Rahmen des jeweiligen Kontextes zulässig ist – auf die allgemeine Zivilrechtsdogmatik stützt. Inwiefern dies möglich ist, muss wiederum anhand der Wertungen des InvG ermittelt werden.

In einem ersten Schritt wird der „Standard“ einer Immobilientransaktion betrachtet, wobei besonders die Kaufpreisfälligkeitsvoraussetzungen und Absicherungsmechanismen angesprochen werden. In einem zweiten Schritt kommt es zu einer grundlegenden Auseinandersetzung mit den Grundprinzipien des Investmentmodells. Nach einer kurzen historischen Betrachtung des InvG werden die Maximen des InvG herausgearbeitet. Neben einer Erörterung der kollektiven Kapitalanlage in Fremdverwaltung unter Beachtung des Risikomischungsgrundsatzes erfolgt eine vertiefte Auseinandersetzung mit dem *Interesse der Anleger*. Diese dient angesichts dessen, dass sich das Anlegerinteresse in zahlreichen Vorschriften des InvG ausprägt, der gesetzeszweckorientierten Auslegung von nachfolgend erörterten Vorschriften.

Darauf folgend wird in einem dritten Schritt das Investment-Dreieck betrachtet; dies geschieht aus drei Blickwinkeln: Zunächst wird das Immobilien-Sondervermögen, anschließend die KAG und abschließend die Depotbank in den Blick gerückt. Bei der Betrachtung des Immobilien-Sondervermögens wird neben dem Rückgriff auf allgemeine Ausprägungen von Sondervermögen ein Blick auf die Entstehung des Anteils und die Vermögenserhaltung gerichtet, wobei vor allem die Vermögens- und Haftungssonderungsvorschriften zugunsten des Sondervermögens beleuchtet werden und ein Fokus auf die Surrogationsvorschrift des § 30 Abs. 2 InvG gerichtet wird. Angesichts der fehlenden Rechtspersönlichkeit des Sondervermögens erfolgt in diesem Kontext auch eine Auseinandersetzung mit den Rechtsbeziehungen der Beteiligten untereinander. Im Rahmen der anschließenden Betrachtung der KAG und der Depotbank hat die Betrachtung der Frage nach dem Umfang der Kontrolle der Depotbank gegenüber der KAG ein besonderes Gewicht.

Schließlich werden in einem vierten Schritt die im Rahmen der Analyse gewonnenen Erkenntnisse im Rahmen der Betrachtung von Transaktionsvorgängen für ein Sondervermögen angewendet. Nach einer kurzen Einführung erfolgt dabei eine detaillierte Auseinandersetzung mit den Modalitäten der Kaufpreiszahlung bei Erwerbsgeschäften einer KAG. Mit betrachtet werden

Ausgleichsmöglichkeiten bei Fehlern im Zusammenhang mit der Zahlungsabwicklung. Dabei stellt sich die Frage, inwiefern das InvG speziell gegenüber außerhalb des InvG liegenden Ausgleichsansprüchen (beispielsweise bereicherungsrechtlichen) ist. Erneut ist dabei die Surrogationsvorschrift des § 30 Abs. 2 InvG in den Blick zu rücken. Nachdem die Zahlungsabwicklung erörtert wurde, werden Gläubigersicherungsmöglichkeiten und deren Geltendmachung betrachtet. Im Rahmen denkbarer vertraglicher Abreden erfolgt eine tiefere Auseinandersetzung mit der Frage nach Garantien der KAG und Belastungsmöglichkeiten sowie mit Anspruchsabtretungen. Schließlich spielt die Frage, inwiefern eine Unterwerfung unter die sofortige Zwangsvollstreckung möglich ist, eine Rolle. Zur Behebung der bei der Erörterung aufkommenden Probleme wird im Rahmen der Folgerungen ein Blick auf mögliche Maßnahmen im Vorfeld einer Transaktion gerichtet. Dabei wird auf die Frage eingegangen, inwiefern eine frühzeitige Einbeziehung der Depotbank erfolgen kann und ob bereits im Vorfeld eine unwiderrufliche Anweisung der KAG an die Depotbank ausgesprochen werden kann. Zur Beurteilung der Zulässigkeit sämtlicher Erwägungen wird auf die herausgearbeiteten Grundsätze Bezug genommen. Im Hintergrund steht dabei vor allem das *Interesse der Anleger*. Nachdem Problembehebungsmöglichkeiten und deren Grenzen dargestellt wurden, schließt die Arbeit.

Kapitel 1 – Hintergründe und Strukturen des InvG

A. Entwicklung der deutschen Rechtsgrundlagen des Investmentgeschäfts

„Investment“ kann allgemein als Anlage von Kapital – in der Regel mit dem Ziel, Erträge zu erwirtschaften – verstanden werden. Die Bedeutung eines Investmentgeschäfts wird im deutschen Sprachgebrauch spezieller gesehen: Das Investmentgeschäft umschreibt gemäß § 1 S. 2 in Verbindung mit § 2 Abs. 2 InvG eine kollektive, fremdverwaltete Anlage, bei der das Risiko von Substanzverlusten durch eine Streuung des Anteilsbesitzes verringert wird. Diese Idee des Investments wurzelt im Schottland des 19. Jahrhunderts und setzte sich in den später in England auftretenden Investment Trusts fort.[77] Zaghaft gegen Ende des 19. Jahrhunderts, verstärkt am Anfang des 20. Jahrhunderts, kam die Investmentidee im Wertpapierbereich in Deutschland auf.[78] Auf den Immobilienbereich wurde die Investmentidee 1936 übertragen.[79] Die ersten Initiativen scheiterten. Dies wird mit mangelhaften Rahmenbedingungen wirtschaftlicher Art, fehlendem Anlegerschutz und einer hinderlichen Steuergesetzgebung begründet.[80] Für eine nachhaltige Verwirklichung der Investmentidee, die sich durch Gründung erster Wertpapier-KAGen ab 1950 erneut in der Entwicklung befand,[81] trat schließlich der Gesetzgeber ein:[82] Den Ausgangspunkt der Ent-

---

77 Baur, Einl I Rn. 1; Beckmann, in: Investment-Handbuch (EL 7/09), 409 Rn. 5 ff.; Linhardt, in: Schuster, S. 4; Laux/Päsler, S. 22; Reiss, S. 31.

78 Zum ersten Versuch der Etablierung des Investmentgedankens seitens des Zickert'schen Kapitalvereins, ab 1928 „Deutscher Kapitalverein“ und zu dessen Scheitern, wie auch zum Scheitern der Bayrischen Investment-Aktien-Gesellschaft vgl. Baur, Vor § 1 KAGG Rn. 1 ff. König, S. 7 verweist darauf, dass es sich bei Letztgenannter trotz entsprechender Namensgebung nicht um eine Investmentgesellschaft handelte. Zur Entwicklung vgl. Barocka, S. 17 ff., insb. S. 22; Berndt, S. 4 ff. Die auf europäischer Ebene stattfindende Entwicklung beschreibt Schmitz, S. 76.

79 Die Spar-Schutzkasse Gen.m.b.H. nahm ihre Anlagetätigkeit auf, beschränkte diese indes nicht auf Immobilien und gewährte Anlegern Mitspracherechte, vgl. Väth, S. 14.

80 Väth, S. 14 Beckmann, in: Investment-Handbuch (EL 9/07), 409 Rn. 9; Laux/Päsler, S. 23; Tormann, S. 14. Zur Entwicklung des Anlegerschutzes in Deutschland vgl. Veltmann, S. 3 ff.

81 Geßler, in: WM-Beilage 4/1957, S. 10; König, S. 7; Senn, S. 26; Baur, Einl. II Rn. 1 ff.; Päsler, Handbuch, S. 4 f.

82 Barocka, S. 88; Mol, S. 115; Die Erwartung beschreibt Geßler, in: WM-Beilage

wicklung der Rechtsgrundlagen des Investmentgeschäfts in Deutschland bildete das 1957 verabschiedete Gesetz über Kapitalanlagegesellschaften (KAGG)[83], das mit dem Investmentmodernisierungsgesetz vom 15. Dezember 2003[84] durch das InvG und das Investmentsteuergesetz (InvStG) abgelöst wurde.[85] Bis dahin galt seit 1969 neben dem KAGG das sogenannte „Auslandinvestmentgesetz" (AIG)[86], das Vertriebsvorschriften für ausländische Fonds in Deutschland beinhaltete.[87]

Schon im Jahr 1958 beschrieb *Von Caemmerer* den Zweck des KAGG als Verhinderung unsoliden Geschäftsgebarens und verlustbringender Manipulationen, „die dem in Deutschland noch jungen Investmentgedanken Abbruch tun könnten"[88]. Diesem Zweck dienten über den gesamten Zeitraum der Existenz des KAGG Restriktionen der Vertrags- und Gründungsfreiheit inländischer KAGen sowie hohe vertriebsbezogene Publizitätsanforderungen.[89] Flankiert wurde die Entwicklung des Investmentsparens durch eine steuerliche Gleichstellung der Investmentanlage im Vergleich zur Direktanlage.[90] Modifikationen im KAGG von 1957, das sich ursprünglich auf Wertpapierfonds beschränkte, wurden vor allem durch neu entstehende Fondsprodukte und Anlageinstrumente nötig. So wurden angesichts der Gründung erster Immobilien-Kapitalanlagegesellschaften ab 1958 (außerhalb des Regelungsbereichs des KAGG) Regelungen zu Immobilienfonds im Jahr 1969 in das KAGG aufgenommen.[91]

4/1957 S. 10 mit „endlich".

83 Gesetz vom 16.04.1957, BGBl. I 1957, S. 378.

84 BGBl. I 2003, S. 2676.

85 Köndgen/Schmies, in: BRH, § 113 Rn. 26, 32.

86 Gesetz über den Vertrieb ausländischer Investment-Anteile und über die Besteuerung der Erträge aus ausländischen Investment-Anteilen vom 29.07.1969, BGBl. I 1969, S. 986.

87 Köndgen/Schmies, in: BRH, § 113 Rn. 26. Das AIG bezweckte eine Verbesserung des Schutzes gegen Zusammenbrüche ausländischer Fonds. Dazu bediente es sich der Reglementierung des inländischen Vertriebs sowie einer Verschärfung aufsichtsbehördlicher Kontrolle, vgl. Köndgen/Schmies, in: BRH, § 113 Rn. 30. Zur Entwicklungsgeschichte vgl. Baur, in: Assmann/Schütze, § 20 Rn. 9 ff.

88 V. Caemmerer, in: JZ 1958, S. 41 (44).

89 Köndgen/Schmies, in: BRH, § 113 Rn. 28.

90 Köndgen/Schmies, in: BRH, § 113 Rn. 28.

91 BGBl. I 1969, S. 992 (999); Klusak, in: Der Langfristige Kredit 1985, S. 376 ff.

Es folgten unter anderem Regelungen zu Beteiligungsfonds[92], Geldmarktfonds[93], Altersvorsorgefonds, Gemischten Wertpapier- und Grundstückssondervermögen und Investmentaktiengesellschaften[94]. Zu Gesetzesänderungen führte auch die sogenannte „Investmentfonds-Richtlinie der Europäischen Gemeinschaft", auch bezeichnet als „OGAW-Richtlinie".[95] Neben einer über die Zeit entstandenen „inhaltlich-systematischen Entstellung" des KAGG durch vielzählige Änderungen waren die Änderungsrichtlinien zur OGAW-Richtlinie[96] entscheidende Beweggründe zur Neuordnung des Investmentrechts im Jahre 2003.[97] Zum 1. Januar 2004 trat das Investmentmodernisierungsgesetz in Kraft.[98] Bereits im Jahr 2005 wurde seitens des Bundesfinanzministeriums Nachbesserungsbedarf erkannt.[99] Das im Jahr 2007 folgende Investmentänderungsgesetz (InvÄndG)[100] bezweckte einerseits eine Deregulierung bei gleichzeitiger Verbesserung des Anlegerschutzes und der Unternehmenskontrolle, andererseits eine Modernisierung offener Immobilienfonds zur Überwindung deren Krise.[101] Im InvG finden sich seitdem aufsichtsrechtliche Rahmenbe-

92 Diese bezweckten eine Erhöhung der Eigenkapitalquote nicht börsengängiger und -fähiger Unternehmen, vgl. Zweites Vermögensbeteiligungsgesetz vom 19.12.1986, BGBl. I 1986, S. 2595 (2607).

93 Art. 3 Zweites Finanzmarktförderungsgesetz vom 26.07.1994, BGBl. I 1994, 1749 (1770).

94 Art. 4 Drittes Finanzmarktförderungsgesetz vom 24.03.1998, BGBl. I 1998, S. 529 (539).

95 Zuletzt: Richtlinie 2009/65/EG des Europäischen Parlaments und des Rates vom 13.07.2009 zur Koordinierung der Rechts- und Verwaltungsvorschriften betreffend bestimmte Organismen für gemeinsame Anlagen in Wertpapieren sowie die Durchführungsrichtlinien 2010/42EU und 2010/43/EU. Vgl. zu den Änderungen: Köndgen/Schmies, in: BRH, § 113 Rn. 29 ff. m.w.N.; Möllers, in: BKR 2011, S. 353 (354). Statt den Begriff „Investmentfonds" oder „Kapitalanlagegesellschaft" zu verwenden, greift die OGAW-Richtlinie auf den Terminus „Organismen für gemeinsame Anlage in Wertpapieren" zurück. Der deutsche Gesetzgeber ging über die Richtlinienvorgaben hinaus und schuf unter anderem eine Investmentaktiengesellschaft mit veränderlichem Kapital. Zudem wurde mit § 22 Abs. 2 InvG eine Inkompatibilitätsregelung für das Verhältnis KAG und Depotbank eingeführt vgl. Köndgen/Schmies, in: BRH, § 113 Rn. 32, 61.

96 Richtlinien 2001/107/EG und 2001/108/EG.

97 Vgl. BT-Drucks. 15/1553, S. 1.

98 Gesetz vom 15.12.2003, BGBl. I 2003, S. 2676; Vgl. dazu Reiss, S. 38 ff.

99 C. Nickel, S. 14.

100 Gesetz vom 21.12.2007, BGBl. I 2007, S. 3089. Zu den Änderungen für Immobilienfonds: Kestler/Benz, in: BKR 2008, S. 403 (407 ff.).

101 BT-Drucks. 16/5576, S. 1 f., 48-51; C. Nickel, S. 15; Zetzsche, in: ZBB 2007,

dingungen für inländische Investmentvermögen sowie Regelungen über im Inland öffentlich vertriebene Anteile an ausländischen Investmentvermögen.[102]

B. Die Grundprinzipien des Investmentmodells

I. Kollektive Kapitalanlage in Fremdverwaltung unter Beachtung des Grundsatzes der Risikomischung

Das Investmentmodell, das ursprünglich eine Anlagemöglichkeit für Kleinanleger darstellte, die bei nur geringem Risiko investieren wollten,[103] hat sich von seiner starren Fixierung auf diese Anlegergruppe gelöst und richtet sich heute sowohl an Kleinanleger, an risikofreudige und erfahrene Anleger sowie an institutionelle Investoren.[104] Das Investmentmodell im Sinne des InvG zeichnet sich durch von der jeweiligen Zielgruppe unabhängige Strukturprinzipien,[105] vor allem *kollektive Kapitalanlage*,[106] *Fremdverwaltung* und Beachtung des Grundsatzes der *Risikomischung*[107], aus.[108] Neben den genannten Prinzipien stehen noch weitere Grundsätze, die sich aus den Vorschriften des InvG ermitteln lassen: So bestehen beispielsweise gemäß § 2 Abs. 2, Abs. 4 InvG in Verbindung mit den Vorschriften über die jeweiligen Sondervermögen bestimmte Zulässig-

S. 438 ff.; Rinas, in: BBEV 2007, S. 184 ff.

102 Köndgen/Schmies, in: BRH, § 113 Rn. 32. Zu den Änderungen: Volhard/Wilkens, in: BB 2008, S. 1195 ff.; Reiter/Plumridge, in: WM 2012, S. 343 ff. und 388 ff.

103 Das Erfordernis der Heranführung des „Kleinen Mannes" an den Kapitalmarkt und die Problematik des Erfordernisses laufender Überwachung der Anlage durch den Kleinanleger beschreibt Geßler, in: WM-Beilage 4/1957 S. 10. Zur Investment-Idee vgl. Mol, S. 113.

104 Köndgen/Schmies, in: BRH, § 113 Rn. 9. Für institutionelle Investoren sind die §§ 2 Abs. 3 und 91 ff. InvG bedeutsam. Zu den großen Volumen der Spezialfonds vgl. BVI, Jahrbuch 2010, S. 4, 6. Köndgen/Schmies, in: BRH, § 113 Rn. 9 Fn. 2.

105 Im Überblick bei: Möllers, in: BKR 2011, S. 353 (354 ff.).

106 Diese ermöglicht die „Bewegung großer Summen" mit kleinen Beteiligungen, vgl. Köndgen/Schmies, in: BRH, § 113 Rn. 3.

107 Vgl. § 1 S. 2 InvG. Im Hintergrund der Risikomischung steht der Gedanke einer Risikovermeidung. Dabei sollen Risiken antizipiert ausgeschlossen werden. Bei der Risikomischung wird eine Risikodiversifizierung (Risikostreuung) vorgenommen. Der Erfolg kann durch die abgestimmte Auswahl im Risikoverhalten korrelierender Titel erzielt werden, vgl. Köndgen/Schmies, in: BRH, § 113 Rn. 1 und 67 ff.; Beckmann, in: Investment-Handbuch (EL 5/11), 410 § 1 Rn. 36 ff.; BVerwG NJW 1980, S. 2482. In Bezug auf die Risikomischung ist § 73 InvG für Immobilien-Sondervermögen zu beachten.

108 Gläbe, S. 144; Köndgen/Schmies, in: BRH, § 113 Rn. 1 ff.

keitskriterien für die in Betracht kommenden Vermögensgegenstände. Aus § 2 Abs. 2 InvG folgt ebenfalls das (grundsätzliche) Erfordernis der Rückgabemöglichkeit hinsichtlich der Anteile durch die Anleger. Gemäß § 5 Abs. 1 S. 1 InvG existiert eine Investmentaufsicht, die durch die Bundesanstalt für Finanzdienstleistungsaufsicht (im Folgenden: BaFin) wahrgenommen wird.

1. Kollektive Kapitalanlage in Fremdverwaltung

Kollektive Kapitalanlage wird so verwirklicht, dass durch kleine Beteiligungen einer großen Zahl von Anlegern hohe Mittel zur Schaffung eines breiten und effektiven Portfolios konzentriert werden. Das Investmentgeschäft führt in diesem Sinne zur Bildung eines Publikums-Sondervermögens, welches für die Anleger durch eine KAG (fremd-)verwaltet wird. In Abgrenzung dazu steht das nur nicht natürlichen Personen offenstehende Spezial-Sondervermögen im Sinne des § 2 Abs. 3 InvG.[109] Es zeichnet sich durch die Beschränkung auf einen begrenzten Anlegerkreis aus.[110] In beiden Fällen (Publikums-Sondervermögen und Spezial-Sondervermögen) wird die Kapitalanlage fremdverwaltet. Diese *Fremdverwaltung* zeichnet sich durch die Wahrnehmung von Vermögensinteressen der Anleger für eine bestimmte Dauer aus.[111] Angesichts dessen, dass die Anleger die Anlageform in der Regel unter anderem wählen, weil sie eine kompetente Verwaltung voraussetzen, die sie selbst angesichts mangelnder Fähigkeiten und/oder Kenntnisse nicht aufweisen, finden sich im Gesetz Regelungen, die eine kompetente *Fremdverwaltung* sicherstellen sollen.[112] Darüber zeigt sich dieser Gedanke in dem in § 9 Abs. 5 InvG beschriebenen Auftrag an das Bundesministerium der Finanzen, eine Rechtsverordnung zu erlassen, die sich mit Verhaltensregeln sowie der ordnungsgemäßen Geschäftstätigkeit, dabei insbesondere mit dem Erkennen, Vorbeugen und Umgehen mit Interessenkonflikten, befasst. Mit der am 28. Juni 2011 ausgefertigten Verordnung zur Konkretisierung der Verhaltensregeln und Organisationsregeln nach dem Investmentgesetz, der (sogenannten „Investment-Verhaltens- und Organisationsverordnung" (im Folgenden: InvVerOV) ist die BaFin dem nachgekommen.

---

109 Die Negativabgrenzung lautet: Ein Fonds ist ein Publikumsfonds, wenn er kein Spezialfonds ist. Vgl. dazu: Reiter, in: Kümpel/Wittig, 9.58 ff. Zu den Änderungen im Jahr 2007, vgl. Volhard/Wilkens, in: BB 2008, S. 1195 (1199); Beckmann, in: Investment-Handbuch (EL 8/11), 410 § 2 Rn. 3; Zetzsche, in: ZBB 2007, S. 438 (449).

110 Steck, in: B/S/L, I Vor §§ 91 bis 95, Rn. 1.

111 Zur Definition des Vermögensverwaltervertrages: BGH WM 1998, S. 21 (22); Schäfer, in: Schwintowski/Schäfer, § 19 Rn. 12 ff.; Schwintowski, § 15 Rn. 9 ff.; Leverenz, in: ZBB 1995, S. 157 (163); Sprockhoff, in: WM 2005, S. 1739.

112 § 33 Abs. 1 S. 1 Nr. 4, Abs. 2 KWG und § 6 Abs. 3 S. 1 InvG. Kritisch: Reiss, S. 33.

2. Risikomischung

Risikomischung wird im InvG begrifflich vorausgesetzt, jedoch nicht definiert.[113] Das Prinzip beschreibt die Streuung der Anlage auf verschiedene Anlagegegenstände. Durch diese Streuung wird im Rahmen des jeweiligen Sondervermögens das Risiko eines erheblichen Substanzverlustes verringert.[114] Im Hinblick auf die Risikomischung ist zu beachten, dass Diversifikationsdefizite einer KAG, die sowohl anfänglich, als auch nachträglich auftreten können, angesichts des Gesetzeszwecks nicht die Anwendbarkeit des InvG ausschließen.[115] Auch wenn der Kern des Risikomischungsgebots stets unantastbar ist, sind die „Randzonen" weich.[116] Allerdings fehlt es an einer allgemein für jedes Sondervermögen und jeden Anleger geltenden Formel für „notwendige Streuung". Durch das Gesetz wird aber ein Spielraum vorgegeben, der durch die jeweiligen Vertragsbedingungen konkretisiert und durch eine mit der Vornahme des Investmentgeschäfts zu erfolgende Aufklärung des Anlegers eingerahmt wird.[117] So wird das der Anlageentscheidung zugrunde liegende Vertragswerk, einschließlich der Risikoaufklärung und Prospekte, primär maßgebend für den Inhalt des spezifischen Anlageprogramms – und dessen spezifische Chancen und Risiken[118] – und damit entscheidend für die Frage der Beachtung der Risikomischungsgrundsätze und der Feststellung etwaiger Abweichungen.[119] Die Grundlage für eine willensmängelfreie und risikobewusste Entscheidung des Anlegers im Vorfeld der Anlageentscheidung bilden dabei die Publizitäts- und Transparenzanforderungen der §§ 121 bis 142 InvG, die die mit Ausnahme der

---

113 Dazu: Beckmann, in: Investment-Handbuch (EL 5/11), 410 § 1 Rn. 53.

114 Schimrock, S. 43; Reiss, S. 44 f.; Obermann, S. 114 ff. Beckmann, in: Investment-Handbuch (EL 5/11), 410 § 1 Rn. 46 beschreibt Risikomischung als „Mischung möglicher Verlustrisiken und Mischung möglicher Gewinnchancen". Zur Abmilderung des Gebots der Risikomischung während der Anlaufphase eines Fonds vgl. § 65 S. 3 InvG. Zur zweifelhaften Begriffsvermischung mit „Risikominimierung" vgl. Reiss, S. 229. Eine geografische Risikostreuung ist wie zur Zeit der Geltung des KAGG nicht erforderlich, vgl. zum KAGG BGH WM 2001, S. 2053 f.

115 Zum KAGG: Gschoßmann, S. 56; Zum InvG: Reiss, S. 45. Dies gilt, wenngleich die Beachtung des Grundsatzes der Risikomischung für die Frage der Anwendbarkeit des InvG konstitutiv ist, vgl. Beckmann, in: Investment-Handbuch (EL 5/11), 410 § 1 Rn. 35, 59 f.

116 Köndgen, in: WuB I G 4. – 1.02, S. 321 (324) spricht von einem dispositiven Randbereich.

117 Köndgen/Schmies, in: BRH, § 113 Rn. 70.

118 Schimrock, S. 43 f.; Köndgen/Schmies, in: BRH, § 113 Rn. 71.

119 Reiss, S. 214 ff.; Dies stützend, allerdings zum KAGG: BGH WM 2001, S. 2053 (2054).

Anteilsrückgabe bestehende Vorenthaltung der Anlagekontrollbefugnisse seitens der Anleger ausgleichen. Einen vollständigen Kapitalschutz kann ein Fonds jedoch nicht bieten, sodass der Schutz des Anlegers diesbezüglich, insbesondere aber in Bezug auf unsystematische Risiken – also anlage- und emmittentenspezifische Risiken –, nicht umfänglich ist.[120] Bemerkenswert ist hinsichtlich des Zwecks der Risikomischung, den Anlegerschutz zu fördern, dass Risikomischung im Sinne des § 1 S. 2 InvG an sich obligatorisch für die Frage des Anwendungsbereichs des InvG ist.[121] Das führt in Übereinstimmung mit den bereits beschriebenen und im Rahmen des InvG möglichen – wenngleich nicht wünschenswerten – Diversifikationsdefiziten dazu, dass nur kollektive Anlagegeschäfte, die den Grundsatz der Risikomischung gänzlich missachten, außerhalb des Anwendungsbereichs des InvG stattfinden,[122] während das die Anleger schützende InvG für seine Anwendung nicht der exakten Beachtung des für jedes Sondervermögen geltenden Gebots der Risikomischung bedarf. Gleichwohl sind gegen den Grundsatz der Risikomischung verstoßende Geschäfte nicht verboten.[123] Vor diesem Hintergrund enthält der Bezeichnungsschutz nach § 3 InvG für die Frage des Schutzes der Anleger insofern Bedeutung, als die Anleger schon anhand der Gesellschaftsbezeichnung die Unterschiede der Anlagegeschäfte (innerhalb und außerhalb des InvG) erkennen können sollen.[124]

Die Risikomischung dient, wie bereits erwähnt, der Risikobegrenzung durch eine zur Vermeidung erheblicher Substanzverluste vorgenommenen Streuung.[125] Betrachtet man diesen zum Schutz des Sondervermögens existierenden Grundsatz, sind Risikoerhöhungsfaktoren zu betrachten. Für das Risikoprofil sind Geschäfte mit Derivaten[126] oder Leerverkäufe[127] von Bedeutung, deshalb sind die Auswirkungen solcher Geschäfte – falls sie zulässig sind – gemäß § 42 Abs. 3 InvG im Verkaufsprospekt an hervorgehobener Stelle zu erläutern. Überdies spielt die Möglichkeit der Kreditaufnahme für Immobilien-Sondervermögen eine wichtige Rolle, wofür normativ vor allem die §§ 53 und 80a InvG bedeutsam sind.[128] Die sich aus § 53 InvG ergebende Möglichkeit, kurzfristige Kredite auf-

---

120 Köndgen/Schmies, in: BRH, § 113 Rn. 2. Kritisch zur Tendenz der „Schutzlückenschließung" vgl. Schäfer, S. 31. Zu den Ursprüngen der Entwicklung des Anlegerschutz vgl. Hopt, Gutachten, G 44 ff.

121 Zu den Einschränkungen und zur Abmilderung im Sinne des § 65 S. 3 InvG.

122 Zur Differenzierung: Reiss, S. 44 f.

123 BGH NJW 2010, S. 1077 (1078).

124 Mit Beispielen: Beckmann, in: Investment-Handbuch (EL 4/09), 410 § 3 Rn. 2 ff.

125 Beckmann, in: Investment-Handbuch (EL 5/11), 410 § 1 Rn. 46.

126 Vgl. dazu insb. die §§ 51 Abs. 2; 90b Abs. 8; 112 Abs. 1 S. 2 Nr. 1 InvG.

127 Vgl. dazu insb. die §§ 59; 112 Abs. 1 S. 2 Nr. 2, Abs. 4; 113 Abs. 1 S. 3 InvG.

128 Dabei ist gemäß § 26 Abs. 1 Nr. 1 InvG grundsätzlich die Zustimmung der Depotbank

zunehmen, dient dem Zweck der Vorschrift nach der Abwendung finanzieller Schwierigkeiten, nicht dagegen dem Aufbau einer kreditfinanzierten Fondsentwicklung.[129] Vielmehr soll die den Ausnahmefall einer kurzfristigen finanziellen Instabilität beschreibende Regelung der Verhinderung von *Leverage-Strategien*[130] zulasten des Sondervermögens dienen.[131] Die in § 53 InvG enthaltenen Kriterien „Kurzfristigkeit“, „10 Prozent des Sondervermögens“, „Marktüblichkeit“ und „Vorsehung durch die Vertragsbedingungen“ werden für Immobilien-Sondervermögen in § 80a InvG modifiziert: Hier sind „30 Prozent des Verkehrswertes der Immobilien“,[132] „Vorsehung durch die Vertragsbedingungen“, „ordnungsgemäße Wirtschaftsführung“, „Marktüblichkeit“ und „Grenze des § 82 Abs. 3 S. 2 InvG“ maßgeblich. Unterstrichen wird die Modifikation durch § 82 Abs. 3 InvG, wonach vor dem Hintergrund einer angenommenen Wertstabilität der Immobilien eine (langfristige) Belastung der Vermögensgegenstände des Sondervermögens möglich ist.[133] § 82 Abs. 3 InvG bildet dabei eine Ausnahme zu § 31 Abs. 5 InvG.

II. Wahrung der Anlegerinteressen

1. Allgemeines

Im InvG findet sich mehrfach die Bezeichnung *Interesse der Anleger*. Durch Aufnahme in zentrale Vorschriften[134] obliegt die Wahrung dieses *Anlegerinteresses* sowohl der KAG als auch der Depotbank. Zur Auslegung, aber auch bereits zum Verständnis der in Bezug genommenen Vorschriften, ist eine Begriffsbestimmung erforderlich. Im InvG findet sich keine Definition des *Interesses der Anleger*. Gleichwohl können die Pflichtenkataloge für die KAG und die Depotbank als Konkretisierungen gesehen werden. Der das Verhalten der KAG beschreibende § 9 InvG zeigt beispielsweise in § 9 Abs. 2 Nr. 1 InvG, dass das

---

erforderlich. Zur Kreditvergabe vgl. Köndgen/Schmies, in: BRH, § 113 Rn. 73, 102.

129 Brümmer, in: B/S/L, I § 53 Rn. 1, 2, 13.

130 Eine Leverage-Strategie führt zu kreditfinanzierten Investitionen mit dem Ziel, einer über die Zinsen hinausgehenden Rendite, vgl. Schmitz, S. 74; Schultz-Süchting/Thomas, in: WM 2009, S. 2156 (2158). Vgl. dazu auch § 112 Abs. 1 S. 2 Nr. 1 InvG.

131 Köndgen/Schmies, in: BRH, § 113 Rn. 72.

132 Zuletzt geändert durch Art. 3 des Gesetzes zur Stärkung des Anlegerschutzes und Verbesserung der Funktionsfähigkeit des Kapitalmarkts (Anlegerschutz- und Funktionsverbesserungsgesetz), vgl. BR-Drucks. 101/11, S. 9.

133 Köndgen/Schmies, in: BRH, § 113 Rn. 102. Dazu und zur Darlehensgewährung an Immobiliengesellschaften vgl. Schneider, in: NZG 2008, S. 5 (6 ff.).

134 Vgl. z.B. § 9 Abs. 2 Nr. 1, Nr. 3; § 22 Abs. 1 S. 1 InvG.

Interesse der Anleger stets durch die KAG zu beachten ist, sodass eine Verletzung der *Anlegerinteressen* durch die KAG sich beispielsweise auf die Wirksamkeit von Weisungen an die Depotbank im Sinne des § 22 Abs. 1 S. 2 InvG auswirken kann.[135] Darüber hinaus kann sich das *Interesse der Anleger* beispielsweise im Rahmen des § 29 Abs. 1 InvG in Verbindung mit § 22 Abs. 1 S. 2 InvG auf eine Auszahlung eines Aufwendungsersatzes an die KAG auswirken. Vor dem Hintergrund, dass eine Weisung der KAG an die Depotbank, die bei Erwerbstatbeständen gemäß § 25 S. 2 Nr. 1 InvG ergehen wird, lediglich dann gemäß § 22 Abs. 1 S. 2 InvG verbindlich ist, wenn sie nicht gegen gesetzliche Vorschriften oder die Vertragsbedingungen verstößt,[136] müssen die Ausprägungen des *Anlegerinteresses* begrifflich erfasst werden. Auch wenn sich der konkrete Inhalt des *Interesses der Anleger* nicht aus den Vorschriften erschließt, die darauf Bezug nehmen, ist schon begrifflich offensichtlich, dass der Zweck im Schutz der Anleger wurzelt.

2. Das Interesse der Anleger als Ausprägung des Anlegerschutzes

Zur Bestimmung des *Anlegerinteresses* ergibt sich neben den Pflichtenkatalogen der Institute zunächst ein Anhaltspunkt aus den Vertragsbedingungen zwischen KAG und den Anlegern. Daraus können – vor allem anhand des Anlageziels, das primär ertragsorientiert und eher risikoreich, primär risikoavers und eher stetig oder auch anders gelagert sein kann – Anhaltspunkte über das wirtschaftliche *Interesse der Anleger* entnommen werden.[137] Wirtschaftlich liegt das *Interesse der Anleger* in der Regel auf möglichst hohen Erträgen bei möglichst geringem Risiko.[138] Darin deutet sich ein Spannungsverhältnis an. Dieses lässt sich mit *Growth-* und *Value-Funds* illustrieren: *Überdurchschnittliche Zuwächse* sollen Wachstumsfonds (*Growth-Funds*) erzielen, die sich regelmäßig durch eine

---

135 Reiss, S. 353.

136 Unter gesetzliche Vorschriften fallen nach Auffassung der BaFin das InvG, sämtliche auf Grundlage des InvG erlassenen Verordnungen sowie sämtliche über Verweise in das InvG integrierte Vorschriften und Verordnungen, vgl. BaFin, Rundschreiben 6/2010 (WA) vom 02.07.2010 zu den Aufgaben und Pflichten der Depotbank nach den §§ 20 ff. InvG, Ziff. VIII. 1. b).

137 Zu den Investitionszielen und -entscheidungskriterien vgl. Billand, in: Schäfer/Conzen, S. 46 f. Die zentrale Rolle der Vertragsbedingungen ergibt sich vor allem aus den gesetzlichen Vorgaben. Beispielhaft genannt seien die §§ 43 Abs. S. 1 und 42 Abs. 1 S. 3 Nr. 14 InvG.

138 Reiss, S. 214. Zu den Zielrichtungen vgl. Beckmann, in: Investment-Handbuch (EL 5/11), 410 § 1 Rn. 113 ff. Vgl. zu diesen Erwägungen Barocka, S. 34 ff.

hohe Umschlagshäufigkeit auszeichnen.[139] Diese Fonds sind häufig thesaurierend ausgestaltet. Auf Rendite gerichtete Fonds (*Value-Funds*) zielen dagegen auf *stetige Zuwächse*, die vor allem durch Dividenden erzielt werden. Durch längeres „Halten" soll das Risiko bei diesen Fonds geringer sein.[140]

Die Vertragsbedingungen können freilich eine bestimmte Ausrichtung des Sondervermögens vorsehen, beispielsweise die Investition in für bestimmte Zwecke genutzte Immobilien,[141] dennoch kann das *Interesse der Anleger*, trotz der sich in den Vertragsbedingungen befindenden Definitionen der Inhalte der jeweiligen Verwaltungspflicht und der Aufführung einer anlagespezifischen Risiko- und Ertragserwartung[142], nicht auf die jeweiligen Vertragsbedingungen reduziert werden.[143] Dies folgt bereits aus § 22 Abs. 1 S. 2 InvG, der im Zusammenspiel mit § 22 Abs. 1 S. 1 InvG zeigt, dass das *Interesse der Anleger* sich sowohl aus den gesetzlichen Vorschriften als auch aus den Vertragsbedingungen ergibt. Zwar ließen sich die Regelungen über die Verschmelzung von Sondervermögen dahingehend interpretieren, dass das *Interesse der Anleger* den Vertragsbedingungen entnommen werden kann,[144] andererseits oblägen dann Formulierung und Ausgestaltung des Interesses final den KAGen. Deren eigenes Interesse wird jedoch stets mindestens teilweise von dem der Anleger abweichen, sodass Interessenkollisionen durchaus denkbar sind.[145] Sieht man das Primärziel der KAG im Erfolg des Unternehmens,[146] hilft selbst die Unterstellung, eine KAG habe zur Erreichung des Unternehmenserfolges ein Interesse an einer umfassenden Berücksichtigung der *Anlegerinteressen* (im Rahmen der Ausgestaltung ihrer Vertragsbedingungen),[147] beispielsweise, um Ansprüchen der Anleger nicht ausgesetzt zu sein, sodass diesbezüglich eine Übereinstimmung zwischen Anleger- und Unternehmens- oder Gesellschaftsinteresse vorläge,[148] nicht weiter: Man bleibt, schon angesichts der zwischen den Vertragsbedingungen verschiedener KAGen und verschiedener Sondervermögen bestehenden Unterschiede, auf die einheitliche Aussagekraft der die Vertragsbedin-

139 Beckmann, in: Investment-Handbuch (EL 1/05), 410 § 4 Rn. 18.

140 Beckmann, in: Investment-Handbuch (EL 1/05), 410 § 4 Rn. 18.

141 Klusak, in: B/S/L, § 73 Rn. 1.

142 Vögele/Kobes, in: IStR 2001, S. 787 (790).

143 In diese Richtung: Reiss, S. 394 trotz Zweifeln (S. 216), dass die Angaben der Vertragsbedingungen den gesetzlichen Vorgaben genügen.

144 Vgl. insb. § 40e InvG.

145 Eingehend zu der auf unvollständiger Information aufbauenden Principal-Agent-Theorie: Veltmann, S. 13 ff.

146 Vgl. König, S. 39 ff.

147 Zu der Formulierung „client risk is our risk" vgl. PwC, S. 81.

148 Zum Unternehmens- und Gesellschaftsinteresse vgl. Heiser, S. 93 ff, 106 ff., 120 f.

gungen umrahmenden Vorschriften angewiesen. Denn obwohl das InvG einen Spielraum hinsichtlich der Gestaltung der Vertragsbedingungen gewährt, setzt es diesen in den §§ 41; 43 InvG zugleich einen Rahmen, der durch Vorschriften zur Organisation der KAG ergänzt wird. So lässt der Rahmen im Zusammenspiel der Vorschriften zwar Konturen erkennen, dennoch erscheint zur Ausfüllung des Inhalts des *Interesses der Anleger* ein Rückgriff auf den diese Interessen spiegelnden Anlegerschutz und seine Ausprägungen sinnvoll.[149] Angesichts der begrifflichen (und inhaltlichen) Weite darf dieser allerdings nur insoweit erfolgen, als er weder zu einer Aushöhlung des Gesetzestextes noch der Vertragsbedingungen führt. Das wäre dann der Fall, wenn man den Anlegerschutz in mit seinen allgemeinen Ausprägungen als Zusatzvoraussetzung zu einzelnen Vorschriften erklären würde. Richtigerweise sind daher lediglich die investmentspezifischen Ausprägungen des Anlegerschutzes über das *Interesse der Anleger* in die jeweiligen Normen hineinzulesen.[150] Dafür müssen allerdings zuvorderst die Risikogruppen und die jeweils Betroffenen festgestellt werden.

3. Wesentliche Ansätze zur Kategorisierung – Risikoidentifikationsebene

Abstrakt betrachtet[151] soll Anlegerschutz eine Ausprägung des die Marktordnung umgebenden rechtlichen Schutzes des gegenüber dem jeweiligen Vertragspartner[152] als schwächer erachteten Anlegers darstellen. Dem liegt der Gedanke zugrunde, dass der Anleger kumulativ oder alternativ Defizite in Bezug auf wirtschaftliche Verhältnisse, Informationsgrad, Fähigkeiten, Schulungsmöglichkeiten sowie Hilfsmittel und verfügbare Zeit aufweist.[153] Der so nur we-

---

149 Vgl. Hopt, S. 317.

150 Vgl. Hopt, S. 325 f.

151 Zu den unterschiedlichen Definitions- und Begründungsansätzen, vgl. nur Schäfer, S. 23 ff.

152 Dies kann ein Unternehmen sein, das Effekten ausgibt, ebenso aber ein die Effekten vermittelndes Kreditinstitut. Zum Begriff vgl. Hopt, S. 74.

153 Die starke Stellung der Investment Banker beschrieb Brandeis, S. 4, 5 ff., 109, bereits 1913/1914, als „dominant element in our financial oligarchy". Hopt, S. 8. Zum Anlegerschutz als Rechtsprinzip, vgl. Wiedemann, in: BB 1975 S. 1591 (1593); König, S. 18; Mauser, S. 29. Zum Anlegerschutz vgl. ebenso Schwark, S. 12; Anlegerschutz als eine Ausprägung des Sozialstaatsprinzips: Hopt, S. 261 ff.; Thiel, S. 12; Schacht, S. 22, 33 ff. Kritisch: Kohl/Kübler/Walz/Wüstrich, in: ZHR 138 (1974) S. 1 (15 f.). Zur Herleitung vor allem vor dem Hintergrund der Faktoren „Information", „Marktentwicklung", „Marktversagen", und „Risiko" vgl. König, S. 17; Zu den neueren Entwicklungen vgl. Schmitz, S. 25 ff., insb. S. 29.

nig greifbare Inhalt des Anlegerschutzes wird durch die zu vermeidenden Anlegerrisiken konkretisiert, in denen sich der Anlegerschutz ausprägt. Die jeweiligen Anlegerrisiken weisen je nach Blickwinkel unterschiedliche Ausprägungen auf.[154] Sie resultieren dabei vor allem aus einer Informationsdisparität zwischen Anlegern, Kapitalsuchenden und Finanzintermediären sowie aus den verschiedenen Interessen der Beteiligten.[155] Anlegerschutz setzt dabei so an, dass einerseits der Anleger unter individuellen Gesichtspunkten geschützt wird (Individualschutz),[156] sich der Schutz daneben aber auf die Funktionsfähigkeit und Integrität des Kapitalmarktes (Funktionsschutz) erstreckt.[157] Die sich daraus bei flüchtiger Betrachtung ergebenden Gleichschaltungsschwierigkeiten zwischen Individual- und Funktionsschutz sollen sich dahingehend auflösen, dass das Vertrauen des Anlegers und das Vertrauen weiterer (potenzieller) Anleger zur Stabilität des Kapitalmarktes und damit zur Stabilität bisheriger Anlagen beitragen.[158]

Allgemeine Ausprägungen des Anlegerschutzes liegen nach *Hopt*[159] in der *Substanzerhaltung*, der *Information*, der Minimierung des *Abwicklungs- und Verwaltungsrisikos*, der *Interessenvertretungswahrung* und der Vermeidung des *Konditionenrisikos*. Das Risiko der *Substanzerhaltung* beinhaltet die Gefahr vor einer teilweisen oder vollständigen Einbuße der Anlage.[160] Das *Informationsrisiko* erfasst unzureichende oder falsche Informationen.[161] Das *Abwicklungs- und Verwaltungsrisiko* erfasst demgegenüber einen unintegeren Umgang mit den zur Verwaltung anvertrauten Werten.[162] Das *Interessenvertretungsrisiko* liegt in der mangels eigener Interessenwahrnehmung vorgenommenen Beauftragung bestimmter Organe oder Instanzen und birgt einerseits das Potenzial sich in einer missbräuchlichen Ausnutzung von Stimmrechtsvollmachten oder der

154 Einen empirisch-historischen Ansatz wählt Hopt, S. 82 ff. Kritisch dazu Schäfer, S. 28 und 30. Zur Herleitung der verschiedener Anlegerschutzausprägungen vgl. Schäfer, S. 23 ff. Das Verständnis des Begriffs „Risiko“ variiert dabei je nach Blickwinkel: Fischer, in: Die Bank 1994, S. 636.

155 Vgl. Caspari, in: Anleger- und Funktionsschutz, S. 7 (8); Fleischer, Gutachten, F 23.

156 Hopt, S. 334 f.

157 Zu den Ausprägungen: Schneyder, in: MüKoIntKapMR, Rn. 14 ff.; Hopt, S. 336 f.; Fleischer, Gutachten, F 25, F 28. Schneyder, in: MüKoIntKapMR, Rn. 19; Caspari, in: Anleger- und Funktionsschutz, S. 7 (8) sieht den Schutz der Anlegerschaft als Teilaspekt des überindividuellen Funktionsschutzes.

158 Zur Kontroverse und deren Auflösung, vgl. Hopt, S. 336 f.

159 Hopt, Der Kapitalanlegerschutz im Recht der Banken.

160 Hopt, S. 53, 83 ff.; Sethe, S. 127 ff.

161 Hopt, S. 53, 88 ff.; Sethe, S. 134. Zu Haftungsfolgen fehlerhafter Beratungen: Sartowski, S. 43 ff.

162 Hopt, S. 54, 132 ff.; Sethe, S. 134 ff.

damit zusammenhängenden Informationen zu realisieren, andererseits in einer fehlerhaften Weitergabe der Informationen.[163] Das *Konditionenrisiko* schlägt sich hingegen in den Bedingungen der Anlage nieder und kann einerseits in der Preisgestaltung der Leistungen der Kredit- oder Spezialinstitute[164] zutage treten, andererseits in Möglichkeiten der Freizeichnung von Haftungsrisiken aufgrund mangelhafter Leistungen oder fehlerhafter Beratungen bestehen.[165] Diese Ausprägungen werden zahlreich anders bezeichnet und/oder davon abweichend beurteilt.[166] Beispielsweise legt *Thiel*[167] aufgrund eines Überschneidungspotenzials *Substanzerhaltungsrisiko* und *Interessenvertretungsrisiko* unter der Bezeichnung des Risikos des *Verwaltungsinteresses* zusammen. *König*[168] gliedert demgegenüber in *Liquiditätsinteresse*, *Risikominimierungsinteresse*, *Ertragsmaximierungsinteresse* sowie *Aufwandsminimierungsinteresse* und ergänzt das *Werterhaltungsinteresse*, welches jedoch nur begrifflich vom *Substanzerhaltungsinteresse* abweicht. *Schwark*[169] teilt die zu schützenden Interessen ein in das *Interesse an einer sachgerechten Anlageentscheidung*, das *Interesse an der Erhaltung der Vermögenslage*, das *Ertragsinteresse* sowie das *Liquidationsinteresse.*

An diesen abstrakten Systematisierungsansätzen wird aufgrund fehlender Vollständigkeit, einer fehlenden Gewichtung sowie wegen des Fehlens einer Differenzierung zwischen dem Risikobereich und dem Risikoschutzbereich des Anlegers Kritik geübt.[170] Ein weiterer Ansatz wird deshalb auf die Risikogruppenbildung der *Financial Services Authority* (im Folgenden: FSA) gestützt.[171] Die FSA unterteilt die wesentlichen Risiken in vier Gruppen: Als *Prudential-Risk* wird das Risiko eines Unternehmenszusammenbruchs bezeichnet. Das *Bad-Faith-Risk* bezeichnet das Risiko aufgrund von Betrug oder Irreführung sowie aufgrund des Vorenthaltens wesentlicher Informationen seitens des die Finanzprodukte anbietenden Unternehmens. Das Risiko, im Hinblick auf individuelle Erfordernisse unpassende Produkte zu erwerben oder unpassende Dienstleistungen in Anspruch zu nehmen, wird als *Complexity / Unsuitability-*

---

163 Hopt, S. 54, 137 ff. Sethe, S. 146.

164 Beckmann, in: Investment-Handbuch (EL 9/09), 410 § 7 Rn. 1.

165 Hopt, S. 54, 144 ff.; Sethe, S. 146. Unter das Konditionenrisiko kann auch der Erwerb eines für individuelle Belange ungeeigneten Finanzproduktes fallen, vgl. dazu Caspari, in: Anleger- und Funktionsschutz, S. 7 (8).

166 Zu den Ansätzen vgl. Gringel, S. 69 ff. Wiedemann, in: BB 1975, S. 1591 (1594).

167 Thiel, S. 14 ff.

168 König, S. 27.

169 Schwark S. 10 f.

170 Vgl. Fleischer, Gutachten, F 32; Werlen, S. 32 ff. Einen Überblick über Marktrisiken liefern Vögele/Kobes, in: IStR 2001, S. 787 (790).

171 FSA, Regulator, Rn. 11; Fleischer, Gutachten, F 33.

Risk bezeichnet. Schließlich bezeichnet das *Performance-Risk* das Risiko einer von der Ertragserwartung in negativer Hinsicht abweichenden Entwicklung des Finanzprodukts.

Durch die BaFin werden die wesentlichen Risiken im Hinblick auf die Mindestanforderungen an das Risikomanagement (MaRisk) ebenfalls in vier Gruppen unterteilt.[172] In einer ersten Gruppe wird dabei das Risiko der Nichtleistung trotz eines entsprechenden Anspruchs eines Instituts (*Adressenausfallrisiko*[173]) fokussiert. In einer zweiten Gruppe werden Preisveränderungen erfasst und dem sogenannten *Marktpreisrisiko* zugeordnet. Potenzielle Zahlungsausfälle des das Finanzprodukt anbietenden Instituts werden von der BaFin dem *Liquiditätsrisiko* als dritte Gruppe zugeordnet. Schließlich bilden Mängel bei der Interessenwahrung, Betrug im Innen- und im Außenverhältnis (*Fraud*) sowie Schäden und Ausfälle im Zusammenhang mit der Aus- und Durchführung von Maßnahmen als *operationelles Risiko* die vierte Gruppe.

4. Anwendung

Die dargestellten und weitere[174] Gruppierungs- und Differenzierungsansätze visualisieren mit mehr oder weniger stark ausgeprägter Abstrahierungstendenz den Umfang und die Komplexität der Anlagerisiken, ohne dass die Ausprägungen des Anlegerschutzgedankens vollständig erfasst und entwickelt sind.[175] Vielmehr resultieren die Ansätze aus der Wahrnehmung der Erscheinungsformen des Anlegerschutzes aufgrund zahlreicher das Spektrum der Ausprägungen nicht umfänglich erfassender Blickwinkel. Der jeweilige Standpunkt hängt nicht zuletzt auch davon ab, welcher Inhalt dem Begriff „Risiko" zugemessen wird. Teils stehen die Ansätze nebeneinander, teils konkretisieren oder modifizieren sie sich. So lassen auch die neueren Ansätze – unabhängig davon, ob sie über-

---

172 Vgl. BaFin, Rundschreiben 11/2010 (BA) – Mindestanforderungen an das Risikomanagement – MaRisk, AT 2.2, sowie bereits zuvor: BaFin, Rundschreiben 15/2009 (BA) vom 14.08.2009 – Mindestanforderungen an das Risikomanagement – MaRisk, AT 2.2.

173 Unter dieses Risiko lassen sich auch das Kontrahendenrisiko, also eine Verschlechterung der Bonität, und das Emmitentenrisiko, also das Ausfallrisiko fassen.

174 Sethe, S. 108 ff.; PwC, S. 16; Fischer, in: Die Bank 1994, S. 636 (640); Reiss, S. 210 ff.; Beckmann, in: Investment-Handbuch (EL 5/11) 410 § 1 Rn. 47; Beckmann, in: Investment-Handbuch (EL 1/10), 410 § 9a Rn. 35, 40 ff.; Straus, in: WM 1998, S. 2221 ff.

175 Schwark, S. 33 ff., S. 380 f.; Zum Ansatz der Einteilung nach Marktteilnehmern und zur Gliederung nach Teilmärkten: Fleischer, Gutachten, F 34 ff.; Zum Ziel der Systematisierungen vgl. Veltmann, S. 8.

haupt als zu den vorangegangenen Ansätzen konkurrierend, konkretisierend oder modifizierend zu sehen sind –, entweder ausdrücklich oder aufgrund ihres abstrakten Charakters (ebenfalls) schlüssig Ergänzungs- oder Konkretisierungspotenzial erkennen – wie dies als Vorwurf bezüglich der anderen Ansätze bereits im Raum stand. Die Erfassung möglicher Risiken variiert je nach Begriffsausfüllung. Gleichwohl tragen die dargestellten Risikoidentifikationsansätze, aus denen sich die wesentlichen Risiken ergeben,[176] zur Ausfüllung der Interessen bei und dienen der Risikoanalyse und -bewertung sowie zur Risikobewältigung, -steuerung und -überwachung,[177] sodass eine Systematisierung des Anlegerschutzgedankens vorgenommen werden kann; vor allem, soweit sich die Ansätze inhaltlich überschneiden. Daher erscheint es nicht sinnvoll, auf der Risikoidentifikationsebene eine Entscheidung für oder gegen die aufgeführten Ansätze zu treffen,[178] obwohl ebendies durch mögliche Widersprüche nahegelegt wird: So liegt ein Widerspruch zwischen dem *Performance-Risk* nach dem *FSA*-Ansatz und dem *Substanzerhaltungsrisiko* nach *Hopt* dahingehend nahe, dass, wenngleich beide Risikogruppen negative Entwicklungen erfassen, das *Performance-Risk* vor dem Hintergrund der Vorkehrungen zur Vermeidung des *Complexity / Unsuitability-Risk* in England als ein Risiko der Anleger betrachtet wird.[179] Damit wäre nach Zugrundelegung des *FSA*-Ansatzes das *Performance-Risk* vom Schutzbereich des Anlegerschutzes nicht erfasst.[180]

Grundsätzlich begegnen dieser Risikoverteilung keine Bedenken, jedoch muss diese Risikoverteilung einerseits unter dem Vorbehalt adäquater Beratung, andererseits unter dem Vorbehalt ordnungsgemäßer Verwaltung stehen, in beiden Fällen einschließlich der Kommunikation von Risikoerhöhungsfaktoren.[181] Dies führt zwar grundsätzlich zu einer Verlagerung des Risikos hin zu den Anlegern; lässt sich jedoch durch eine erhöhte Anlegerinformation sowie durch den im Bezug zum Risikomanagement bestehenden Pflichtenkatalog des § 9a InvG rechtfertigen.

---

176 Schwark, S. 11.

177 PwC, S. 18; Zu dieser Einteilung ist in Bezug auf Immobilienfonds § 80b I 2 InvG bedeutsam. Vgl. nur: Klusak, in: B/S/L, I § 80b Rn. 3 ff.

178 Zutreffend Fischer, in: Die Bank 1994, S. 636: „alle Sichtweisen von Risiko sind legitim, sie spiegeln die verschiedenen Perspektiven [...] wider!"; vgl. auch: Werlen, S. 32.

179 FSA, Regulator, Rn. 12.

180 Dies trifft allerdings nur auf Fälle ordnungsgemäßer Verwaltung zu. Bei zugleich nicht ordnungsgemäßer Verwaltung realisiert sich dagegen das Abwicklungs- und Verwaltungsrisiko.

181 Zum Schutz der Anleger bei der Darlehensgewährung an Immobiliengesellschaften: Schneider, in: NZG 2008, S. 5 (8 f.).

In Bezug auf die Risikoverteilung ist dabei ergänzend insbesondere auf die den Verwaltungsaufgaben der KAG zugehörige Pflicht zur jederzeitigen Überwachung der Risiken hinzuweisen, die in § 9a Nr. 1 InvG geregelt ist.

Das *Interesse der Anleger* ist vor dem Hintergrund der dargestellten Risikoidentifikationsansätze grundsätzlich abstrakt auf den Nichteintritt der jeweiligen Risiken ausgerichtet, unabhängig davon, ob es sich um institutsinterne oder um institutsexterne Risiken handelt. Der Schutz vor dem Eintritt der Risiken findet seine Grenze jedoch an der Eigenverantwortlichkeit des Anlegers, die primär informationsabhängig ist.[182] Im Vorfeld der Anlageentscheidung besteht so für den Anleger die Möglichkeit, von der Anlage Abstand zu nehmen, nach dem Anteilserwerb grundsätzlich die Möglichkeit der jederzeitigen Rückgabe. Vom Risiko her betrachtet ist also als *Interesse der Anleger* im Sinne des InvG ein gesetzlich relevantes Interesse zu verstehen, welches sich im Rahmen ausreichender Schutzvorkehrungen der KAG vor Risiken bewegt (Risikomanagement).[183] Nicht darunter zu fassen sind aber aufgrund einer ausreichenden Informationsgrundlage eigenverantwortlich gebildete Wünsche eines Anlegers, die – unabhängig davon, ob sie beispielsweise von Rationalität, Egoismus oder Unvernunft geprägt sind – objektiv nicht mit den anlageorientierten Interessen zu vereinbaren sind.[184]

Das *Interesse der Anleger* an sich bildet keine eigene Vorschrift, ist aber unter Berücksichtigung der jeweiligen Risiken im Rahmen der jeweiligen Vorschrift, in die das *Interesse der Anleger* integriert wurde, zu sehen. Schweigen spezielle Vorschriften, beispielsweise die das Substanzerhaltungsinteresse betreffende Vorschrift des § 67 Abs. 5 S. 1 InvG zu bestimmten Risiken (beispielsweise zu Interessenkonflikten), ist ein Rückgriff auf allgemeine Vorschriften nicht ausgeschlossen. Inwiefern ein Rückgriff in Betracht kommt, richtet sich nach der konkreten Vorschrift. In diesem Zusammenhang sind – abseits spezieller, noch zu betrachtender Vorschriften – die §§ 9 Abs. 1, Abs. 2 Nr. 1 und 22 Abs. 1 S. 1 InvG anzusehen: Während die KAG gemäß § 9 Abs. 2 Nr. 1 InvG zu einem Handeln im Interesse ihrer Anleger verpflichtet ist, etabliert § 22 Abs. 1 S. 1 InvG diese Pflicht auch für die Depotbank.

---

182 Zu den Grundsätzen einer anlage- und objektgerechten Beratung, vgl. BGH NJW-RR 2012, S. 43 (44); BGH NJW 2011, S. 1949 (1950); BGH NJW 2009, S. 1416 (1417); BGH NJW 2007, S. 1876. Vgl. auch Fn. 202.

183 Vgl. Kapitel 1, B. II. 6.

184 Schwark, S. 378; Heiser, S. 38 f.

Hier bereits deutet sich trotz gegenseitiger Unabhängigkeit[185] eine auf wechselseitige Pflichten gestützte Verbindung der Institute an, allerdings mit einer der Vermeidung von Anlegerschädigungen dienenden Distanz.

In Bezug auf das *Interesse der Anleger* vernachlässigbar ist ein abschließender Schutz vor der Realisierung der Gefahr, dass einzelwirtschaftliche Risiken durch Summation zu Gesamtmarktrisiken eskalieren und Finanzsystem kollabieren lassen. Ein solcher Schutz kann in diesem Zusammenhang nicht gewährt werden, wenngleich der KAG die „Sorgfalt eines ordentlichen Kaufmanns"[186] auferlegt wird und sowohl die KAG als auch die Depotbank dem *Interesse der Anleger* verpflichtet sind und es der Finanzmarktaufsicht und der Notenbank obliegt, Vorkehrungen zu treffen.

a) Die für das Interesse der Anleger maßgeblichen Personen

Zur Begriffsausfüllung des *Interesses der Anleger* im Sinne des InvG können also Anlegerschutzerwägungen zugrunde gelegt werden. Um den maßgeblichen Personenkreis zu bestimmen, muss das *Interesse der Anleger* allerdings wieder im Kontext des InvG betrachtet werden. Im Sinne des Anlegerschutzes gibt es auf die Frage nach der abstrakten Bezeichnung „des Anlegers" trotz diesbezüglicher Forderungen[187] (bisher) keine eindeutige Antwort.[188] Im Rahmen des InvG erscheint dies jedoch anders: Zwar trägt § 37 Abs. 1 InvG, wonach jedem Anleger gegen die Rückgabe seines Anteilsscheins sein Anteil am Sondervermögen aus diesem ausgezahlt wird, nicht zur Klarheit bei. Die Regelung ließe sich nämlich dahingehend verstehen, dass der Begriff „Anleger" im Sinne des InvG lediglich auf Personen zu beschränken sei, die einen Anteilsschein im Sinne des § 33 Abs. 1 InvG besitzen. Trotz der begrifflichen Differenzierung ist der Konzeption des InvG nach der Schutz des InvG aber nicht auf solche Personen beschränkt, denn auch wenn beispielsweise Personen im Vorfeld des Vertragsabschlusses nicht als Anleger, sondern als „am Erwerb eines Anteils Interessierte" bezeichnet werden,[189] sind sie im Sinne des InvG geschützt. Dass das InvG

185 Vgl. § 9 Abs. 1 S. 2; § 22 Abs. 1 S. 1 InvG.

186 Zu den Ausprägungen: Beckmann, in: Investment-Handbuch (EL 12/09), 410 § 9 Rn. 23 ff.

187 Zufferey, Rn. 600 f.

188 Sethe, S. 114 f.; Schäfer, S. 25; Fleischer, Gutachten, F21. Zu der Frage, wie mit Millionären und institutionellen Anlegern zu verfahren ist, vgl. Schäfer, S. 25. König, S. 19 reduziert auf die Formeln „Kleinsparer = schutzbedürftig" und „Großanleger = nicht schutzbedürftig".

189 Vgl. § 121 Abs. 1 InvG.

den Zeitpunkt, wann und die Art und Weise, wie jemand zum Anleger im Sinne obiger Darstellung wird, offenlässt,[190] zeigt darüber hinaus, dass die begriffliche Differenzierung im Rahmen des Gesetzes nicht als Schwelle für den persönlichen Schutzbereich des Anlegerschutzes angesehen werden soll und kann. Aus den Überlegungen ergibt sich damit die Frage nach dem Grund der Differenzierung vor dem Hintergrund der für das *Interesse der Anleger* maßgeblichen Personen. Betrachtet man zunächst lediglich das Kollektiv der in Betracht kommenden Personen, zeigt sich, dass die Personenkreise verschiedene Interessen aufweisen.

Anhand der Formulierung des InvG lassen sich hierbei drei Gruppen herausbilden:

(1) die an einer Anlage interessierten Personen,

(2) Personen, die vertraglich mit einer KAG verbunden sind, aber noch keinen Anteil zum Sondervermögen geleistet haben, und

(3) Anleger, die vertraglich mit einer KAG verbunden sind und bereits einen Anteil zum Sondervermögen geleistet haben (Anteilsinhaber).

Zwar rechtfertigt sich angesichts der Öffnung des Investmentmodells für alle Anleger die grundsätzliche Nichtvornahme einer schutzwürdigkeitsbezogenen Differenzierung der Anleger, wie sie vor allem zwischen natürlichen und juristischen Personen naheläge,[191] sodass man Zweifel gegen die obige Gruppenbildung vorbringen könnte. Gleichwohl sind die Gruppen den herausgearbeiteten Risiken unterschiedlich ausgesetzt, sodass sich die Einteilung rechtfertigen lässt: So können sich beispielsweise substanzerhaltungs-, interessenvertretungs- und verwaltungsbezogene Risiken für Personen, die lediglich an einer Anlage interessiert sind, nicht realisieren. Im Gegensatz dazu bedürfen gerade diese Personen insbesondere des Schutzes vor Informationsdefiziten. Dem tragen die §§ 41 ff. und §§ 121 ff. InvG maßgeblich Rechnung.[192]

---

190 Vgl. Reiss, S. 56, 98; Canaris, BVR, Rn. 2378 (Einzahlung); Gschoßmann, S. 100 (Abschluss des Kapitalanlagevertrages); Schulze-Osterloh, S. 146 (Ausgabe des Anteilsscheins).

191 Reiss, S. 48. Zur Anlegergleichbehandlung vgl. Fleischer, Gutachten, F 27; Peltzer, in: Übernahmeangebote, S. 179 (187). Zu diesem Gedanken vgl. auch § 53a AktG.

192 Die Schutzgesichtspunkte verändern sich auch sondervermögensspezifisch: Dabei ist besonders auf die für Spezial-Sondervermögen mögliche Einschränkung des Risikomischungsgrundsatzes nach § 91 Abs. 3 InvG hinzuweisen, vgl. Zetzsche, in: ZBB 2007,

Die Gruppierung ist daher unabhängig von der hier als weit dargestellten Bezeichnung des „Anlegers“[193] im Sinne des Anlegerschutzes möglich. So wird die Entflechtung zwischen den herangezogenen Anlegerschutzerwägungen und dem *Interesse der Anleger* deutlich: Alle dargestellten Gruppen unterliegen nämlich unabhängig davon, ob sie je die für die Ermittlung des *Interesses der Anleger* relevante Personengruppe darstellen, dem Anlegerschutz, wenn man die Bezeichnung „Anleger“ im Sinne des Anlegerschutzes weitfasst; im Rahmen des InvG lassen sich jedoch Differenzierungen ausmachen. Betrachtet man aber die gebildeten Gruppen, deutet die Formulierung des § 9 II Nr. 1 InvG, die eine Unterscheidung zwischen den Anlegern der jeweiligen KAG und der Integrität des Marktes vornimmt, an, das *Interesse der Anleger* im Sinne des InvG auf den Kreis derjenigen Personen zu reduzieren, die durch einen Investmentvertrag mit der KAG verbunden sind und ihren Beitrag zum Sondervermögen geleistet haben.[194] Auch wenn eine solche Fokussierung auf diejenigen, die durch einen Investmentvertrag mit der KAG verbunden sind und ihren Beitrag zum Sondervermögen geleistet haben, durch die Formulierung des § 9 Abs. 2 Nr. 3, Abs. 3 und des § 42 Nr. 24 InvG nicht zwingend gestützt wird, lässt sie sich durchaus aufgrund einer Parallele zwischen § 9 und § 106 S. 2 Nr. 1 InvG, durch das Korrelat zwischen § 6 Abs. 3 und § 106a S. 1 InvG sowie aufgrund zahlreicher Vorschriften des InvG rechtfertigen.[195] Zwar sind die Anleger (im Sinne der Gruppe 3) besonders gefährdet; die Fokussierung auf diese Gruppe darf aber nicht zu einer Ausklammerung der anderen genannten Gruppen führen. Das bedeutet, dass das *Interesse der Anleger* zwar vor allem den Zeitraum der Anlage betrifft, aber darüber hinaus im jeweiligen Kontext zu sehen ist.

b) *Das Interesse der Anleger als Individual- oder Kollektivinteresse?*

Vor dem Hintergrund der an Kollektivgesichtspunkten orientierten Gruppenbildung und unter Berücksichtigung der jeweils individuell zu beurteilenden Eigenverantwortung des Anlegers, stellt sich die Frage danach, ob das *Interesse*

S. 438 (449). Zu den gelockerten Beschränkungen bei der Kapitalanlage vgl. Böcker, in: Albrecht/Karahan/Lenenbach, § 45 Rn. 65.

193 So auch schon zum KAGG: Schäfer, S. 49, der als Anleger im Sinne des Anlegerschutzprinzips jeden versteht, der „sich mit Geld oder anderen Vermögenswerten gemeinsam mit Dritten unmittelbar oder mittelbar zu Anlagezwecken an Unternehmen oder an anderen Sondervermögen beteiligt, ohne einen herrschenden Einfluss auszuüben [...]“.

194 Reiss, S. 48.

195 §§ 16 Abs. 1 S. 3, Abs. 2 S. 3; 22 Abs. 1 S. 1; 37 Abs. 2 S. 1, Abs. 3; 56; 65 S. 2; 68 Abs. 8; 82 Abs. 1 S. 3; 90m Abs. 5; 90o Abs. 3 S. 1 InvG.

der Anleger als Individual- oder Kollektivinteresse einzuordnen ist.[196] Das InvG gibt hierauf keine (ausdrückliche) Antwort. Wenngleich nämlich die Anleger eine Gemeinschaft bilden,[197] kommen auch Individualansprüche der Anleger in Betracht.[198] Gesichtspunkte individueller Schutzwürdigkeit werden stark durch das dem Investmentgedanken zugrunde liegende Kollektivinteresse[199] überlagert, das sich durch die von der jeweiligen KAG für eine Vielzahl von Personen angebotenen Produkten verfestigt. Maßgeblich zur Interessenermittlung des die Anlage wählenden Kollektivs ist also wiederum grundsätzlich das Produkt der KAG. In Abgrenzung dazu erfolgt die Ermittlung der Aktionärsinteressen bei einer Aktiengesellschaft durch die Stimme der einzelnen Aktionäre (Hauptversammlungsbeschlüsse).[200] Trotz der sich hier zeigenden Tendenz hin zu einem Kollektivinteresse ergibt sich aus der Vielzahl der Verträge zwischen den Anlegern und der KAG und der fehlenden (direkten) Verbindung der Anleger untereinander, dass die Anleger selbst diverse Individualinteressen verfolgen.[201] Auch wenn sich die KAG im Rahmen des Vertragsabschlusses gegenüber den einzelnen Personen zur Verwaltung des Vermögens verpflichtet, erfüllt sie ihre vertraglichen Pflichten durch eine einheitliche Verwaltungsleistung gegenüber allen Vertragspartnern. Gerade im Vorfeld des Vertragsabschlusses – speziell bei der Anlageberatung – tritt aber das Individualinteresse in den Vordergrund.[202] Das im InvG bezeichnete *Interesse der Anleger* kann aber in Übereinstimmung mit den bereits gewonnenen Erkenntnissen, insbesondere unter Berücksichtigung dessen, dass es im Rahmen verschiedener Vorschriften – die für eine Vielzahl von Personen gelten – eine Rolle spielt, in seiner abstrakten Formulierung nur auf eine objektive Interessenlage der jeweiligen Anlegergemeinschaft Bezug nehmen.[203] Das führt aber keinesfalls zur (vollständigen) Ausklammerung von

---

196 Zur Vielfältigkeit der Ziele vgl. Ruda, Ziele privater Kapitalanleger.

197 Vgl. § 38 Abs. 5 InvG.

198 Vgl. § 28 Abs.2 S. 2 InvG. Dazu auch: BT-Drucks. 15/1553, S. 85 zu § 28 Abs. 2 InvG; Beckmann, in: Investment-Handbuch (EL 2/08), 410 § 38 Rn. 40.

199 Als sog. Interesse des Investmentvermögens bezeichnet es Reiss, S. 109, 249.

200 Heiser, S. 92.

201 Zur diesbezüglich vergleichbaren Situation der Aktionärsinteressen vgl. Heiser, S. 91.

202 BGH NJW 1993, 2433 f. Leitsatz 1: „Eine Bank hat bei der Anlageberatung den – gegebenenfalls zu erfragenden – Wissensstand des Kunden über Anlagegeschäfte der vorgesehenen Art und dessen Risikobereitschaft zu berücksichtigen (anlegergerechte Beratung); das von ihr danach empfohlene Anlageobjekt muß diesen Kriterien Rechnung tragen (objektgerechte Beratung)".

203 Beckmann, in: Investment-Handbuch, 410 (EL 12/09), § 9 Rn. 101 ff., § 22 Rn. 8; Baur, § 10 KAGG, Rn. 28. Nicht eindeutig: Schrödemeier/Baltzer, in: Brinkhaus/Scherer, § 10 KAGG, Rn. 19.

Individualinteressen, da sich aus diesen die Grundlage für das „Kollektivinteresse“ ergibt: Denn sieht man in einem „Kollektivinteresse“ die Summe der rechtlich relevanten, teils tatsächlichen, teils fiktiven Einzelinteressen, wird, wenn man im Umkehrschluss, notwendigerweise wiederum teils fiktiv, jedem Anleger diese Interessen in ihrer Summe zuordnet, eine inhaltliche Differenzierung zwischen „Individual- und Kollektivinteresse“ obsolet.[204] So lässt sich nach Vornahme dieses Gedankenschritts sowohl die Aussage rechtfertigen, die Anleger hätten (insoweit) parallele Interessen, wie auch die Aussage, die Anleger hätten parallele Rechte.[205]

5. Die Reaktion des InvG auf die bezeichneten Risiken

Ungeachtet des sich aus den Vertragsbedingungen ergebenden jeweiligen Anlageziels kommt dem Anlegerschutz in den die Vertragsbedingungen umrahmenden Vorschriften des InvG eine zentrale Rolle zu: Die zentrale Rolle des Schutzes des Sondervermögens ließ sich bereits aus der Konzeption des KAGG erkennen[206] und auch wenn dem InvG keine Präambel mit diesem Leitmotiv vorgeschaltet ist, prägt sich der Anlegerschutzgedanke in zahlreichen Bestimmungen des InvG aus.[207] Dies geschieht insbesondere durch Regelungen über den Vertrieb, das Vertragswerk und die wechselseitige Kontrolle zwischen der gemäß § 22 Abs. 1 S. 1 InvG unabhängigen und nur im *Interesse der Anleger* handelnden Depotbank[208] und der KAG. Darin und beispielsweise auch in der Aufnahme der Risikomischung in § 1 InvG wird die Anlegerschutzintention des Gesetzgebers spezifisch umgesetzt. Vor diesem Hintergrund steht die Rollenverteilung zwischen der verwaltenden KAG und der verwahrenden Depotbank, die vor allem dem Schutz und der Integrität des Sondervermögens zugute

---

204 Zum Kollektivinteresse vgl. Schneyder, in: MüKoIntKapMR, Rn. 18; Reiss, S. 109. In Bezug auf das KAGG vgl. z.B.: §§ 25g Abs. 2 und 31a Abs. 2 S. 3 KAGG.

205 Schmitz, in: B/S/L, I Vor §§ 30-45 Rn. 29.

206 Hopt, insb. S. 301-333.

207 So z.B. in den §§ 6; 9; Abs. 1 S. 1; 16 Abs. 1 S. 3, Abs. 3; 22 Abs. 1; 24; 26; 27; 28; 30 Abs. 1 S. 2; 31 Abs. 2, Abs. 4, Abs. 5; 41; 53; 76 InvG. Der Anlegerschutz wird einhellig als Hauptzweck des Gesetzes erachtet, vgl. Reiss, S. 42; Beckmann, in: Investment-Handbuch (EL 7/09), 409 Rn. 76 ff, insb. Rn. 83; Reiter, in: Kümpel/Wittig, 9.48 ff.; Baur, in: Assmann/Schütze, § 20 Rn. 314 ff.

208 König, S. 47: Kritisch zu der Auflösung des Spannungsverhältnisses zwischen Anlegerschutz und Fondsoptimierung im Hinblick auf das Gebührenaufkommen der Depotbank und deren Interesse an höheren Gebühren durch Erhöhung des Sondervermögens oder durch eine Erhöhung der Gebührensätze. Vgl. zu den Gebühren auch Schmitz, S. 122 und Köndgen, in: B/S/L, I Vor §§ 20-29 Rn. 1.

kommt.[209] Das Sondervermögen ist in Bezug auf Abwicklung und Verwaltung, also in operationeller Hinsicht, diversen Gefahren, insbesondere der Gefahr der Umschichtung von Vermögenswerten, das „Drehen des Fonds“, das den Zweck verfolgt, Provisionen zu erzielen (*Churning*[210]), der Gefahr der Kursmanipulation (*Scalping*[211]), der Gefahr der Kurspflege[212] sowie der Gefahr einer auf Ausschüttungserhöhungen durch kurzfristige Einkäufe von Aktien mit Dividenden[213] angelegten Verwaltung ausgesetzt.[214] Je geringer die Transparenz der Verwaltungsvorgänge und je geringer die Überwachung, desto höher sind diese und weitere Risiken. Wie bereits durch Untersuchungen bestimmter Verhaltensweisen, die im Hinblick auf Interessenkonflikte problematisch sind, sowie durch gesellschaftsrechtliche Abhängigkeitsverhältnisse belegt, stellen Interessenkonflikte nicht lediglich theoretische, praktisch unwahrscheinliche Gestaltungen dar,[215] wenngleich die Fondsindustrie im Falle der Verflechtung die Tendenz anlegerschädigender Interessenkonflikte bestreitet und darin vielmehr die Chance intensiver Kontrolle zum Schutz eigener Reputation veranlagt sieht.[216] Das InvG begegnet den Risiken. Es begegnet beispielsweise dem *Churning* durch eine Minimierung der mit Abwicklung und Verwaltung einhergehenden Risiken mittels des Ausschlusses der Inanspruchnahme des Sondervermögens durch Dritte und mittels der Einschränkung des Aufwendungsersatzanspruchs der KAG durch das Erfordernis des „Für-erforderlich-halten-Dürfens“.

Legt man die dargestellten Anlegerschutzansätze zugrunde, hält das InvG neben Vorschriften zur Wahrung der Vertretung der *Anlegerinteressen* durch Minimierung der mit operationellen Maßnahmen im Wege der Abwicklung und

---

209 Köndgen/Schmies, in: BRH, § 113 Rn. 61; Kritisch zu gesellschaftsrechtlichen Abhängigkeiten: Köndgen, in: B/S/L, I Vor §§ 20-29 Rn. 1.

210 BGH NJW 1995, S. 1225 (1226); Zieschang, in: Park, § 263 Rn. 97 ff. und § 266 StGB Rn. 51 ff.; Beckmann, in: Investment-Handbuch (EL 12/09), 410 § 9 Rn. 158. Zu Umschichtungen vgl. auch: Müller, in: DB 1975, S. 485 (486).

211 BGH NJW 2004, S. 302 ff.; Schneider/Burgard, in: ZIP 1999, S. 381 ff.

212 König, S. 86; Baums/König, in: FS Kropff, S. 3 (21) zu „dumping the trash“.

213 Schrödemeier/Balzer, in: Brinkhaus/Scherer, § 10 KAGG, Rn. 11; Schäfer, S. 92; Thiel, S. 91.

214 Zu den Risiken vgl. Reiss, S. 251 ff.

215 Baums, in: ZBB 1994, S. 86 (90 f.); Fraune, S. 89, 95. Kritisch: Zetzsche, in: ZBB 2007, S. 438 (439); Köndgen/Schmies, in: BRH, § 113 Rn. 61; Schmolke, in: WM 2007, S. 1909 (1910 m.w.N.).

216 Roegele/Görke, in: BKR 2007, S. 393 (395); Köndgen, in: B/S/L, I Vor §§ 20-29 Rn. 1; Kein notwendiges Problem sieht die Bundesregierung laut Antwort auf eine Anfrage zur Regulierung der Anlageklassen bei Immobilienfonds, BT-Drucks. 17/3859 S. 2 ff.

Verwaltung einhergehenden Risiken auch Vorschriften zur Sicherung der Ertragserwartung und Substanzerhaltung bereit. In diesem Zusammenhang ist in erster Linie das Gebot der Risikomischung[217] zu nennen. Die Sicherheit der Anlage soll dabei durch Streuung der Anlagegegenstände erreicht werden.[218] Darüber hinaus bedarf es einer verantwortungsvollen Verwaltung, um Verluste zu vermeiden oder einzudämmen. Die gesetzlichen Vorgaben bezüglich der Anlagegegenstände[219] dienen schließlich, wie die Vorschriften zur Beschränkung der Fremdfinanzierung im Hinblick auf den Erwerb von Derivaten[220] oder Fremdwährungen und wie die funktionale Trennung zwischen Verwaltung und Verwahrung (Trennsystem), zur Erhaltung der Sicherheit der Anlage,[221] also zur *Substanzerhaltung*.[222] Für den Fall der negativen Abweichung von der Ertragserwartung besteht weiterhin für die Anleger die Möglichkeit der Rückgabe (*Exit-Option*), dennoch bedarf es zur Minimierung des *Interessenvertretungsrisikos* eines Ausgleiches für die grundsätzlich fehlende Möglichkeit eigener Mitsprache und Stimmrechtsausübung.[223] Diesem Erfordernis wird durch den Aufsichtsrat sowie durch die Ausübung des Stimmrechts der Anleger durch die KAG gemäß § 32 Abs. 1 InvG[224] Rechnung getragen.[225] Darüber hinaus begegnet das InvG den bezeichneten Risiken über die Bestimmungen die Anlage selbst betreffend sowie bereits im Vorfeld während des Vertriebs durch Publikations-, Informations- und Transparenzgebote.[226] Für die Vergleichbarkeit von Fonds sind dabei besonders die Verkaufsprospekte im Sinne des § 42 InvG sowie die mit dem jeweiligen Fonds einhergehenden Gebühren und Entgelte gemäß § 41 InvG bedeutsam.[227] So sollen die Anlagen für Interessierte einschätzbar, vergleichbar und auf verständliche Weise zugänglich gemacht werden. Dar-

---

217 Vgl. Kapitel 1, B. I. 2.

218 Zur regionalen Streuung bei Anlagen außerhalb des Europäischen Wirtschaftsraums vgl. Klusak, in: B/S/L, § 67 Rn. 27.

219 Zu Immobilienfonds vgl. §§ 66 ff. InvG.

220 § 43 Abs. 4 Nr. 1; 51 InvG.

221 Beckmann, in: Investment-Handbuch (EL 8/11), 410 § 2 Rn. 225; Kritisch: Zetzsche, in: ZBB 2007, S. 438 (440).

222 Mauser, S. 67.

223 Neuerdings sind Beschlüsse der Anleger im Sinne des § 81b InvG möglich.

224 Vgl. zur Stimmrechtsausübung Fraune, S. 77 f., zu Einschränkungen S. 85; Bassen, S. 64. Zum Erfordernis der Unabhängigkeit des Stimmrechtsausübenden vgl. BT-Drucks. 14/8769, S. 29.

225 Zugleich werden mögliche Folgen von beabsichtigten Gesetzesverstößen und Täuschungen der Verantwortlichen der KAGen verhindert. Zum Fraud vgl. Lechner, in: DStR 2006, S. 1854 ff.

226 Zetzsche, in: ZBB 2007, S. 438 (441).

227 Köndgen/Schmies, in: BRH, § 113 Rn. 83.

in prägt sich neben der Wahrung des *Informationsinteresses* der Anleger die Vermeidung des *Konditionenrisikos* aus. So, wie die Möglichkeit der Beurteilung vergangener Wertentwicklungen im Hinblick auf das *Informationsinteresse* von Bedeutung ist, verhält es sich in Bezug auf die Einschätzung künftiger Wertentwicklungen. Dieser Einschätzung dienen die Anforderungen an die Rechnungslegung gemäß § 44 InvG sowie nach teilweise vertretener Ansicht ergänzend die individuellen Auskunfts- und Rechenschaftsansprüche nach § 666 BGB.[228] Die aufsichtsrechtlichen Bestimmungen sichern schließlich die Umsetzung des Schutzes vor den Risiken ab.[229]

6. Schutzvorkehrungen durch Risikomanagement

Zur Abwendung der beschriebenen Risiken dient das Risikomanagement der KAGen.[230] Es setzt in organisatorischer Hinsicht an und dient zum Erhalt des unternehmerischen Spielraums. Das Ziel liegt einerseits auf der Sicherung der Unternehmensexistenz, andererseits auf der Wahrung der *Anlegerinteressen*.[231] Die Bedeutung des in einem Einzelinstitut vorhandenen soliden internen Risikomanagements geht schließlich über eine umsichtige Geschäftsführung hinaus und trägt zur Stabilität des Finanzsystems bei (Funktionsschutz).[232] In diesem Sinne sind in der von der BaFin am 28. Juni 2011 ausgefertigten InvVerOV die zu vermeidenden Risiken benannt (§ 2 Abs. 1 bis 5 InvVerOV). Zur Vermeidung der Risiken werden den KAGen in der Verordnung teils abstrakt gehalten (beispielsweise §§ 3; 10; 24 und 27 InvVerOV), teils detailliert (beispielsweise

228 Einen Rückgriff auf § 666 BGB zu (nun) § 44 InvG bejahend: Köndgen/Schmies, in: BRH, § 113 Rn. 130; Schäfer, S. 45 ff.; Thiel, S. 108. Wegen verdrängender Wirkung der Jahres- und Halbjahresberichte verneinend: Reuter, S. 160 f.; Vom Berge und Herrendorff, S. 94 f.; Wendt, S. 60 Fn. 7; Ebner von Eschenbach, S. 100 f. Zur Kritik an der erschwerten Feststellung der Transaktionskosteneffizienz durch den Anleger: König, S. 129 f.; Köndgen/Schmies, in: BRH, § 113, Rn. 86. Zum Auskunftsanspruch und zur Rechenschaftspflicht vgl. Karahan, in: Albrecht/Karahan/Lenenbach, § 15 Rn. 8; Lenenbach, in: Albrecht/Karahan/Lenenbach, § 41 Rn. 271; Buck-Heeb, in: Albrecht/Karahan/Lenenbach, § 42 Rn. 162.

229 Baur, Assmann/Schütze, § 20 Rn. 314.

230 Beckmann, in: Investment-Handbuch (EL 7/09), 410 § 9 Rn. 105 ff.; V. Echelpoel, in: Die Bank 1998, S. 41 ff.; Fischer, in: Die Bank 1994, S. 636 ff. Zur Konkretisierung der Verhaltens- und Organisationsregeln vgl. § 3 ff. InvVerOV. Köndgen/Schmies, in: BRH, § 113 Rn. 71; Beckmann, in: Investment-Handbuch (EL 1/10), 410 § 9a Rn. 35. Zu Risikomanagementsystemen vgl. Vogler/Engelhard/Gundert, in: DB 2000, S. 1425 ff.

231 Beckmann, in: Investment-Handbuch (EL 1/10), 410 § 9a Rn. 36.

232 Vgl. Kapitel 1, B. II. 3. Fischer, in: Die Bank 1994, S. 636.

§§ 12 und 13 InvVerOV) Verhaltens- und Organisationspflichten auferlegt. Über die Verordnung hinaus sind in Bezug auf die Reaktion auf die bezeichneten Risiken der *Corporate Governance Kodex für Asset Management-Gesellschaften* und die Wohlverhaltensregeln des „Bundesverband Investment und Asset Management e.V." hervorzuheben.

a) *Insbesondere: Umrahmung durch den Corporate Governance Kodex*

Im Zusammenhang der Interessenwahrung steht der *Corporate Governance Kodex für Asset Management-Gesellschaften* (im Folgenden: CGK).[233] Dieser soll durch Regelungen eine „gute *Corporate Governance*" betreffend zur Minimierung möglicher Risiken beitragen. Unter *Corporate Governance* versteht man einen auf Unternehmensleitung und -überwachung bezogenen rechtlichen und faktischen Ordnungsrahmen,[234] der für eine verantwortungsvolle Unternehmensorganisation, -führung und -kontrolle über eine innere Unternehmensverfassung hinausgeht.[235] Die diesem Gesichtspunkt Rechnung tragende sprachliche Unterteilung in sogenannte *interne Corporate Governance* und sogenannte *externe Corporate Governance* erfolgt dabei vor dem Hintergrund der Differenzierung von gesellschaftsrechtlichen Kontroll- und Aufsichtsmechanismen und einer durch den Kapitalmarkt sowie durch die Börsen- und Kapitalmarktaufsichtsbehörden erfolgende Kontrolle.[236] Der rechtliche und faktische Ordnungsrahmen der *Corporate Governance* fokussiert dabei Risiken, die sich aus der Fremdverwaltung ergeben. Im Vordergrund stehen Interessenvertretungsdefizite oder Interessenabwiechungen, die durch eine Informationsasymmetrie zulasten der Anleger begünstigt werden.[237] Der CGK zielt inhaltlich vor allem auf die Vermeidung von Interessenkonflikten (*Abwicklungs- und Verwaltungsrisiko*) und eine Wahrnehmung der Stimm- und Anleger- sowie Aktionärs- und

---

233 Abgedruckt in: Investment-Handbuch (EL 7/09), 410 § 9 Anh. 2. Zu unterscheiden ist er vom Deutschen Corporate Governance Kodex vgl. dazu: http://www.corporate-governance-code.de/index.html; Krieger, in: ZGR 2012, S. 202 ff.

234 Banzhaf, S. 17; V. Werder, in: Ringleb-CGK, Teil 1. Vorbemerkung, Rn. 1. Zur Entwicklung in Deutschland vgl. Leyens, in: RabelsZ 2003, S. 57 (60 m.w.N.).

235 Banzhaf, S. 18. Zur sogenannten „externe Corporate Governance", vgl. Möslein, in: JZ 2010, S. 72 (74); Leyens, in: RabelsZ 2003, S. 57 (60). Zur Corporate Governance an sich: Feddersen/Hommelhoff/Schneider, in: Corporate Governance, S. 1 ff. Zur Begriffsausfüllung aus amerikanischer Perspektive: Hess, in: Corporate Governance, S. 9 (10).

236 Banzhaf, S. 18; Leyens, in: RabelsZ 2003, S. 57 (63).

237 Leyens, in: RabelsZ 2003, S. 57 (63).

Gläubigerrechte (vor allem *Interessenvertretungsrisiko*) ab.[238] Er erfasst, bezogen auf *interne Corporate Governance* sowohl für die Geschäftsleitung als auch für den Aufsichtsrat Regelungen über Aufgaben, Zuständigkeiten und Interessenkonflikte. Bezogen auf *externe Corporate Governance* fokussiert er die Ausübung der Aktionärs- und Gläubigerrechte, insbesondere die Teilnahme an Hauptversammlungen und die Stimmrechtsausübung. Schließlich gibt er Empfehlungen hinsichtlich der Veröffentlichung der Umsetzung des oder der Abweichung vom CGK sowie Empfehlungen zur Publikation der Performancemessung. Wenngleich der CGK inhaltlich teilweise über gesetzliche Vorschriften hinausgeht, fehlt es angesichts dessen, dass die Inhalte ausdrücklich nur als „Empfehlungen" bezeichnete „Soll-Tatbestände" ausgestaltet sind, an deren Verbindlichkeit.[239] Dennoch kommt dem CGK insofern eine wichtige Funktion zu, als er in übersichtlicher Art und Weise und in konkreter Form auf wesentliche Prinzipien hinweist.

b) Insbesondere: Umrahmung durch Wohlverhaltensregeln

Für die Reaktion auf die bezeichneten Risiken sind schließlich die seitens der BaFin zur Auslegung des InvG herangezogenen Wohlverhaltensregeln des „Bundesverband Investment und Asset Management e.V." (im Folgenden: BVI) von Bedeutung.[240] Zwar beinhaltet bereits § 9 Abs. 2 InvG Wohlverhaltspflichten,[241] dennoch sollen die *Best-Practice-Standards* der Wohlverhaltensregeln auf Grundlage des § 9 InvG zur Konkretisierung der Verhaltensregeln der KAGen beitragen. In ihnen ist der CGK aufgegangen.[242] Die in den Wohlverhaltensregeln enthaltenen Vorschriften greifen mögliche Konfliktsituationen für das *Interesse der Anleger* und die Integrität des Marktes auf und geben abstrakte Leitsätze zur Konfliktvermeidung oder -behebung sowie Verhaltenslinien vor. Darüber hinaus legen sie den KAGen auf, ihrerseits detaillierte Regelungen zu treffen:[243] „Die Gesellschaft erteilt Aufträge zur Ausführung von Geschäften im besten Interesse der Investmentvermögen und ihrer Anleger. Die

238 Präambel des CGK, vgl. a.a.O. (Fn. 233).

239 „Empfehlungen dieses Kodex sind im Text durch die Verwendung des Wortes „soll" gekennzeichnet. Die Gesellschaften können hiervon abweichen, sollen dies aber jährlich begründet offen legen. Die übrigen Teile des Kodex betreffen gesetzliche Bestimmungen", vgl. Präambel des CGK, vgl. a.a.O. (Fn. 233).

240 Abgedruckt in: BVI, Handeln im Interesse der Anleger, S. 5 ff.

241 Vgl. Patzner/Döser, in: HK-Investmentrecht, § 9 Rn. 2.

242 Köndgen/Schmies, in: BRH § 113 Rn. 34.

243 So insb. in III. 1. der Wohlverhaltensregeln, vgl. BVI, Handeln im Interesse der Anleger, S. 5 ff.

Gesellschaft muss hierfür detaillierte Regeln zur sorgfältigen Auswahl des Ausführungswegs und der Gegenpartei sowie Verfahren festlegen, die die Ausführung aller Transaktionen nach Maßgabe dieser Grundsätze gewährleisten".

Der erste Teil der Wohlverhaltensregeln wird von der BaFin zur Auslegung der Vorschriften des InvG herangezogen.[244] Darin sind die Ausübung der Tätigkeit der KAGen im *Interesse der Anleger* und der Integrität des Marktes, das Entgegenwirken gegen Interessenkonflikte und die Etablierung klarer Grundsätze zur marktgerechten Abwicklung von Geschäften sowie die Gleichbehandlung der Anleger geregelt.

7. Folgerungen

Im Rahmen der Grundprinzipien des Investmentmodells ist das *Interesse der Anleger* von herausragender Bedeutung. Dieses von KAG und Depotbank zwingend zu beachtende Interesse, das man vor dem Hintergrund der angestellten Überlegungen durchaus als investmentrechtsspezifische Ausprägung von *Treu und Glauben* sehen kann, wird teilweise abstrakt aufgeführt (§ 22 Abs. 1 S. 1 InvG), prägt sich aber in zahlreichen Vorschriften des InvG konkret aus. Das führt dazu, dass nicht stets ein Rückgriff auf das allgemein gehaltene *Interesse der Anleger* möglich ist: Einerseits geschieht dies dadurch, dass nicht jede Vorschrift für jede der gebildeten drei Gruppen Bedeutung hat, andererseits ergeben sich Einschränkungen aus den Vorschriften selbst. So trifft beispielsweise § 67 InvG Vorkehrungen gegen *Substanzverluste*; dies durch den Katalog der für den Erwerb ausdrücklich vorgesehenen Grundstücke (§ 67 Abs. 1 InvG) und durch das andernfalls bestehende Erfordernis, dass ein „dauernder Ertrag" zu erwarten ist (§ 67 Abs. 2 S. 1 InvG[245]) sowie ergänzend durch die prozentualen Anlagegrenzen (§ 67 Abs. 2 S. 2 InvG). Als Ausprägung des Risikomischungsgedankens ist für Immobilien-Sondervermögen besonders § 73 InvG zu beachten. Die Norm beschränkt den Erwerbshöchstwert einzelner Immobilien und legt eine Gesamtobergrenze fest. Zwar ist dem Wortlaut nach unklar, ob sich die Gesamtobergrenze auf das Erwerbsstadium bezieht, dennoch wird die Norm dahingehend ausgelegt.[246] Von der Anwendung der §§ 67 Abs. 1 Nr. 3; 68 Abs. 6; 73 und 80 Abs. 1 S. 1 InvG wird aber gemäß § 74 S. 1 InvG binnen vier Jahren seit der Bildung eines Sondervermögens abgesehen. Gemäß § 74 S. 2 InvG sind zu-

---

244 BaFin, Schreiben (WA 41 - Wp2136 - 2008/0009) vom 20.01.2010 zur Anwendung der BVI-Wohlverhaltensregeln.

245 Erforderlich ist demnach ein positiver Beitrag für das Sondervermögen, vgl. Klusak, in: B/S/L, § 67 Rn. 5, 22.

246 Klusak, in: B/S/L, § 73 Rn. 9.

dem Ausnahmegenehmigungen seitens der BaFin möglich. Diese Diversifizierungserleichterung ist dem hohen Stückpreis der Objekte geschuldet.[247]

Dem *Substanzverlustrisiko* wird auch durch die im Vorfeld des Erwerbs liegende Bewertung gemäß § 67 Abs. 5 S. 1 InvG und die beim Erwerb erforderliche Wertäquivalenz begegnet. Zugleich verengen die sich daraus ergebenden Anforderungen den Rahmen für eine ordnungsgemäße Verwaltung und wirken so dem *Verwaltungsrisiko* entgegen. Hinsichtlich der speziellen Ausprägungen scheidet zwar ein Rückgriff auf im gleichen Zusammenhang bestehende allgemeine Ausprägungen des *Anlegerinteresses* aus, dennoch kommt er dort in Betracht, wo es an speziellen Regelungen fehlt: So kommt bei Geschäften, die anhand spezieller Vorschriften zu beurteilen sind, dann ein Rückgriff auf allgemeine Ausprägungen des *Anlegerinteresses* in Betracht, wenn Ansprüche verfolgt werden, für die es an speziellen Regelungen fehlt, beispielsweise, wenn im Zusammenhang mit Transaktionen Schäden auftreten und Schadensersatzansprüche zu verfolgen sind. Auch sind beispielsweise im Zusammenhang mit äußerlich unscheinbaren Geschäften stets Interessenkonflikte denkbar.[248]

Generell ist in Bezug auf die Anlage zeitlich zu differenzieren: Informations- und Transparenzgesichtspunkte sollen im Vorfeld der Investition eine Vergleichsgrundlage schaffen und die Möglichkeit der Ausübung einer eigenverantwortlichen Entscheidung für oder gegen eine bestimmte Anlage sicherstellen,[249] sodass bereits zu diesem Zeitpunkt ein Beitrag zum Ausgleich der fehlenden Möglichkeit der Mitbestimmung während des Investitionszeitraums erfolgt. Die Rechenschafts- und Informationspflichten der §§ 44 f. InvG sichern nach Leistung des Anteils die Möglichkeit einer eigenverantwortlichen Entscheidung des Anlegers für oder gegen die Anlage durch Wahrnehmung der Rückgabemöglichkeit, wie jedoch kritisch angemerkt werden muss, nicht *ex ante*.[250] Eine weitergehende Kompensation der grundsätzlich fehlenden[251] Mitbestimmungsmöglichkeit erfolgt dagegen nicht. Im Rahmen der Verwaltung des Investmentvermögens besteht in Bezug auf mögliche Erträge keine Verpflichtung der KAG, einen Gewinn oder Wertzuwachs in einer bestimmten Höhe zu erzielen.[252] Im Hinblick auf mögliche Verluste wird der Substanzerhaltungsgesichtspunkt im Rahmen des InvG einerseits durch das Gebot der Risikomischung aus-

247 Klusak, in: B/S/L, § 74 Rn. 1.

248 Mit Beispielen: BVI, Handeln im Interesse der Anleger, S. 6 f.

249 Zum Umfang der Selbstunterrichtung der KAG vgl. Schrödemeier/Balzer, in: Brinkhaus/Scherer, § 10 KAGG, Rn. 9.

250 Zutreffend: Zetzsche, in: ZBB 2007, S. 438 (442).

251 Zur Mitbestimmung: § 81b InvG.

252 Vgl. Reiss, S. 107.

geprägt, andererseits durch das Erfordernis der ordnungsgemäßen Verwaltung beschränkt. Die Kehrseite der fehlenden Erfolgszusage offenbart sich so in der Risikoverteilung: Im Rahmen der Verwaltung schuldet die KAG nur eine ordnungsgemäße Verwaltung, nicht dagegen einen bestimmten Erfolg.[253]

Dem Schutz vor Interessenkonflikten misst der Gesetzgeber schließlich im Hinblick auf das Abwicklungs- und Verwaltungsrisiko besondere Bedeutung zu. Gleichwohl zeigt sich in § 9 Abs. 2 Nr. 3 InvG, dass Interessenkonflikte seitens des Gesetzgebers nicht stets als unvermeidbar erachtet werden. Dass in diesem Fall das *Interesse der Anleger* bei der Konfliktlösung (uneingeschränkt) gewahrt werden soll, drückt angesichts des Kontexts des InvG eine Selbstverständlichkeit aus. Vor allem die soeben dargestellten umrahmenden Werke beugen, wie auch besonders § 9a InvG, der Gefahr vor, dass sich die Verhaltensregeln des § 9 InvG in einem (abstrakt gehaltenen) Appell erschöpfen. Ungeachtet dessen bleibt ein Restrisiko bestehen, das sich durch unredliches Handeln der im Rahmen der Geschäftsorganisation tätigen Personen realisieren kann.[254] Allein strikte formelle Vorgaben sind in diesem Zusammenhang kein Garant für einen tadellosen Umgang mit Verantwortung[255] und sich daraus ergebenden Entscheidungsbefugnissen. Dies gilt erst recht, wenn die Vorgaben nicht zweifelsfrei zu interpretieren sind.[256]

Zum Zweck der Transparenzerhöhung wurde durch das InvÄndG[257] die Gesamtkostenquote[258] in § 41 Abs. 2 InvG eingeführt. Gleichwohl ist eine Transparenzerhöhung im Hinblick auf eine Verbesserung des Anlegerschutzes kritisch zu betrachten;[259] dies nicht wegen der in Bezug auf die Gesamtkostenquote erfolgenden Ausklammerung von Transaktionskosten gemäß § 41 Abs. 2 S. 2, Abs. 2a InvG, ebenfalls nicht wegen des wohl zu Absatzzwecken in der Praxis teils üblichen Verzichts auf die Erhebung eines Ausgabeaufschlags oder der Praxis der Gebührenstaffelung nach Anlagesumme.[260] Beide Praktiken können nicht als schlicht unzulässig eingeordnet werden. Jedoch können sich aus § 2

253 Schrödemeier/Baltzer, in: Brinkhaus/Scherer, § 10 KAGG, Rn. 13.

254 Die in diesem Zusammenhang bestehende Kritik am Fehlen eines Meldeerfordernisses wurzelt in der im Jahr 2007 erfolgten Liberalisierung des Meldewesens, vgl. Zetzsche, in: ZBB 2007, S. 438 (450).

255 Zum Verantwortungsbegriff vgl. Wiedemann, in: ZGR 2011, S. 183 (184 ff.).

256 Zu den verschiedenen Ansätzen vgl. Kapitel 1, B. I. 2.

257 Vgl. Fn. 100.

258 Diese wird auch bezeichnet als „Total Expense Ratio“, vgl. C. Nickel, S. 39; Reiss, S. 192. Kritisch zur Frage der Transparenz: Zetzsche, in: ZBB 2007, S. 438 (441 f.).

259 Köndgen/Schmies, in: BRH, § 113 Rn. 86.

260 Vgl. Frankfurter Allgemeine Zeitung vom 03.03.2004, S. 23.

Abs. 2 InvG in Verbindung mit § 23 Abs. 2 InvG und dem Grundsatz der Anlegergleichbehandlung Bedenken ergeben.[261] Als Ausprägung dieses Grundsatzes hat die KAG nämlich dem Wortlaut des § 20 Abs. 1 InvVerOV nach „eine gerechte Behandlung der Anleger eines Investmentvermögens sicherzustellen" und „die Interessen einer bestimmten Gruppe von Anlegern nicht über die Interessen einer anderen Anlegergruppe zu stellen". Neben diesem allgemein gehaltenen Grundsatz ist in Bezug auf den Verzicht die Formulierung des § 23 Abs. 2 S. 1 InvG zu beachten, wonach der Ausgabepreis „dem Wert des Anteils am Sondervermögen zuzüglich eines in den Vertragsbedingungen festzusetzenden Aufschlags [...] entsprechen" muss: Dies kann dahingehend gelesen werden, dass in den Vertragsbedingungen zwingend ein Aufschlag festzusetzen wäre. Allerdings soll die Regelung lediglich die jeweilige Höhe des Aufschlags in den Blick nehmen.[262] Man kann in Bezug auf die Anlegergleichbehandlung eine Differenzierung hinsichtlich eines bereits bei Auflegung (anfänglich) bestehenden Verzichts und eines anschließenden Verzichts vornehmen. Im ersten Fall wäre nicht von einer Unzulässigkeit auszugehen, dennoch bietet gerade der zweite Fall die Grundlage für Vorbehalte hinsichtlich der Zulässigkeit.[263] Insbesondere dann, wenn der Ausgabeaufschlag – jedenfalls mittelbar – dazu dient, eine Bindung zum Sondervermögen zu verstärken[264] und mit einem teilweisen (im Fall der Staffelung) oder vollständigen Verzicht möglicherweise eine Erhöhung der Verwaltungsvergütung einhergeht, deutet dies auf eine Missachtung des Grundsatzes der Anlegergleichbehandlung[265] hin, damit zugleich auf eine Missachtung des *Anlegerinteresses* und damit einhergehend schließlich auf eine Missachtung des InvG. Die Bedenken setzen sich in Bezug auf einen dementsprechenden Umgang mit Rücknahmeabschlägen fort. Zwar ist eine begründete Ungleichbehandlung von Anlegern nicht gänzlich ausgeschlossen;[266] dennoch können solche Ungleichbehandlungen sich selbst dann, wenn sie abstrakt in den Prospekten

261 Zu deren im Gemeinschaftsverhältnis liegenden Wurzel: Canaris, BVR, Rn. 2430.

262 Köndgen, in: B/S/L, I § 23 Rn. 10.

263 Zum Gedanken der „Verwässerung" alter Anteile durch die Ausgabe neuer Anteile unter Wert, vgl. V. Caemmerer, in: JZ 1958, S. 41 (47).

264 Dies geschieht dadurch, dass der Anteilsinhaber im Falle eines Verkaufs einen Gewinn erst dann erzielt, wenn der Wertzuwachs den gezahlten Ausgabeaufschlag übersteigt. Zur Einschränkung der Anlagemobilität: Köndgen/Schmies, in: BRH, § 113 Rn. 91.

265 Der maßgebliche Zeitpunkt der Ungleichbehandlung gegenüber den Anlegern, die bereits einen Ausgabeaufschlag leisteten, ist der Moment des Verzichts zugunsten der folgenden Anleger. Vgl. zur Gleichbehandlung Teil 1 Nr. 5 der Wohlverhaltensregeln, BVI, Handeln im Interesse der Anleger, S. 5 ff.

266 VG Frankfurt, 1. Kammer, Beschluss vom 22.12.2008, Az 1 L 4252/08.F (V); Döser, in: jurisPR-BKR 5/2009 Anm. 3.

und Vertragsbedingungen niedergelegt sind, nachteilig auswirken: Führen Vergünstigungen nämlich zu schnelleren Rückgaben institutioneller Anleger, weil deren Bindung zur Anlage durch die Vergünstigung geringer ist als bei den übrigen Anlegern, kann das, wenn diese erhebliche Anteile an dem Fonds halten, diverse Umschichtungen erfordern und damit zu einer unangemessenen Erhöhung der Transaktionskosten[267] oder der Erhöhung von Verwaltungsgebühren[268] führen (§ 9 Abs. 3 S. 2 InvG). Außerdem erscheint es nicht ausgeschlossen, dass sich das von den Anlegern nur auf Grundlage des Verkaufsprospekts oder der Vertragsbedingungen, aber nicht unter Berücksichtigung der übrigen Anleger eingeschätzte Risiko von Rücknahmeaussetzungen oder Schließungen erhöht. So könnte das Rückgaberecht von Kleinanlegern angesichts des deutlich reduzierten Inventarwerts bei Großrückgaben eingeschränkt oder durch die Inanspruchnahme einer Aussetzungsmöglichkeit durch die KAG ganz entwertet werden. Ganz im Sinne des Anlegerschutzgedankens spielt in diesem Zusammenhang der neugefasste § 80c InvG[269] eine wichtige Rolle, wonach Rückgabeschwellen und Mindesthaltefristen sowie fristgerechte, unwiderrufliche Rückgabeerklärungen vorgesehen sind. Dadurch wird der beschriebenen Gefahr der Anteilsentwertung begegnet.

C. Zwischenergebnis

Der dem InvG zugrunde gelegte Anlegerschutzgedanke prägt sich maßgeblich im *Interesse der Anleger* aus. Dieses stellt einen wesentlichen Baustein des InvG dar, der bei der Auslegung der Vorschriften des Gesetzes stets zu berücksichtigen ist. Für eine Umrahmung des Inhalts des *Anlegerinteresses* kann auf typische Anlegerrisiken zurückgegriffen werden; eine generelle und dennoch präzise Begriffsausfüllung ist allerdings nicht möglich. Gleichwohl können dem Begriff vor dem Hintergrund der gruppenspezifischen Risiken Konturen gegeben werden. Darüber hinaus wird dem Schutz vor der Realisierung typischer Risiken im InvG Rechnung getragen. Dies geschieht unter anderem durch die Etablierung von Verhaltensmaßstäben für die das Sondervermögen verwaltende KAG. Wesentlich für das InvG sind darüber hinaus weitere Prinzipien, von denen besonders der Risikomischungsgrundsatz hervorzuheben ist.

---

267 Kritisch zu einem Verzicht auf Ausgabeaufschläge auch Zetzsche, in: ZBB 2007, S. 438 (442).

268 Schmitz, S. 121.

269 § 80c InvG geändert durch Art. 3 des Gesetzes zur Stärkung des Anlegerschutzes und Verbesserung der Funktionsfähigkeit des Kapitalmarkts (Anlegerschutz- und Funktionsverbesserungsgesetz), BGBl. I 2011, S. 538 (544).

Kapitel 2 – Das Investment-Dreieck. Rechtsbeziehungen der Beteiligten

Dem Investmentgeschäft im Sinne des InvG liegt eine Dreieckskonstellation zugrunde. Diese besteht aus Anlegern, die einer KAG im Sinne der §§ 2 Abs. 6; 6 InvG Vermögen zur Verfügung stellen, woraus ein Sondervermögen gemäß §§ 2 Abs. 2; 30 InvG gebildet wird, welches durch die KAG zu verwalten ist. Von der KAG wird vorrangig zum Schutz des Sondervermögens eine Depotbank im Sinne der §§ 2 Abs. 7; 20 Abs. 1 InvG mit der Verwahrung und Überwachung des Sondervermögens beauftragt.[270] Das InvG enthält abseits der Bezeichnung und Beschreibung der Beteiligten keine Regelungen über die Entstehung des Sondervermögens und die Begründung der rechtlichen Beziehungen der Beteiligten untereinander.[271] Aus dem InvG, insbesondere aus § 30 Abs. 2 InvG, lässt sich jedoch entnehmen, dass die von den Anlegern eingebrachten Anteile kraft Gesetzes (*ipso iure*) zu dem Sondervermögen gehören.[272] Die Zahlung des Ausgabepreises durch die Anleger führt allerdings nicht dazu, dass dieser ungeschmälert dem Sondervermögen zugutekommt; vielmehr muss die Zahlung um den Ausgabeaufschlag bereinigt werden.[273] Der Ausgabepreis im Sinne des § 23 Abs. 2 S. 1 InvG stellt aber den Preis dar, den der Anleger bezahlen muss, um Anteile an einem Investmentfonds zu erwerben; er berechnet sich aus dem Anteilswert (Rücknahmepreis) zuzüglich eines sogenannten Ausgabeaufschlags.[274] Der Ausgabeaufschlag fällt einmalig beim Erwerb des Fondsanteils an und ist in Bezug auf das Sondervermögen nicht zu berücksichtigen, sodass der Ausgabepreis gemäß § 30 Abs. 2 S. 1 Var. 2 InvG in Verbindung mit § 23 Abs. 2 S. 2 InvG nur abzüglich des Ausgabeaufschlags in das Sondervermögen fällt.[275]

---

270 Für Immobilien-Sondervermögen ersetzt § 24 Abs. 3 InvG die Verwahrung durch Überwachung.

271 Reiss, S. 41; Köndgen/Schmies, in: BRH, § 113 Rn. 113. Zu den Entstehungsmöglichkeiten vgl. Beckmann, in: Investment-Handbuch (EL 9/11), 410 § 30 Rn. 25.

272 Schmitz, in: B/S/L, I § 30 Rn. 22. Zum Anteilsbegriff vgl. Beckmann, in: Investment-Handbuch (EL 8/11), 410 § 2 Rn. 256 ff. Mit Erläuterung des „auch“ in § 30 Abs. 2 InvG, das sich auf die Einlagen beziehe: Reiss, S. 64.

273 Unklar: Beckmann, in: Investment-Handbuch (EL 9/11), 410 § 30 Rn. 9 und (EL 2/08), 410 § 23 Rn. 13.

274 § 41 I InvG. Zu den die Höhe des Aufschlags beeinflussenden Faktoren vgl. Schmitz, S. 119.

275 Reiss, S. 64.

Die Anleger sind mit der KAG, die die Verwaltung des Investmentvermögens vornimmt, durch einen Investmentvertrag verbunden. Die KAG verbindet wiederum ein im eigenen Namen geschlossener Depotbankvertrag mit der die Verwahrung übernehmenden Depotbank. Wie die Verbindung zwischen der Depotbank und den Anlegern einzuordnen ist, ist umstritten. Im Ergebnis wird jedoch – unabhängig von der jeweiligen Konstruktion, aufgrund dessen, dass die Depotbank zwar auf Weisung der KAG aber dennoch im *Interesse der Anleger* tätig wird – einhellig das Entstehen von Rechten der Anleger gegenüber der Depotbank bejaht. Daraus ergeben sich im Dreieck bestehende Rechtsbeziehungen der Beteiligten untereinander, die wegen der Unmöglichkeit einer nachvollziehbaren Aufspaltung in bilaterale (vertragsdogmatische) Konstruktionen[276] zu der Bezeichnung Investment-Dreieck führen.[277] Das Investment-Dreieck zeichnet sich in Bezug auf die Beziehungen der Beteiligten durch eine strenge Trennung der verwaltenden KAG und der verwahrenden Depotbank aus.[278]

A. Das Investmentvermögen als Sondervermögen

I. Sondervermögen allgemein

Unter einem Sondervermögen ist eine Gesamtheit von Rechten und Sachen zu verstehen, die einem bestimmten Zweck zugeordnet und an diesen gebunden ist.[279] Sondervermögen liegen daher, sofern noch weitere Vermögen des jeweiligen Rechtsinhabers vorhanden sind, andere rechtliche Regelungen zugrunde als dem übrigen Vermögen. Dies ergibt sich aus einer eigenen Zweckbestimmung.

---

276 Köndgen/Schmies, in: BRH, § 113 Rn. 114; Roth, S. 123 f.

277 Köndgen, in: B/S/L, I Vor §§ 20 Rn. 1; Kümpel, Rn. 12.138; Schrödemeier/Balzer, in: Brinkhaus/Scherer, § 12 KAGG, Rn. 1, 10; Oldenburg, S. 77; Päsler, Handbuch, S. 133; Reiss, S. 41.

278 Vgl. § 22 Abs. 1 InvG. Bemerkenswert ist in diesem Zusammenhang der in der Praxis vorkommende Anlageausschuss, der eine beratende Funktion bei der Verwaltung des Investmentvermögens einnimmt und sowohl mit durch die KAG als auch durch die Depotbank berufenen Mitgliedern besetzt ist, vgl. dazu Schmitz, S. 90; Bödecker, in: Albrecht/Karahan/Lenenbach, § 45 Rn. 68; Köndgen, in: B/S/L, I § 9 Rn. 32. Als interessant erweist sich diesbezüglich die Zusammenarbeit zwischen der KAG und der späteren Depotbank bei der Gestaltung der Vertragsbedingungen, vgl. Reiss, S. 112. Die vorzufindende Verknüpfung zwischen der KAG als Tochterunternehmen einer Depotbank ist kritikwürdig, vgl. Reiss, S. 147. Zur Trennung zwischen KAG und Depotbank vgl. Köndgen/Schmies, BRH, § 113 Rn. 61.

279 Wolf, in: JuS 1975, S. 710; Holch, in: MüKoBGB, § 90 Rn. 44; Fritzsche, in: BeckOK-BGB(Ed. 23, 05/12), § 90 Rn. 22.

Das Sondervermögen ist also von dem übrigen Vermögen getrennt und wird rechtlich gesondert behandelt.[280] Es zeichnet sich durch Verfügungs- und Verwaltungsbeschränkungen seitens des Vermögensinhabers aus.

II. Sondervermögen im Sinne des InvG

Sondervermögen haben vielfältige Ausprägungen und sind keiner einheitlichen Regelung unterworfen.[281] Vorliegend ist unter einem „Sondervermögen" ein solches im Sinne des InvG, also ein investmentrechtliches Sondervermögen zu verstehen. Dieses Investmentvermögen wird in § 1 S. 2 InvG als „Vermögen zur gemeinschaftlichen Kapitalanlage, die nach dem Grundsatz der Risikomischung in Vermögensgegenständen" angelegt ist, beschrieben. Es wird auch als „Investmentfonds" oder umgangssprachlich gar nur als „Fonds" bezeichnet.[282] Die zum Sondervermögen gehörenden Vermögensgegenstände können gemäß § 30 Abs. 1 S. 1 InvG im Eigentum der KAG[283] oder im Miteigentum der Anleger[284] stehen.[285] Aus diesen Varianten ergibt sich, dass das Sondervermögen selbst keine Rechtspersönlichkeit hat und damit nicht rechtsfähig ist.[286] Für Ansprüche, die aus dem Sondervermögen zu begleichen sind – beispielsweise nach einer vorausgegangenen zulässigen Belastung im Sinne des § 31 Abs. 5 S. 2 InvG –, ist daher auf die hinter dem Sondervermögen stehenden Personen abzustellen, sodass Ansprüche sich auch gegen die Anleger richten können. Solche Ansprüche sind dann allerdings auf das Sondervermögen begrenzt.[287]

---

280 Graulich, S. 4. Vgl. zur Trennung des Sondervermögens der Erbengemeinschaft vom Vermögen der Miterben: Gergen, in: MüKoBGB, § 2032 Rn. 23.

281 Ohl, S. 27. Zu den verschiedenen Sondervermögen: Holch, in: MüKoBGB, § 90 Rn. 44.

282 König, S. 12 Fn. 52.

283 Handelt es sich um Immobilien-Sondervermögen, führt die sogenannte „Treuhandlösung" zwingend dazu, dass die Vermögensgegenstände dinglich in das treuhänderisch gebundene Eigentum der KAG übergehen (§ 75 InvG). Dies ist vor allem in Bezug auf eine einheitliche Eintragung (der KAG) im Grundbuch sinnvoll, vgl. Reiter, in: Kümpel/Wittig, 9.46; Reiss, S. 55; Lindner-Figura, in: Brinkhaus/Scherer, KAGG, § 30 Rn. 1. Zu weiteren Argumenten vgl. Lwowski/Peters, in: MüKoInsO, § 35 Rn. 274; Klenk, S. 8.

284 Vgl. § 30 Abs. 1 InvG; Roth, S. 130, 140 f.

285 Zur Problematik vom Auseinanderfallen von Forderung und Verpflichtung im Fall der „Miteigentumslösung" vgl. Schmitz, in: B/S/L, I § 30 Rn. 12.

286 König, S. 13; Reiss, S. 55; Zeller, in: Brinkhaus/Scherer, § 6 KAGG Rn. 2; Graulich, S. 16, 42 ff.

287 Schmitz, in: B/S/L, I § 31 Rn. 21.

Sowohl bei der *Treuhandlösung* nach § 30 Abs. 1 S. 1 Var. 1 InvG als auch bei der *Miteigentumslösung* nach § 30 Abs. 1 S. 1 Var. 2 InvG handelt es sich um Konstruktionen, in denen die KAG als Treuhänderin für die Anleger fungiert.[288] Im Fall der *Treuhandlösung* handelt es sich um eine fiduziarische (Vollrechts)-treuhand,[289] im Fall der *Miteigentumslösung* handelt es sich um eine Ermächtigungstreuhand.[290] Beide Varianten sind gemäß § 31 Abs. 1 InvG gleichgestellt. Ein Unterschied der Konstruktionen zeigt sich bei Verfügungen: Im Fall des § 30 Abs. 1 S. 1 Var. 1 InvG verfügt die KAG als Eigentümerin, im Fall des § 30 Abs. 1 S. 1 Var. 2 InvG als Ermächtigte gemäß § 185 BGB.[291]

Die Treuhandkonstruktionen und deren Folgen, insbesondere die Verfügungsbeschränkungen,[292] deuten eine „gespaltene Rechtsstellung" zwischen den Anlegern und der KAG an. Vor dem Hintergrund der „Gleichwertigkeit" von formalem und wirtschaftlichem Eigentum wurde die Rechtsstellung der Anleger und die der KAG daher als jeweils dingliche bezeichnet:[293] Die KAG nähme nämlich ein dingliches Verwaltungsrecht wahr, das vergleichbar mit der eigenen Rechtsmacht des Testamentsvollstreckers am Nachlass sei. Die dingliche Rechtsstellung der Anleger ergäbe sich – trotz fehlender unmittelbarer Sachherrschaft – über die wirtschaftliche Zuordnung des Vermögens. Lediglich die beiden Rechtspositionen zusammengefasst ergäben volles und unbeschränktes Eigentum im Sinne des BGB.[294] Eine derartige Zuordnung, mit der Folge eines „gespaltenen Eigentums", lässt sich allerdings nicht mit sachenrechtlichen Instrumentarien abbilden.[295] Dies scheitert schon daran, dass wirtschaftliches Eigentum im BGB nicht anerkannt wird.[296] Auch existiert der Gedanke eines ding-

288 Beckmann, in: Investment-Handbuch (EL 9/11), 410 § 30 Rn. 19.

289 Baur, in: Assmann/Schütze, § 20 Rn. 213; Roth, S. 129 ff.; Coing, S. 123 ff. Zu den Begriffen: Gernhuber, in: JuS 1988, S. 355.

290 Schmitz, in: B/S/L, I § 30 Rn. 5, 6, 9 ff. und 12 ff. Zu den Differenzierungen auch: Ellenberger, in: Palandt, Überbl v § 104 Rn. 25.

291 Schmitz, in: B/S/L, I § 30 Rn. 5. Zur Behandlung im Steuerrecht: Hohaus, in: DB 2002, S. 1233 ff.

292 Köndgen/Schmies, in: BRH, § 113 Rn. 58; Roth, S. 131 f.

293 Roth, S. 141 m.w.N. auf die verschiedenen Ansichten zur Behandlung des wirtschaftlichen und formellen Eigentums.

294 Zu dem Eigentumsaufspaltungsansatz mit Vergleich zum Trust-Recht mit der Aufspaltung in equitable und legal title, vgl. Roll, S. 63, Thiel, S. 28.

295 Dagegen kann von einer „quasidinglichen Wirkung" der Treuhandabrede gesprochen werden, vgl. Gernhuber, in: JuS 1988, S. 355 (358 ff.).

296 Säcker, in: MüKoBGB, § 903 Rn. 17. Zur Dogmatik vgl. Gernhuber, in: JuS 1980, S. 355 (359). Zum Steuerrecht: Hohaus, in: DB 2002, S. 1233 (1234 f.).

lichen Verwaltungsrechts im allgemeinen Recht nicht.[297] Wenngleich dennoch nachvollziehbar ist, dass die KAG nicht über eine „bessere“ Rechtsstellung verfügen solle als die Anleger, begleitet die Situation, dass dem Treuhänder in formeller Hinsicht mehr Rechte zustehen, als er aufgrund der Treuhandabrede materiell wahrnehmen darf, die soeben angesprochenen fiduziarischen Treuhandverhältnisse.[298] Bei der *Treuhandlösung* zeigt sich dies dadurch, dass, auch wenn das Sondervermögen im Eigentum der KAG steht, die KAG lediglich schuldrechtlich gegenüber den Anlegern gebunden ist.[299] Es handelt sich dabei um einen Fall der sogenannten „überschießenden Rechtsmacht“[300]. Die Treuhandabrede wirkt dabei aber grundsätzlich nur schuldrechtlich zwischen den Parteien des Treuhandverhältnisses (*inter partes*),[301] entfaltet aber „quasidingliche Wirkung“[302]. Im Gegensatz zur dinglichen Seite des Treuhandverhältnisses ist die Bindung des Vermögens nach Maßgabe der Treuhandvereinbarung für das Außenverhältnis unbeachtlich.[303] Auch die Gleichstellung der Varianten des § 30 Abs. 1 S. 1 InvG durch die Zuweisung der Verfügungs- und Rechteausübungsbefugnis an die KAG in § 31 Abs. 1 InvG führt zu keinem anderen Ergebnis, denn trotz der Gleichstellung ergibt sich aus dem Gesetz, dass *entweder* die Anleger *oder* die KAG dinglich berechtigt ist. Genau dies entspricht dem Erscheinungsbild der Treuhand.[304]

Die für Sondervermögen zulässigen Vermögensgegenstände werden durch das InvG vorgegeben, sodass sich der Anwendungsbereich des InvG auf die darin aufgeführten Fondstypen beschränkt.[305] Erachtet man deshalb einen „Numerus clausus zulässiger Fondstypen“ als einschlägig,[306] begegnet dem Kritik: So

297 Vgl. Siebert, S. 247 f.; Hennsler, in: AcP 196 (1996), S. 37 (49, 54 ff.); Wiegand, in: AcP 190 (1990) S. 112 (128).

298 Nur „möglich“, aber nicht „typisch“ dagegen ist eine Differenz zwischen „Können“ und „Dürfen“ bei der Ermächtigungstreuhand, vgl. Gernhuber, in: JuS 1988, S. 355 (356).

299 Reiss, S. 56; Schmitz, in: B/S/L, I § 30 Rn. 10. Zu Verfügungsbeschränkungen im Sinne des § 76 InvG, vgl. Reiss, S. 74 f.; Klusak, in: B/S/L, I § 76 Rn. 1 ff.

300 RGZ 133, S. 84 (87); Siebert, S. 1 f.; Coing, S. 100; Heermann, in: MüKoBGB, § 675 Rn. 108; Hennsler, in: AcP 196 (1996), S. 37 (41); Löhnig, S. 37; Leptin, in: Soergel, Vor § 164 Rn. 52; Heinsius, in: FS Henckel, S. 378 (388); Liebich/Mathews, S. 60 f.

301 Balzer, S. 47; Coing, S. 123; Gernhuber, in: JuS 1988, S. 355 (357).

302 Gernhuber, in: JuS 1988, S. 355 (358 ff.).

303 Balzer, S. 47 f.; Lang, § 21 Rn. 13 f.

304 BGH NJW 2004, S. 1382 (1382). Liebich/Mathews, S. 60; Balzer, S. 47 f.; Lang, § 21 Rn. 13.

305 § 2 Abs. 1, Abs. 2 InvG.

306 Vgl. zur Formulierung: Köndgen/Schmies, BRH, § 113 Rn. 55, 93.

verweisen die Ausführungen von *Reiss* einerseits und *Kaune* und *Oulds* andererseits auf die Nichtexistenz eines Numerus clausus zulässiger Arten von Sondervermögen im Gegensatz zur Rechtslage während der Geltung des KAGG; *Kaune* und *Oulds* allerdings ausdrücklich nur hinsichtlich richtlinienkonformer Sondervermögen.[307] Demgegenüber weisen *Köndgen* und *Schmies* zur Begründung des „Numerus clausus zulässiger Fondstypen" auf das sich aus § 1 S. 1 Nr. 1 InvG ergebende Kollektivmodell einerseits, auf die abschließende Zahl der Sondervermögen andererseits hin.[308] Zu fragen ist nun, ob die Bezeichnung „Numerus clausus zulässiger Fondstypen" in diesem Zusammenhang tragfähig ist. Dazu muss die Bezeichnung zunächst in die beiden Teile „Numerus clausus" und „Typenzwang" zerlegt werden. Ein Numerus clausus setzt auf die Wahl der Rechtsform oder auf sonstige rechtlich relevante Handlung bezogene Beschränkungen.[309] Er gibt damit einen Rahmen vor,[310] wirkt darüber hinaus jedoch nicht beschränkend.[311] Dem InvG ist wegen des Katalogs der Sondervermögen, entsprechend dem Numerus clausus im Gesellschaftsrecht, ein „Numerus clausus der Namen"[312] zu attestieren. Ein Typenzwang bindet demgegenüber an einen gesetzlich geregelten Typus: Er bindet an ein Erscheinungsbild einer Rechtsform, das sich an dem unter empirischen Gesichtspunkten gewöhnlicherweise erwarteten, typischen orientiert.[313] Für die Frage der Entsprechung zu dem gesetzlich geregelten Typus kommt es im Gegensatz zum Numerus clausus nicht auf die Einhaltung gesetzlich vorgeschriebener Kriterien an, sondern auf das Vorliegen entsprechender Wesenselemente.[314] Das bedeutet, dass

---

307 Reiss, S. 43 unter Bezugnahme auf den § 1 I KAGG; Kaune/Oulds, in: ZBB 2004, S. 114 (118). Zum Begriff „richtlinienkonformer Sondervermögen" vgl. Fn. 1.

308 Köndgen/Schmies, BRH, § 113 Rn. 55. Zwar wurden die Sondervermögen seitdem wiederum erweitert, dennoch nicht vollständig freigegeben.

309 K. Schmidt, Gesellschaftsrecht, S. 96 ff. und 111 ff.; Seiler, in: StaudingerBGB(2007), Einleitung zum Sachenrecht, Rn. 38.

310 Aus Gründen des Verkehrsschutzes handelt es sich regelmäßig um Mindestanforderungen, vgl. Sack, in: DB 1974, S. 369 (372); K. Schmidt, Gesellschaftsrecht, S. 96.

311 Vgl. Schulte, in: FS Westermann, S. 525.

312 Vgl. Schulte, in: FS Westermann, S. 525; Sack, in: DB 1974, S. 369 (372). Zum Zweck der Erkennbarkeit vgl. Saenger, Rn. 36.

313 Stedig, in: NZG 2000, 182 ff.; Oppenländer, in: Oppenländer/Trölitzsch, § 7 Rn. 7. Zu „Begriff" und „Typus" vgl. Larenz/Canaris, S. 37 f., 41 f. Zu Typen und Typenreihen vgl. Larenz/Canaris, S. 290 ff. Zur Abgrenzung zum Rechtsformzwang vgl. K. Schmidt, Gesellschaftsrecht, S. 111 f.

314 Larenz/Canaris, S. 41 f., 295; Pawlowski, Methodenlehre, Rn. 147. Ausgangspunkt ist die sich aus dispositiven Vorschriften ergebende Vielfalt der Ausgestaltungsmöglichkeiten, Windbichler, S. 19.

die Entsprechung anhand einer wertenden Betrachtung ermittelt wird.[315] Dementsprechend entziehen sich Typen einer vollständigen Definition, lassen sich aber anhand ihrer Charakteristika beschreiben und durch Beispiele veranschaulichen.[316] Während sich Übergänge zwischen Typen durch die Vereinigung von Elementen verschiedener Grundtypen in verschieden starker Ausprägung zeigen können (sogenannte Typenmischung)[317], sind erhebliche Abweichungen als atypische Gestaltungen aufzufassen.[318]

Innerhalb des InvG befinden sich verschiedene Sondervermögen, die einerseits im Hinblick auf die Auswahl und Zusammensetzung der Anlagegegenstände, andererseits in Bezug auf das Risikoprofil differieren.[319] Das Erscheinungsbild, das eine Zuordnung zum jeweiligen Sondervermögen ermöglicht, wird dabei durch die Anlagegegenstände geprägt und durch deren Kombination beeinflusst.[320] Auch wenn richtlinienkonforme Sondervermögen durch vielfältige Anlagestrategien geprägt sein können,[321] unterliegen Sondervermögen im Hinblick auf die Ausgestaltung durch verschiedene (zulässige) Anlagegegenstände wiederum Einschränkungen. Diese können am Beispiel des Immobilien-Sondervermögens dargestellt werden: Für ein Immobilien-Sondervermögen ergeben sich Einschränkungen aus § 67 Abs. 1 InvG.[322] Diese Regelung betrifft den Erwerb von Vermögensgegenständen. Für die Feststellung, ob ein Immobilien-Sondervermögen vorliegt, sind danach die Anlagegegenstände maßgeblich. Diese selbst sind wiederum abschließend aufgezählt.[323] Es handelt sich, wie bei anderen Sondervermögen auch, um einen Numerus clausus der Anlagegegenstände. Darüber hinaus können hinsichtlich der Zusammensetzung der für das jeweilige Sondervermögen zulässigen Anlagegegenstände Grenzen bestehen. § 67 Abs. 2 InvG setzt diesbezüglich für Immobilien-Sondervermögen unter an-

---

315 Larenz/Canaris, S. 44, 47. Maßgeblichkeit des Gesamtbildes: Koller, S. 125.

316 Larenz/Canaris, S. 95.

317 Larenz/Canaris, S. 295 ff.

318 Larenz/Canaris, S. 297; Otte, in: RTh 1 (1970), S. 183; Steding, in: NZG 2000, 182 (183 f.). Zur Nichtzulassung atypischer Fälle vgl. Larenz, Methodenlehre, S. 123.

319 Die Sondervermögen sind abschließend in Kapitel 2 des InvG aufgeführt. Köndgen, in: B/S/L, I Einl InvG Rn. 42.

320 Eine Kombination der Fondstypen selbst ist unzulässig, vgl. Köndgen, in: B/S/L, I Einl InvG Rn. 42.

321 Köndgen/Schmies, in: BRH § 113 Rn. 55.

322 Zu Beteiligungen vgl. Banzhaf, in: WM 2011, S. 299 f.

323 Wie bei anderen Sondervermögen im Sinne des InvG auch handelt es sich hier um einen Numerus clausus der Anlagegegenstände, vgl. Kestler/Benz, in: BKR 2008, S. 403 (407).

derem erwerbsbezogene[324] prozentuale (Mengen-)Obergrenzen fest. In der beschränkten Anlageauswahl manifestiert sich so die den Immobilien-Sondervermögen zugrunde liegende Konstruktion der „strengen Typenreinheit“.[325]

Die bezeichnete abschließende Zahl verschiedener Sondervermögen mit den diesbezüglich bestehenden Einschränkungen auf zulässige Vermögensgegenstände führt, vorbehaltlich gesetzlich zulässiger Variationsmöglichkeiten oder Rückgriffe auf entsprechend anwendbare subsidiäre Vorschriften[326], vor dem Hintergrund einer erhöhten Transparenz zum Ausschluss von Kombinationen der Anlagegegenstände verschiedener Sondervermögen. Der sich hier ausprägende Typenzwang schließt zugleich gesetzlich nicht vorgesehene atypische Fälle durch den Ausschluss freier Kombinierbarkeit[327] aus. Somit ist die Bezeichnung „Numerus clausus zulässiger Fondstypen“ zutreffend. Gleichwohl lässt sich dadurch die Aussage, dass der Anwendungsbereich des InvG negativ durch die abschließende Aufzählung der Sondervermögen und deren Anlagegegenstände im jeweiligen Kontext vorgegeben werde, nicht stützen: Die Existenz des § 28 Abs. 1 Nr. 1 InvG in Verbindung mit den jeweiligen Vorschriften zu den Anlagegrenzen deutet vielmehr an, dass Verletzungen des InvG dessen Anwendungsbereich nicht stets ausschließen. Den Gedanken fortgesetzt, kann das Fehlen oder spätere Entfallen bestimmter für den Erwerb von Vermögensgegenständen maßgeblicher Voraussetzungen nicht dazu führen, dass ein Sondervermögen nicht (mehr) vorliegt.[328] Das wiederum stützt sich auf obige Darstellung: Bei der Beurteilung, ob es sich um ein Sondervermögen handelt, kommt es nämlich nicht auf die Erfüllung sämtlicher Kriterien des jeweiligen Sondervermögens an. Vielmehr wird eine Wertung nach Wesenselementen vorgenommen. Für das Wesen wiederum von Bedeutung sind nicht sämtliche Regelungen des jeweiligen Sondervermögens, sondern nur diejenigen, die charakteristisch sind und (damit) definitorisch maßgeblich werden.[329] Am Beispiel eines Immobilien-Sondervermögens zeigen sich in den §§ 66 ff. InvG detaillierte Regelungen bezüglich des Erwerbs. In Bezug auf die Frage, ob ein Immobilien-

324 Dazu vgl. Klusak, in: B/S/L, § 67 Rn. 23.

325 Köndgen/Schmies, in: BRH, § 113 Rn. 99.

326 Vgl. § 66 InvG in Bezug auf die §§ 46 bis 65 InvG.

327 Köndgen, in: B/S/L, I Einl InvG Rn. 42.

328 Zu den Konsequenzen vgl. § 143 Abs. 3 Nr. 6 InvG; Klusak, in: B/S/L, I § 67 Rn. 47.

329 Es erscheint naheliegend anhand der Umstände der Missachtung einschließlich des Erwerbsgegenstands (insb. § 67 Abs. 1 Nr. 1-3 InvG) zu differenzieren. Auch darf das Augenmerk nicht auf einer Rückführung zur Einhaltung der Anlagegrenzen „um jeden Preis“ führen. Zur Beachtung der Anlegerinteressen vgl. Klusak, in: B/S/L, I § 67 Rn. 47.

Sondervermögen vorliegt, ist vor allem § 66 InvG wesentlich, denn dieser hilft dabei, ein Immobilien-Sondervermögen zu beschreiben. In diesem Sinne ist hingegen beispielsweise die prozentuale Grenze des § 67 Abs. 2 S. 2 InvG nicht wesentlich, sodass sich eine anfängliche oder nachträgliche Missachtung dieser Grenze nicht auf das Vorliegen eines Immobilien-Sondervermögens auswirkt. Dass hiernach auf wesentliche Elemente fokussiert wird, steht im Einklang mit den dem InvG zugrunde liegenden Anlegerschutzerwägungen und damit mit dem Gesetzeszweck. Gleichwohl handelt es sich, in Übereinstimmung mit den Ausführungen über die Risikomischung in Bezug auf die Anwendbarkeit des InvG trotz Diversifikationsdefiziten, nicht um eine Abwertung konstitutiver Bestimmungen beziehungsweise eine Aufweichung von Bestimmungen des InvG.

III. Immobilien-Sondervermögen

Ein Immobilien-Sondervermögen zeichnet sich durch die im Vergleich zu anderen Fondstypen bestehenden immobilienrechtlichen Besonderheiten aus: Diese zeigen sich beispielhaft in der Einzigartigkeit der jeweiligen Grundstücke und in den preisbildungsrelevanten Faktoren. Auch erweist sich die Risikostreuung als komplex: Nicht nur deshalb, weil zunächst ein hoher Mitteleinsatz erforderlich ist, sondern auch angesichts grundstücksbezogen stets differierender Werte und aufgrund der für die Ertragserzielung grundsätzlich erforderlichen Langfristigkeit der Anlage. Der Gedanke, eine langfristige Anlage zu tätigen, steht im Kontrast zu der bei Investmentfonds grundsätzlich bestehenden Möglichkeit, jederzeit die Anteile zurückzugeben.[330] Eine Kapitalanlage in ein Immobilien-Sondervermögen ist darauf gerichtet, für einen bestimmten Zeitraum finanzielle Nutzungen aus Investitionen in Grundstücke zu generieren.[331] Immobilien-Sondervermögen illustrieren die Vorteile der Zusammenfassung eines großen Kreises von Anlegern zu Anlagezwecken: Der individuelle Erwerb von Immobilien als Anlage setzt in der Regel eine hohe Finanzkraft voraus; dagegen ist die individuelle Investitionssumme beim Erwerb von Wertpapieren (je nach Art und Anzahl) nahezu stufenlos wählbar und damit deutlich flexibler. Die für den Immobilienerwerb erforderlichen hohen finanziellen Mittel können durch Zusammenwirken mehrerer Anleger aufgebracht werden. So können erhebliche

330 Vgl. Köndgen/Schmies, in: BRH, § 113 Rn. 97. Die Rückgabemöglichkeit wird auch bezeichnet als „right of exit", vgl. König, S. 131 oder als „right of redemtion", vgl. V. Caemmerer, in: JZ 1958, S. 41 (43); Baum, S. 149; Reuter, S. 130; Beckmann, in: Investment-Handbuch (EL 2/12), 410 § 1 Rn. 125.

331 Zu den (möglichen) Gegenständen eines Immobilienfonds, vgl. Reiter, in: Kümpel/Wittig, 9.97 ff.; Klusak, in: B/S/L, I § 67 Rn. 5 ff.

Mittel bei einer Vielzahl von Anlegern trotz individuell kleiner Anlagesummen erreicht werden, sodass nicht nur der Erwerb einer Immobilie zur Kapitalanlage an sich, sondern darüber hinaus eine Risikostreuung möglich ist. Im Sinne des InvG ist sie sogar nötig.[332] Das Kollektivmodell dient neben der Kapitalanhäufung dazu, die mit Erwerbs-, Verwaltungs- und Veräußerungsvorgängen zusammenhängenden, oft komplexen Vorgänge auf fachlich qualifizierte Personen zu übertragen.

1. Einteilung in „offene" und „geschlossene" Fonds

Die Anlage in Sondervermögen im Sinne des InvG zeichnet sich durch eine grundsätzlich unbeschränkte Anteilsausgabe und eine grundsätzlich jederzeit bestehende Möglichkeit der Anteilsrückgabe aus. In diesem Zusammenhang wird von sogenannten „offenen Fonds" gesprochen. Immobilien-Sondervermögen lassen sich wie andere Fondstypen nämlich auch in „offene" und „geschlossene" Fonds einteilen.[333] Die Unterteilung kann, muss jedoch nicht zwingend Unterschiede bei der Rechts- und Organisationsform sowie bei der Frage nach der Beachtung des Gebots der Risikomischung haben. Für welche Fonds das InvG Anwendung findet, richtet sich – wie in § 1 Abs. 1 und Abs. 1a InvStG aufgeführt – für inländische Investmentvermögen primär nach § 2 Abs. 1 und Abs. 5 InvG sowie nach § 2 Abs. 2 InvG, wonach es durch Inkorporation sämtlicher Vorschriften des InvG und der Vertragsbedingungen zunächst auf die Rechtsform der KAG, die Beachtung des Gebots der Risikomischung und auf die grundsätzlich jederzeit bestehende Rückgabemöglichkeit der Anteile ankommt sowie für ausländische Investmentvermögen nach § 2 Abs. 8 bis 10 InvG.[334]

Betrachtet man zunächst „offene" Immobilienfonds, sind das *Open-Prinzip* einerseits und *Open-End-Prinzip* andererseits zu differenzieren.[335] Das *Open-Prinzip* beschreibt in Abgrenzung zum *Closed-Prinzip* eine laufende Anteilsemission,[336] die eine unbegrenzte Vermögensanwachsung ermöglicht. Die

332 Tormann, S. 22.

333 Väth, S. 58.

334 Reiss, S. 45; Canaris, BVR, Rn. 2347. Zu ausländischen Fonds mit Immobilienbezug vgl. Buge, in: BBV 2007, S. 54 ff.; Rinas, in: BBEV 2007, S. 184 (189); Helios/Schmies, in: BB 2009, S. 1100 ff.

335 Beckmann, in: Investment-Handbuch (EL 1/05), 410 § 4 Rn. 22. Zur begrifflichen Differenzierung vgl. Väth, S. 34.

336 Das InvG enthält diesbezüglich keine Verpflichtung, sodass eine Begrenzung der auszugebenden Anteile den Vertragsbedingungen nach möglich ist, vgl. Beckmann,

verfügbare Vermögensmasse wird damit – vorbehaltlich von Aussetzungen[337] – zu einer beliebigen und variablen Größe.[338] Das *Open-End-Prinzip* kennzeichnet ein Rückgaberecht des Anteilsscheins seitens des Anlegers gegenüber der Investmentgesellschaft, dessen Kehrseite in einer Rücknahmepflicht der Investmentgesellschaft hinsichtlich des Anteilsscheins (§ 33 Abs. 1 S. 1 InvG) gegenüber den Anlegern besteht und die Investmentgesellschaft zur Rückgabe der Anteile zum Inventarwert verpflichtet.[339] Dem entspricht § 37 Abs. 1 InvG, wonach jeder Anleger verlangen kann, „dass ihm gegen Rückgabe des Anteils sein Anteil an dem Sondervermögen aus diesem ausgezahlt wird". Das im Sinne des *Open-End-Prinzips* erforderliche Rückgaberecht muss nicht zu jeder Zeit bestehen, sondern kann an Rücknahmetermine geknüpft sein.[340] Diesbezüglich finden sich Regelungen insbesondere in § 80c Abs. 2 bis 4 InvG[341] und § 81 InvG. Demgegenüber zeichnen sich Fonds nach dem *Closed-End-Prinzip* durch Fehlen eines Rückgaberechts aus, woraus regelmäßig eine langfristige Bindung der Anleger resultiert.[342] Ein Fonds, der nach dem *Open-End-Prinzip* betrieben wird, ist im Gegensatz zu Fonds nach dem *Closed-End-Prinzip* auch regemäßig nicht körperschaftlich organisiert,[343] sondern zeichnet sich durch einen zwischen den Anlegern und der Fondsleitung geschlossenen Vertrag (im Kollektivvertragstypus) aus.[344] Das InvG beschränkt sich seit der Streichung der Investmentaktiengesellschaft mit fixem Kapital auf offene Fondsformen *Open-End-Prinzip*.[345]

---

in: Investment-Handbuch (EL 5/11), 410 § 1 Rn. 80, 86; Väth, S. 32.

337 §§ 37 Abs. 2 InvG. Zu dessen Anwendungsbereich vgl. Schmitz, in: B/S/L, I § 37 Rn. 3.

338 Köndgen/Schmies, in: BRH, § 113 Rn. 10 .

339 Beckmann, in: Investment-Handbuch (EL 8/11), 410 § 2 Rn. 262, zu den Einschränkungen vgl. Rn. 270 ff.

340 Bödecker, in: Albrecht/Karahan/Lenenbach, § 45 Rn. 58.

341 § 80c InvG wurde geändert durch Art. 3 des Gesetzes zur Stärkung des Anlegerschutzes und Verbesserung der Funktionsfähigkeit des Kapitalmarkts (Anlegerschutz- und Funktionsverbesserungsgesetz), BGBl. I 2011, S. 538 (544).

342 Köndgen/Schmies, in: BRH, § 113 Rn. 11.

343 Zur Organisation geschlossener Fonds vgl. Beckmann, in: Investment-Handbuch (EL 5/11), 410 § 1 Rn. 81. Die körperschaftliche Organisation bringt einen Gesellschafterstatus und entsprechende Kontrolle mit sich, vgl. Köndgen/Schmies, in: BRH, § 113 Rn. 11.

344 Köndgen/Schmies, in: BRH, § 113 Rn. 10.

345 Bödecker, in: Albrecht/Karahan/Lenenbach, § 45 Rn. 48 ff.; Fischer/Steck, in: B/S/L, I § 105 Rn. 3; Köndgen/Schmies, in: BRH, § 113 Rn. 98.

Grundstücksfonds, die als „offene“ Immobilienfonds bezeichnet werden, zeichnen sich durch die Schaffung und Unterhaltung eines wechselnden Bestandes von Grundstücken aus. „Geschlossene“ Immobilienfonds werden demgegenüber über einen fest geschaffenen und zu unterhaltenden Bestand abgegrenzt.[346] Den „geschlossenen“ Immobilienfonds ist regelmäßig eine Risikostreuung fremd,[347] sodass schon deshalb das InvG gemäß § 1 S. 2 InvG keine Anwendung findet. Ihnen kommt eher der „Charakter einer Unternehmensbeteiligung“[348] zu. Der im Gegensatz zu dem oft immobilienprojektbezogenen „geschlossenen“ Immobilienfonds stehende und gemäß § 67 Abs. 9 InvG auf Dauer angelegte „offene“ Immobilienfonds ist – ungeachtet idealer Voraussetzungen zur Verwirklichung der Investmentidee[349] – aufgrund der Besonderheiten der Immobilien-Kapitalanlage, eine Sonderform im Investmentrecht.[350]

2. Vermögensgegenstände eines Immobilien-Sondervermögens

Immobilienfonds verwaltende KAGen tätigen langfristige Investitionen in Immobilienanlagen. Das Sondervermögen eines Immobilienfonds besteht dabei schwerpunktmäßig aus Grundstücken oder grundstücksgleichen Rechten, die entweder unmittelbar dem Fonds zugeordnet sind oder über eine Tochtergesellschaft gehalten werden.[351] Daneben besteht aufgrund der Liquiditäts- und Portfolioerhaltung sowie -entwicklung eine Reserve aus „flüssigen“ Mitteln,[352] gemäß § 80 Abs. 1 S. 2 InvG mindestens in Höhe von fünf Prozent.[353] Diese Reserve ist zur Deckung der Kosten durch kurzfristige Rücknahmeverlangen der Anleger erforderlich. Regelungen über Rücknahmeverlangen finden sich sowohl im InvG[354] als auch in den Vertragsbedingungen. Gemäß § 12 Abs. 3 der Mustervertragsbedingungen des BVI für Immobilien-Sondervermögen (im Folgenden: AVB-Immobilien)[355] können die Anleger „von der Gesellschaft jederzeit

346 Fischer/Klanten, Rn. 1.140, 1.142; Kümpel, Rn. 12.14. Zum Anwendungsbereich des InvG: Köndgen/Schmies, in: BRH, § 113 Rn. 98.

347 Baur, Einl I, Rn. 26.

348 Baur, Einl I, Rn. 30.

349 Klusak, in: Der Langfristige Kredit 1985, S. 376.

350 Väth, S. 15.

351 Vgl. §§ 67 f. InvG; Beckmann, in: Investment-Handbuch (EL 8/11), 410 § 2 Rn. 94 ff., 99.

352 Köndgen, in: B/S/L, I § 24 Rn. 15.

353 Baur, Einl I, Rn. 27; Beckmann, in: Investment-Handbuch (EL 5/11), 410 § 1 Rn. 100; Ortmanns, in: ZfIR 2006, S. 229 (230).

354 Z.B. § 37; 80c II; 81 InvG.

355 BVI, AVB-Immobilien, Stand: 24.10.2011, Abdruck eines Auszugs im Anhang dieser

die Rücknahme der Anteile zum nächstfolgenden Rücknahmetermin verlangen". In den AVB-Immobilien in der Fassung vom 24.10.2011 (im Folgenden: AVB-Immobilien a.F.) ging die dem jetzigen § 12 Abs. 3 AVB-Immobilien entsprechende Regelung des § 12 Abs. 5 AVB-Immobilien a.F. noch weiter. Dort hieß es unter Bezugnahme auf die bislang unveränderten Besonderen Mustervertragsbedingungen des BVI für Immobilien-Sondervermögen (im Folgenden: BVB-Immobilien): „soweit die ‚Besonderen Vertragsbedingungen' keine abweichende Regelung vorsehen"[356]. Außerdem bestand die Rücknahmemöglichkeit ausweislich der AVB-Immobilien a.F., wenn die Rücknahme nicht beispielsweise gemäß § 12 Abs. 3 und Abs. 4 AVB-Immobilien a.F., nun: § 12 Abs. 6 und Abs. 7 AVB-Immobilien, zur Wahrung des *Anlegerinteresses* durch die Gesellschaft ausgesetzt wurde. Die angesprochenen Aussetzungsregelungen sind auf Veränderungen des § 80c InvG zurückzuführen, der dem Zweck dient, das Spannungsverhältnis zwischen der langfristigen Anlage und der kurzfristigen Rückgabe aufzulösen.

Die Wertfeststellung des Sondervermögens wird bei einem Immobilienfonds maßgeblich über eine Bewertung der sich dem Sondervermögen zugehörigen Immobilien nach Maßgabe des § 79 InvG vorgenommen.[357] Aufgrund einer hohen Volatilität ist zur besseren Wertabbildung eine Tendenz hin zu kürzeren Bewertungszeiträumen festzustellen.[358] Gemäß § 79 Abs. 3 InvG werden Ausgabe- und Rücknahmepreis börsentäglich ermittelt.[359] Dies ist kurzfristigen Ausgabe- oder Rücknahmeverlangen geschuldet. Zwischen dem Ziel einer langfristigen Anlage und der Möglichkeit kurzfristiger Loslösung von der Anlage besteht ein Spannungsverhältnis. Zur Auflösung des Spannungsverhältnisses wurden lange Zeit Mindesthaltefristen diskutiert.[360]

Arbeit.

356 Eine abweichende Regelung kann sich dabei insb. aus Baustein 13 der besonderen Vertragsbedingungen ergeben, vgl. BVI, BVB-Immobilien, Stand: 12.09.2011, Abdruck eines Auszugs im Anhang dieser Arbeit.

357 Köndgen/Schmies, in: BRH, § 113 Rn. 101.

358 Kritisch zu Bewertungsturnus und -ansatz: Köndgen/Schmies, in: BRH, § 113 Rn. 101a.

359 Eine solche Regelung findet sich auch in § 13 Abs. 5 S. 1 der AVB-Immobilien, vgl. Fn. 355.

360 Zu diesem Problem mit verschiedenen Reformvorschlägen bereits Ortmanns, in: ZfIR 2006, S. 229 (230 ff.).

Im Gesetz zur Stärkung des Anlegerschutzes und Verbesserung der Funktionsfähigkeit des Kapitalmarkts (Anlegerschutz- und Funktionsverbesserungsgesetz)[361] wurden solche Mindesthaltefristen aufgenommen. Unter anderem die Neufassung des § 79 Abs. 1 InvG[362] sowie des § 80c InvG sollen nun zu einer Harmonisierung des Spannungsfeldes beitragen.

IV. Der Anteil am Sondervermögen

1. Entstehung des Anteils

Unter einem „Anteil" am Sondervermögen versteht man die Summe aller auf das Sondervermögen bezogenen Rechte des Anlegers.[363] Dieser Anteil wird gemäß § 33 Abs. 1 S. 1 InvG verbrieft, ist aber begrifflich und gedanklich vom Anteilsschein zu trennen. Das Sondervermögen bildet sich *ipso iure* durch die von den Anlegern geleistete Einlage des Geldes.[364] Die Einlage ist eine vertragsgemäße Leistung des Anlegers auf Grundlage des Investmentvertrages und führt zur Entstehung eines Anteils am Sondervermögen, soweit sie in das Sondervermögen gelangt ist.[365] Dies ist, wie eingangs erwähnt, nicht bezüglich des gesamten Ausgabepreises der Fall. Der Ausgabeaufschlag fällt nämlich nicht dem Sondervermögen zu.[366] Zu Ausgabe und Rücknahme der Anteile ist die Depotbank verpflichtet. Sie nimmt dabei für die KAG die technische Abwicklung vor.[367] Der Ausgabepreis wird deshalb von den Anlegern an die Depotbank ent-

---

361 Gesetz vom 05.04.2011, BGBl. I 2011, S. 538.

362 § 79 Abs. 1 InvG geändert durch Art. 3 des Anlegerschutz- und Funktionsverbesserungsgesetzes, BGBl. I 2011, S. 538 (544). Zu den Beweggründen: Entwurf des Anlegerschutz- und Funktionsverbesserungsgesetzes, BR-Drucks. 584/10, S. 1 f.; Diskussionsentwurf des BMF, Bearbeitungsstand: 03.05.2010 10:01 Uhr, abrufbar unter: http://www.bundesfinanzministerium.de/nn_1940/DE/BMF__Startseite/Service/Downloads/Abt__VII/DiskE__Gesetz__Anleger-schutz__Verbesserung_20Funktionalit_C3_A4t_20Finanzm_C3_A4rkte,templateId=raw,property=publicationFile.pdf (zuletzt abgerufen am 02.05.2012).

363 Schmitz, in: B/S/L, I § 33 Rn. 6; Schrödemeier/Balzer, in: Brinkhaus/Scherer § 18 KAGG Rn. 8, 24; Baur, § 18 KAGG, Rn. 30 f. Beckmann, in: Investment-Handbuch (EL 4/07), § 33 Rn. 16; Canaris, BVR, Rn. 2372.

364 Canaris, BVR, Rn. 2440, 2354; Reiss, S. 64; Beckmann, in: Investment-Handbuch (EL 2/08), 410 § 23 Rn. 3.

365 Beckmann, in: Investment-Handbuch (EL 2/08), 410 § 23 Rn. 3.

366 Unklar: Beckmann, in: Investment-Handbuch (EL 9/11), 410 § 30 Rn. 9, (EL 2/08), 410 § 23 Rn. 13.

367 Beckmann, in: Investment-Handbuch (EL 2/08), 410 § 23 Rn. 9.

richtet und von dieser gemäß § 23 Abs. 2 S. 2 InvG unverzüglich verbucht.[368] So wird eine Verfügungsmöglichkeit der KAG ausgeschlossen. Die Höhe des Ausgabepreises variiert in Bezug auf den Anteilswert. Der Ausgabepreis stellt keinen Kaufpreis, sondern einen Vorschuss im Sinne der §§ 675 Abs. 1; 669 BGB dar und – bereinigt um den Ausgabeaufschlag – einen Beitrag zum Sondervermögen.[369]

Die Frage nach dem maßgeblichen Zeitpunkt für die Entstehung des Anteils wird unterschiedlich beurteilt. Teils wird auf die *Verbuchung* im Sinne des § 23 Abs. 2 InvG abgestellt,[370] teils dagegen auf den *Eingang* bei der Depotbank[371], mit der Folge einer bis zur *Verbuchung* bestehenden Inkongruenz[372], die über eine Forderung des Sondervermögens gegen die Depotbank ausgeglichen werden soll.[373] Der zweite Ansatz scheint einerseits im Hinblick auf die Übereinstimmung der Zusammensetzung des Sondervermögens und deren Berechtigter, andererseits aus Anlegerperspektive vorzugswürdig.[374] Begründen lässt sich Letzteres vor allem damit, dass der jeweilige Anleger das seinerseits Erforder-

---

368 Beckmann, in: Investment-Handbuch (EL 2/08), 410 § 23 Rn. 13. Für Fehler im Hinblick auf den Eingang der Einlage bei der Depotbank ist § 36 Abs. 7 InvG zu beachten.

369 Canaris, BVR, Rn. 2353 f.; Seegebarth, S. 23. Wohl a.A.: Beckmann, in: Investment-Handbuch (EL 9/11), 410 § 30 Rn. 9. Zum Vorschuss im Sinne des § 669 BGB vgl. Koller, in: FS Schimansky, S. 209 (213); Canaris, BVR, Rn. 343; Kindermann, in: WM 1982, 318 (321); Meyer-Cording, S. 36 f.

370 Beckmann, in: Investment-Handbuch (EL 2/08), 410 § 23 Rn. 4. In diese Richtung kann auch Köndgen, in: B/S/L, I § 23 Rn.4 verstanden werden, allerdings werden hier Einzahlung und Verbuchung nicht auseinandergehalten. Der Nachweis auf Canaris, BVR, Rn. 2378, der die Einzahlung als maßgeblich erachtet, trägt dabei nicht zur Klarheit bei. Die Einzahlung ist bei Canaris, BVR, Rn. 2400, unter der Erweiterung durch die Surrogationsvorschrift zu begreifen. Die (richtige) Buchung erachtet Canaris, BVR, Rn. 2400, demgegenüber nicht als maßgeblich. So wiederum im Ergebnis auch Köndgen, in: B/S/L, I § 23 Rn. 9.

371 Köndgen, in: B/S/L, I § 23 Rn. 9 stellt auf den „Eingang des Ausgabepreises bei der Depotbank" ab. Canaris, BVR, Rn. 2400 stellt grundsätzlich auf den Eingang bei der KAG ab, lässt aber ebenso den Anspruch auf Gutschrift aufgrund der Surrogationsvorschrift genügen. Vgl. zur Rolle der Depotbank als Geheißperson der KAG: Reiss, S. 64.

372 Die Inkongruenz wird zwischen wirtschaftlicher und dinglicher Berechtigung durch das zunächst erfolgende Anwachsen der Miteigentumsanteile der bereits vorhandenen Anteilsinhaber gesehen, vgl. Köndgen, in: B/S/L, I § 23 Rn. 4. Eine Auseinandersetzung mit den Zeitpunkten bei der Überweisung findet sich bei Canaris, BVR, Rn. 419 ff. Vgl. zu den Zeitpunkten auch Fn. 378.

373 Canaris, BVR, Rn. 2400.

374 Canaris, BVR, Rn. 2378.

liche zur Anteilsentstehung beigetragen hat. Diesem Ansatz wird aber mit § 23 Abs. 1 S. 2 und Abs. 2 S. 2 InvG begegnet.[375] Gemäß § 23 Abs. 1 S. 2 InvG ist die Ausgabe von Anteilen nur gegen volle Leistung des Ausgabepreises zulässig. Unter „voller Leistung“ sei eine Erfüllung zu verstehen. Träfe dies zu, wäre das „Bewirken des Leistungserfolgs“ erforderlich. Ein „Bewirken des Leistungserfolges“ setzt unter vergleichender Berücksichtigung der Rechtslage im Falle der Barzahlung[376] voraus, dass der Gläubiger den geschuldeten Betrag „zur freien Verfügung übereignet beziehungsweise überwiesen erhält und ihn behalten darf“[377]. Dies wiederum setzt für den Fall der alleinigen Verfügungsbefugnis des Gläubigers über das Konto eine Gutschrift (auf diesem Konto) voraus.[378] Daraus wird gefolgert, dass der Zufluss zum Sondervermögen dementsprechend im Einklang mit der Formulierung des § 23 Abs. 2 S. 2 InvG erfolge, wonach der an die Depotbank zu entrichtende Ausgabepreis abzüglich des Ausgabeaufschlags unverzüglich zugunsten des Sondervermögens *verbucht* werden muss.[379] Deshalb sei die *Verbuchung* hinsichtlich des Zeitpunktes der Mehrung des Sondervermögens maßgeblich. Dies ist jedoch nicht zwingend: § 23 Abs. 2 S. 2 InvG normiert lediglich eine Pflicht der Depotbank in Bezug auf eine zügige Vornahme des Buchungsvorgangs, regelt aber nichts in Bezug auf den Zeitpunkt der Anteilsentstehung. Aus dem Zusammenspiel der §§ 23 Abs. 2 S. 1 und 30 Abs. 2 InvG könnte vielmehr schon der Anspruch der KAG gegenüber der Depotbank auf die Gutschrift als Surrogat dem Sondervermögen zugeordnet werden.[380] Dieser Anspruch entsteht mit dem *Eingang* des Geldes bei der Depotbank.[381] Den Zeitpunkt der Anteilsentstehung auf den *Eingang* des Geldes zu verlagern, harmonisiert am besten mit den beschriebenen Vorschriften des InvG. Daher ist der Zeitpunkt des Eingangs des Geldes bei der Depotbank für die Entstehung des Anteils maßgeblich. Dieser Anteil, der alle auf das Sondervermögen bezogenen Rechte[382] des Anlegers umfasst, wird in Anteilsscheinen verbrieft.[383]

---

375 Dazu vgl. Beckmann, in: Investment-Handbuch (EL 2/08), 410 § 23 Rn. 4.

376 Canaris, BVR, Rn. 410.

377 BGH NJW 1996, S. 1207 (1. LS).

378 BGH NJW 1996, S. 1207; BGH NJW 1999, S. 210; Schreiber, in: Soergel, § 362 Rn. 4. Zur Einordnung der Gutschrift: Kasper, in: MüKoBGB, § 676f Rn. 8; Schimansky, in: BRH, § 47 Rn. 52. Abgrenzung zur Wertstellung: Schimansky, in: BRH, § 47 Rn. 61 ff.

379 Die Anteilsausgabe und Zahlung des Ausgabepreises erfolgen Zug um Zug, vgl. Köndgen, in: B/S/L, I § 23 Rn. 7.

380 Canaris, BVR, Rn. 2400; Reiss, S. 64.

381 Zu unterscheiden ist der Anspruch von dem Anspruch der KAG gegen die Anleger auf Leistung.

382 Schmitz, in: B/S/L, I § 22 Rn. 6.

Die Anteilsscheine stellen vor dem Hintergrund, dass die Geltendmachung der jeweiligen Ansprüche die Vorlage des Anteilsscheins erfordert, Wertpapiere dar.[384] Der Zeitpunkt der Verbriefung gemäß § 33 Abs. 1 S. 1 InvG ist indes unbeachtlich für die Entstehung des Anteils.[385]

2. Der Ausgabeaufschlag

Zusätzlich zum Ausgabepreis wird in der Regel ein Ausgabeaufschlag erhoben. Die Rolle des Ausgabeaufschlags wird in der Deckung der Ausgabekosten und der anteiligen Abgeltung von Wertpapierkaufspesen gesehen.[386] Faktisch trägt er zur Verstärkung der Beziehung der Anleger zum Sondervermögen bei und führt damit zur Einschränkung der Anlagemobilität.[387]

Der Ausgabeaufschlag kann sich an einem festen Vomhundertsatz des Anteilswerts orientieren, wird aber teils auch gestaffelt oder gar nicht erhoben.[388] Eine Staffelung führt dazu, dass der zu leistende Ausgabeaufschlag bei einer höheren Erwerbsanzahl von Anteilen insgesamt prozentual geringer ausfällt. Wird auf den Ausgabeaufschlag verzichtet, müssen die dennoch entstehenden Kosten (Ausgabekosten und Spesen), damit es nicht zu einer (direkten) Belastung des Sondervermögens kommt, von der KAG getragen werden. Dies kann aber eine höhere Verwaltungsvergütung bedingen.[389] Wird ein Ausgabeaufschlag erhoben, stellt sich die Frage, wie dieser dogmatisch einzuordnen ist.

Diese Frage steht weitgehend außerhalb der Regelungen des InvG oder der Vertragsbedingungen und begründet sich durch dessen Zweck. Der Ausgabeaufschlag wird nämlich, trotz diesbezüglichen Schweigens des Gesetzes und der

---

383 Reiss, S. 49. Gegenstand der Verbriefung ist die gesamte Rechtsstellung des Anlegers, vgl. Reiter, in: Kümpel/Wittig, 9. 65. Regelmäßig handelt es sich um Inhaberanteilscheine, die, ohne den Namen des Berechtigten zu nennen, ein subjektives vermögenswertes Recht verbriefen, vgl. Schmitz, in: B/S/L, I § 33 Rn. 11.

384 Schmitz, in: B/S/L, I § 33 Rn. 9 f.

385 Beckmann, in: Investment-Handbuch (EL 2/08), 410 § 23 Rn. 3. Mangels konstitutiver Wirkung für die Rechte der Anleger wird der Anteilsschein auch als deklaratorisches Wertpapier bezeichnet, vgl. Schmitz, in: B/S/L, I § 33 Rn. 10; Canaris, BVR, Rn. 2378.

386 Beckmann, in: Investment-Handbuch (EL 2/08), 410 § 23 Rn. 12.

387 Köndgen/Schmies, in: BRH, § 113 Rn. 91.

388 Vgl. Kapitel 1, B. II. 7.

389 Beckmann, in: Investment-Handbuch (EL 2/08), 410 § 23 Rn. 12. Zur „Anteilsverwässerung" vgl. V. Caemmerer, in: JZ 1958, S. 41 (47). Mit dem Blick auf § 307 BGB, vgl. Fehrenbach/Maetschke, in: WM 2010, S. 1149 ff.; Einmahl, in: ZIP 2002, 381 ff.

Mustervertragsbedingungen[390], zur Abgeltung der Ausgabekosten und der im Zusammenhang mit dem Ankauf von Wertpapieren entstehenden Kosten, dabei regelmäßig zur Deckung der Vertriebs- und Verkaufskosten, erhoben.[391]

Setzt man hier an, drängt sich in zwei Fällen eine Kontrolle auf:

(1) Im Fall eines (durch das Gesetz) vorgegebenen Zwecks oder

(2) im Fall eines durch die Praxis selbst entwickelten Zwecks.

In beiden Fällen lässt sich eine Kontrolle im Hinblick auf die Erhebung und die Höhe des Aufschlags begründen: Wird nämlich der Zweck des Ausgabeaufschlags zwingend vorgegeben, folgt daraus eine Bindung von Zweck, Erhebung und Verwendung. Erhebung und Verwendung wären dabei, wie der Zweck selbst, der Kontrolle zugänglich. In praktischer Hinsicht ist dies vor allem in Bezug auf die Angemessenheit der Höhe des erhobenen Aufschlags relevant.[392] Die Grenzen einer solchen Überprüfbarkeit differieren jedoch freilich einhergehend mit den jeweils fremd- oder selbstgesetzten Vorgaben: Je strenger die Vorgaben sind, desto höher sind die Anforderungen an eine Abweichung. Für – wie hier – durch die Praxis selbst entwickelte Anforderungen an den Zweck bedeutet dies, dass die nur *regelmäßige* Verwendung zu einem bestimmten Zweck die Rechtfertigungsanforderungen für Abweichungen erleichtert, während die *ausschließliche* Verwendung zu einem bestimmten Zweck die Rechtfertigungsanforderungen an Ausnahmen erhöht.[393] Seit Entstehung des KAGG wird der Verwendungszweck des Ausgabeaufschlags in der Deckung der Ausgabekosten und der anteiligen Abgeltung von Wertpapierkaufsspesen gesehen[394] und ist damit durch die Praxis festgelegt. Anhand dieser konkreten Zweckbestimmung lässt sich eine

390 Vgl. Fn. 355 und 356.

391 Beckmann, in: Investment-Handbuch (EL 2/08), 410 § 23 Rn. 12; Köndgen, in: B/S/L, I § 23 Rn. 11; Einmahl, in: ZIP 2002, S. 381 (382); Geßler, in: WM-Beilage 4/1957, S. 10 (26). Als nur Vordergründig, aber viel mehr zu Bindungszwecken, erachten dies allerdings Köndgen/Schmies, in: BRH, § 113 Rn. 129. Zu Kick-Backs vgl. Habersack, in: WM 2010, S. 1245 ff.

392 Zur Kontrolle der Aufschlagshöhe vgl. Köndgen, in: B/S/L, I § 23 Rn. 11.

393 Diese Transparenz steht vor dem Hintergrund des „Interesses der Anleger“, insb. dem Informationsinteresse, vgl. dazu Kapitel 1, B. II. 3.

394 Vgl. Geßler, in: WM-Beilage 4/1957, S. 10 (26). Rücknahmeabschläge sind dagegen vor allem auf eine Vermeidung von Umschichtungen gerichtet, vgl. Köndgen, in: B/S/L, I § 23 Rn. 11.

strenge Bindung von Zweck, Erhebung und Verwendung rechtfertigen. Der Ausgabeaufschlag wird so vor allem in Bezug auf seine Angemessenheit kontrollierbar. Ob er dabei als Aufwendungsersatzanspruch gemäß §§ 675 Abs. 1; 670 BGB[395] oder als Vorschuss im Sinne des § 669 BGB anzusehen ist, richtet sich nach dem Zeitpunkt der Vornahme der Aufwendungen.[396] In jedem Fall aber müssen die nachzuweisenden Kosten aus Informations- und Transparenzgesichtspunkten den Anforderungen der §§ 41 Abs. 1 S. 2, 3; 42 Abs. 1 S. 3 Nr. 16 und § 44 Abs. 1 S. 3 Nr. 4 InvG genügen.[397]

V. Ausprägungen des Investmentvermögens

1. Vermögensschutz

Das Sondervermögen genießt einen hohen Schutz. Dieser ergibt sich aus der der Investmentvermögensverwaltung zugrunde liegenden Treuhandkonstruktion und stellt sich so als die Folge des Auseinanderfallens der rechtlichen und wirtschaftlichen Zuweisung des Vermögens dar.[398] Dem Schutz sind sowohl die KAG als auch die Depotbank verpflichtet. Für die KAG zeigt sich das vor allem anhand des Ausschlusses der Möglichkeit, Verfügungen mit Wirkung für das Sondervermögen ohne die Depotbank vorzunehmen. Die Schutzfunktion der Depotbank ergibt sich vor allem aus den §§ 20 ff. InvG. Dabei steht § 20 (in Verbindung mit § 24) InvG durch die Anordnung der Verwahrungspflicht der Depotbank zeitlich am Anfang der zum Schutz des Sondervermögens etablierten strikten Vermögenssonderung.[399] Für nichtverwahrfähige Gegenstände wird der Schutz durch eine laufende Überwachung im Sinne des § 24 Abs. 3 InvG ersetzt. Die in diesem Zusammenhang ebenfalls erwähnenswerte Haftungssonderung ergibt sich dagegen maßgeblich aus § 31 Abs. 2 InvG. Durch diese Komponenten wird der Schutz des Investmentvermögens deutlich geprägt.

---

395 Köndgen, in: B/S/L, I § 23 Rn. 11.

396 Baur, in: Assmann/Schütze, § 20 Rn. 213. Zu den zwischen § 669 und § 670 BGB bestehenden Unterschieden im Hinblick auf Beurteilung der Erforderlichkeit vgl. Martinek, in: Staudinger(2006), § 669 Rn. 10. Unbeachtlich für die Einordnung als Vorschuss oder Aufwendungsersatz ist die Differenzierung zwischen Aufwendungserstattungen und Aufschlag im Rahmen des § 41 Abs. 1 S. 1 und 2 InvG.

397 Mit dem Hinweis auf eine dies missachtende Praxis: Köndgen, in: B/S/L, I § 23 Rn. 11.

398 Vgl. Siebert, S. 19.

399 Köndgen, in: B/S/L, I Vor §§ 20-29 Rn. 1.

a) *Vermögenssonderung*

Vermögenssonderung sieht das InvG maßgeblich in zwei Richtungen vor: Zum einen etabliert es eine Trennung zwischen dem *eigenen* sowie *sonstigen* Vermögen der KAG und dabei zwischen den Vermögen, die die KAG im Rahmen ihrer Nebendienstleistungen verwaltet (§ 7 Abs. 2 Nr. 1 und 2 InvG) und den Sondervermögen, die sie gemäß § 30 Abs. 1 S. 2 InvG vom *eigenen* Vermögen physisch gesondert treuhänderisch verwahrt.[400] Zum anderen ist die KAG verpflichtet, die von ihr verwalteten Sondervermögen präzise und unterscheidbar zu bezeichnen und voneinander getrennt zu halten (§ 30 Abs. 3 S. 2 InvG). Flankiert wird dies durch eine strenge Trennung von Verwaltungs- und Verwahrungskompetenz. Neben Verfügungsbeschränkungen zulasten der Anteilsinhaber und der KAG[401] ist dabei die Verwahrung und Überwachung durch die Depotbank gemäß §§ 20 ff. InvG wesentlich. Auch dem Schutz des Vermögens durch die Depotbank vor Zugriffen und unberechtigten Verfügungen gemäß § 24 InvG kommt große Bedeutung zu.[402] Zentral ist der im Rahmen des § 24 Abs. 1, Abs. 2 S. 1 InvG erforderliche *Sperrvermerk*, der vor allem den Zugriff der KAG auf das Sondervermögen verhindert. Daraus ergibt sich die sogenannte *Sperrwirkung*, die das Schutzsystem im Hinblick auf die Konto- und Depotführung ausprägt: Dabei ist die Depotbank zwar Weisungen der KAG unterworfen, gleichwohl obliegt ihr gemäß § 22 Abs. 1 S. 2 InvG eine Prüfungspflicht hinsichtlich der Einhaltung gesetzlicher Vorschriften und der Vertragsbedingungen vor Ausführung einer Weisung.[403] Weitergeführt wird der Schutzgedanke zugunsten des Sondervermögens in den Zustimmungspflichten des § 26 Abs. 1 InvG.

b) *Haftungssonderung*

Das Sondervermögen unterliegt weiterhin einer Haftungssonderung: Es kann, wenngleich es der KAG und der Depotbank zur Befriedigung von Ansprüchen dient,[404] grundsätzlich[405] von Dritten nicht (zwangsweise) zur Tilgung von Ver-

---

400 Zur Reichweite der Trennung: Schmitz, in: B/S/L, I § 30 Rn. 16 ff.

401 Köndgen/Schmies, in: BRH, § 113 Rn. 58; Roth, S. 131 f.

402 Köndgen/Schmies, in: BRH, § 113 Rn. 58; Schrödemeier/Baltzer, in: Brinkhaus/Scherer, § 12a KAGG, Rn. 1; Beckmann, in: Investment-Handbuch (EL 11/08), 410 § 24 Rn. 1 f.

403 Köndgen/Schmies, in: BRH, § 113 Rn. 131.

404 Vgl. zur Konstruktion: Canaris, BVR, Rn. 2416.

405 Vgl. § 82 Abs. 3 S. 1 InvG. Zur Ermöglichung der Zwangsvollstreckung durch Grundpfandrechte vgl. nur Ohl, S. 35.

bindlichkeiten der KAG herangezogen werden.[406] Dies ist auch der Fall, wenn entgegen § 31 Abs. 2 S. 1 InvG Verbindlichkeiten für Rechnung der Anleger eingegangen wurden.[407] Darüber hinaus ist der KAG das Eingehen von Verbindlichkeiten im Namen der Anleger gemäß § 31 Abs. 2 S. 2 InvG untersagt. Von § 31 Abs. 2 InvG abweichende Vereinbarungen sind gemäß § 31 Abs. 2 S. 3 InvG unwirksam. Für Vergütungen und Aufwendungen der KAG sieht § 31 Abs. 3 InvG jedoch eine Befriedigungsmöglichkeit aus dem Sondervermögen vor. Gemäß § 31 Abs. 3 HS. 2. InvG haften die Anleger der KAG jedoch nicht persönlich. § 31 Abs. 3 InvG kann deshalb bezüglich Ansprüchen der KAG gegen die – jedenfalls wirtschaftlich – hinter dem Sondervermögen stehenden Anleger als Haftungsbeschränkung auf das Sondervermögen verstanden werden.[408] Im Rahmen der Schutzvorschriften des § 31 InvG sind noch das Belastungsverbot des § 31 Abs. 5 S. 1 InvG[409] sowie das in § 31 Abs. 6 S. 1 InvG geregelte Aufrechnungsverbot von Forderungen gegen die Kapitalanlagegesellschaft und Forderungen, die zu einem Sondervermögen gehören, wesentlich. § 38 Abs. 3 S. 2 InvG setzt den Schutz schließlich durch den Hinweis darauf, dass Sondervermögen nicht zur Insolvenzmasse der KAG gehören, fort.[410] Im Fall der Insolvenz der KAG führt dies in Ansehung der Vermögenssonderung zu einem Aussonderungsrecht der Depotbank gemäß § 47 InsO.[411] Gemäß § 38 Abs. 3 S. 1 InvG in Verbindung mit § 39 InvG besteht im Insolvenzfall der KAG abseits der Abwicklung und Verteilung des Sondervermögens seitens der Depotbank die Möglichkeit der Übertragung des Sondervermögens auf eine andere KAG.

2. Bestandserhaltung durch § 30 Abs. 2 InvG

Das Sondervermögen wird in seinem Bestand darüber hinaus durch § 30 Abs. 2 InvG geschützt.[412] Gemäß § 30 Abs. 2 InvG gehört zum Sondervermögen alles, was die KAG aufgrund eines zum Sondervermögen gehörenden Rechts oder durch ein Rechtsgeschäft erwirbt, das sich auf das Sondervermögen bezieht, oder was derjenige, dem das Sondervermögen zusteht, als Ersatz für ein zum

406 Canaris, BVR, Rn. 2411.

407 Zum Fehlen einer solchen Regelung: RGZ 133, S. 84 (87). Zum Offenkundigkeitsansatz Canaris, BVR, Rn. 280.

408 Canaris, BVR, Rn. 2392, 2416; Reiss, S. 110.

409 Zur Reichweite vgl. Schmitz, in: B/S/L, I § 31 Rn. 29.

410 Köndgen/Schmies, in: BRH, § 113 Rn. 58.

411 Bitter, S. 40; Lange, in: NJW 2007, S. 2513 (2514). Zu den Voraussetzungen: BGH, NJW-RR 1993, S. 301; BGH NJW 2003, S. 3414 (3415). Aus verschiedenen Blickwinkeln am Beispiel der Projektfinanzierung: Reuter, in: NZI 2010, S. 167 ff.

412 Differenziert: Schmitz, in: B/S/L, I § 30 Rn. 22 ff., 28 ff.

Sondervermögen gehörendes Recht erwirbt. So soll die Vermögenssubstanz erhalten bleiben.[413] Diese *Substanzerhaltung* erfolgt im *Interesse der Anleger.* § 30 Abs. 2 InvG ist als Surrogationsvorschrift einzuordnen.[414] Unter *Surrogation* versteht man eine dem Zweck der Fortsetzung der Güterzuweisung dienende Ersetzung von Vermögenswerten aufgrund eines Rechtsverhältnisses.[415] Die Surrogationsvorschrift des § 30 Abs. 2 InvG dient dem Zweck Verwaltungseinheit und -zuständigkeit zu erhalten sowie dem – allerdings angesichts des Zwecks des InvG nachrangigen – Erhalt der Haftungsmasse. Primär ist § 30 Abs. 2 InvG vor dem Hintergrund zu sehen, dass es nicht zu einer Zuordnung der Erwerbsgegenstände zum einem anderen Vermögen[416] der KAG kommen soll.[417] Im Hinblick auf die so durch Surrogation im Sinne des § 30 Abs. 2 InvG einem Sondervermögen zugeordneten Gegenstände hat die KAG zwar die Verwaltungsbefugnis, wird aber durch die Überwachungs- und Kontrollbefugnisse der Depotbank eingeschränkt.[418]

a) Abgrenzung zwischen obligatorischer und dinglicher Surrogation

Im Rahmen der Betrachtung einer Surrogationsvorschrift sind *obligatorische* und *dingliche* (*unmittelbare*) *Surrogation* zu unterscheiden.[419] Während aus der *obligatorischen* Surrogation eine Verpflichtung zur Herstellung der ursprünglichen Rechtslage am Ersatzgegenstand folgt,[420] zeichnet sich die *dingliche Surrogation* durch die kraft Gesetzes erfolgende Fortsetzung der bisherigen Rechtslage an einem Gegenstand – ohne das Erfordernis von rechtsgeschäftlichen Übertragungsakten – aus.[421] Dies hat zur Folge, dass der Erwerb des Gegenstandes zugunsten des Vermögens des Dritten erfolgt, ohne dass – wie bei der *obli-*

413 Zu den Zwecken der Surrogation: Wolf, in: JuS 1975, S. 710 (711).

414 Zur identischen Vorgängerregelung des § 6 Abs. 2 KAGG: Zeller, in: Brinkhaus/Scherer, § 6 KAGG Rn. 12 f.; Ohl, S. 38; Canaris, BVR, Rn. 2402.

415 Gernhuber, Bürgerliches Recht, § 49 I; Larenz/Wolf, § 21 Rn. 54; Klunzinger, S. 560; Wolf, in: JuS 1975, S. 643 ff.; Coester-Waltjen, in: JURA 1996, S. 24 ff.

416 In Betracht kommen dabei andere Sondervermögen (§ 30 Abs. 3 S. 1 InvG) sowie sonstige verwaltete Vermögen (§ 7 Abs. 2 InvG) oder das Eigenvermögen der KAG.

417 Zur Überwindung des Unmittelbarkeitsprinzips, vgl. Bitter, S. 39.

418 Vgl. zum Umfang der Kontrollbefugnis: Kapitel 2, C. III. 2.

419 Wolf, in: JuS 1975, S. 643 (645).

420 Wolf, in: JuS 1975, S. 643 (645).

421 Gernhuber, Bürgerliches Recht, § 49 I 4; Wolf, in: JuS 1975, S. 643 (644 f.); Coester-Waltjen, in: JURA 1996, S. 24 (25) mit Hinweis auf die Erheblichkeit des Willens der Eltern im Rahmen des § 1646 I BGB.

gatorischen Surrogation – ein Durchgangserwerb stattfindet.[422] Die *dingliche Surrogation* kann allerdings auch die Folge eines rechtsgeschäftlichen Erwerbs darstellen. In § 30 Abs. 2 InvG finden sich Anordnungen einer dinglichen Surrogation.[423]

b) Die einzelnen Ausprägungen des § 30 Abs. 2 InvG

In der Formulierung des § 30 Abs. 2 InvG finden sich in der Reihenfolge ihrer Nennung *Rechtserwerbsklausel* (auch als *Folgeerwerbsklausel* bezeichnet), *Beziehungsklausel* (auch *Bezugserwerbsklausel* genannt) und *Ersatzklausel*.[424]

Rechtserwerbs- und *Ersatzklausel* bilden die der sogenannten *regelmäßigen Klausel* zugeordneten Varianten.[425] Die in § 30 Abs. 2 Var. 1 InvG geregelte *Rechtserwerbsklausel* erfasst den Erwerb von Vermögenswerten aufgrund eines zum Sondervermögen gehörenden Rechts, die in § 30 Abs. 2 Var. 2 InvG geregelte *Beziehungsklausel* erfasst den Erwerb von Vermögenswerten durch ein Rechtsgeschäft mit Bezug zum Sondervermögen, die in § 30 Abs. 2 Var. 3 InvG geregelte *Ersatzklausel* schließlich erfasst Kompensationen für ursprünglich zum Sondervermögen gehörende Rechte.[426] Darunter sind vor allem Schadensersatz- und Bereicherungsansprüche sowie Versicherungsleistungen zu fassen.[427] Die *Ersatzsurrogation* ist in ihrer Bedeutung allerdings beschränkt.[428] Nicht ausdrücklich in § 30 Abs. 2 InvG findet sich die *Mittelklausel*, die sämtliche unter Verwendung von Mitteln des Sondervermögens erfolgenden Geschäfte erfasst.[429] Praktische Auswirkungen hat dies nicht: Auch wenn Klauselkombinationen grundsätzlich möglich sind, werden *Beziehungs-* und *Mittelklausel* im

---

422 Wolf, in: JuS 1975, S. 643 (645), Coester-Waltjen, in: JURA 1996, S. 24 (25) mit Hinweis auf einen möglichen Durchgangserwerb im Rahmen des § 582a II BGB.

423 Vgl. schon zum KAGG: Baur, § 6 KAGG, Rn. 19 ff. Canaris, BVR, Rn. 2402. Einschränkend: Schmitz, in: B/S/L, I § 30 Rn. 29.

424 Terminologisch differenzieren z.B. Wolf, in: JuS 1975, S. 710 (713) und Gernhuber, Bürgerliches Recht, § 49 I 7. Im Folgenden wird auf die Terminologie von Wolf zurückgegriffen. Anders: Köndgen/Schmies, in: BRH, § 113 Rn. 59. Zu den Surrogationstatbeständen im KAGG vgl. Baur, § 6 KAGG, Rn. 19 ff.

425 Wolf, in: JuS 1975, S. 710 (713).

426 Wolf, in: JuS 1975, S. 710 (713). Bei § 30 Abs. 2 Var. 3 InvG handelt es sich um eine willensunabhängige Surrogation, vgl. Schmitz, in: B/S/L, I § 30 Rn. 29.

427 Reiss, S. 67; Zu den Ansprüchen vgl. Schrödemeier/Balzer, in: Brinkhaus/Scherer, § 21 KAGG, Rn. 13.

428 Coester-Waltjen, in: JURA 1996, S. 24 (26). Mit Beispielen: Köndgen/Schmies, in: BRH, § 113 Rn. 59.

429 Baur, § 6 KAGG, Rn. 22.

Hinblick auf ihre Reichweite unterschieden, sodass eine Kombination der Begriffe im Rahmen einer Norm nicht als sinnvoll erscheint.[430] Dies lässt sich damit begründen, dass die *Beziehungsklausel* definitorisch nicht nur den Erwerb mit Mitteln des Sondervermögens, sondern das Vorliegen eines Geschäfts in einem wirtschaftlichen Zusammenhang zum Sondervermögen erfasst. Demnach unterscheiden sich die Klauseln im Hinblick auf die Reichweite offensichtlich: Im Rahmen einer Beziehungsklausel kann grundsätzlich ein Geschäft mit Mitteln des Sondervermögens getätigt werden, sodass die Mittelsurrogation einen Fall der Beziehungssurrogation darstellen kann.[431]

Es zeigt sich inhaltlich eine Art Stufenverhältnis, wenngleich es sich bei einem Erwerb, der im Rahmen der *Beziehungsklausel* mit dem Eigenvermögen[432] der KAG erfolgt, angesichts der dann erfolgenden Vermögensmehrung nicht um eine „echte" Surrogation handelt.[433]

Ob die *Beziehungssurrogation* eine subjektive Komponente aufweisen muss, ist umstritten.[434] Dabei reicht das Meinungsspektrum von einem Ausreichen einer objektiven Beziehung[435] – insbesondere beim Erwerb mit Mitteln des Sondervermögens – über das grundsätzliche Ausreichen einer objektiven Beziehung mit einer Widerlegung durch einen entgegenstehenden Erwerbswillen und umgekehrt bis hin zum Ausreichen rein subjektiver Kriterien.[436] Stets subjektive Kriterien werden jedoch überwiegend nicht gefordert.[437] Richtigerweise ist im

---

430 Ausdrücklich: Gernhuber, Bürgerliches Recht, § 49 I 8; Heldrich, in: MüKoBGB, § 2041 Rn. 12.

431 Werner, in: Staudinger(2010), § 2041 Rn. 6; Marly, in: Soergel, § 2041 Rn. 7.

432 Darunter werden im Folgenden unabhängig von § 2 Abs. 24 InvG solche Mittel gefasst, die nicht einem Sondervermögen oder sonstigem verwalteten Vermögen zugeordnet sind.

433 Wolf, in: JuS 1975, S. 710 (714). In Bezug auf die Ausführungen von Schmitz, in: B/S/L, I § 30 Rn. 29, der in § 30 Abs. 2 InvG (mit Ausnahme der Ersatzklausel) Fälle eines originären Rechtserwerbs sieht, ist anzumerken, dass das Sondervermögen mangels Rechtspersönlichkeit nicht selbst als Rechtsträger gemeint sein kann.

434 Heldrich, in: MüKoBGB, § 2041 Rn. 13 ff.; Schlüter, in: Erman, § 2041 Rn. 4.

435 Vgl. Reiss, S. 65. Vgl. zum Streit im Rahmen des § 2041 BGB vgl. BGH NJW 1968, S. 1824; Lohmann, in: BeckOK-BGB(Ed. 23, 05/12), § 2041 Rn. 3; Gergen, in: MüKo BGB, § 2041 Rn. 13 ff.

436 Zum Ausreichen einer rein objektiven Beziehung: Reiss, S. 65; Zeller, in: Brinkhaus/Scherer, § 6 KAGG, Rn. 13; Vom Berge und Herrendorff, S. 45; Wendt, S. 48. Vgl. auch: BGH ZEV 2000, S. 62; OLG München NJW 1956, S. 1880; Schlüter, in: Erman, § 2041 Rn. 4. Zu subjektiven Kriterien: Ebner von Eschenbach, S. 48. Vgl. auch: Weidlich, in: Palandt, § 2041 Rn. 2.

437 Für einen – nur im Rahmen des § 30 Abs. 2 Var. 3 InvG entbehrlichen – erkennbaren

Hinblick auf die Frage, ob neben objektiven auch subjektive Kriterien notwendig sind, anhand der Mittelherkunft zu differenzieren:[438] Werden Mittel eines Sondervermögens verwendet, reicht zum Schutz des Sondervermögens eine objektive Beziehung zum Sondervermögen aus, um die Surrogationsfolge herbeizuführen; bei der Verwendung von sondervermögensfremden Mitteln ist dagegen der Wille der Beteiligten maßgeblich.[439]

Dies rechtfertigt sich zum einen daraus, dass es bei der Verwendung von sondervermögensfremden Mitteln nicht bloß zum Austausch sondern zu einer Vermögensmehrung kommt, zum anderen daraus, dass eine Zuordnung zu einem konkreten Sondervermögen (von mehreren von der KAG verwalteten) ohne einen entsprechenden Erwerbswillen nicht möglich ist. Dem steht die Entscheidung des BGH[440] nicht entgegen, wonach sich – jedenfalls im Zusammenhang mit § 2041 BGB – die Beziehung zum Nachlass aus der Vornahme typischer Verwaltungsmaßnahmen ergebe und damit eine zusätzlich zur objektiven Beziehung hinzukommende subjektive Komponente verzichtbar sei, weil in dem entschiedenen Fall Mittel des Nachlasses verwendet wurden. Auch lässt sich die Differenzierung mit den investmentrechtlichen Vermögenssonderungs- und –schutzgedanken vereinbaren. § 30 Abs. 2 InvG ist dabei mit Blick auf die Zahlungsmodalitäten des § 25 S. 2 InvG und den Haftungsausschluss des § 31 Abs. 2 InvG zu sehen: Würde eine Forderung bei einem Erwerbsgeschäft der KAG mit einem Dritten wegen des – angesichts noch offener Mittelverwendung – fehlenden Bezugs zum Sondervermögen nicht gemäß § 30 Abs. 2 Var. 2 InvG dem Sondervermögen zugeordnet,[441] wäre dies weder für das Sondervermögen, noch für die Anleger von Nachteil. Zwar stünde der Mitteleinsatz zum Zeitpunkt des Abschlusses des schuldrechtlichen Geschäfts der KAG mit einem Dritten noch aus, dennoch wäre gemäß § 31 Abs. 2 InvG eine Haftung des Sondervermögens ausgeschlossen. Würde eine Forderung dagegen – ohne Rückgriff auf eine Differenzierung nach der Mittelherkunft – (sofort) dem Sondervermögen zugeordnet, bestünde gleichwohl zunächst keine Verbindlichkeit (zulasten)

Willen, für das Sondervermögen zu erwerben: Schmitz, in: B/S/L, I § 30 Rn. 24, 30.

438 Wolf, in: JuS 1975, S. 710 (714); Beckmann, in: Investment-Handbuch (EL 9/11), 410 § 30 Rn. 12; Zeller, in: Brinkhaus/Scherer, § 6 KAGG, Rn. 13. Canaris, 2402; A.A.: Schmitz, in: B/S/L, I § 30 Rn. 30.

439 Wolf, in: JuS 1975, S. 710 (714).

440 BGH NJW 1968, S. 1824.

441 Dazu: Coester-Waltjen, in: JURA 1996, S. 24 (26); Wolf, in: JuS 1975, S. 710 (714). Angesichts der dann nicht erfolgenden Zuordnung einer Forderung zum Sondervermögen würde die Surrogation des Erwerbsgegenstands, mangels Ersetzung eines Verschaffungsanspruchs, nicht im Sinne der Rechtserwerbsklausel, sondern im Sinne der Beziehungsklausel erfolgen.

des Sondervermögens. Es käme damit zu einer (vorläufigen) Besserstellung im Sinne einer Vermögensmehrung, allein aus Vermögenssonderungs- und -schutzgesichtspunkten bedarf es einer solchen aber nicht.[442]

Nicht nur der Einklang der Differenzierung nach der Mittelherkunft mit investmentrechtlichen Vermögenssonderungs- und -schutzgedanken, sondern auch andere Faktoren unterlegen den Gedanken der Differenzierung nach der Mittelherkunft: Berücksichtigt man nämlich, dass eine KAG gemäß § 30 Abs. 3 InvG mehrere Sondervermögen verwalten kann und berechtigt ist, Dienstleistungen und Nebendienstleistungen im Sinne des § 7 Abs. 2 InvG vorzunehmen, erklärt sich, dass – jedenfalls vorbehaltlich ausdrücklicher (vertraglicher) Abreden zwischen der KAG und dem Verkäufer – eine Zuordnung von Forderungen zu den jeweiligen Vermögen nicht in jedem Fall auf den ersten Blick möglich ist.[443] In jedem Fall besteht aber – falls es zu einem Abfluss von Mitteln aus einem Sondervermögen kommen soll – vorher ein Bezug zu diesem Vermögen. Neben dem objektiven Bezug zum Sondervermögen, der sich aus der Aussprache einer Weisung an die Depotbank (§ 25 S. 2 InvG) ergibt, die Mittel des Sondervermögens einzusetzen, wird in einer solchen Weisung auch die subjektive Komponente, im Sinne eines Erwerbswillens zugunsten des Sondervermögens, liegen. Ist ein Bezug zu einem bestimmten Sondervermögen so erstellt, wirkt sich der Zeitpunkt der Aussprache einer Weisung auf die bereits beschriebene Zuordnung von Forderungen dahingehend aus, dass die Forderungen mit der Aussprache der Weisung in das Sondervermögen „fallen“. Ein Bezug zum Sondervermögen könnte aber auch beim Einsatz des Eigenvermögens[444] der KAG erstellt werden.[445] Ausgehend von der zugrunde gelegten Differenzierung wäre hier aber die subjektive Komponente zwingend.

---

442 Vgl. zu Ausgleichsmöglichkeiten: Kapitel 3, A. II. 3.

443 Im Zusammenhang mit den §§ 26; 67 Abs. 5; 68 Abs. 2 InvG ergibt sich nach Auffassung von Beckmann, in: Investment-Handbuch (EL 9/11), 410 § 30 Rn. 12a aus der Mitwirkung von Depotbank und Prüfer beziehungsweise Sachverständigenausschuss eine klare Erkennbarkeit.

444 Vgl. Fn. 432.

445 Reiss, S. 66.

Ungeachtet der noch zu erörternden Frage der Zulässigkeit des Einsatzes von Eigenvermögen[446] der KAG läge der maßgebliche Zeitpunkt für die Erstellung der Beziehung zum Sondervermögen spätestens in einem Aufwendungsersatzverlangen der KAG, das angesichts der fehlenden Rechtsfähigkeit des Sondervermögens[447] gegenüber den Anlegern bestünde und sich gemäß § 31 Abs. 3 InvG auf das Sondervermögen beschränken würde.

VI. Rechtsbeziehung der Anteilsinhaber untereinander

Sowohl bei der *Miteigentums-*, als auch bei der *Treuhandlösung* ist umstritten, wie die rechtliche Beziehung der Anteilsinhaber zu beurteilen ist.[448] Im InvG wird hierzu von einer „Gemeinschaft" gesprochen.[449] Näheres ist nicht geregelt. Auch die Vertragsbedingungen im Sinne des § 43 InvG sehen keine Regelungen für die Beziehung der Anteilsinhaber untereinander vor. Wird also von einer „Gemeinschaft" gesprochen, ist für die Beantwortung der Frage, was darunter zu verstehen ist, auf außerhalb des InvG aufzufindende Konstruktionen zurückzugreifen. In Betracht kommen dabei Gesamthands- und Bruchteilsgemeinschaft. Die Unterscheidung hat erhebliche Folgen für die Beziehung der Anteilsinhaber untereinander und gegenüber dem Sondervermögen.

Weitgehend wird bezüglich der *Miteigentumslösung* vertreten, die Gegenstände des Sondervermögens stünden den Anlegern zu Bruchteilen gemäß §§ 741 ff.; 1008 ff. BGB zu.[450] Unter einer Bruchteilsgemeinschaft versteht man eine gesetzlich oder rechtsgeschäftlich begründete, nach berechneten Anteilen (Bruchteilen) bestehende Rechtsgemeinschaft mehrerer Personen mit einer gemeinschaftlichen dinglichen Rechtszuständigkeit gegenüber einem Rechtsobjekt.[451] Die dingliche Rechtszuständigkeit[452] besteht bei der Bruchteilsgemein-

---

446 Vgl. Fn. 432.

447 Schmitz, in: B/S/L, I Vor § 30 Rn. 10.

448 Reiss, S. 56 ff., 127 ff.; König, S. 13; Baur, § 6 KAGG, Rn. 12 ff.

449 Vgl. §§ 1 S. 2; 9 Abs. 1 S. 1 und 38 Abs. 5 InvG.

450 Vgl. Reiss, S. 57; Baum, S. 100; Beckmann, in: Beckmann/Scholtz, 410 § 30 Rn. 21; Ebner von Eschenbach, S. 53; Gläbe, S. 169; Graulich, S. 17; Ohl, S. 31; Reuter, S. 103; Schäcker, S. 126; Vom Berge und Herrendorff, S. 13; Geßler, in: WM-Beilage 4/1957, S. 10 (24); V. Caemmerer, in: JZ 1958, S. 41 (46 Fn. 44); Klenk, S. 8; Köndgen, in: B/S/L, I § 23 Rn. 3. Beckmann, in: Investment-Handbuch (EL 9/11), 410 § 30 Rn. 22; Langhein, in: Staudinger(2008), § 741 Rn. 196 ff.; Liebich/Mathews, S. 381; Roth, S. 117.

451 Larenz/Wolf, § 9 Rn. 64 ff. Zu den Entstehungsgründen: Medicus/Lorenz, Rn. 990.

452 Die Rechtszuständigkeit stellt sich als Eigentum oder als Rechtsinhaberschaft dar,

schaft gesondert für jeden Vermögensgegenstand.[453] Zwar ist umstritten, ob die Bruchteilsgemeinschaft selbst ein Schuldverhältnis darstellt; sie kann aber als Grundlage für ein gesetzliches Schuldverhältnisses dienen.[454] Die Begründung des dann auf ihr fußenden Schuldverhältnisses ist in dem kraft Gesetzes zum Entstehen von Rechten und Pflichten führenden Anteilserwerb zu sehen.[455] Nimmt man eine Bruchteilsgemeinschaft an, sind die überlagernden Regelungen des InvG dahingehend zu interpretieren, dass es sich um eine Bruchteilsgemeinschaft besonderer Art handelt.[456]

Demgegenüber wird auch vertreten, es läge eine Gesamthandsgemeinschaft vor.[457] Eine Gesamthandsgemeinschaft stellt die vermögensrechtliche Organisationsweise einer Personengemeinschaft dar und zeichnet sich durch die Zuordnung von Rechten an miteinander verbundene und gemeinsam berechtigte und verpflichtete Personen, die regelmäßig einen gemeinsamen Zweck verfolgen, aus.[458] Der Auffassung, es läge eine Gesamthandsgemeinschaft vor, wird entgegnet, dass keine auf einen gemeinsamen Zweck gerichtete gemeinschaftliche Verbindung der Teilhaber vorliege, sondern parallel laufende Interessen verfolgt würden.[459] Dem ist eindeutig zuzugestehen, dass eine Gesellschaftertreuepflicht schon angesichts des grundsätzlich jederzeit bestehenden Rückgaberechts nicht angenommen werden kann. Allerdings stünde § 33 Abs. 2 S. 1 InvG insoweit entgegen, als die Norm eine Verfügung der Anteilsinhaber über ihre Anteile an den Gegenständen des Sondervermögens regele, da Gesamthandseigentum keine Anteile der Eigentümer an einzelnen Vermögensgegenständen, hier an jenen eines Sondervermögens, sondern lediglich an der Gesamthand als Ganzem, vor-

---

wenn es sich um Rechte handelt. Darunter fallen auch Forderungen. Für diese wird in § 754 BGB die Möglichkeit des Bestehens einer Bruchteilsgemeinschaft vorausgesetzt.

453 Baur, § 6 KAGG, Rn. 13. Dabei ist es gleichgültig, ob es sich um Sachen, Rechte oder Ansprüche handelt, vgl. Kümpel, in: WM 1980 S. 422 ff. (sog. „Spezialitätsgrundsatz").

454 BGHZ 62, S. 243; K. Schmidt, in: MüKoBGB, § 741 Rn. 34 ff.

455 Beckmann, in: Investment-Handbuch (EL 9/11), 410 § 30 Rn. 28.

456 Baum, S. 100; Reuter, S. 162 f.; Vom Berge und Herrendorff, S. 13; K. Schmidt, in: MüKoBGB, § 741 Rn. 50 ff.

457 Canaris, S. 2397; Barocka, S. 68; Gschoßmann, S. 97 f.; Klenk, S. 10; Schulze-Osterloh, S. 145.

458 Larenz/Wolf, § 9 Rn. 73; Medicus/Lorenz, Rn. 990; Blomeyer, in: JR 1971, S. 397 (400); Flume, in: ZHR 136 (1972), S. 177. Zur Abgrenzung: K. Schmidt, in: MüKo-BGB, § 741 Rn. 4, 8.

459 Beckmann, in: Investment-Handbuch (EL 9/11), 410 § 30 Rn. 21; Schmitz, in: B/S/L, I Vor §§ 30-45 Rn. 25. Vgl. Löhnig, S. 292, 294.

sehe.[460] Der Wortlaut des § 33 Abs. 2 S. 1 InvG ist nicht eindeutig, jedoch erscheint es angesichts dessen, dass von einem „Anteil des Veräußerers an den zum Sondervermögen gehörenden Gegenständen" die Rede ist, naheliegend, dass es sich um Anteile an den einzelnen Vermögensgegenständen handelt. Dies wiederum spricht eher für die Annahme einer Bruchteilsgemeinschaft. Ebenfalls für die Annahme einer Bruchteilsgemeinschaft spricht, dass es sich im Falle des Vorliegens einer Gesamthandsgemeinschaft gegenüber dem Vermögen um eine Berechtigung der Gemeinschaft – und eben nicht die Berechtigung der in der Gemeinschaft versammelten Personen – handelt.[461] Schließlich wird § 38 Abs. 5 InvG gegen eine Gesamthandsgemeinschaft herangezogen, da der Ausschluss der Aufhebung der Gemeinschaft nur auf den Aufhebungsanspruch des § 749 Abs. 1 BGB Bezug nehmen könne.[462] Es spricht somit mehr für die erstgenannte Auffassung.

Für die *Treuhandlösung* ist die Frage nach dem Rechtsverhältnis der Anteilsinhaber gegenüber dem Sondervermögen ebenfalls umstritten.[463] Gegen eine Bruchteilsgemeinschaft wird neben Bedenken angesichts des formaljuristischen Eigentums der KAG insbesondere angeführt, dass parallele Forderungen, die jedoch nicht durch eine gemeinschaftliche Begründung verbunden sind, bezüglich eines einheitlichen Gegenstands bestünden und dass so abseits individueller parallel laufender Ansprüche der Anleger gegen die KAG keine Rechtsgemeinschaft vorläge.[464] Dem kann aber im Anschluss an die Ausführungen zur *Miteigentumslösung* entgegengesetzt werden, dass das InvG zwar sowohl *Miteigentums-*, als auch *Treuhandlösung* vorsehe, allerdings daran keine unterschiedlichen Folgen für die Rechtsstellung der Anteilsinhaber anknüpfe.[465] Vor allem anhand dieser Gleichstellung lässt sich auch für die *Treuhandlösung* die Anwendung der Regelungen einer Bruchteilsgemeinschaft gut rechtfertigen.[466]

460 Schmitz, in: B/S/L, I Vor §§ 30-45 Rn. 25; Beckmann, in: Investment-Handbuch (EL 9/11), § 30 Rn. 21 m.w.N. Vgl. auch K. Schmidt, in: MüKoBGB, § 741 Rn. 2. Zum Streit über die Frage, ob die Teilhaber im Rahmen des § 719 BGB Anteile an einzelnen Gegenständen des Sondervermögens haben können, vgl. Medicus/Lorenz, Rn. 972.

461 Zur Berechtigung der Gesamthandsgemeinschaft, vgl. Noack, in: Staudinger(2005), § 428 Rn. 20.

462 Beckmann, in: Investment-Handbuch (EL 9/11), 410 § 30 Rn. 21.

463 Beckmann, in: Investment-Handbuch (EL 9/11), 410 § 30 Rn. 23.

464 Beckmann, in: Investment-Handbuch (EL 9/11), 410 § 30 Rn. 23; Langhein, in: Staudinger(2008), § 741 Rn. 125; Gericke, in: DB 1959, S. 1276.

465 Beckmann, in: Investment-Handbuch (EL 9/11), 410 § 30 Rn. 24.

466 BFHE 215, S. 486 (Rn. 18); Beckmann, in: Investment-Handbuch (EL 9/11), 410 § 30 Rn. 21, 24; Baur, § 6 KAGG, Rn. 14 ff.; Ohl, S. 29; Reuter, S. 163; Lwowski/Peters,

Jedoch sehen sich beide Varianten einer deutlichen Überlagerung durch Vorschriften des InvG ausgesetzt.[467] Für die hier favorisierte Bruchteilsgemeinschaft zeigt sich dies neben dem bereits erwähnten Ausschluss des Aufhebungsanspruchs gemäß des § 38 Abs. 5 InvG, in Abweichung zu § 749 Abs. 1 BGB. Ebenfalls ausgeschlossen ist gemäß § 33 Abs. 2 S. 3 InvG das Recht der Verfügung der Anleger über ihren Miteigentumsanteil in Abweichung zu § 747 S. 1 BGB.[468] Vor diesem Hintergrund wird die Rechtsbeziehung teils als „gebundenes Bruchteilseigentum" eingeordnet.[469] Weitergehend ist die Auffassung von *Schmitz*[470], der, aufgrund des Fehlens des gemeinsamen Innehabens eines Gegenstandes und des stattdessen im Vordergrund stehenden *Poolings*, eine „Schlichte Rechtsgemeinschaft eigener Art" als einschlägig erachtet.[471] Es sprechen im Ergebnis sowohl bei der *Miteigentums-*, als auch bei der *Treuhandlösung* gute Argumente für die Annahme einer Bruchteilsgemeinschaft. Unter Berücksichtigung der besonderen Regeln des InvG ist diese als eine „Bruchteilsgemeinschaft besonderer Art" anzunehmen.

B. Die KAG

I. Hauptzweck und Ausrichtung des Geschäftsbereichs

Das Sondervermögen wird von der KAG verwaltet. Die KAG selbst wird im Rahmen des InvG unterschiedlich beschrieben, einerseits in § 2 Abs. 6 InvG, andererseits in § 6 Abs. 1 S. 1 InvG. Gemäß § 2 Abs. 6 InvG stellen KAGen Unternehmen[472] dar, deren *Hauptzweck* in der Verwaltung von Investmentvermögen und der individuellen Vermögensverwaltung besteht. Demgegenüber ergibt sich aus § 6 Abs. 1 S. 1 InvG, dass KAGen Unternehmen darstellen, deren

---

in: MüKoInsO(Band 1, 2. Aufl. 2007), § 35 Rn. 272 m.w.N.

467 Reiss, S. 57. Eine Darstellung der Abweichungen von den §§ 741 ff. BGB findet sich bei Schmitz, in: B/S/L, I Vor §§ 30-45 Rn. 27.

468 Abseits dessen ist die Ausübung des Stimmrechts durch die KAG ohne Stimmrechtsvollmacht gemäß § 32 Abs. 1 S. 1 InvG möglich und die Verfügung über einen Miteigentumsanteil erfolgt gemäß § 33 Abs. 2 S. 1 InvG durch Übertragung der verbrieften Ansprüche.

469 Köndgen/Schmies, in: BRH, § 113 Rn. 119 Fn. 1.

470 Schmitz, in: B/S/L, I Vor §§ 30-45 Rn. 24, 28 f.

471 Allein eine Bündelung („pooling") reicht für den Tatbestand der Anlageverwaltung aus, ohne dass es dafür auf eine Gemeinschaft im Rechtssinn ankommt, vgl. V. Livonius/Bernau, in: WM 2009, S. 1216 (1219).

472 Die Formulierung „Unternehmen" stellt die Folge des § 2 I Nr. 3b KWG dar, wonach KAGen und Investmentaktiengesellschaften keine Kreditinstitute (mehr) darstellen.

Geschäftsbereich darauf gerichtet ist, Investmentvermögen zu verwalten und Dienstleistungen oder Nebendienstleistungen zu erbringen. Definitorisch zeigt sich dabei vor allem der Unterschied in Bezug auf *Hauptzweck* und *Ausrichtung des Geschäftsbereichs*. Diesbezüglich wird vertreten, dass die Ausrichtung des Geschäftsbereichs maßgeblich sei, da die Anwendbarkeit nicht der Zielsetzung und dem Willen der KAG sowie deren Satzungsausgestaltung überlassen bleiben könne; vielmehr reiche auch die Betätigung oder das Auftreten wie eine KAG zur Anwendung des InvG aus.[473] Dies deckt sich mit der Formulierung des § 1 Abs. 1 KAGG, der die Ausrichtung des Geschäftsbereichs als maßgeblich erachtete. Neben dieser objektiv vorgenommenen Betrachtung der Ausrichtung des Geschäftsbereichs wäre es aber ebenso möglich, den Begriff *Hauptzweck* objektiviert zu erfassen und damit die Formulierung des § 6 Abs. 1 S. 1 InvG derjenigen des § 2 Abs. 6 InvG anzugleichen. Berücksichtigt man den Willen des Gesetzgebers, wonach die wesentlichen Begriffe des InvG in § 2 InvG definiert[474] und in § 6 InvG der Geschäftsgegenstand der KAGen umschrieben sein soll,[475] stellen die Anforderungen des § 6 InvG Rechtsfolgen des § 2 Abs. 6 InvG dar.[476] Maßgeblich ist deshalb § 2 Abs. 6 InvG.[477] Der jeder KAG dennoch innewohnende *Hauptzweck* (Vermögensanlage und -verwaltung) muss sich sowohl an diesen Vorschriften wie auch an § 7 Abs. 2 und 3 InvG, wodurch die Erlaubnis der Vornahme von Neben- und Hilfsgeschäften umrandet wird,[478] messen lassen.

473 Beckmann, in: Investment-Handbuch (EL 8/11), 410 § 2 Rn. 216 lehnt ausdrücklich die Maßgeblichkeit des Inhalts der Satzung ab. Reiss, S. 42 fordert die Streichung des § 2 Abs. 6 InvG aus Gründen der Rechtsklarheit.

474 BT-Drucks. 15/1553, S. 74 f.

475 BT-Drucks. 15/1553, S. 77.

476 Steck/Gringel, in: B/S/L, I § 6 Rn. 1.

477 Zum KAGG: Gschoßmann, S. 14. Zum InvG: Reiss, S. 42. Vgl. auch die Ausführungen zum Bezeichnungsschutz in BT-Drucks. 15/1553, S. 76.

478 Beckmann, in: Investment-Handbuch (EL 8/11), 410 § 2 Rn. 209; Steck/Gringel, in: B/S/L, I § 7 Rn. 15.

II. Mögliche Rechtsformen und Modifikationen durch das InvG

Die möglichen Rechtsformen der KAG ergeben sich aus § 6 Abs. 1 S. 2 InvG. Demnach kann die KAG als Aktiengesellschaft (AG) oder als Gesellschaft mit beschränkter Haftung (GmbH) betrieben werden. In der Praxis kommt der Rechtsform der GmbH im Vergleich zu der AG größere Bedeutung zu.[479] Je nach Wahl der Rechtsform modifiziert das InvG die Vorschriften des Aktiengesetzes (AktG) oder des Gesetzes betreffend die Gesellschaften mit beschränkter Haftung (GmbHG).[480] Die der KAG zugrunde liegende Satzung im Fall einer AG oder der Gesellschaftervertrag im Fall einer GmbH richtet sich vor allem nach dem AktG oder dem GmbHG, daneben kommt aber den Vorschriften des InvG Bedeutung zu.[481] Rechtsformunabhängig ist gemäß § 6 Abs. 2 InvG ein Aufsichtsrat zu bilden (obligatorischer Aufsichtsrat),[482] der im Rahmen seiner Aufgaben den Einklang zwischen Unternehmensausrichtung und Strategieumsetzung und die Ordnungs- und Zweckmäßigkeit der Geschäftsführung überwacht (§ 111 AktG).[483] Er kompensiert die mangelnden Einflussmöglichkeiten der Anleger.[484] Seine Rechte und Pflichten bestimmen sich gemäß § 6 Abs. 2 InvG vorbehaltlich des § 6 Abs. 2a InvG nach den Vorschriften des AktG.

III. Die Beziehung der Anleger zur KAG – Der Investmentvertrag

Die Rechtsbeziehung zwischen einer KAG und den Anlegern kommt durch einzelne Investmentverträge zustande.[485] Diese Verträge beinhalten die Verpflich-

---

479 Steck/Gringel, in: B/S/L, I § 6 Rn. 8.

480 Beckmann, in: Investment-Handbuch (EL 4/12), 410 § 6 Rn. 10 ff. Seegebarth, S. 14 m.w.N.

481 Ausführlich zu dem der KAG zugrunde liegenden Vertrag: Baur, in: Assmann/Schütze, § 20 Rn. 200 ff.

482 Zetzsche, in: ZBB 2007, S. 438 (440). Hinsichtlich der GmbH wird von § 52 GmbHG abgewichen.

483 Beckmann, in: Investment-Handbuch (EL 4/12), 410 § 6 Rn. 29. Vor dem Hintergrund des Anlegerschutzes werden in § 6 Abs. 3 S. 1 InvG besondere Anforderungen an die Mitglieder gestellt, vgl. Beckmann, in: Investment-Handbuch (EL 4/12), 410 § 6 Rn. 28.

484 Steck/Gringel, in: B/S/L, I § 6 Rn. 11. Vgl. Reg. Begr.: BT-Drucks. 16/5576 S. 60.

485 Schmitz, in: B/S/L, I Vor §§ 30-45, Rn. 21. Zu den in Abgrenzung dazu stehenden gesellschaftsrechtlichen Lösungen in anderen Ländern vgl. Schmitz, S. 92; Steder, in: Handbuch der Wertpapieranlage, S. 834 (842).

tung der KAG, das Sondervermögen unabhängig der Rechtsträgerschaft treuhänderisch zu verwalten, während die Anleger zur Einlage, zur Zahlung der vereinbarten Vergütung und zum Ersatz von Aufwendungen der KAG verpflichtet werden.[486] Diese Pflichten sind, mit Ausnahme der Verpflichtung der Einlageerbringung, aus dem Sondervermögen zu erfüllen.

Bei den in der Praxis (wohl) großteils nur gering variierten Vertragsbedingungen des BVI[487] ist auf die Einteilung in allgemeine und besondere Vertragsbedingungen hinzuweisen. Greift man die AVB-Immobilien heraus, sind zunächst besonders die §§ 1 bis 4 AVB-Immobilien herauszuheben, in denen im Wesentlichen die Grundlagen der Anlage in Immobilien-Sondervermögen im Sinne des InvG dargestellt werden. In den weiter zu betrachtenden §§ 5 und 6 AVB-Immobilien finden sich Verweise auf die BVB-Immobilien. Aus diesen exemplarisch herauszuheben sind die Bausteine 1 und 2 sowie die Bausteine 12 und 13: Baustein 1 BVB-Immobilien befasst sich mit Anlagegegenständen im Sinne des § 67 InvG, Baustein 2 BVB-Immobilien mit Beteiligungen im Sinne des § 68 InvG. In Nr. 1 des Bausteins 12 BVB-Immobilien findet sich eine Regelung für den Fall, dass Ermittlung des Anteilpreises nicht börsentäglich erfolgen soll. In Nr. 2 des Bausteins 12 BVB-Immobilien findet sich eine Regelung zum Ausgabeaufschlag. Wenngleich für diesen – falls er erhoben wird – eine prozentuale Angabe vorgesehen ist, steht es der KAG gemäß Baustein 12 Nr. 2 S. 2 BVB-Immobilien frei, einen niedrigeren Ausgabeaufschlag zu berechnen. Eine dementsprechende Regelung findet sich in Baustein 12 Nr. 3 BVB-Immobilien für Rücknahmeabschläge. In Baustein 13 findet sich eine Regelung zur Bindung an bestimmte Rücknahmetermine sowie eine Regelung zum Nachweis des Anteilbestands durch den Anleger. Die besonderen Vertragsbedingungen erhielten bislang, neben gesetzesergänzenden Ausführungen über die Grundsätze der Anlagepolitik und die Ertragsverwendung, durch eine gemäß § 43 Abs. 2 S. 1 InvG a.F. nicht durch die BaFin zu überprüfende Festlegung der Kosten im Sinne des § 41 Abs. 1 S. 1 InvG besondere Bedeutung. Im Zuge der Änderung des § 43 Abs. 2 S. 1 InvG, wurde hinsichtlich der Genehmigung durch die BaFin die Ausklammerung des § 41 Abs. 1 S. 1 gestrichen. Somit sind nun auch die Kosten im Sinne des § 41 Abs. 1 S. 1 InvG genehmigungspflichtig. Kommt auf Grundlage der Vertragsbedingungen der Vertrag zwischen der KAG und den Anlegern zustande, folgt der Anteilserwerb durch die Anleger.[488]

---

486 Schmitz, in: B/S/L, I § 43 Rn. 6.

487 Vgl. Fn. 355 und 356. Ein empirischer Nachweis fehlt bei Köndgen/Schmies, in: BRH, § 113 Rn. 117.

488 Beckmann, in: Investment-Handbuch (EL 2/08), 410 § 23 Rn. 3. Schmitz, S. 92 erläutert, dass der Vertrag durch den Erwerbsvorgang zustande komme.

1. Das Zustandekommen

Der Investmentvertrag[489] kommt gemäß der allgemeinen Vorschriften der §§ 145 ff. BGB zustande.[490] Der Vorgang kann und wird, vor allem aufseiten der KAG, Stellvertreter im Sinne der §§ 164 ff. BGB einschließen. Auch kann eine zwischengeschaltete Bank im eigenen Namen und für Rechnung des Kunden auftreten.[491] Der Inhalt des Vertrages ergibt sich vor allem aus den Vertragsbedingungen der KAGen.[492] Diese sind, bezogen auf das jeweilige Produkt, aufgrund des Kollektivmodells gegenüber den Anlegern vereinheitlicht[493] und müssen den in § 43 Abs. 4 InvG aufgeführten gesetzlichen Mindestinhalt aufweisen.[494] Die Vereinheitlichung entspricht dem Grundsatz der Anlegergleichbehandlung.[495] Darüber hinaus sind die Vertragsbedingungen von der BaFin gemäß § 43 Abs. 2 S. 1 InvG zu genehmigen.[496] Aufgrund der sich aus § 43 InvG ergebenden gegenüber den Anlegern standardisierten Verpflichtungen und den sich daraus ergebenen inhaltsgleichen Ansprüchen,[497] werden die Investmentverträge auch als „Formularverträge kraft gesetzlicher Anordnung" bezeichnet.[498]

Würde man hieraus einen Realvertrag folgern, wäre dies allerdings unzutreffend.

489 Köndgen/Schmies, in: BRH, § 113 Rn. 115 f. Der Investmentvertrag wird auch als Kapitalanlagevertrag bezeichnet, vgl. Reiss, S. 111 ff.

490 Canaris, BVR, Rn. 2358 ff. Schmitz, in: B/S/L, I § 43 Rn. 8 f. beschreibt das Zustandekommen. Dazu auch Köndgen/Schmies, in: BRH, § 113 Rn. 116 f. Ob es der Rechtspraxis entspricht, dass regelmäßig der interessierte Anleger auf die Bank zugeht, so Seegebarth, S. 21, kann dahingestellt bleiben.

491 Canaris, BVR, Rn. 2362 ff.; Schäcker, S. 54 ff.

492 Zur Einbeziehung vgl. Reiss, S. 111 ff.

493 Schmitz, in: B/S/L, I § 43 Rn. 11; Schrödemeier/Baltzer, in Brinkhaus/Scherer, § 15 KAGG, Rn. 10.

494 Zu darüber hinaus zwingend erforderlichem Inhalt für bestimmte Sondervermögen vgl. §§ 118; 80d Abs. 2; 90e Abs. 3; 90j Abs. 3; 90p Abs. 3; Schmitz, in: B/S/L, I § 43 Rn. 10; V. Livonius, in: WM 2004, S. 60 (64). Die Vertragsbedingungen stellen AGB dar und sind trotz ihres Mindestinhalts weitgehend mindestens gesetzesergänzend, sodass sie grundsätzlich einer Inhaltskontrolle zugänglich sind, vgl. Köndgen/Schmies, in: BRH, § 113 Rn. 118. Zur Ausnahme bezüglich der Leistungsbeschreibung vgl. Kieninger, in: MüKo, § 307 Rn. 12 ff.; Im Hinblick auf die Einbeziehung ist § 121 InvG zu beachten.

495 Canaris, BVR, Rn. 2430.

496 Das Genehmigungserfordernis rechtfertigt sich durch die mangelnde Möglichkeit der Interessenwahrnehmung durch den einzelnen Anleger und Erwägungen der Vertragsgerechtigkeit, vgl. dazu Schäfer, S. 42 f.

497 Vgl. Schmitz, in: B/S/L, I Vor §§ 30-45 Rn. 21.

498 Köndgen/Schmies, in: BRH, § 113 Rn. 116.

2. Der Typus des Vertrages

Typologisch wird der Vertrag weitgehend als ein (entgeltlicher) Geschäftsbesorgungsvertrag im Sinne des § 675 Abs. 1 BGB eingeordnet, der auf eine Dienstleistung im Sinne der §§ 611 ff. BGB gerichtet ist.[499] Durch die vorrangigen Regelungen des InvG und die starke Rolle der Vertragsbedingungen treten die §§ 611 ff. BGB allerdings in den Hintergrund.[500]

Auch wenn es an einer Weisungsunterwerfung der KAG gegenüber deren Auftraggebern, den Anlegern, fehlt[501] und schon wegen des kollektiven Charakters des Verwaltungsangebots der KAG gegenüber den Anlegern eine für individuelle Geschäftsbesorgungen typische Anvertrauenssituation nicht vorliegt,[502] sodass eine Einordnung des Vertrages als *Vertrag sui generis* auf einer Geschäftsbesorgungsbasis denkbar wäre,[503] ist auch die Einordnung des Vertrags als Dienstvertrag mit Geschäftsbesorgungscharakter möglich.[504] Dies kann einerseits auf die Besorgung fremder Vermögensangelegenheiten durch die KAG und die damit einhergehenden Pflichten, insbesondere auf die Rechenschaftspflicht gemäß §§ 44 f. InvG, gestützt werden,[505] andererseits an dem Rückgaberecht des Anteilsinhabers gemäß § 37 Abs. 1 InvG festgemacht und schließlich mithilfe der Ansprüche der KAG auf Vergütungs- und Aufwendungsersatz sowie mit dem sich aus § 9 Abs. 1 InvG ergebenden erheblichen Ermessen der KAG, ihrer (geschäftsbesorgungstypischen) Interessenwahrnehmungspflicht

---

499 Baur, in: Assmann/Schütze, § 20 Rn. 213; Schrödemeier/Balzer , in: Brinkhaus/ Scherer, § 15 KAGG, Rn. 8; Kümpel, Rn. 12.140 ff.; Reuter, S. 109; Canaris, BVR, Rn. 2352; Klenk, S. 12; Schäcker, S. 56 f.; Schäfer, S. 41. Zum Zweiterwerb, dem regelmäßig einen Rechtskauf zugrunde liegt, vgl. Schrödemeier/Balzer, in: Brinkhaus/Scherer, § 18 KAGG, Rn. 17; Gschoßmann, S. 131; Gericke, in: DB 1959, S. 1276 (1277). Einen Ansatz zur Einordnung als Werkvertrag erwägt Seegebarth, S. 24; Dies ablehnend: Ebner von Eschenbach, S. 92 f.; Reiss, S. 107 unter Hinweis auf das fehlende Versprechen eines Erfolges. Als Vertrag sui generis erachten ihn Köndgen/Schmies, in: BRH, § 113 Rn. 115. Auf die deutliche Überlagerung der Vorschriften des BGB durch das InvG hinweisend: Schmitz, in: B/S/L, I § 43 Rn. 7.

500 Baur, in: Assmann/Schütze, § 20 Rn. 213.

501 Schrödemeier/Balzer, in: Brinkhaus/Scherer, § 10 KAGG, Rn. 17; Canaris, BVR, Rn. 2431; Ohl, S. 46; Reuter, S. 140; Seegebarth, S. 68. Zum Weisungsrecht der Gemeinschaft der Anleger: Reiss, S. 233.

502 Trotz der Einzelverträge ist seitens der KAG das Kollektivinteresse der Anleger maßgeblich, vgl. Reiss, S. 109.

503 Köndgen/Schmies, in: BRH, § 113 Rn. 115.

504 Reiss, S. 108. Zur schuldrechtlichen Qualifikation des Vermögensverwaltungsvertrags vgl. BGH WM 1998, S. 21 (22); Balzer, S. 42 ff.

505 Köndgen/Schmies, in: BRH, § 113 Rn. 115.

nachzukommen, begründet werden.[506] Dennoch ist eine Unterscheidung zwischen einem *Vertrag sui generis*, der freilich einige Geschäftsbesorgungselemente aufwiese, und einem Geschäftsbesorgungsvertrag selbst insoweit unbedeutend, als vorbehaltlich anderer Bestimmungen, insbesondere solcher des InvG, ein Rückgriff auf § 675 BGB und die durch § 675 BGB in Bezug genommenen Vorschriften des Auftragsrechts in beiden Fällen möglich ist.

3. Wesentliche Rechte und Pflichten aus dem Investmentvertrag

Die Anleger verpflichten sich durch den Investmentvertrag zur Leistung eines Betrags zugunsten des Sondervermögens. Die KAG verpflichtet sich zur Verwaltung des Sondervermögens gemäß § 9 Abs. 1 S. 1, Abs. 2 InvG anhand des jeweiligen Anlageziels[507] im *Interesse der Anleger*.[508] Gegenüber den Anlegern hat die KAG einen Anspruch auf volle Leistung des Ausgabepreises gemäß § 23 Abs. 1 InvG sowie einen Anspruch auf Vergütung (*Management-Fee*)[509] und einen Anspruch auf Aufwendungsersatz, die aus dem Sondervermögen zu begleichen sind und sich auf dieses beschränken.[510]

Maßgeblich für die Rechte und Pflichten der Parteien des jeweiligen Investmentvertrags sind zwingendes Recht, insbesondere jenes des InvG, die Vertragsbedingungen sowie der Verkaufsprospekt und schließlich dispositives Gesetzesrecht, soweit ebendies nicht bereits durch die Vertragsbedingungen oder den Verkaufsprospekt ausgeschlossen oder modifiziert wird. Die KAG hat bei der Verwaltung also sowohl die Vertragsbedingungen als auch gesetzliche Vorschriften – und bei diesen im Rahmen des InvG insbesondere den Grundsatz der Risikomischung und das *Interesse der Anleger* – zu beachten.[511] Sie erfüllt ihre Verpflichtung ordnungsgemäßer Verwaltung nicht gegenüber jedem Anleger individuell, sondern erbringt die Verwaltung als einheitliche Leistung gegenüber allen Anlegern, die ihr hinsichtlich des Anspruchs auf Verwaltung als Gläubi-

---

506 Köndgen/Schmies, in: BRH, § 113 Rn. 115. Zur Möglichkeit der Gewährung freien Ermessens und zum möglichen Tätigwerden ohne Weisungen: BGH WM 1998, S. 21 (22).

507 Anlageziele können beispielsweise ausschließlich oder kombiniert „Wachstum", „stetiger Einkommenszufluss" oder „Substanzerhaltung" sein, vgl. dazu und zu den Einschränkungen für das Investmentrecht: Köndgen/Schmies, in: BRH, § 113 Rn. 62 ff.

508 Zu den Hauptleistungspflichten vgl. Köndgen/Schmies, in: BRH, § 113 Rn. 119 ff.

509 Reiss, S. 109.

510 Vgl. § 31 Abs. 3 InvG.

511 Reiss, S. 125 ff.; Schäfer, S. 41. Die der Vermögensverwaltung regelmäßig innewohnende Überwachungspflicht wird durch die Depotbank wahrgenommen.

gergemeinschaft (§ 432 S. 1 BGB) gegenübertreten.[512] Der Sorgfaltsmaßstab der KAGen wird durch § 9 Abs. 1 InvG abstrakt als „Sorgfalt eines ordentlichen Kaufmanns“ umschrieben, der vor dem Hintergrund des § 347 Abs. 1 HGB in Bezug auf die KAGen auch als „Sorgfalt einer ordentlichen KAG“[513] gelesen werden kann und neben den allgemeinen kaufmännischen Pflichten eine Reihe investmentspezifischer Pflichten umfasst. Neben den in den Vertragsbedingungen und im InvG ausdrücklich normierten Pflichten[514] umrahmen die mit einer *Best-Execution*[515] einhergehende produktive Verwaltung und das Verbot der Spekulation den Pflichtenkatalog der KAG. Auch wenn angesichts allgemein gehaltener Pflichten eine mögliche Sorgfaltswidrigkeit als unwahrscheinlich erachtet wird,[516] schützt diese Art der Umschreibung des Pflichtenprogramms vor dem Fehlschluss, den Pflichtenkatalog auf ausdrücklich aufgeführte Pflichten zu beschränken. Der Sorgfaltsmaßstab wird stets durch das jeweilige Geschäft spezialisiert.[517]

a) Die Verwaltung des Investmentvermögens

Üblicherweise stellt eine Vermögensverwaltung die im Interesse des Vermögensinhabers erfolgende Betreuung von Vermögenswerten durch einen zur Disposition befugten, frei von Rücksprache mit dem Vermögensinhaber handelnden Verwalter dar.[518] Vorliegend soll die Bezeichnung „Verwaltung“ grundsätzlich ausschließlich die Verwaltung des Investmentvermögens im Sinne der § 2 Abs. 6 InvG und § 30 Abs. 1 S. 1 InvG erfassen. Dabei handelt es sich um eine Form standardisierter Vermögensverwaltung.[519] Die standardisierte Vermögensverwaltung steht im Gegensatz zu einer individuellen Vermögensverwaltung,

---

512 Reiss, S. 126; Wendt, S. 89.

513 Baur, § 10 KAGG, Rn. 31; Schäfer, S. 53, 56; Reiss, S. 246.

514 Köndgen/Schmies, in: BRH, § 113 Rn. 119 ff. (insb. 122).

515 Best-Execution umfasst die Kostenoptimierung bei Käufen, Verkäufen oder Verwaltungskosten sowie schnelles und sicheres Handeln, auch das Hedging von Marktrisiken, vgl. § 36 Abs. 2 InvG; Rott, § 2 Rn. 73. Zur Reichweite vgl. Köndgen/Schmies, in: BRH, § 113 Rn. 122.

516 Schäfer, S. 57; Vgl. Vom Berge und Herrendorff, S. 64 zum Begriff der Spekulation.

517 Hopt, in: Baumbach/Hopt, § 347 Rn. 1.

518 Kienle, in: BRH, § 111 Rn. 1 ff.; Sethe, S.15 ff.; Schwintowski, § 15 Rn. 5 ff.; Balzer, S. 11 ff.

519 Kienle, in: BRH, § 111 Rn. 11. Zur Abgrenzung der Formen der Vermögensverwaltung Hockmann/Thießen, S. 557; Lang, § 21 Rn. 4. Vgl. zu den Ausprägungen im Kleinanlegergeschäft: Vögele/Kobes, in: IStR, S. 787 (788).

bei der eine individuell abgestimmte Anlage erfolgt.[520] Eine Verwaltung im Kollektivmodell begünstigt demgegenüber schon mit individuell geringen Mitteln eine ausreichende Diversifizierung.[521] Aber nicht nur im Hinblick auf die Diversifizierung bietet die investmentspezifische Vermögensverwaltung Vorteile. Auch kann der Massenvertrieb aufgrund des im Vergleich zur individuellen Vermögensverwaltung geringeren Verwaltungsaufwandes pro Anleger Kosten einsparen (Rationalisierungseffekt).[522]

Den zu einer Anlageoptimierung führenden Vorteilen lässt sich kritisch entgegengehalten, dass der Anleger im Gegensatz zur individuellen Vermögensverwaltung lediglich die *Wahl eines Portfolios*, nicht hingegen die *Wahl eines Wertes* vornehmen kann. Allerdings ist ein darauf aufbauender Vergleich zwischen den Anlageformen stets vor dem Hintergrund des bei der kollektiven Kapitalanlage möglichen geringen Kapitaleinsatzes zu sehen und damit ebenfalls kritisch zu hinterfragen. Auch lassen sich die Vorteile nicht einfach von der Hand weisen, denn geht man vom Idealfall einer sorgfältigen Auswahl der Anlagen durch kompetente Verwalter aus, bietet das insgesamt (hohe) Anlagekapital ein großes Potenzial. Die Kritik lässt sich zudem durch die Informations- und Publikationspflichten der KAGen abschwächen, die einen Vergleich verschiedener Produkte ermöglichen (sollen), insbesondere einen Vergleich der Kosten, Erträge und der jeweiligen Risiken.[523]

Bereits im Verkaufsprospekt ist in diesem Sinne gemäß § 42 Abs. 1 S. 3 InvG auf das Risikoprofil einzugehen. Aufgrund einer daraus resultierenden (ausreichenden) Informationsgrundlage kann der Anleger bei Zweifeln an einem oder mehreren Produkten auch eine Entscheidung gegen die *Wahl eines Portfolios* und – falls gewünscht und möglich – für eine individuelle Vermögensverwaltung und damit für die *Wahl eines Wertes* treffen. Schließlich ist der Anleger auch bezüglich einer negativen Entscheidung (gegen jede Anlageform) völlig frei.

520 Kienle, in: BRH, § 111 Rn. 13.

521 Schäfer, S. 41.

522 Kienle, in: BRH, § 111 Rn. 11; Köndgen/Schmies, in: BRH, § 113 Rn. 5.

523 So lässt sich aus einem Ertrags- und Risikovergleich verschiedener Portfolios eine Aussage über die relative Effizienz zu einer Referenzgröße (Benchmark) vornehmen und die Entwicklung (Performance), ggf. eine unterdurchschnittliche Entwicklung (Underperformance) feststellen, vgl. Breuer/Gürtler, in: ZBB 1999, S. 273 ff.; Köndgen/Schmies, in: BRH, § 113 Rn. 2 und Rn. 7.

b) *Ansprüche der KAG gegenüber den Anlegern*

Aus der Verwaltung können der KAG Ansprüche gegenüber den Anlegern entstehen. Diese Ansprüche kann die KAG gemäß § 31 Abs. 3 in Verbindung mit § 29 Abs. 1 InvG unter Zuhilfenahme der Depotbank aus dem Sondervermögen befriedigen.[524]

Das Sondervermögen ist im Übrigen, wie bereits ausgeführt, durch eine Vermögens- und Haftungssonderung vor einem Zugriff geschützt. Dieser Schutz führt dazu, dass ein Zugriff Dritter auf gesperrte Depots und Sperrkonten, die von der Depotbank gemäß § 24 InvG geführt werden, bei Geschäften der KAG, die für gemeinschaftliche Rechnung der Anleger erfolgen, grundsätzlich ausscheidet. Allerdings ist auch der Zugriff der KAG auf das Sondervermögen nur unter bestimmten Voraussetzungen möglich. Aus § 31 Abs. 3 InvG ergibt sich eine Differenzierung anhand des Grundes des Zugriffs: Im Sinne des § 31 Abs. 3 in Verbindung mit § 29 Abs. 1 InvG können nämlich (nur) Ansprüche der KAG auf Vergütung und auf Aufwendungsersatz geltend gemacht werden. Handelt es sich um einen Vergütungsanspruch, setzt § 41 InvG aufgrund der Kostentransparenz einen Rahmen. Macht die KAG einen Aufwendungsersatzanspruch geltend, ist zusätzlich das *Erforderlichkeitskriterium*[525] hinsichtlich der Aufwendungen zu beachten.[526]

c) *Haftungsmaßstab der KAG*

Die Anleger haben gegenüber der KAG einen Anspruch auf ordnungsgemäße Verwaltung. Insbesondere wegen einer Verletzung des InvG oder wegen einer Vertragsverletzung kommen Ansprüche in Betracht.[527] Hinsichtlich der Geltendmachung von Ansprüchen ist insbesondere § 28 Abs. 1 S. 1 Nr. 1 InvG zu betrachten. Die Norm setzt einerseits Ansprüche wegen Verletzungen des InvG voraus, statuiert andererseits für die Geltendmachung der Ansprüche eine Berechtigung und Verpflichtung der Depotbank. Die Anleger können dessen ungeachtet selbst derartige Ansprüche gemäß § 28 Abs. 1 S. 2 InvG gegen die KAG geltend machen. Berücksichtigt man die sich in § 28 Abs. 1 S. 2 InvG be-

---

524 Köndgen/Schmies, in: BRH, § 113 Rn. 127.

525 Mansel, in: Jauernig, § 670 Rn. 3.

526 Beispiele für Aufwendungsersatzansprüche bei Schmitz, S. 123.

527 Köndgen, in: B/S/L, I § 28 Rn. 5. Mögliche Anspruchsgrundlagen sind v.a. die §§ 675; 611; 280 ff. BGB (für Vertragsverletzungen) und § 823 Abs. 2 BGB (für Verletzungen eines Schutzgesetzes), vgl.: Bödecker, in: Albrecht/Karahan/Lenenbach, § 45 Rn. 87. Darüber hinaus sind vor allem Prospekthaftungsansprüche denkbar, vgl. König, S. 138 ff.

findende Formulierung „durch die Anleger“, zielt diese in Übereinstimmung mit den Ausführungen zur *Gemeinschaft der Anleger* nicht auf eine Geltendmachung von Ansprüchen durch die *Gemeinschaft der Anleger* ab.[528] Auch wenn die Anleger durch den Abschluss des Investmentvertrages der Anlegergemeinschaft beitreten, sind sie je individuell Vertragspartner der KAG, Anteilsinhaber und gegebenenfalls Anspruchsinhaber. Unabhängig davon wird aber das Verhältnis der Anlegergemeinschaft zu der KAG durch einheitliche gesetzliche Regelungen bis hin zu einheitlichen Vertragsbedingungen bestimmt.

Im Zusammenhang mit der Haftung wegen Pflichtverletzungen der KAG spielt im Rahmen der Frage nach dem Vorliegen einer ordnungsgemäßen Verwaltung die sogenannte *„Business Judgement Rule“*[529] eine wichtige Rolle. Die *Business Judgement Rule* wurde im Rahmen der Sorgfaltspflicht des § 43 GmbHG und des § 93 AktG herausgebildet[530] und wurde in § 93 I 2 AktG gesetzlich geregelt. Bezüglich der Rechtsformen der KAGen ist dies insofern unerheblich, als das Fehlen einer Kodifikation im Rahmen des GmbHG für eine KAG, die aufgrund ihrer Ausgestaltung nicht dem AktG, sondern dem GmbHG unterliegt, durch die Anwendung der zeitlich bereits zuvor entwickelten Grundsätze der *Business Judgement Rule* kompensiert wird. Nach der *Business Judgement Rule* ist eine Haftung abzulehnen, wenn ein hinreichend informierter, nicht im eigenen Interesse handelnder Entscheidungsträger im Rahmen unternehmerischen Ermessens eine Entscheidung traf – im Regelfall unter Einschluss prognostischer Erwägungen – und dabei davon überzeugt war und sein durfte, im besten Interesse des Unternehmens zu handeln.[531] Der Ausschluss der Haftung setzt also danach voraus, dass (1) unternehmerisches Ermessen durch einen Entscheidungsträger wahrgenommen wurde, (2) der Entscheidungsträger hinreichend informiert war, (3) der Entscheidungsträger überzeugt war, im besten Interesse des Unternehmens zu handeln, (4) der Entscheidungsträger dieser Überzeugung sein durfte und (5) kein eigenes Interesse verfolgte. Die dritte Voraussetzung, das Handeln im besten Interesse des Unternehmens, ist in Bezug auf die Interessenlage im InvG entsprechend so zu modifizieren, dass das Handeln im besten *Interesse der Anleger* stehen muss.[532]

---

528 Köndgen, in: B/S/L, I § 28 Rn. 2.

529 Brömmelmeyer, in: WM 2005, S. 2065 ff.; Weiss/Buchner, in: WM 2005, S. 162 (163 ff.); Kocher, in: CCZ 2009, S. 215 ff.

530 BGH NJW 1997, 1926 ff.; Schneider, in: DB 2005, S. 707 (708 f.).

531 Vgl. Spindler, in: MüKoAktG, § 93 Rn. 36 m.w.N.; Langenbucher, in: DStR 2005, S. 2083 ff.; Reiss, S. 244; Brömmelmeyer, in: WM 2005, S. 2065 ff.; Weiss/Buchner, in: WM 2005, 162 ff; Ulmer, in: DB 2004, 859 ff.

532 Zu den Folgen der Interessenmissachtung BGH NZG 2010, S. 188 (190 ff.).

C. Die Depotbank

Die Depotbank ist ein Kreditinstitut, das insbesondere den Anforderungen des § 20 InvG genügen muss.[533] Sie ist gemäß § 20 Abs. 1 S. 1 InvG durch die KAG mit der Verwahrung von Investmentvermögen sowie den sonstigen Aufgaben nach Maßgabe der §§ 24 bis 29 InvG zu beauftragen[534] und muss gemäß § 20 Abs. 1 S. 2 InvG zum Einlagen- und Depotgeschäft gemäß § 1 Abs. 1 S. 2 Nr. 1 und Nr. 5 KWG zugelassen sein. Dies setzt die Erteilung der Erlaubnis zum Geschäftsbetrieb[535] nach § 32 Abs. 1 S. 1 KWG zugunsten der Depotbank durch die BaFin voraus.[536] Ihre Geschäftsleiter müssen gemäß § 20 Abs. 5 S. 1 InvG die „erforderliche Erfahrung" aufweisen. Das Erfordernis der „erforderlichen Erfahrung" ist gemäß eines Rundschreibens der BaFin teleologisch auf diejenigen Personen reduziert, die im Bereich des InvG tätig werden.[537]

Neben der in § 20 Abs. 1 S. 1 InvG ausdrücklich genannten Verwahrungspflicht kommt der Depotbank insbesondere die Pflicht zu, das Investmentvermögen und die dazugehörenden Vermögensgegenstände, Zuwächse und Verringerungen zu überwachen.[538] Zuwächse und Verringerungen kann sie aufgrund ihrer sich aus den §§ 20 ff. InvG ergebenden Nähe zum Sondervermögen ohne Weiteres feststellen.[539] Hinsichtlich nicht verwahrungsfähiger Gegenstände wird die Verwahrungspflicht der Depotbank vollständig durch eine laufende Überwachungspflicht ersetzt.[540] Eine solche Überwachungspflicht besteht für Immobilien-Sondervermögen hinsichtlich des Bestands der Immobilien sowie der Beteiligungen, wie auch gemäß § 27 Abs. 3 InvG hinsichtlich der Überwachung

---

533 Abschnitt 3 des InvG ist hinsichtlich der Rechte und Pflichten der Depotbank nicht abschließend, vgl. Köndgen, in: B/S/L, I Vor §§ 20-29 Rn. 14.

534 Beckmann, in: Investment-Handbuch (EL 8/11), 410 § 2 Rn. 219, 221; C. Nickel, S. 19; Reiss, S. 47, 345.

535 Eine Erlaubnis muss (mindestens) hinsichtlich des Betreibens des Einlagen- und Depotgeschäfts im Sinne der § 1 Abs. 1 S. 2 Nr. 1 und Nr. 5 KWG vorliegen. Vgl. auch: BaKred, Schreiben vom 21. Dez 1998, Anforderungen an die Ordnungsmäßigkeit des Depotbankgeschäfts und der Erfüllung von Wertpapierlieferungsverpflichtungen, abgedruckt in:BAnz. (50) 1998 (Nr. 246 vom 31. Dez. 1998), S. 17906 f) und in: Investment-Handbuch (EL 3/06), 410 § 24 Anh.

536 Beckmann, in: Investment-Handbuch (EL 8/11), § 410 § 2 Rn. 221.

537 BaFin, Rundschreiben 6/2010 (WA) vom 02.07.2010 zu den Aufgaben und Pflichten der Depotbank nach den §§ 20 ff. InvG, II. 3. Zur Zuverlässigkeit und zur (fachlichen) Eignung vgl. auch die §§ 1 Abs. 2; 32 Abs. 1 Nr. 3, 4; 33 Abs. 1 Nr. 2, 4 KWG.

538 Vgl. § 2 Abs. 7 und §§ 20 ff. InvG; Beckmann, in: Investment-Handbuch (EL 10/08), 410 § 20 Rn. 21.

539 Beckmann, in: Investment-Handbuch (EL 10/08), 410 § 20 Rn. 22.

540 § 24 Abs. 3 InvG; Ohl, S. 68.

der Eintragung der Verfügungsbeschränkung in das Grundbuch.[541] Im Fall von Beteiligungen an Immobilien-Gesellschaften ist gemäß § 27 Abs. 2 InvG der Vorgang des Beteiligungserwerbs zu überwachen und eine Überprüfung der Vermögensaufstellung der Gesellschaft vorzunehmen. Dabei erstreckt sich die Überwachungsaufgabe der Depotbank auf die Herbeiführung einer Vereinbarung, wonach dem Sondervermögen zustehende Beträge unverzüglich auf ein Sperrkonto bei der Depotbank einzuzahlen sind.

Der Depotbank kommt so vor allem eine Garantiefunktion hinsichtlich des Bestands des Sondervermögens zu.[542] Deshalb erfordern Geschäfte der KAG im Sinne des § 26 Abs. 1 InvG gemäß § 26 Abs. 2 S. 1 InvG die Zustimmung der Depotbank.[543] Maßgeblicher Zeitpunkt soll dabei das Erfüllungsgeschäft sein.[544] Voraussetzung für eine Zustimmung ist neben den Anforderungen des § 26 Abs. 1 InvG stets die Übereinstimmung mit dem InvG und den Vertragsbedingungen. Die Zustimmungspflicht betrifft die Kreditaufnahme gemäß § 26 Abs. 1 Nr. 1 InvG, die Anlage von Mitteln oder die Verfügung über Mittel des Sondervermögens in Bankguthaben bei anderen Kreditinstituten gemäß § 26 Abs. 1 Nr. 2 InvG, die Verfügung über Immobilien des Fonds gemäß § 26 Abs. 1 Nr. 3 InvG, die Belastung[545] von Immobilien des Fonds sowie die Abtretung von Forderungen aus Rechtsverhältnissen mit Bezug zu Immobilien gemäß § 26 Abs. 1 Nr. 4 InvG und schließlich die Verfügung über Beteiligungen an Immobilien-Gesellschaften oder, falls eine Minderheitsbeteiligung nicht vorliegt, die Verfügung über Vermögensgegenstände dieser Gesellschaften sowie die Änderungen des Gesellschaftsvertrags oder der Satzung.

Im Rahmen der §§ 20 ff. InvG sind daneben als gesetzlich normierte Pflichten der Depotbank besonders bedeutsam die Ausgabe und Rücknahme von Anteilen eines Sondervermögens gemäß § 23 Abs. 1 S. 1 InvG sowie die Verbuchung der Ausgabepreise und Entgelte – gemäß §§ 23 Abs. 2 S. 2 und 25 S. 1 InvG auf einem gesperrten Konto –, die Einrichtung eines Sperrdepots[546] und

---

541 Baur, in: Assmann/Schütze, § 20 Rn. 393; Reiss, S. 344. Bei ausländischen Immobilien muss gemäß § 27 III InvG die Wirksamkeit der Verfügungsbeschränkung sichergestellt werden.

542 Beckmann, in: Investment-Handbuch (EL 8/11), 410 § 2 Rn. 219.

543 Zum Zweck: BaFin, Rundschreiben 6/2010 (WA) vom 02.07.2010 zu den Aufgaben und Pflichten der Depotbank nach den §§ 20 ff. InvG, Ziff. VII.

544 BaFin, Rundschreiben 6/2010 (WA) vom 02.07.2010 zu den Aufgaben und Pflichten der Depotbank nach den §§ 20 ff. InvG, VIII. 1. d.

545 Zu den Einzelheiten: Beckmann, in: Investment-Handbuch (EL 3/06), 410 § 26 Rn. 25 ff.

546 Gößmann/Klanten, in: BRH, § 72 Rn. 129, 130.

eines Sperrkontos[547] gemäß § 24 Abs. 1 S. 1, Abs. 2 S. 1 InvG,[548] die Vornahme von Zahlungen, Lieferungen und Ausschüttungen gemäß § 25 S. 2 InvG und schließlich die Auszahlung der Vergütung und des Ersatzes für Aufwendungen an die KAG gemäß § 29 Abs. 1 InvG. In diesem Zusammenhang kann die Formulierung „nach Maßgabe der §§ 20 bis 29“ in § 20 Abs. 1 S. 1 InvG angesichts der weiteren Pflichten der Depotbank – die unter anderem in den §§ 33 Abs. 1 S. 3; 36 Abs. 1 S. 2; 82 Abs. 3 S. 1 InvG normiert sind – nicht dahingehend interpretiert werden, dass neben den sich aus den §§ 20 bis 29 InvG ergebenden Pflichten[549] der Depotbank keine weiteren gesetzlichen und vertraglichen Pflichten der Depotbank bestehen. Aus den §§ 20 ff. InvG, insbesondere aus §§ 24; 25 und 29 InvG, ergibt sich die exklusive Zugriffsmöglichkeit der Depotbank auf das Sondervermögen. Daraus lässt sich die ausschließliche Zuständigkeit der Depotbank für die technische Abwicklung[550] der Geschäfte für Rechnung des Sondervermögens folgern. Die Depotbank ist rechtssubjektiv und personell von der KAG getrennt.[551] Dadurch kann sie gegenüber der KAG eine weitgehende Überwachungs- und Kontrollfunktion ausüben, die, wie ausdrücklich in § 22 Abs. 1 S. 1 InvG beschrieben, im Sinne der Anlegerinteressen steht.[552] Ihr kommt damit (auch) die Stellung einer Treuhänderin der Anleger zu.[553] Dem folgt die Pflicht der Depotbank, Interessenkonflikte zwischen ihr und der KAG durch organisatorische Maßnahmen zu verhindern.[554]

547 Ein Sperrkonto zeichnet sich durch Beschränkungen in Bezug auf die Verfügungsmacht des Berechtigten aus, vgl. Reiss, S. 78; Lwowski, in: BRH, § 36 Rn. 4 ff.; Vgl. auch: Bork, in: NJW 1981, S. 905 ff.

548 Zur Vorgängerregelung: Baur, § 12a KAGG, Rn. 2; Schrödemeier/Balzer, in: Brinkhaus/Scherer, § 12a KAGG, Rn. 9, 15.

549 In § 20 Abs. 1 S. 1 InvG ist von „Aufgaben“ die Rede.

550 Beckmann, in: Investment-Handbuch (EL 10/08), 410 § 20 Rn. 26.

551 Vgl. Seegebarth, S. 20.

552 Beckmann, in: Investment-Handbuch (EL 12/08), 410 § 22 Rn. 7; Köndgen/Schmies, in: BRH, § 113 Rn. 61.

553 Beckmann, in: Investment-Handbuch (EL 10/08), 410 § 20 Rn. 22.

554 Beckmann, in: Investment-Handbuch (EL 12/08), 410 § 22 Rn. 14, 17. Unglücklich ist dabei die Gesetzesformulierung, wonach die KAG sicherstellen muss, dass das Risiko von Interessenkonflikten gemäß § 9 Abs. 3 InvG „möglichst gering ist“, während die Depotbank gemäß § 22 Abs. 1 S. 3 InvG ausdrücklich zur Vermeidung von Interessenkonflikten zwischen ihr und der KAG verpflichtet ist. Zu Konflikten und deren Gründen vgl. Schmolke, in: WM 2007, S. 1909 ff.

I. Der Depotbankvertrag

1. Die Rechtsbeziehung der Depotbank zur KAG

Die Rechtsbeziehung der Depotbank zur KAG wird durch den Depotbankvertrag bestimmt.[555] Der Depotbankvertrag wird überwiegend als ein typengemischter Vertrag eingeordnet, der Geschäftsbesorgungselemente, vor allem Dienstleistungs- und Verwahrungselemente sowie Elemente eines Girovertrages, enthält.[556] Ein auf den Mustervertragsbedingungen des BVI basierender Depotbankvertrag[557] beinhaltet insbesondere Regelungen zur Bestellung der Depotbank sowie über deren Aufgaben, die Unterstützung der KAG durch die Depotbank bei der Beachtung der Wohlverhaltensregeln des BVI, die Vergütung der Depotbank sowie Kündigungsmodalitäten und eine Vertraulichkeitsvereinbarung. Damit zitiert und ergänzt er die gesetzlichen Pflichten der Depotbank.[558] Gleichzeitig umrahmen die unabdingbaren Regelungen der §§ 20 bis 29 InvG die der Disposition zugänglichen vertraglichen Vereinbarungen.[559] Besonders hervorzuheben sind folgende Regelungen des Muster-Depotbankvertrag für Immobilien-Sondervermögen (im Folgenden: DBV-Immobilien): In § 2 Nr. 1 DBV-Immobilien, in dem Aufgaben und Pflichten der Depotbank geregelt sind, befindet sich eine Bezugnahme auf die Bestimmungen des InvG, ein Verweis auf ein Rundschreiben der BaFin[560] sowie auf die Allgemeinen und Besonderen Vertragsbedingungen. In § 2 Nr. 3 DBV-Immobilien werden in einem Katalog die gesetzlich vorgesehenen Aufgaben der Depotbank umrissen. Für die in § 3 DBV-Immobilien geregelte Anlagegrenzprüfung stehen zwei alternative Formu-

---

555 Zur Bezeichnung nur Reiss, S. 148.

556 Jeweils mit unterschiedlichen Schwerpunkten: Schrödemeier/Balzer, in: Brinkhaus/Scherer, § 12 KAGG, Rn. 13; Ohl, S. 64; Reuter, S. 152; Reiss, S. 149; Beckmann, in: Investment-Handbuch (EL 10/08), 410 § 20 Rn. 30; Baur, § 12 KAGG, Rn. 14; Canaris, BVR, Rn. 2355 und 2458; Köndgen, in: B/S/L, I Vor §§ 20-29 Rn. 2; Köndgen/Schmies, in: BRH, § 113 Rn. 131 f.; Geßler, in: WM-Beilage 4/1957, S. 10 (20). Anders ist die Annahme von Ohl, S. 71, 89 und 93, wonach sich die Rechtsquellen der Verwaltungsbefugnis der Depotbank im Gesetz fänden, weshalb eine BGB-Innengesellschaft vorläge. Dies lässt sich aber schon vor dem Hintergrund der Trennung zwischen Depotbank und KAG nicht halten.

557 BVI, DBV-Immobilien, Stand: 14.07.2011, Abdruck eines Auszugs im Anhang dieser Arbeit.

558 Baur, § 12 KAGG, Rn. 17; Schrödemeier/Baltzer, in: Brinkhaus/Scherer, KAGG, § 12 Rn. 12.

559 Schrödemeier/Balzer, in: Brinkhaus/Scherer, § 12 KAGG, Rn. 12; Baur, § 12 KAGG, Rn. 17; Seegebarth, S. 47.

560 BaFin, Rundschreiben 6/2010 (WA) vom 02.07.2010 zu den Aufgaben und Pflichten der Depotbank nach den §§ 20 ff. InvG.

lierungen zur Verfügung. Während in Alternative 1 ein Zugriff auf das Fondsbuchhaltungssystem und das Anlagegrenzprüfungssystem der KAG vorausgesetzt wird, geht Alternative 2 von einem eigenen System der Depotbank aus. Die gegenseitige Kooperation wird in § 5 DBV-Immobilien geregelt. Einerseits hat die Depotbank gemäß § 5 Nr. 1 DBV-Immobilien alle für die KAG erforderlichen Informationen zu übermitteln, andererseits wird die KAG gemäß § 5 Nr. 3 DBV-Immobilien verpflichtet, der Depotbank den erforderlichen Zugang zu den Informationen zu gewähren. Die Regelungen zeigen eine deutliche Nähe zu den gesetzlichen Vorgaben, sodass sich das Muster als ein die gesetzlichen Vorgaben „schnörkellos" umsetzendes Werk beschreiben lässt.

2. Die Rechtsbeziehung der Anleger zur Depotbank

Im Vertragsverhältnis zwischen der KAG und der Depotbank drückt sich eine Besonderheit des InvG aus: Einerseits erhält die Depotbank gemäß § 20 Abs. 1 S. 1 InvG von der KAG einen Verwahrungsauftrag, andererseits nimmt die Depotbank den Auftrag gemäß § 22 Abs. 1 S. 1 InvG im *Interesse der Anleger* wahr. Wird die Depotbank daher im Sinne der §§ 20 ff. InvG tätig, stellt sich – vor allem im Hinblick auf Ansprüche der Anleger, Haftungsfragen eingeschlossen – die Frage, wie sich die Tätigkeiten der Depotbank rechtlich aus der Anlegerperspektive darstellen. § 28 Abs. 2 InvG zeigt, dass Ansprüche der Anleger gegen die Depotbank möglich sind, gibt jedoch keine Antwort auf die Frage nach den konkreten Ansprüchen. Auch wenn es (vor allem) bei den §§ 20 ff. InvG naheliegend erscheint, eine Schutzgesetzeigenschaft anzunehmen, sodass Ansprüche der Anleger grundsätzlich auf § 823 Abs. 2 BGB gestützt werden könnten,[561] stellt sich die Frage nach der Möglichkeit weitergehender Ansprüche. Während die Anleger und die KAG vertraglich verbunden sind, sodass die Anleger im Falle einer Vertragsverletzung Ansprüche gegen die KAG geltend machen können, wird die Rechtsbeziehung der Anleger zu der Depotbank uneinheitlich beurteilt.[562] Während in der Rechtsprechung noch keine Einordnung vorgenommen wurde,[563] wird die Frage der Rechtsbeziehung der Anleger zur Depotbank in der Literatur kontrovers diskutiert.

561 Seegebarth, S. 28, 167.

562 In der Praxis war dieser Streitstand bislang nicht von Bedeutung, vgl. Reiter, in: Kümpel/Wittig, 9.160.

563 BGH WM 2001, 2053 ff.

a) Die verschiedenen Ansätze

Hinter vielen Versuchen, eine dogmatisch gut begründbare und zugleich pragmatische Einordnung vorzunehmen, steht der Gedanke, dass eine weitergehende Haftung neben einer grundsätzlich in Betracht kommenden deliktischen Haftung angesichts des Schutzzwecks des InvG von Vorteil wäre.[564]

Bestünde zwischen den Anlegern und der Depotbank ein Vertrag,[565] käme bei dessen Verletzung eine Haftung in Betracht. Zwar ließe sich ein Vertrag insbesondere auf einen aus der Unterzeichnung der Anteilsscheine durch die Depotbank gefolgerten Rechtsgeschäftsführungswillen stützen, die darauf zurückgeführte Annahme eines Vertragsabschlusses ist jedoch kritisch zu betrachten: So bereitet in subjektiver Hinsicht die Begründung des Vorliegens eines entsprechenden Willens der Anleger und/oder der Depotbank Schwierigkeiten.[566] Daraus wiederum ergeben sich Zweifel am Vorliegen der objektiven Voraussetzungen des entsprechenden Vertrags.[567] Anhand dessen zeigt sich, dass zum Schutz der Anleger teils eine pragmatische Lösung den dogmatisch fundierteren Lösungen vorgezogen wird.[568]

Die Schwachpunkte dieses Ansatzes werden durch einen anderen weit verbreiteten Ansatz, der der Rechtsbeziehung der Anleger zur Depotbank einen Vertrag zugunsten Dritter im Sinne des § 328 BGB zugrunde legt, behoben.[569] Demnach soll eine schuldrechtliche Verpflichtung der Depotbank gegenüber den Anlegern entstehen. Zusätzlich soll der KAG ein eigenes Forderungsrecht gegenüber der Depotbank zugunsten der Anleger zukommen.[570] Zwar hätte ein echter (berechtigender) Vertrag zugunsten Dritter ein eigenes Forderungsrecht der An-

564 Zum Streitstand, vgl. Seegebarth, S. 30 ff.; Ohl, S. 94 ff.; Reiss, S. 151 ff.; Kümpel, Rn. 12.172.

565 Klenk, S. 15. Ablehnend: Ohl, S. 95 f.; Kümpel, Rn. 12.162; Seegebarth, S. 30; Schäcker, S.71 f.; Gschoßmann, S. 174.

566 Köndgen/Schmies, in: BRH, § 113 Rn. 133; Canaris, BVR, Rn. 2463. Zum Ansatz der Herleitung des Willens aus der Unterschrift der Depotbank auf dem Anteilsschein, vgl. Kümpel, Rn. 12.162; Wendt, S. 64.

567 Kümpel, Rn. 12.163; Canaris, BVR, Rn. 2463.

568 Ablehnend: Podewils, S. 91 ff.

569 Kümpel, Rn. 12.165; Beckmann, in: Investment-Handbuch (EL 10/08), 410 § 20 Rn. 48 ff.; Seegebarth, S. 33; Canaris, BVR, Rn. 2462; Baum, S. 143; Vom Berge und Herrendorff, S. 113; Ebner von Eschenbach, S. 132, 141; Gläbe, S. 154; Vgl. dazu auch: Klenk, S. 13 f.; Schäcker, S. 69 f.; Reuter, S. 152; Geßler, in: WM-Beilage 4/1957, S. 10 (22). Zum Vertrag zugunsten Dritter: Jagmann, in: Staudinger(2009), § 328 Rn. 1 ff.

570 Seegebarth, S. 33; Gläbe, S. 154.

leger (als Dritte) an den geschuldeten Leistungen der Depotbank (als Versprechende) aus dem Vertrag zur KAG (als Versprechensempfängerin) zur Folge,[571] dennoch wäre die Konstruktion über einen Vertrag zugunsten Dritter nicht uneingeschränkt von Vorteil:[572] Vor allem stünde die Frage des Abschlusses eines echten (berechtigenden) oder unechten (ermächtigenden) Vertrags zugunsten Dritter[573] im Belieben der Institute. Dies könnte sich auf mögliche Primärleistungsansprüche der Anleger auswirken. Ob überhaupt Primärleistungsansprüche der Anleger gegenüber der Depotbank bestehen, wird in der Literatur uneinheitlich beantwortet.[574] Das Nichtvorliegen von Primärleistungsansprüchen ließe sich zwar bei flüchtiger Betrachtung auf § 28 Abs. S. 2 InvG stützen, von dem nur Schadensersatzansprüche erfasst sind. Allerdings handelt § 28 Abs. 2 S. 2 InvG nur von Ansprüchen, die von den Anlegern, die über den Vertrag zugunsten Dritter berechtigt wären, selbst geltend gemacht werden können.[575] § 28 Abs. 2 S. 2 InvG spricht aber auf den zweiten Blick nicht gegen das Vorliegen von Primärleistungsansprüchen. Dem Wortlaut nach ist lediglich deren Geltendmachung der KAG vorbehalten. Auch weisen beispielsweise die §§ 27 Abs. 1; 28 Abs. 1 und 39 Abs. 2 InvG ausdrücklich Primärleistungsansprüche auf.[576] § 28 Abs. 1 InvG stellt dabei insofern eine Besonderheit dar, als er selbst einen Anspruch voraussetzt, sodass der Primärleistungsanspruch der Anleger gegenüber der Depotbank sich dann – obwohl (mindestens) zwei Ansprüche vorliegen – auf denjenigen aus § 28 Abs. 1 InvG beschränkt, sofern sich der vorausgesetzte Anspruch nicht wiederum selbst gegen die Depotbank richtet. Es könnte also grundsätzlich entscheidend sein, ob man einen echten (berechtigenden) oder unechten (ermächtigenden) Vertrag zugunsten Dritter annimmt. Ab-

---

571 Zur Konstruktion Gernhuber, Schuldverhältnis, § 20 I 1 ff., II; Jagmann, in: Staudinger(2009), § 328 Rn. 19.; Olzen, in: Staudinger(2009), § 241 Rn. 333 ff.

572 Kümpel, Rn. 12.166; Canaris, BVR, Rn. 2462.

573 Unterschiede und Terminologie: Gernhuber, Schuldverhältnis, § 20 I 5; Jagmann, in: Staudinger(2009), § 328 Rn. 1 ff.

574 Zur Annahme des Vorliegens primärer Leistungsansprüche: Köndgen, in: B/S/L, I Vor § 20 Rn. 10; Köndgen/Schmies, in: BRH, § 113 Rn. 133. Zur Annahme eines (gesetzlichen) Schuldverhältnisses ohne primäre Leistungsplicht: Canaris, BVR, Rn. 2464. Gleichwohl zur Möglichkeit von Erfüllungsansprüchen: Canaris, BVR, Rn. 2481. Zur Annahme, dass wohl [sic!] kein Erfüllungsanspruch existiere: Beckmann, in: Investment-Handbuch (EL 10/08), 410 § 20 Rn. 38, 48.

575 Zur Berechtigung des Kollektivs, vgl. Jagmann, in: Staudinger(2009), § 328 Rn. 12. Auch wenn man an Ansprüche des Anlegerkollektivs denken könnte, kommen solche schon wegen der Annahme einer Bruchteilsgemeinschaft nicht in Betracht.

576 Mit Beispielen: Köndgen/Schmies, in: BRH, § 113 Rn. 133. Zur ausführlichen Auseinandersetzung, vgl. Reiss, S. 341. Zum KAGG vgl. Seegebarth, S. 42.

seits der Kritik an der Freiheit der Institute einen echten oder unechten Vertrag zugunsten Dritter abzuschließen, wird gegen die Konstruktion des Vertrags zugunsten Dritter auch angeführt, dass sich Mängel des Vertragsabschlusses unmittelbar auf die Rechtsstellung der Anteilsinhaber auswirkten.[577] Dabei seien Einwendungen (im weiteren Sinne) gemäß § 334 BGB[578], sofern nicht abbedungen,[579] gegenüber den Anlegern, geltend gemacht durch die Depotbank, der im InvG vorgesehenen Stellung der Anleger abträglich.[580] Auch könnten Gestaltungsrechte, vor allem die Kündigung des Vertrags, den Anlegerschutz untergraben. Selbst wenn derartige Folgen durch vertragliche Ausschlüsse von Gestaltungsrechten abgeschwächt oder – insbesondere angesichts zwingender Bestimmungen des InvG – verhindert werden könnten, spricht mehr gegen die Annahme eines Vertrages zugunsten Dritter als dafür.

Ein weiterer Ansatz sieht die Rechtsbeziehung der Anleger zur Depotbank auf einem Vertrag mit Schutzwirkung zugunsten Dritter beruhend.[581] Hieraus hätten die Anleger keinen Anspruch auf eine Hauptleistung, wären jedoch in den Bereich der vertraglichen Sorgfalts- und Obhutspflichten so einbezogen, dass sie im Fall der Verletzung solcher Pflichten vertragliche Schadensersatzansprüche geltend machen könnten.[582] Die Erfordernisse „Leistungsnähe des Dritten“[583], „Einbeziehungsinteresse des Gläubigers“[584] und „Erkennbarkeit für den Schuldner“[585] könnten dabei vor allem wegen des Geschäftsbesorgungsverhältnisses der Anleger zur KAG, der Verwahrungspflicht der Depotbank, der Pflicht der

577 Müller, in: DB 1975, S. 485 (487); Zum Ansatz der (analogen) Anwendung der Regelungen zu fehlerhaften Gesellschaften, vgl. Reiss, S. 159 ff. Zum faktischen Vertragsverhältnis vgl. BGH WM 1976, S. 180.

578 Janoschek, in: BeckOK-BGB(Ed. 23, 05/12), § 334 Rn. 2 f.; Jagmann, in: Staudinger(2009), § 334 Rn. 5 ff.

579 Bei § 334 BGB handelt es sich um nachgiebiges Recht, vgl. Jagmann, in: Staudinger(2009), § 334 Rn. 3. Reiss, S. 155 geht davon aus, dass § 334 BGB zwingend abbedungen sei.

580 Canaris, BVR, Rn. 2462; Kümpel, Rn. 12.166. Zu weiteren Gründen der Ablehnung des Vertrags zugunsten Dritter, vgl. Köndgen/Schmies, in: BRH, § 113 Rn. 133.

581 Vgl. Reiss, S. 154; Wendt, S. 65. Kümpel, Rn. 12.167; Seegebarth, S. 36. Zum Vertrag mit Schutzwirkung zugunsten Dritter, vgl. Olzen, in: Staudinger(2009), Einleitung zum Schuldrecht, Rn. 215 ff. Ausführlich zum Schuldverhältnis mit Schutzwirkung für Dritte: Gernhuber, Schuldverhältnis, § 21.

582 BGH NJW 2008, S. 2245 ff.; Grüneberg, in: Palandt, § 328 Rn. 13; Seegebarth, S. 36 f.

583 Grüneberg, in: Palandt, § 328 Rn. 17.

584 Grüneberg, in: Palandt, § 328 Rn. 17a.

585 Grüneberg, in: Palandt, § 328 Rn. 18.

Depotbank zur Ausgabe und Rücknahme der Anteilsscheine sowie der sich aus § 22 Abs. 1 S. 1 InvG ergebenden Pflicht der Depotbank, ausschließlich im *Interesse der Anleger* zu handeln, bejaht werden.[586] Die „Schutzbedürftigkeit des Dritten“[587] ergäbe sich aus dem Fehlen eines inhaltsgleichen Anspruchs der Anleger gegen den Gläubiger, also die KAG, oder gegen einen anderen. Abseits der auch nach diesem Ansatz bestehenden Problematik der grundsätzlich entsprechenden Anwendbarkeit des § 334 BGB[588] lässt sich auch diesem Ansatz entgegnen, dass sich die wesentlichen Pflichten schon aus dem InvG ergeben, sodass ein Vertrag zur Begründung der Pflichten nicht erforderlich ist.[589] Ein Vertrag mit Schutzwirkung zugunsten Dritter hätte dagegen hinsichtlich der vertraglichen Sorgfalts- und Obhutspflichten eine Schutzwirkung aus dem Vertrag zur Folge, nicht dagegen aus dem Gesetz. Verletzungen des Gesetzes würden demnach keinen Anspruch aus dem Vertrag auslösen,[590] jedenfalls soweit nicht (inhaltsgleich) zugleich eine Vertragsverletzung vorläge.[591]

Weiterhin wird die Einordnung der Rechtsbeziehung der Anleger zur Depotbank als gesetzliches Schuldverhältnis (teils ausdrücklich ohne primäre Leistungspflicht) vorgenommen.[592] Dies wird teilweise auf das Erfordernis der Angabe der Depotbank im Verkaufsprospekt gestützt (§§ 42; 121 InvG).[593] Dadurch werde der Gedanke gleicher Haftungsmaßstäbe für KAG und Depotbank verdeutlicht.[594] Teils wird die Auswahl der Depotbank als Entstehungsgrund eingeordnet.[595] Teils wird die Annahme eines gesetzlichen Schuldverhältnisses auch auf den Pflichtenkomplex der Depotbank, der im *Interesse der Anleger* steht, zurückgeführt.[596]

---

586 Kümpel, Rn. 12.169.

587 Grüneberg, in: Palandt, § 328 Rn. 18.

588 Janoschek, in: BeckOK-BGB(Ed. 23, 05/12), § 334 Rn. 5.

589 Kümpel, Rn. 12.170; Seegebarth, S. 40.

590 Kümpel, Rn. 12.171.

591 Zwar müsste regelmäßig mangels ausdrücklicher Vereinbarung der Parteiwille ermittelt werden, dennoch wäre regelmäßig von der Aufnahme der gesetzlich normierten Pflichten (§§ 20 bis 29 InvG) in den Vertrag auszugehen, vgl. dazu: Reiss, S. 155.

592 OLG Frankfurt a.M. WM 1997, S. 364 (367); Canaris, BVR, Rn. 2464; Kümpel, Rn. 12.175; Seegebarth, S. 41 ff.; Köndgen/Schmies, in: BRH, § 113 Rn. 134; Reiss, S. 152; Schrödemeier/Balzer, in: Brinkhaus/Scherer, § 12 KAGG, Rn. 17.

593 Ohl, S. 98; Kümpel, Rn. 12.174.

594 Ohl, S. 98 f.; Seegebarth, S. 41.

595 Reiss, S. 157; Grote, S. 35 ff.; Gschoßmann, S. 183 f. auch im Hinblick auf die Einordnung der „Auswahl“, die keinen Vertrag, sondern eine Erklärung eigener Art darstelle. Zum Streitstand über die Rechtsnatur der Bestellung, vgl. Grote, S. 55 ff.

596 Canaris, BVR, Rn. 2464; Kümpel, Rn. 12.173.

Auch wenn die Rechtsstellung *einer* Depotbank unmittelbar aus dem Gesetz hergeleitet werden kann, führt das abstrakte Bestehen von Pflichten an sich noch nicht zu einem solchen Schuldverhältnis, sondern setzt, da es sich um die Begründung eines gesetzlichen Schuldverhältnisses jenseits von Bereicherung und Delikt handelt, eine Beziehung der in Betracht kommenden Personen voraus.[597] Eine solche Beziehung zwischen der Depotbank und den Anlegern bedarf nach teilweise vertretener Auffassung wiederum eines geschäftlichen Kontakts der Parteien.[598] Ein solcher Kontakt wird teils verneint.[599] Demgegenüber wird im Hinblick auf das Erfordernis eines geschäftlichen Kontakts nach anderer Auffassung ein rechtlicher oder jedenfalls tatsächlicher Kontakt der Anleger zur Depotbank hinsichtlich der Begründung des Schuldverhältnisses bejaht: So verdeutliche sich das Vorliegen eines rechtsgeschäftlichen Kontakts insbesondere durch die Anteilsscheinausgabe, deren Mitunterzeichnung, die Verwahrungsleistung sowie die Entgegennahme des Ausgabepreises und die Auszahlung der Gewinnanteile.[600] Dies stützt die Annahme eines „geschäftlichen Kontakts" anhand einer Parallele zu vorvertraglichen Schuldverhältnissen im Sinne des § 311 Abs. 2 BGB.[601] So lässt sich aus der durch diesen Kontakt geforderten Einwirkungsmöglichkeit auf die Vermögenswerte der Anleger die Annahme eines gesetzlichen Schuldverhältnisses rechtfertigen.[602] Im Einklang damit zeigt schon der Pflichtenkomplex, dass sich Anleger und Depotbank nicht als „unverbundene Rechtsgenossen" gegenüberstehen.[603] Die Depotbank hat gegenüber den Anlegern primäre Leistungspflichten.[604] Zwar ist die Annahme eines Kontakts zwischen den Anlegern und der Depotbank bei einem Wechsel der Depotbank insoweit problematisch, als es möglicherweise nicht zu einem unmittelbaren rechtsgeschäftlichen oder gar tatsächlichen Kontakt der Anleger zur Depotbank kommt.[605]

---

597 Beckmann, in: Investment-Handbuch (EL 10/08), 410 § 20 Rn. 45. Kritisch zum konkreten Kontakt: Reiss, S. 156 ff. A.A.: Köndgen/Schmies, in: BRH, § 113 Rn. 133.

598 Köndgen, in: B/S/L, I Vor § 20 Rn. 10; Larenz, Schuldrecht AT, S. 104 ff.

599 Beckmann, in: Investment-Handbuch (EL 10/08), 410 § 20 Rn. 45. Zum Erfordernis einer tatsächlichen Kontaktaufnahme der Parteien: Larenz, Schuldrecht AT, S. 109.

600 Canaris, BVR, Rn. 2464.

601 Seegebarth, S. 42. Kritisch zu § 311 II Nr. 2 und 3 BGB: Beckmann, in: Investment-Handbuch (EL 10/08), 410 § 20 Rn. 42 ff. Kümpel, Rn. 12.173

602 Canaris, BVR, Rn. 2464; Seegebarth, S. 42 f.; Reiss, S. 156.

603 Canaris, BVR, Rn. 2464; Kümpel, Rn. 12.173.

604 Zur a.A. vgl.: Beckmann, in: Investment-Handbuch (EL 10/08), 410 § 20 Rn. 38 m.w.N.

605 Reiss, S. 156.

Erachtet man jedoch einen geschäftlichen Kontakt schon als nicht erforderlich, lässt sich die Annahme eines gesetzlichen Schuldverhältnisses ohne Weiteres rechtfertigen.[606]

Schließlich wird vertreten, dass hinsichtlich der (zwingenden) Schutzregeln des InvG ein gesetzliches Schuldverhältnis vorläge, das jedoch – falls über die Schutzregeln hinaus Vereinbarungen getroffen seien – durch einen Vertrag zugunsten Dritter überlagert werde.[607]

b) Auseinandersetzung mit den Ansichten und Entscheidung

Sämtliche Ansätze stoßen auf Kritik:[608] Gegen die vertraglichen Ansätze ist vor allem einzuwenden, dass der Pflichtenbereich stets mindestens den zwingenden gesetzlichen Vorgaben der §§ 20 bis 29 InvG zu entsprechen hat und damit der Disposition, vor allem aber generell der Zugänglichkeit des Parteiwillens, entzogen sein muss.[609] Zwar verringern zwingende Vorschriften, wie die §§ 20 bis 29 InvG, den Spielraum der vertragschließenden Parteien,[610] dennoch darf das Risiko der Ausübung von Gestaltungsrechten, insbesondere Zurückbehaltungsrechten, zwischen den vertragschließenden Parteien nicht zulasten der Anleger gehen.[611] Während noch weitere Bedenken gegen die vertraglichen Konstruktionen sprechen,[612] steht der Konstruktion eines gesetzlichen Schuldverhältnisses im Ergebnis vor allem im Wege, dass einerseits ein geschäftlicher Kontakt verlangt wird und andererseits ein gesetzliches Schuldverhältnis in der Schuldrechtsdogmatik jenseits von Bereicherung und Delikt nur als Schutzpflichtverhältnis ohne primäre Leistungspflicht anerkannt ist.[613] Begreift man allerdings die Beziehung der Anleger zur Depotbank als ein atypisches gesetzliches Schuldverhältnis,[614] lässt sich erreichen, dass die gesetzlichen Vorschriften – unabhängig etwaiger Vereinbarungen zwischen der Depotbank und der KAG und vor allem unabhängig eines etwaigen Wechsels der Institute – gleicher-

---

606 Dazu: Köndgen/Schmies, in: BRH, § 113 Rn. 133.

607 Baur, in: Assmann/Schütze, § 20 Rn. 223. Zur Auseinandersetzung mit dieser Ansicht: Seegebarth, S. 43.

608 Beckmann, in: Investment-Handbuch (EL 10/08), 410 § 20 Rn. 47 ff.; Reiss, S. 151 ff.

609 Canaris, BVR, Rn. 2462; Reiss, S. 155.

610 Zur Aufnahme der Vorschriften in den Vertrag vgl. Reiss, S. 158.

611 Seegebarth, S. 43; Müller, in: DB 1975, S. 485 (487); Kümpel, Rn. 12.166.

612 Vgl. insb. zu den Argumenten gegen den Vertrag zugunsten Dritter: Seegebarth, S. 34 f.; Köndgen/Schmies, in: BRH, § 113 Rn. 133.

613 Köndgen, in: B/S/L, I Vor § 20 Rn. 10.

614 So: Köndgen, in: B/S/L, I Vor § 20 Rn. 10.

maßen für die einzelnen Anleger gelten.[615] Dass bisher gesetzliche Schuldverhältnisse jenseits von Bereicherung und Delikt nur ohne primäre Leistungspflicht anerkannt werden, kann bei genauer Betrachtung nicht als Ablehnungsgrund für die vorliegende Konstruktion herangezogen werden. Vielmehr wäre diese spezielle Konstruktion – falls man Primärleistungsansprüche entgegen der §§ 27 Abs. 1 S. 1; 28 Abs. 1 und 39 Abs. 2 InvG nicht annähme[616] – im Allgemeinen Schuldrecht bisher lediglich ohne Vorbild.

Angesichts der Existenz von Primärleistungsansprüchen und vor dem Hintergrund vorstehender Ausführungen ist die Konstruktion eines gesetzlichen Schuldverhältnisses als Verbindung der Anleger zur Depotbank vorzugswürdig. Sollte aber der Vertrag zwischen der KAG und der Depotbank insofern über die Schutzvorschriften des InvG hinausgehen, sodass (zusätzlich) ein Vertrag zugunsten der Anleger angenommen werden kann, begegnen dem – vor allem im Hinblick auf die Dispositionsmöglichkeit und die Auswirkungen möglicher Mängel des Vertrags auf die KAG oder gar die Anleger – keine Bedenken.[617] Es sprechen daher gute Argumente für die Annahme eines gesetzlichen Schuldverhältnisses, sodass dieses im Folgenden der Rechtsbeziehung zwischen den Anlegern und der Depotbank zugrunde gelegt wird.

Festzuhalten bleibt jedoch, dass alle Ansätze zur Folge haben, dass neben der möglicherweise in Betracht kommenden deliktischen Haftung[618] weitergehende Ansprüche möglich werden. Berücksichtigt man die strengen Vorgaben des InvG, lässt sich die Kritik an der Disposition im Rahmen der vertraglichen Ansätze abschwächen. Zwar würde bei den aufgeführten vertraglichen Ansätzen eine vertragliche Haftung zu der deliktischen Haftung hinzutreten, aber auch bei dem hier favorisierten Ansatz des gesetzlichen Schuldverhältnisses wäre eine Haftung im Sinne des § 280 BGB möglich. Eine solche Haftung wird neben der stets in Betracht kommenden deliktischen Haftung mit Blick auf den Zweck des InvG als erforderlich erachtet: Denn obwohl der Depotbank im InvG Pflichten im Interesse des individuellen Anlegers auferlegt werden und es sich damit bei den Kontrollpflichten um Schutzgesetze im Sinne des § 823 Abs. 2 BGB handelt,[619] lässt sich die in § 831 Abs. 1 BGB befindliche Exkulpationsmöglichkeit nicht mit dem Gedanken einer lückenlosen Haftung zugunsten des Anleger-

---

615 Köndgen, in: B/S/L, I Vor § 20 Rn. 11.

616 Zur Kritik: Köndgen/Schmies, in: BRH, § 113 Rn. 133; Reiss, S. 341.

617 Baur, in: Assmann/Schütze, § 20 Rn. 223. Kritisch aber: Seegebarth, S. 43.

618 Seegebarth, S. 166 ff.

619 Seegebarth, S. 167; Beckmann, in: Investment-Handbuch (EL 10/08), 410 § 20 Rn. 46, (EL 3/06), 410 § 27 Rn. 2; Kümpel, Rn. 12.172; Canaris, BVR, Rn. 2464. Dazu schon Geßler, in: WM-Beilage 4/1957, S. 10 (22); Vom Berge und Herrendorff, S. 113.

schutzes vereinbaren.[620] Unterschiede zwischen Verletzungen von gesetzlichen und vertraglichen Pflichten bestehen dabei, mit Blick auf die Pflichtenkreisdivergenz zwischen gesetzlichen und vertraglichen Pflichten angesichts der Inkorporation der Vertragsbedingungen in das InvG, nur scheinbar.[621]

II. Ansprüche der Anleger gegen die Depotbank

Nimmt man – unter Zugrundelegung eines gesetzlichen Schuldverhältnisses – mögliche Ansprüche der Anleger gegen die Depotbank in den Blick, geschieht dies vor der im Kontext des InvG stets im Hintergrund stehenden Frage danach, wer wem gegenüber für was haftet – und damit verbunden vor der Frage nach Anspruchsinhabern, Anspruchsgegnern, dem Haftungsgrund und dem Haftungsumfang. Unter Berücksichtigung des § 28 Abs. 2 InvG und mit Blick auf die Aufgabenverteilung zwischen der KAG und der Depotbank in den §§ 20 ff. InvG gebietet sich eine eingehende Erörterung konkret möglicher Ansprüche der Anleger gegen die Depotbank.[622]

Auch wenn die Pflichten der Depotbank im Interesse des individuellen Anlegers stehen,[623] wird § 28 Abs. 2 S. 1 InvG teils dahingehend verstanden, dass Pflichtverletzungen grundsätzlich lediglich zu einem Anspruch der *Gemeinschaft der Anleger* führen.[624] Nach dieser Auffassung schaffe § 28 Abs. 2 S. 2 InvG[625] eine Ausnahme im Hinblick auf die Geltendmachung von Ansprüchen durch einen einzelnen Anleger aus eigenem Recht. § 28 Abs. 2 S. 2 InvG sieht aber lediglich vor, dass Anleger (eigene) Schadensersatzansprüche (im eigenen Namen) gegen die Depotbank geltend machen können.[626] Vor dem Hintergrund, dass die Anleger in einer Bruchteilsgemeinschaft verbunden sind, der selbst die Rechtssubjektivität fehlt, handelt es sich dabei nicht um Ansprüche des Kollektivs. Vielmehr geht es im Sinne des § 28 Abs. 2 S. 1 InvG um Individualansprüche. Die Formulierung des § 28 Abs. 2 S. 1 InvG, worin von „Ansprüche[n] der Anleger" die Rede ist, muss im Sinne der Anlegergleichbehan-

620 Kümpel, Rn. 12.173.

621 Zu den Unterschieden: Seegebarth, S. 42 ff.

622 Eingehend auch zu anderen Haftungsgrundlagen: Seegebarth, S. 124 ff.

623 Köndgen, in: B/S/L, I Vor §§ 20-29 Rn. 11.

624 OLG Frankfurt a.M. NJW 1997, S. 745 (747); Beckmann, in: Investment-Handbuch (EL 10/08), 410 § 20 Rn. 51.

625 Zur Vorgängervorschrift vgl. Reiss, S. 154.

626 Investment-Handbuch (EL 4/04), 582 S. 457; Beckmann, in: Investment-Handbuch (EL 10/08), 410 § 20 Rn. 38 und 51.

dlung[627] gesehen werden und ist als eine mögliche, aber nicht notwendige Summe von Individualansprüchen aller Anleger zu verstehen.[628]

Die Frage nach konkreten Ansprüchen ist bislang weiterhin offengeblieben, damit einhergehend auch die Frage nach entsprechenden Haftungsgrundlagen, von denen einige exemplarisch herauszugreifen sind.[629] Grundsätzlich möglich ist eine Prospekthaftung der Depotbank hinsichtlich des Verkaufsprospekts gemäß § 127 Abs. 1, Abs. 4 InvG, sofern die Depotbank als Vermittlerin oder Verkäuferin der Anteile aufgetreten ist.[630] Von größerer Bedeutung sind aber Ansprüche aus den §§ 280 ff. BGB wegen Pflichtverletzungen aus dem bereits beschriebenen gesetzlichen Schuldverhältnis.

Hier ist vor allem der Pflichtenkatalog der §§ 20 ff. InvG zu beleuchten.[631] Dabei lassen sich die aufgeführten Pflichten auf den ersten Blick stets der Depotbank zuordnen. Deshalb könnte man geneigt sein, stets Ansprüche der Anleger gegen die Depotbank für (schuldhafte) Pflichtverletzungen zu bejahen. Auch wenn dies beispielswiese naheliegt für Ausgabe und Rücknahme der Anteilsscheine gemäß § 23 InvG, die Verwahrung gemäß § 24 InvG, die Zustimmungspflicht gemäß § 26 InvG, die Wahrnehmung der Überwachungs- und Kontrollfunktion gemäß § 27 InvG, die Pflicht zur Geltendmachung von Anlegeransprüchen gemäß § 28 Abs. 1 InvG und die Wahrung der Auszahlungsmodalitäten im Sinne des § 29 Abs. 1 InvG, führt eine Verletzung der Vorschriften der §§ 20 ff. InvG aber nicht zwingend stets zu Ansprüchen der Anleger *gegen die Depotbank*: Ein Anspruch der Anleger aus den §§ 280 ff. BGB gegen die Depotbank setzt nämlich die (schuldhafte) Verletzung einer ihr gegenüber den Anlegern obliegenden Pflicht voraus.[632] Wenn die Depotbank tätig wird oder tätig werden müsste und es unterlässt, kann man ihr Tun oder Unterlassen möglicherweise auch der KAG gemäß § 278 BGB zurechnen, vorausgesetzt, dass sie sich in deren Pflichtenkreis bewegt, sodass diesbezüglich auf Rechtsfolgenseite (lediglich) eine Haftung der KAG in Betracht käme.[633] Dies wäre allerdings nur anzunehmen, wenn die verletzte Pflicht seitens der KAG gegenüber den Anlegern bestünde. Eine auf diesen Erwägungen aufbauende Betrachtungsweise kann zur

---

627 Canaris, BVR, Rn. 2430.

628 Köndgen, in: B/S/L, I Vor §§ 20-29, Rn. 11, § 28 Rn. 2; Reiss, S. 346.

629 Einen Überblick verschafft Seegebarth, S. 124 ff.

630 Seegebarth, S. 124 ff.

631 Köndgen, in: B/S/L, I § 28, Rn. 7. Zu den ergänzenden Spezialpflichten vgl. Seegebarth, S. 134 f.

632 Seegebarth, S. 177.

633 Reiss, S. 340; Stadler, in: Jauernig, § 278 Rn. 6. Zum Erfordernis eines Zurechnungsgrundes: Bork, in: ZGR 1994, S. 237 (239).

Ermittlung des Anspruchsgegners dienen und damit zur Klärung der Frage möglicher Ansprüche der Anleger gegen die Depotbank beitragen.[634] Für Haftungsfragen wäre danach also vor allem der jeweilige Aufgabenbereich von KAG und Depotbank maßgeblich.[635] Dabei kommt grundsätzlich ein Handeln im eigenen Pflichtenkreis genauso in Betracht wie eine Hilfstätigkeit der Depotbank im Pflichtenkreis der KAG. Im Rahmen der §§ 20 ff. InvG zeigt sich anhand der Situation, dass die Depotbank verpflichtet sein kann, Weisungen der KAG auszuführen, Geschäften zuzustimmen oder sonst Kontrolle auszuüben,[636] dass die Pflichtenkreise zwischen KAG und Depotbank divergieren und im Rahmen eines einheitlichen Vorgangs, beispielsweise im Sinne des § 25 S. 2 Nr. 1 InvG, verschiedene Pflichtverletzungen möglich sind. Für eine eigene Verpflichtung der Depotbank scheidet eine Erfüllungsgehilfeneigenschaft aus.[637] Gleichwohl bleibt eine eigene Haftung gegenüber den Anlegern denkbar.[638] Werden dagegen Aufgaben an die Depotbank übertragen und bleibt die Verantwortung bei der KAG, liegt eine Hilfstätigkeit der Depotbank vor, woraus sich eine Erfüllungsgehilfeneigenschaft begründen lässt. Damit wiederum ist eine Haftung der KAG gegenüber den Anlegern denkbar. Bei der Übertragung der gesamten Auftragsausführung wird für die Haftungsfrage schließlich § 664 Abs. 1 S. 2 BGB herangezogen.[639] Gegen die Norm, nicht aber grundsätzlich gegen die ihr zugrunde liegenden Gedanken, nämlich die Haftung bei einer Substitution, ist allerdings einzuwenden, dass die Pflichten kraft Gesetzes originär zugeordnet sind, es also nicht um eine Übertragung, sondern um eine Wahrnehmung einer bestehenden Pflicht geht[640] und die Zuwiesungsmöglichkeit hinsichtlich deren Wahrnehmung nur in Bezug auf die Frage nach der Person (Depotbank) besteht, es im Übrigen aber an einer Dispositionsbefugnis der Beteiligten fehlt.[641] Besonders deutlich

634 Differenziert bei Wendt, S. 66 ff.

635 Seegebarth, S. 123.

636 Kontrolle kann auch durch einen Widerspruch zu einem gesetzes- oder vertragswidrigen Geschäft erfolgen, vgl. König, S. 152.

637 Zum Erfordernis der Wahrnehmung fremder Verpflichtungen vgl. Grüneberg, in: Palandt, § 278 Rn. 7. Zum Streitstand der Erfüllungsgehilfeneigenschaft: Kümpel, Rn. 12.150.

638 Zu Pflichtverletzungen im Rahmen der Kontrollfunktion: Seegebarth, S. 131.

639 Reiss, S. 340; Martinek, in: Staudinger(2006), § 664 Rn. 2, 17. Zur Anwendbarkeit des § 664 BGB auf Geschäftsbesorgungsverträge: Mansel, in: Jauernig, § 664 Rn. 2; Martinek, in: Staudinger(2006), § 664 Rn. 21; Reiss, S. 345; Ablehnend: Wendt, S. 69 m.w.N.

640 Bei einer Substitution im Sinne der Norm gibt ein Erstbeauftragter die Auftragsausführung weiter, vgl. Martinek, in: Staudinger(2006), § 664 Rn. 10.

641 Im Ergebnis ablehnend: Reiss, S. 340.

zeigt sich dies an der Verhinderung des Zugriffs der KAG auf das Sondervermögen und die weitgehende Verweisung banktechnischer Aufgaben an die Depotbank, die im Zusammenhang mit Haftungsfragen berücksichtigt werden müssen.[642] Es bleibt also dabei, dass die Haftung der Depotbank für eine eigene Pflichtverletzung gegenüber den Anlegern eine eigene, gegenüber den Anlegern bestehende Pflicht voraussetzt, deren Verletzung einen entsprechenden Anspruch der Anleger auslöst. Insofern lässt sich die schematische Aussage stützen, dass die KAG den Anlegern für Pflichtverletzungen die Verwaltungstätigkeit betreffend haftet, die Depotbank dagegen für Pflichtverletzungen die Verwahrungstätigkeit betreffend.[643] Allerdings ist dies in Übereinstimmung mit den bisherigen Ausführungen direkt in den §§ 20 ff. InvG zu verankern. Die nach anderer Ansicht zur Begründung dafür herangezogenen jeweiligen Vergütungs- und Aufwendungsersatzansprüche[644] geben nämlich keine Anhaltspunkte zur Ableitung der Pflichtenkreise. Zwar kann stets die Frage gestellt werden, ob nach dem Zweck des InvG ein eigenständiges Forderungsrecht der Anleger gegen die Depotbank vorliegen soll;[645] ob die Depotbank aber eine Hilfstätigkeit vornimmt, ist unter Zurechnungskriterien zu bestimmen.[646] Dies deckt sich auch mit dem Zweck des InvG: Würde man sich nämlich hinsichtlich der Frage von Ansprüchen gegen die Depotbank allein am Zweck des InvG orientieren, ergäbe sich daraus nicht notwendigerweise eine Haftung nach Wertungsgesichtspunkten, die von Zurechnungskriterien losgelöst wäre. Nach einer auf Wertungsgesichtspunkte gestützten Ansicht würde aber den Anlegern, beispielsweise für den Fall der Gewinnausschüttung durch die Depotbank auf Weisung der KAG gemäß § 25 S. 2 InvG und für den Fall des Mitwirkens an Verfügungen, ein eigenes Forderungsrecht zugestanden.[647] Eine primär rechtsfolgenorientierte, wertende Betrachtung folgt zwar dem begrüßenswerten Gedanken der Vermeidung von Haftungslücken,[648] Haftungslücken lassen sich jedoch auch unter Rückgriff auf Zurechnungskriterien schließen – im Gegensatz zur wertenden Betrachtung allerdings ohne dass es zu einer parallelen Haftung von KAG und Depotbank für nur eine Pflichtverletzung kommt. Zwar könnte der Gedanke einer parallelen

---

642 Reiss, S. 340. Zur Selbstständigkeit des Substituts und zum Fehlen von Weisungen vgl. Ehmann, in: Erman, § 664 Rn. 16.

643 Wendt, S. 68. Wenn die KAG „auch“ verpflichtet ist, kommt es auf das Verschulden an, vgl. Seegebarth, S. 135.

644 Wendt, S. 68.

645 Reiss, S. 340. Zu diesem Gedanken, vgl. Canaris, Vertrauenshaftung, S. 491 ff.

646 Dazu: Bork, in: ZGR 1994, S. 237 (261).

647 Reiss, S. 341 ff. Aus einem angenommenen Vertrag mit Schutzwirkung zugunsten Dritter herleitend: Wendt, S. 66.

648 Reiss, S. 340.

Haftung darauf gestützt werden, dass beide Institutionen im *Interesse der Anleger* tätig werden müssen.[649] Allerdings lässt sich diese Haftungsfolge dem InvG mangels ausdrücklicher Anordnung nicht entnehmen. Auch unter Berücksichtigung wertender Gesichtspunkte liegt es näher, angesichts der Pflicht der Depotbank, „ausschließlich im Interesse der Anleger" tätig zu werden, einen Anspruch der Anleger gegen die Depotbank dann zu bejahen, wenn eine von ihr zu (auch unter Berücksichtigung des § 278 BGB) vertretende Pflichtverletzung gegeben ist.[650] Andernfalls kommt (möglicherweise) lediglich die KAG als Anspruchsgegnerin in Betracht.

Betrachtet man an dieser Stelle exemplarisch § 25 S. 2 Nr. 1 Var. 1 InvG in der Situation, dass die KAG die Depotbank anweist, einen Kaufpreis zu zahlen, verdeutlicht die im Rahmen der Norm für das Tätigwerden der Depotbank vorausgesetzte Weisung der KAG die Zuordnung der Pflichten und Folgen von Pflichtverletzungen. Zu Beginn des Vorgangs im Sinne des § 25 S. 2 Nr. 1 Var. 1 InvG wird seitens der KAG eine Weisung ausgesprochen. Unter einer Weisung wird eine einseitige Anordnung eines Auftraggebers verstanden, durch die einem Beauftragten der Gegenstand sowie die Art und Weise seines Tuns vorgeschrieben wird.[651] Eine Weisung im Sinne des § 22 Abs. 1 S. 2 InvG stellt eine in diesem Sinne verbindliche Aufforderung der KAG an die Depotbank dar, in ihrer Funktion als Depotbank Geschäfte mit unmittelbarer Auswirkung auf den Bestand des Sondervermögens vorzunehmen.[652] Stellt man nun die Frage, ob und inwieweit die Depotbank aufgrund einer eigenen Verpflichtung tätig wird oder ob und inwieweit sie als Erfüllungsgehilfin der KAG handelt, ist zu differenzieren: Die Depotbank hat die Weisung der KAG gemäß § 25 S. 2 in Verbindung mit § 22 Abs. 1 S. 2 InvG auszuführen, wenn sie deren Konformität mit dem InvG und den Vertragsbedingungen festgestellt hat. Im Vorfeld der Ausführung liegt damit zwar eine das Tätigwerden auslösende Weisung vor, jedoch besteht die Verpflichtung zur Ausführung der Weisung erst nach einer entsprechenden Prüfung, die den der Weisung zugrunde liegenden Vorgang im Sinne des § 25 S. 2 InvG einschließt.[653]

---

649 §§ 9 Abs. 2 Nr. 1 und 22 Abs. 1 S. 1 InvG.

650 Köndgen, in: B/S/L, I § 22 Rn. 15.

651 Seiler, in: MüKoBGB, § 665 Rn. 3; Bertschinger, S. 114.

652 BaFin, Rundschreiben 6/2010 (WA) vom 02.07.2010 zu den Aufgaben und Pflichten der Depotbank nach den §§ 20 ff. InvG, VIII. 1. a. Zur Weisung allgemein: Fehrenbacher, in: P/W/W, § 665 Rn. 2. Zur Definitionsproblematik, vgl. Knütel, in: ZHR 137 (1973), S. 285 (287).

653 Beckmann, in: Investment-Handbuch (EL 3/06), 410 § 25 Rn. 17.

Die Prüfung der Weisung durch die Depotbank stellt eine (eigene) Pflicht der Depotbank (gegenüber der KAG und im *Interesse der Anleger*) dar, sodass hinsichtlich der Prüfung die Einordnung der Depotbank als Erfüllungsgehilfin der KAG ausscheidet. Für die Ausführungshandlung ist das Vorliegen einer entsprechenden Weisung der KAG beachtlich, sodass eine ordnungsgemäße Ausführung erst aufgrund der Weisung erfolgt und man damit wiederum eine eigene Pflicht der Depotbank (gegenüber der KAG) annehmen könnte.[654] Dies ist allerdings nicht uneingeschränkt der Fall: Betrachtet man nämlich § 25 S. 2 InvG für den Fall einer Kaufpreiszahlung, wird deutlich, dass die Depotbank gegenüber dem Dritten, zu dessen Gunsten eine Zahlung vorgenommen wird, nicht selbst Vertragspartner ist und bei einer Zahlung ihm gegenüber nicht selbst frei wird. Vielmehr kommt ihr lediglich die Funktion einer *Zahlstelle* zu.[655] Richtet sich die Weisung auf die Begleichung einer Schuld (der KAG) gegenüber einem Gläubiger der KAG, führt die weisungsgemäße Ausführung der Weisung durch die Depotbank auch allein zu einer Schuldbefreiung der KAG, jedoch (gegenüber dem Gläubiger) nicht zu einer Befreiung des Sondervermögens.[656] Die Art der Durchführung des Vorgangs, also die Weisungsaussprache der KAG, der Zugriff auf das Sondervermögen durch die Depotbank und die Tilgung mit Mitteln des Sondervermögens, ist lediglich der Verweigerung des Zugriffs auf das Sondervermögen durch die KAG geschuldet, die sich der Depotbank bedienen muss.[657] Deshalb lässt sich im „Außenverhältnis" ab dem Zeitpunkt des Entstehens der Ausführungspflicht, also nach der Aussprache einer wirksamen Weisung, eine Erfüllungsgehilfeneigenschaft der Depotbank annehmen; Dies gilt in Bezug auf die Pflichten gegenüber dem Vertragspartner und wegen der Verpflichtung zum Tätigwerden im *Interesse der Anleger* auch gegenüber den Anlegern. Für eine wertende Betrachtung bleibt deshalb kein Raum; vielmehr zeigt sich, dass die Pflichtenzuordnung maßgeblich ist. Durch die in diesem Zusammenhang stets im Vordergrund stehende Frage, ob eine Zurechnung von Handlungen möglich ist, kann der Anspruchsgegner bei Haftungsfragen ermittelt werden. Dies führt nicht dazu, dass die Institute nebeneinander für *eine* Pflichtverletzung haften, dennoch werden durch die Pflichtenzuordnung Haftungslücken geschlossen.

654 Reiss, S. 344.

655 Baur, in: Assmann/Schütze, § 20 Rn. 221; Beckmann, in: Investment-Handbuch (EL 3/06), 410 § 25 Rn. 2, 4; Köndgen, in: B/S/L, I § 25 Rn. 3; Seegebarth, S. 89; Wendt, S. 69 f.

656 Beckmann, in: Investment-Handbuch (EL 3/06), § 25 Rn. 12.

657 Wendt, S. 69 f. führt dies als Argument gegen eine Haftung der KAG für den banktechnischen Bereich an.

III. Die Überwachungs- und Kontrollfunktion der Depotbank

Eine wesentliche Aufgabe der Depotbank liegt in der Wahrnehmung ihrer Überwachungs- und Kontrollfunktion. Diese ist explizit in § 27 InvG geregelt, ergibt sich jedoch nicht abschließend daraus, sondern folgt bereits aus den Vorschriften der §§ 22 bis 26 InvG.[658] Die Wahrnehmung der Überwachungs- und Kontrollfunktion durch die Depotbank setzt eine entsprechende vorbereitende und begleitende Kontrollermöglichung der KAG voraus. Diese ist beispielsweise in § 5 Nr. 3 des Muster-Depotbankvertrags geregelt.[659] Im Rahmen der Kontrollermöglichung ist die KAG verpflichtet, sicherzustellen, dass rechtlich und faktisch ein Rahmen geschaffen wird, der ein unabhängiges an den Anlegerinteressen orientiertes Handeln der Depotbank, insbesondere die Ausübung ihrer Sicherungsfunktion hinsichtlich des Sondervermögens und die Ausübung der Kontrollfunktion gegenüber der KAG, ermöglicht.[660] Insbesondere ist zu beachten, dass die Voraussetzungen für die ordnungsgemäße Wahrnehmung von Zustimmungs- und Mitwirkungspflichten[661] der Depotbank geschaffen werden. Allerdings hat die KAG über die Kontrollermöglichung hinaus sicherzustellen, dass seitens der Depotbank die erforderlichen Maßnahmen für eine fristgemäße Übermittlung von Informationen und Unterlagen für die Ausübung von Aktionärs- und Gläubigerrechten getroffen werden.[662]

Das Verhältnis der Depotbank gegenüber der KAG kann, auch wenn die Depotbank Weisungen der KAG auszuführen hat,[663] nicht als Subordinationsverhältnis bezeichnet werden. Vielmehr zeigen die Trennung von Verwaltung und Verwahrung des Sondervermögens – trotz des in der Praxis vorkommenden Anlageausschlusses[664], der die KAG berät und in dem die Institute aufeinander treffen (können) – und die der Depotbank im Sinne des § 22 Abs. 1 S. 1 InvG

658 Köndgen, in: B/S/L, I § 27 Rn. 1; G. Müller, S. 137 ff.

659 „Die Gesellschaft verschafft der Depotbank Zugang zu allen Informationen aus ihrer Sphäre, die diese zur Erfüllung ihrer Aufgaben benötigt […]", vgl. Fn. 557.

660 Beckmann, in: Investment-Handbuch (EL 11/08), 410 § 24 Rn. 1.

661 Beckmann, in: Investment-Handbuch (EL 10/08), 410 § 20 Rn. 29, (EL 3/06) 410 § 27 Rn. 2.

662 BVI, Handeln im Interesse der Anleger, S. 13; Beckmann, in: Investment-Handbuch (EL 10/08), 410 § 20 Rn. 29.

663 Vgl. §§ 22 I 2; 25, 2 InvG.

664 Zum Anlageausschuss: Köndgen, in: B/S/L, I § 9 Rn. 32 m.w.N.; Schreiben des BAKred vom 29.09.1997 – V 1/02 – 17/97 – an den BVI zur Auslagerung des Fondsmanagements bei KAGen und Anteilwertermittlung gemäß § 21 II KAGG, abgedruckt in Investment-Handbuch (EL 10/00), 438 S. 133 (134).

auferlegte Verpflichtung, ausschließlich im *Interesse der Anleger* zu handeln, die Eigenständigkeit der Institutionen, vor allem aber die Eigen- und Selbstständigkeit der Depotbank.[665]

Der Umfang der Überwachungs- und Kontrollaufgabe ist insbesondere vor dem Hintergrund der Frage nach der Berücksichtigung von Wirtschaftlichkeitsgesichtspunkten im Rahmen unternehmerischer Entscheidungen zu beleuchten. Eine Antwort auf die Frage, ob auch diese Gesichtspunkte in die Kontrollbefugnis der Depotbank eingeschlossen sind und damit Grund zur Beanstandung von Geschäften und zur Verweigerung der Mitwirkung, von Zustimmungen oder Handlungen seitens der Depotbank liefern, ist für die Bestimmung der Pflichten der Depotbank und für Haftungsfragen wichtig. Während die Pflichtenkreise bereits zwischen der KAG und der Depotbank erörtert sind, fehlt es bislang an einer Betrachtung der Tiefe der Kontrollpflicht. Das InvG trifft keine Aussage darüber, ob die Depotbank bei Wahrnehmung ihrer Kontrollfunktion Gesichtspunkte der Wirtschaftlichkeit zu überprüfen hat. Angesichts dessen, dass die Kontrollfunktion nicht isoliert aus den speziellen §§ 26 und 27 InvG folgt,[666] stellt sich für jedes Tätigwerden der Depotbank in ihrer Eigenschaft als Treuhänderin[667] der Anleger die Frage des Umfangs der Überwachung und Kontrolle.

1. Verankerung und Ausprägungen der Kontrollbefugnis – Betrachtung einzelner Vorschriften

Die §§ 24 bis 29 InvG prägen die bereits in der Pflicht zur Wahrung der *Interessen der Anleger* durch die Depotbank enthaltene Überwachungs- und Kontrollfunktion der Depotbank hinsichtlich des Sondervermögens weiter aus.[668] Die Überwachungs- und Kontrollfunktion erstreckt sich einerseits vor allem auf eine stetige Überwachung des Bestands des Sondervermögens[669], andererseits auf die Führung der von der KAG für das Sondervermögen eingerichteten gesperrten

665 Kümpel, Rn. 12.150; BGH WM 2001, S. 2053 (2054).

666 Köndgen, in: B/S/L, I § 27 Rn. 2, sieht § 22 Abs. 1 S. 1 InvG zutreffend als ungeschriebene Generalklausel für eine die Überwachungsbefugnis.

667 Canaris, BVR, Rn. 2465.

668 Zu den Ausprägungen der Kontrollfunktion in den §§ 22 ff. InvG vgl. Köndgen, in: B/S/L, I § 27 Rn. 2; Müller, in: DB 1975, S. 485 ff.; Canaris, BVR, Rn. 2474.

669 Bei Immobilienfonds wird auch der Bestand der Immobilien in einer zu § 24 Abs. 3 InvG vergleichbaren Weise überwacht, vgl. Baur, in: Assmann/Schütze, § 20 Rn. 393; Dies prägt sich in einem auf Grundstücksverfügungen bezogenen Zustimmungserfordernis seitens der Depotbank aus, vgl. § 26 Abs. 1 Nr. 3 InvG.

Konten.[670] Die verwahrungsfähigen Vermögensgegenstände sind nämlich gemäß § 24 Abs. 1, Abs. 2 InvG in gesperrte Depots zu legen oder auf Sperrkonten zu verwahren.[671] Gesperrten Depots und Sperrkonten ist eigen, dass die Verfügungsmacht des Berechtigten beschränkt ist und für eine Auszahlung bestimmte Voraussetzungen erfüllt sein müssen.[672] Dies trifft auch für Sperrdepots und Sperrkonten im Sinne des InvG zu.[673] Für diese Konten besteht bei Vorliegen spezieller Voraussetzungen eine Verfügungsbefugnis der Depotbank.[674]

Gemäß § 25 S. 1 InvG verbucht die Depotbank Zahlungen zugunsten des Sondervermögens und tätigt gemäß § 25 S. 2 InvG beispielsweise bei Kaufgeschäften der KAG Zahlungen aus dem Sondervermögen. In § 26 InvG sind Fälle zustimmungspflichtiger Geschäfte geregelt. Nach dem zivilrechtlichen Sprachgebrauch ist unter „Zustimmung“ im Sinne des § 26 Abs. 1 InvG und § 82 Abs. 3 S. 1 InvG zwar neben einer Einwilligung auch eine Genehmigung möglich, im Kontext der Vorschriften erweist sich Letzteres jedoch insofern als problematisch, als möglicherweise vollendete Tatsachen geschaffen werden, die im Kontext Schutzsystem des InvG, das auf die Überprüfbarkeit des Handelns der KAG durch die Depotbank setzt, nicht erwünscht seien.[675] Deshalb wird teils eine teleologische Reduktion des Begriffs gefordert.[676]

Dennoch ist dem Wortlaut des § 26 Abs. 1 InvG und des damit in Zusammenhang stehenden § 82 Abs. 3 S. 1 InvG grundsätzlich auch eine nachträgliche Zustimmung (Genehmigung) denkbar. Wenngleich Genehmigungen mit Blick auf die Pflicht zur ordnungsgemäßen Verwaltung durch die KAG keinesfalls den Regelfall darstellen können, sind sie nicht als ausgeschlossen anzusehen: Es ist nämlich den Vorschriften nach möglich, dass die Depotbank nicht um ihre Einwilligung, sondern erst später um eine Genehmigung ersucht wird, sodass dann – falls eine Verfügung (Belastung) durch die KAG erfolgt ist – (zunächst) ein Fall des § 26 Abs. 2 S. 3 InvG gegeben ist. Wenngleich die in § 26 Abs. 2 S. 3 InvG getroffene Anordnung der relativen Unwirksamkeit von Verfügungen ohne

670 C. Nickel, S. 19.

671 Zu der gesetzlichen Ausgestaltung: Köndgen, in: B/S/L, I § 24 Rn. 5 ff., 15 ff.

672 Sperrkonto: Lwowski, in: BRH, § 36 Rn. 4 ff.; Sperrdepot: Gößmann/Klanten, in: BRH, § 72 Rn. 129, 130. Zum Prüfungsumfang: Reiss, S. 77 ff.

673 Reiss, S. 78; Köndgen, in: B/S/L, I § 24 Rn. 5; Canaris, BVR, Rn. 250; Ohl, S. 60. Vgl. Fn. 547.

674 Zu den Folgen der Sperren: Bork, in: NJW 1981, S. 905 ff.

675 Köndgen, in: B/S/L, I § 26 Rn. 20.

676 Köndgen, in: B/S/L, I § 26 Rn. 20. Z.B. wird die „Zustimmung“ des Treuhänders des Sicherungsvermögens im Rahmen von § 72 Abs. 1 VAG ebenfalls auf Einwilligungen reduziert, vgl. Kaulbach, in: Fahr/Kaulbach/Bähr, § 72 Rn. 1.

Zustimmung der Depotbank nicht dahingehend interpretiert werden kann, dass in § 26 Abs. 1 InvG lediglich Einwilligungen der Depotbank in Betracht kommen, kann das Erfordernis des Einholens von Einwilligungen und damit einhergehend der grundsätzliche Ausschluss von Genehmigungen angesichts der zu vermeidenden Konsequenz des § 26 Abs. 2 S. 4 InvG (gutgläubiger Erwerb)[677] durchaus bereits als Ausprägung des Inhalts der Pflicht zur ordnungsgemäßen Verwaltung der KAG angesehen werden. So bleibt – im Gegensatz zur teleologischen Reduktion – die Reichweite des Zustimmungsbegriffs im Rahmen des § 26 InvG erhalten. Allerdings ergibt sich aus der Konkretisierung der Verwaltungspflicht der KAG eine Einschränkung.

Die Zustimmung zu Geschäften der KAG im Sinne des § 26 InvG muss nicht stets ausdrücklich erfolgen, sondern kann konkludent im Handeln der Depotbank liegen.[678] Für die Zustimmung sind, wenn man die Forderung nach einer teleologischen Reduktion außer Acht lässt, die §§ 182 ff. BGB maßgeblich.[679] Die Formvorschriften hinsichtlich des Rechtsgeschäfts sind für die Zustimmung grundsätzlich nicht maßgeblich.[680] Hinsichtlich des Zeitraums, in dem eine angesichts der Verwendung des Zustimmungsbegriffs mögliche Genehmigung[681] ergehen muss, kann mangels besonderer Regelungen auf § 242 BGB zurückgegriffen werden.[682]

Die Zustimmung muss grundsätzlich erst zum Zeitpunkt des Erfüllungsgeschäfts vorliegen.[683] Wird eine zustimmungspflichtige Verfügung ohne Zustimmung der Depotbank vorgenommen, führt dies – falls es dennoch zu einer Verfügung kommt – gemäß § 26 Abs. 2 S. 3 InvG zu einer gegenüber den Anlegern unwirksamen Verfügung (*relative Unwirksamkeit*).[684]

---

677 Vgl. Köndgen, in: B/S/L, I § 26 Rn. 23.

678 Beckmann, in: Investment-Handbuch (EL 3/06), 410 § 26 Rn. 2, 9.

679 Beckmann, in: Investment-Handbuch(EL 3/06), 410 § 26 Rn. 6 f.; RGZ 146, S. 314 (316).

680 Zur Genehmigung, mit Verweisen auf die a.A.: BGH NJW 1994, S. 1344 (1345). Zur Einschränkung bei der Einwilligung: Einsele, in: MüKoBGB, § 125 Rn. 25.

681 Zum Problem der Schaffung vollendeter Tatsachen durch die KAG, vgl. Köndgen, in: B/S/L, I § 26 Rn. 20.

682 Beckmann, in: Investment-Handbuch (EL 3/06), 410 § 26 Rn. 11.

683 Vgl. Fn. 544.

684 Köndgen, in: B/S/L, I § 26 Rn. 22; Medicus, BGB-AT, Rn. 493. Zum Verfügungsbegriff: Ellenberger, in: Palandt, Überbl v § 104 Rn. 16.

Das Verbot der Verfügung bei versagter Zustimmung stellt ein *relatives Verfügungsverbot* im Sinne des § 135 Abs. 1 S. 1 BGB dar.[685] § 135 BGB wird allerdings durch § 26 Abs. 2 S. 4 InvG insofern überlagert, als ein Rückgriff auf § 135 Abs. 2 BGB ausscheidet.[686]

In § 26 Abs. 2 S. 1 InvG findet sich das Erfordernis der Übereinstimmung der Geschäfte mit den Vorschriften des Gesetzes und den Vertragsbedingungen als Voraussetzung der Zustimmung. Daraus wiederum folgt eine entsprechende Überprüfungspflicht der Depotbank, die mindestens Rechtmäßigkeitserwägungen einschließt.[687] In § 27 InvG finden sich darüber hinaus weitere Überwachungs- und Kontrollpflichten der Depotbank.[688] Falls erforderlich, hat sie im Sinne des § 28 Abs. 1 InvG für die Durchsetzung der Ansprüche der Anleger gegenüber der KAG zu sorgen.[689] Anhand der dargestellten Normen zeigt sich deutlich, dass die in § 22 Abs. 1 S. 1 InvG enthaltene Maxime, dass die Depotbank unabhängig von der KAG und ausschließlich im *Interesse der Anleger* zu handeln hat, in den auf § 22 InvG folgenden Vorschriften aufgegriffen und weiter ausgestaltet wird. Deshalb kann die Überwachungs- und Kontrollfunktion der Depotbank, die sich als Überwachungs- und Kontrollrecht und als Überwachungs- und Kontrollpflicht ausprägt,[690] angesichts der Formulierung des § 27 InvG zwar (auch) daraus hergeleitet, aber nicht als allein dem § 27 InvG zugeschrieben werden.[691] Darüber hinaus zeigt sich, dass, auch wenn § 26 Abs. 1 InvG Zustimmungsvorbehalte der Depotbank zu Geschäften der KAG auf eine bestimmte Anzahl von Geschäften beschränkt, sich darauf nicht die Annahme stützen lässt, dass die Depotbank bei den übrigen Transaktionen mit Bezug zum Sondervermögen nicht beteiligt sein soll. Vielmehr beinhaltet zwar die Überwachungs- und Kontrollpflicht bei den in § 26 Abs. 1 InvG nicht aufgeführten Konstellationen keine Zustimmungserfordernisse, dennoch hat die Depotbank ihre Überwachungs- und Kontrollaufgabe wahrzunehmen.[692] So verdeutlicht sich die Rolle der Depotbank im Sinne des Anlegerschutzes.[693]

---

685 Wendtland, in: BeckOK-BGB(Ed. 23, 05/12), § 135 Rn. 1. Zum Anwendungsbereich des § 135 vgl. Ellenberger, in: Palandt, § 136 Rn. 2 ff.

686 Beckmann, in: Investment-Handbuch (EL 3/06), 410 § 26 Rn. 12. Zu den Folgen vgl. Armbrüster, in: MüKoBGB, § 135 Rn. 31 ff.; Medicus, BGB-AT, Rn. 663 ff.

687 Beckmann, in: Investment-Handbuch (EL 3/06), 410 § 26 Rn. 47.

688 Köndgen, in: B/S/L, I § 27 Rn. 2.

689 Köndgen, in: B/S/L, I § 28 Rn. 5.

690 Köndgen, in: B/S/L, I § 26 Rn. 2.

691 Vgl. Fn. 666.

692 Köndgen, in: B/S/L, I § 26 Rn. 3.

693 C. Nickel, S. 19; Schrödemeier/Baltzer, in: Brinkhaus/Scherer, § 12 KAGG, Rn. 10.

2. Reichweite der Kontrolle – Rechtmäßigkeits- und Zweckmäßigkeitskontrolle am Beispiel der Befolgung von Weisungen

Im Zusammenhang mit der Kontrollfunktion durch Überprüfung des Handelns der KAG auf die Übereinstimmung mit gesetzlichen Vorschriften und den Vertragsbedingungen werden auf die Frage, ob die Depotbank lediglich eine Rechtmäßigkeitskontrolle vornimmt oder ebenfalls Wirtschaftlichkeitserwägungen einzubeziehen hat, verschiedene Antworten gegeben. Dies hat exemplarisch große Bedeutung für das Tätigwerden der Depotbank auf Weisung der KAG gemäß § 25 S. 2 InvG in Verbindung mit § 22 Abs. 1 S. 2 InvG.[694] Da die Depotbank in diesem Sinne Weisungen der KAG Folge zu leisten hat, weisen nämlich Fragen nach dem Kontrollumfang (hinsichtlich der Intensität) erhebliches Gewicht auf. Unstreitig ist, dass die Depotbank den Einklang zwischen Weisungen der KAG und gesetzlichen Vorschriften sowie Vertragsbedingungen festzustellen hat.[695] § 22 Abs. 1 S. 2 InvG ordnet nämlich ausdrücklich an, dass die Depotbank eine mit dem Gesetz oder den Vertragsbedingung nicht im Einklang stehende Weisung nicht auszuführen hat. Einigkeit besteht auch dahingehend, dass die Depotbank nicht nur das Recht hat, die Ausführung einer gesetzes- oder vertragsbedingungswidrigen Weisung zu verweigern, sondern dazu entsprechend verpflichtet ist.[696] Weiterhin besteht weitgehend Einigkeit, dass der Depotbank hinsichtlich der Geschäftsführung der KAG (grundsätzlich) kein Mitspracherecht zusteht.[697]

Inwiefern aber ein Spielraum besteht, der sich (vollständig) der Kontrolle durch die Depotbank entzieht, ist unklar.[698] Es wird vertreten, dass sich Verstöße gegen Wirtschaftlichkeitsgesichtspunkte der Kontrolle der Depotbank entzögen[699] und damit nicht zur Begründung einer Verweigerung der Weisungsaus-

---

694 Köndgen, in: B/S/L, I § 22 Rn. 5 weist unter Bezugnahme auf § 27 Abs. 1 Nr. 5 InvG zu Recht auf eine Überschneidung hinsichtlich der Kontrollaufgabe hin und erachtet § 22 Abs. 1 S. 2 InvG als enger, da dieser lediglich die Kontrollaufgabe der Depotbank gegenüber den Weisungen regele.

695 Köndgen, in: B/S/L, I § 22 Rn. 5; Reiss, S. 79.

696 Beckmann, in: Investment-Handbuch (EL 12/08), 410 § 22 Rn. 3.

697 Schrödemeier/Balzer, in: Brinkhaus/Scherer, § 12 KAGG, Rn. 10. Gegen eine starre Ablehnung der Kontrollbefugnis im Hinblick auf die Verwaltung: Köndgen, in: B/S/L, I § 22 Rn. 5.

698 Reiss, S. 255 f. sieht die Vereinbarkeit mit dem Interesse der Anleger als zusätzliche, nicht von der Depotbank zu prüfende Voraussetzung und beschränkt § 22 Abs. 1 InvG dahingehend auf die Einhaltung der Anlagerichtlinien und die Vertragsbedingungen.

699 Schrödemeier/Balzer, in: Brinkhaus/Scherer, § 12a KAGG, Rn. 20; Müller, in: DB 1975, S. 485 (488) mit dem Hinweis auf die für umfangreiche Ersatzansprüche nicht ausreichende Liquidität der KAGen.

führung herangezogen werden könnten. Wollte man eine solche Ausklammerung der Wirtschaftlichkeitserwägungen vornehmen, könnte man dies auf eine Unterteilung des Handelns der KAG entsprechend der stark öffentlich-rechtlich geprägten Kategorien von Rechtmäßigkeit und Zweckmäßigkeit stützen.[700] Von einer Prüfung von Wirtschaftlichkeitserwägungen, die dann der Zweckmäßigkeit zugeordnet würden, sollte dann abzusehen sein.[701] Gemäß der Begründung des Gesetzesentwurfs des InvÄndG zu § 26 Abs. 2 InvG[702] hat sich die „Zustimmung der Depotbank zu einer Verfügung [...] auf eine Rechtmäßigkeitskontrolle der Verfügung zu beschränken [...]". Inwiefern eine derartige Abgrenzung zwischen Recht- und Zweckmäßigkeit möglich ist, und inwiefern sich eine Einschränkung des Prüfungsumfangs darauf stützen lässt, ist – vor allem in Bezug auf § 22 Abs. 1 S. 1 InvG – fraglich. Gemäß § 22 Abs. 1 S. 2 InvG hat die Depotbank nämlich „die Weisungen der Kapitalanlagegesellschaft auszuführen, sofern diese nicht gegen gesetzliche Vorschriften und die Vertragsbedingungen verstoßen". Ob unzweckmäßiges Handeln (der KAG) einen Verstoß darstellt, lässt sich nur mit einer Begriffsausfüllung der Zweckmäßigkeit klären: Während man unter „Rechtmäßigkeit" die juristische Richtigkeit versteht, lässt sich der „Zweckmäßigkeit" die Einhaltung davon divergierender jeweils kontextbezogener Sachrichtigkeiten zuordnen.[703] Wenngleich solche allein der Zweckmäßigkeit zuzuordnenden Gesichtspunkte der wirtschaftlichen Sinnhaftigkeit oder Angemessenheit nur schwer konkretisierbar sind[704] und es auch dem Begriff „Sachrichtigkeiten" an Konturenschärfe fehlt, lässt sich das Verhältnis von Recht- und Zweckmäßigkeit, wenn man annimmt, dass der Rahmen der Zweckmäßigkeit durch die Rechtsordnung vorgegeben sei,[705] so bestimmen, dass unter Zweckmäßigkeitskriterien nur das zu fassen ist, was nicht den Rechtmäßigkeitskriterien zuzuordnen ist. Gleichwohl spielen sich (die hier gegenständlichen) „Zweckmäßigkeitserwägungen" innerhalb der Rechtmäßigkeit ab. Wiesen aber beispielsweise die Vertragsbedingungen über das InvG hinausge-

700 Zum Inhalt der Zweckmäßigkeit: Lohmann, S. 15. Eine Anlehnung an den öffentlich-rechtlich geprägten Überlegungen zum Beurteilungsspielraums befürwortet Semler, in: FS Ulmer 2003, S. 627 (633). Mit Vorbehalten hinsichtlich der Begriffe, z.B. „Ermessensreduktion auf Null": Nirk, in: FS Boujong, 1996, S. 393 (406). Kritisch zu öffentlich-rechtlichen Erwägungen: Raiser, in: NJW 1996, S. 552 (553); Mutter, S. 245 ff.; Lohse, S. 182 ff.

701 Beckmann, in: Investment-Handbuch (EL 12/08), 410 § 22 Rn. 4.

702 BT-Drucks. 15/1553, S. 84.

703 Jestaedt, in: Erichsen/Ehlers, § 11 I 1, Rn. 1 f. Zur Definitionsproblematik vgl. Klüsener, in: NVwZ 2002, S. 816 (817 m.w.N.); Lohmann, S. 15 ff.

704 Seegebarth, S. 100; Reiss, S. 355.

705 Jestaedt, in: Erichsen/Ehlers, § 11 I 1, Rn. 2; Koch/Rüßmann, S. 242 f.

hende (konkretisierende) Inhalte auf, würden sie zwar den Rahmen der Rechtmäßigkeit ausgestalten und wären dennoch der Zweckmäßigkeitsebene zuzuordnen.

Der Zweckmäßigkeit und damit den Sachrichtigkeitserwägungen kommt also nur dann Bedeutung zu, wenn das Handeln im Übrigen bereits den Maßstäben der Rechtmäßigkeit genügt.[706] Deshalb wird eine eigenständige Bedeutung der Zweckmäßigkeit teils bezweifelt.[707] Allein diese Einteilung hat jedoch nicht zur Folge, dass Anlageentscheidungen sich der Kontrolle und Beanstandung durch die Depotbank entziehen: Würde man nämlich vor dem Hintergrund einer Differenzierung nach Recht- und Zweckmäßigkeit die Kontrollfunktion der Depotbank auf die Überprüfung von Maßnahmen der KAG im Hinblick auf deren Übereinstimmung mit den gesetzlichen Bestimmungen und den Vertragsbedingungen auf eine Überprüfung deren Rechtmäßigkeit beschränken,[708] könnten Anlageentscheidungen und dabei insbesondere Fragen nach deren wirtschaftlicher Sinnhaftigkeit oder Angemessenheit (nur) insoweit ausgeklammert werden, als sie (allein) der Zweckmäßigkeit unterfielen.[709] Auch wenn nämlich die Geschäftsführung allein der KAG obliegen soll, sind Spielräume im Rahmen der Rechtmäßigkeitskategorie denkbar (Beurteilungsspielräume und Ermessen). So hat die KAG schon bei der Auswahl von Anlageobjekten eine Entscheidungsmöglichkeit. In der Rechtmäßigkeitsebene angeordnete Spielräume wären also auch bei einer Einteilung in Rechtmäßigkeit und Zweckmäßigkeit der Kontrolle zugänglich, obwohl sie anhand der Einteilung die Geschäftspolitik eben der Kontrolle entzogen sein sollten.

Obwohl der Depotbank bei Anlageentscheidungen kein Mitspracherecht zukommen soll, ist – mit Blick auf die Kontrollbefugnis der Depotbank – auch eine vollständige Ausklammerung wirtschaftlicher Erwägungen nicht zwingend: Die teilweise in den Bereich von Anlageentscheidungen hineingehende Kontrollbefugnis der Depotbank lässt sich nämlich schon mit § 27 Abs. 1 Nr. 5 InvG stützen. Gemäß § 27 Abs. 1 Nr. 5 InvG hat die Depotbank „dafür zu sorgen, dass die für das jeweilige Sondervermögen geltenden gesetzlichen und in den Vertragsbedingungen festgelegten Anlagegrenzen eingehalten werden". § 27 Abs. 1 Nr. 5 InvG kann so als Grenze des beschriebenen Spielraums hinsichtlich der Anlageentscheidungen gesehen werden. Im Sinne der Norm trägt die Depot-

706 Jestaedt, in: Erichsen/Ehlers, § 11 I 1, Rn. 2; Klüsener, in: NVwZ 2002, S. 816 (818); Sünner, in: AG 2008, S. 411 (412).

707 Klüsener, in: NVwZ 2002, S. 816.

708 BGH WM 2001, S. 2053 f.; Beckmann, in: Investment-Handbuch (EL 3/06), 410 § 27 Rn. 1.

709 OLG Frankfurt a.M. WM 1997, 364.

bank Sorge für die Einhaltung der gesetzlich und vertraglich festgelegten Anlagegrenzen. Diese Verpflichtung besteht stets, beschränkt sich aber im Hinblick auf Wirtschaftlichkeitsgesichtspunkte eben nur auf die Einhaltung der Anlagegrenzen und damit nicht (in erster Linie) auf die Anlageentscheidungen selbst.[710] Eine Summe von Entscheidungen, die zu einem Verstoß gegen Anlagegrenzen führt, kann allerdings zu einer Beanstandung von Anlageentscheidungen führen, auch wenn die einzelnen Entscheidungen für sich mangels Verstoß nicht ausreichen würden. Für eine Einhaltung der Anlagegrenzen in solchen Konstellationen kann die Depotbank also nur dann sorgen, wenn sie Anlageentscheidungen frühzeitig kennt. Deshalb ist es von Bedeutung, dass die KAG die Depotbank frühzeitig mit einbezieht.

Wirtschaftliche Erwägungen können auch angesichts der Pflicht der KAG, mit der „Sorgfalt eines ordentlichen Kaufmanns" im Sinne des § 9 Abs. 1 S. 1 InvG tätig zu werden, nicht stets vollständig von der Kontrolle der Depotbank ausgeklammert werden, da Anlageentscheidungen durchaus gegen gesetzliche Vorschriften oder die Vertragsbedingungen verstoßen können.[711] Solche Verstöße wären bei einer Differenzierung nach Rechtmäßigkeit und Zweckmäßigkeit jedoch wiederum der Rechtmäßigkeitsebene zuzuordnen. Aufgrund der Verwaltungspflicht der KAG und im Sinne des *Anlegerinteresses* erscheint es durchaus sinnvoll, wenn die Depotbank prüft, ob die KAG dem Zweck der Vermögensverwaltung gerecht wird. Dazu reicht allerdings eine Beurteilung, ob die Verwaltung der KAG sachgerecht und wirtschaftlich vertretbar ist, aus.[712] Deshalb lässt sich auch nach der Auffassung, die Anlageentscheidungen grundsätzlich als der Kontrolle zugänglich erachtet, der Ausschluss einer umfassenden Kontrolle der KAG durch die Depotbank rechtfertigen.[713]

In die Erwägungen hinsichtlich der Reichweite der Kontrollbefugnis einzubeziehen ist der die Geschäftsführung der KAG überwachende Aufsichtsrat (§ 6 Abs. 2 InvG). Allein dessen Existenz kompensiert aber nicht abschließend die grundsätzlich fehlenden Einflussmöglichkeiten der Anleger. Gleichwohl bedarf es zu deren Ausgleich nicht der „vollen Kontrolle" der KAG. Dass der KAG hinsichtlich bei der Verwaltung des Investmentvermögens ein Spielraum verbleiben muss, kann nicht in Frage gestellt werden. Das Bestehen eines Spielraums ergibt sich schon notwendigerweise daraus, dass eine Verwaltung des In-

710 Köndgen, in: WuB I G 4. – 1.02, S. 321 (323).

711 Köndgen/Schmies, BRH, § 113 Rn. 134; Köndgen, in: B/S/L, I § 22 Rn. 5.

712 Müller, in: DB 1975, S. 485 (486).

713 Müller, in: DB 1975, S. 485 (488). Zur Begründung eines entsprechenden Willens des Gesetzgebers: Köndgen/Schmies, BRH, § 113 Rn. 134.

vestmentvermögens, trotz diverser Einschränkungen,[714] auf vielfältige Art und Weise möglich ist. Eine im Kontext der Verwaltungspolitik der KAG getroffene Entscheidung darf die Depotbank nicht durch eigene Einschätzungen verändern.[715] Berücksichtigt man im Zusammenhang mit den Anlageentscheidungen, die unternehmerische Entscheidungen darstellen, die *Business Judgement Rule*,[716] zeigt sich folgendes Bild: Bewegt sich die KAG innerhalb der gesetzlich vorgegebenen Grenzen und innerhalb der Grenzen der Vertragsbedingungen, kann sie Entscheidungen treffen, die sich der Beanstandung durch die Depotbank entziehen. Überschreitet sie aber die Grenzen, kommt es in der Regel zur Verletzung gesetzlicher Vorschriften und der Vertragsbedingungen.[717] In solchen Fällen hat die Depotbank einzuschreiten.[718] Ob sich die KAG in dem ihr zustehenden Spielraum bewegt oder nicht, kann durch die Depotbank festgestellt werden.

Auch wenn die Forderung nach einem kontrollfreiem Raum jenseits von Rechtmäßigkeitsfragen mit der Begründung, die Beantwortung jenseitiger Fragen liege allein im Zuständigkeitsbereich der KAG, vorangetrieben wird,[719] führt das nach der hiesigen Differenzierung nicht zu einem vollständigen Ausschluss wirtschaftlicher Erwägungen.[720] Keinesfalls darf die Differenzierung nämlich dazu führen, dass die KAG sich der Kontrolle entzieht, indem sie ihre (Anlage-)Entscheidung selbst ausschließlich einer Zweckmäßigkeitsebene zuordnet. Umgekehrt darf die Kontrolle von Wirtschaftlichkeitsgesichtspunkten, die nicht der Zweckmäßigkeitsebene zugeordnet werden, nicht dazu führen, dass die Depotbank dort die Entscheidungsbefugnis der KAG ersetzen kann: Um aber – falls erforderlich – überhaupt einschreiten zu können, darf der Depotbank nicht der Einblick in die entscheidungserheblichen Vorgänge verwehrt werden.[721]

714 Einschränkungen sind z.B. die „Sorgfalt eines ordentlichen Kaufmanns“, das „Interesse der Anleger“ und der Grundsatz der Risikomischung, aber auch § 2 Abs. 2 InvG und für Immobilien-Sondervermögen die §§ 67 ff. InvG.

715 Reiss, S. 354.

716 Zur Einordnung der Business Judgement Rule vgl. Kort, in: FS Hopt, S. 983 (989).

717 Vgl. Kapitel 1, B. II. 3.; Köndgen, in: WuB I G 4. – 1.02, S. 321 (322).

718 Weitere Beispiele bei Köndgen/Schmies, BRH, § 113 Rn. 134.

719 Beckmann, in: Investment-Handbuch (EL 3/06), 410 § 26 Rn. 47; Reiss, S. 355; Canaris, BVR, Rn. 2422, 2474; Baur, in: Assmann/Schütze, § 20 Rn. 276.

720 Köndgen, in: WuB I G 4. – 1.02, S. 321 (323). In diese Richtung auch: Canaris, BVR, Rn. 2422.

721 Müller, in: DB 1975, S. 485 (486).

Anhand dieses Einblicks kann sie die Erfüllung der Voraussetzungen und die (vertretbare) Wahrnehmung des Spielraums überprüfen. Die KAG darf sich – und kann sich – aufgrund der Zustimmungsvorbehalte und Mitwirkungspflichten[722] der Depotbank sowie deren Prüfung des einer Weisung zugrunde liegenden Geschäfts, dem Einblick der Depotbank und einer etwaigen Beanstandung nicht entziehen.[723] In diesem Kontext kann die Mitwirkung im Anlageausschuss beiderseits nützlich sein.[724] Wenn die KAG ihre Rechtspflichten verletzt, hat die Depotbank einzuschreiten.[725] Es erscheint dabei nicht ausgeschlossen, dass in einzelnen Fällen Gesichtspunkte der Verhältnismäßigkeit den Kontrollumfang bestimmen, sodass Kosten und Aufwand der Kontrolltätigkeit gegenüber dem Nutzen für die Anleger zu bewerten sind.[726]

Es ergibt sich so im Rahmen der Kontrollbefugnis folgende Differenzierung: Zwar steht der KAG ein Spielraum[727] zu, der sich der Beanstandung der Depotbank entzieht, dennoch entzieht sich das Vorliegen dessen Voraussetzungen selbst nicht *per se* der Kontrolle. Überdies hat die Depotbank ihre aus § 27 Abs. 1 Nr. 5 InvG resultierende Kontrollpflicht wahrzunehmen. Die Depotbank darf in jedem Fall aber so lange nicht einschreiten, als es nicht zu einer Verletzung gesetzlicher Vorschriften oder der Vertragsbedingungen kommt. Dabei ist zu beachten, dass Verstöße gegen das *Interesse der Anleger* stets Verstöße gegen das InvG darstellen.[728] Dennoch stellt nicht jede sich nachträglich als wirtschaftlich nicht optimal herausstellende Anlageentscheidung einen solchen Verstoß dar. Zwar könnte eine nicht suboptimale Entscheidung – vorbehaltlich spezieller Ausprägungen – in den herausgearbeiteten Risiken (vor allem *Substanzerhaltungsrisiko*) verankert werden, so würde aber das Ermessen der KAG ohne Weiteres rückwirkend beseitigt. Dies ist unter Berücksichtigung der *Business Judgement Rule*, die der KAG mit Blick auf unternehmerische Entscheidungen

---

722 Beispielsweise zu nennen sind die Eintragung des Depotbanksperrvermerks, die Zahlung des Kaufpreises sowie die Einhaltung der Anlagegrenzen.

723 Zu den Möglichkeiten: Müller, in: DB 1975, S. 485 (487 f.).

724 Vgl. dazu: Schmitz, S. 90; Köndgen, in: B/S/L, I § 9 Rn. 32. Vgl. auch Fn. 664.

725 Köndgen, in: WuB I G 4. – 1.02, S. 321 (323). Anders: Müller, in: DB 1975, S. 485 (488).

726 BaFin, Rundschreiben 6/2010 (WA) vom 02.07.2010 zu den Aufgaben und Pflichten der Depotbank nach den §§ 20 ff. InvG, VIII. 1. c.

727 Zum Zugeständnis eines solchen Beurteilungsspielraums, gleichwohl mit der Bedingung der Prüfung der wirtschaftlichen Vertretbarkeit der Anlageentscheidung durch die Depotbank: Köndgen, in: B/S/L, I § 22 Rn. 5; Köndgen, in: WuB I G 4. – 1.02, S. 321 (323). In diese Richtung auch Müller, in: DB 1975, S. 485 (488).

728 Reiss, S. 353; Köndgen, in: WuB I G 4. – 1.02, S. 321 (323).

eine *Ex-ante*-Betrachtung zugesteht,[729] nicht haltbar. Auch für die Frage, ob das *Interesse der Anleger* gewahrt wurde, ist nämlich – sofern eine unternehmerische Entscheidung getroffen wurde – auf die *Business Judgement Rule* zurückzugreifen.[730] Es ist naheliegend, dass daraus eine Plausibilitätskontrolle der Anlageentscheidungen folgt: Dabei hat die Depotbank konkret die Erfüllung der Voraussetzungen des Spielraums der KAG in den Blick zu nehmen.[731]

Auf den Punkt gebracht sollte die Depotbank zwar möglichst alles sehen, darf aber nur (und zugleich immer) dann beanstanden, wenn beim Vorliegen eines Spielraums der KAG die Grenze der vertretbaren Ausübung durch die KAG überschritten wird. Unter Berücksichtigung der *Business Judgement Rule* ergibt sich so bei unternehmerischen Entscheidungen einerseits ein Spielraum der KAG bei Prognoseentscheidungen; andererseits wird zugleich eine Haftungsausuferung verhindert. Ungeachtet dessen nimmt die Depotbank außerhalb des der KAG zugestandenen Spielraums ihre Überwachungs- und Kontrollaufgabe gegenüber der KAG nach Maßgabe der §§ 20 bis 29 InvG wahr. Damit steht ihr (weiterhin) zwar kein Mitspracherecht bei den Anlageentscheidungen zu,[732] sie übt aber eine aktive Kontrolle aus.[733] Eine solche aktive Kontrolle, bei der der Zeitpunkt des Einschreitens auch schon auf den Beginn der Vornahme eines rechtswidrigen Geschäfts verlagert sein kann, lässt sich auf die Pflicht zur Wahrnehmung ihrer Aufgaben im *Interesse der Anleger* im Sinne des § 22 Abs. 1 S. 1 InvG stützen.[734] Sie schließt gegebenenfalls ein vorbeugendes Eingreifen ein.[735]

Weil Anlageentscheidungen nicht stets ausschließlich der „Zweckmäßigkeitsebene" zugeordnet werden können, zeigt sich, dass eine Grenzziehung zwischen Rechtmäßigkeit und Zweckmäßigkeit den Umfang der Kontrollbefugnis der Depotbank nicht vollkommen abbildet. Ob die Unterteilung in „Recht- und Zweckmäßigkeit" angesichts der Frage nach dem Kontrollumfang der Depotbank weiterführt, kann daher in diesem Kontext und vor dem Hintergrund unter-

---

729 Köndgen, in: B/S/L, I § 22 Rn. 5. Vgl. zur Business Judgement Rul auch Kocher, in: CCZ 2009; S. 215 ff.; Vgl. Kapitel 2, B. III. 3. c).

730 Zutreffend: Köndgen, in: WuB I G 4. – 1.02, S. 321 (323).

731 Weitreichend: Müller, in: DB 1975, S. 485 (486). In diese Richtung, aber zurückhaltender: Köndgen, in: WuB I G 4. – 1.02, S. 321 (324).

732 BT-Drucks. 15/1553, S. 84 (Zu § 26 Abs. 2).

733 Zur Entsendung von Repräsentanten in den Anlageausschuss: Köndgen, in: B/S/L, I § 9 Rn. 32; Roth, S. 161 f.

734 In Bezug auf die Weisungsverweigerung: Köndgen, in: B/S/L, I § 22 Rn. 5; Reiss, S. 343.

735 Schon: BGH WM 2001, S. 2053 f.

schiedlicher Inhaltszumessung der Kriterien hinterfragt werden.[736] Hält man an den Kriterien Rechtmäßigkeit und Zweckmäßigkeit in diesem Zusammenhang fest, lässt sich der generelle Ausschluss der Kontrolle durch die Depotbank kritisieren.[737] Auch eine Ablehnung der mit Blick auf die Kontrollbefugnis vorgenommenen Differenzierung zwischen den Kriterien Rechtmäßigkeit und Zweckmäßigkeit lässt sich – auch wenn es auf den ersten Blick nicht so erscheint – mit der Begründung des Gesetzesentwurfs des InvÄndG zu § 26 Abs. 2 InvG[738] in Einklang bringen, denn demnach hat sich zwar „die Zustimmung der Depotbank zu einer Verfügung [...] auf eine Rechtmäßigkeitskontrolle der Verfügung zu beschränken", dennoch heißt es weiter, dass „die Depotbank [...] insoweit kein Ermessen [habe]". Dadurch dass nach der hiesigen Differenzierung der (vertretbar ausgenutzte) Spielraum der KAG stets der Beanstandung durch die Depotbank entzogen wird, ist eine Ermessens- und Entscheidungsersetzung durch die Depotbank immer ausgeschlossen.

D. Zwischenergebnis

Das Investment-Dreieck besteht aus den Anlegern, die mit der KAG über einen Investmentvertrag verbunden sind, der KAG, die mit der Depotbank über einen Depotbankvertrag verbunden ist und der Depotbank, die mit den Anlegern in einem gesetzlichen Schuldverhältnis steht. Das Investment-Dreieck weist ein durch die Trennung von Befugnissen und gleichzeitige Verzahnung von Pflichten geprägtes Schutzsystem zugunsten des Sondervermögens und damit zugunsten der Anleger auf. Der Depotbank kommt dabei durch die (exklusive) Zugriffsmöglichkeit auf die Konten des Sondervermögens eine starke Stellung zu.

In der Situation, in der die Depotbank auf Weisung der KAG im Sinne des § 25 S. 2 InvG in Verbindung mit § 22 Abs. 1 S. 2 InvG tätig werden soll, zeigt sich die Komplexität der Wechselwirkung zwischen den Instituten. Besonders

736 Köndgen, in: WuB I G 4. – 1.02, S. 321 (323) ordnet (vermeintliche) Zweckmäßigkeitsgesichtspunkte zutreffend als Rechtspflichten ein. Zur „Verrechtlichung" bestimmter Teile der Zweckmäßigkeit: Lohmann, S. 16.

737 Köndgen, in: B/S/L, I § 22 Rn. 5. In diese Richtung auch: Müller, in: DB 1975, S. 485 (486). Zum Ausschluss des Mitspracherechts: Beckmann, in: Investment-Handbuch (EL 12/08), 410 § 22 Rn. 5; Schrödemeier/Baltzer, in: Brinkhaus/Scherer, § 12 KAGG, Rn. 10. Nach Müller, in: DB 1975, S. 485 (486 f.), ist zu prüfen, ob die Entscheidung sachgerecht und wirtschaftlich vertretbar ist. A.A.: BGH WM 2001, S. 2053 (2054). Mit Blick auf den Kontrollumfang unklar: Beckmann, in: Investment-Handbuch (EL 3/06), 410 § 25 Rn. 17, (EL 12/08) 410 § 22 Rn. 2, 4 ff.

738 BT-Drucks. 15/1553, S. 84.

ist die mit Blick auf das Sondervermögen bestehende *Sperrwirkung*, die sich darin ausprägt, dass die Depotbank grundsätzlich den Weisungen der KAG unterworfen ist, aber gleichalls verpflichtet ist, die Weisungen auf ihre Konformität mit den gesetzlichen Vorschriften und den Vertragsbedingungen gemäß § 22 Abs. 1 S. 2 InvG zu prüfen.[739]

---

739 Köndgen, in: B/S/L, I Vor §§ 20-29 Rn. 2 und § 22 Rn. 4 ff.

Kapitel 3 – Immobilientransaktionen mit Bezug zu einem Immobilien-Sondervermögen

A. Immobilientransaktionen für ein Sondervermögen

I. Ausgangssituation

Immobilientransaktionen für ein Sondervermögen sind einerseits vor dem Hintergrund der allgemeinen Regeln,[740] andererseits aber auch mit Blick auf die Modifikationen durch das InvG zu sehen. Die herausgearbeiteten Strukturen des Investment-Dreiecks und die damit verbundenen Handlungsvorgaben und -beschränkungen müssen diesbezüglich zuvorderst beachtet werden.

Bei Immobilientransaktionen für ein Sondervermögen kommt ein Kaufvertrag zwischen der KAG, die im eigenen Namen für gemeinschaftliche Rechnung der Anleger handelt (§ 31 Abs. 2 S. 1 InvG), und einem Dritten zustande. Auch wenn die KAG neben ihrem Eigenvermögen auch Eigentümerin von mindestens einem Sondervermögen ist, haftet im Außenverhältnis (grundsätzlich) allein die KAG mit ihrem Eigenvermögen.[741] Betrachtet man Veräußerungsgeschäfte, ist (auf Verfügungsebene) der Zustimmungsvorbehalt gemäß § 26 Abs. 1 Nr. 3 InvG – und damit einhergehend die Löschung des *Depotbanksperrvermerks* – bedeutsam.[742] Ob der Zustimmungsvorbehalt für Belastungen im Sinne des § 26 Abs. 1 Nr. 4 InvG auch schon für die Auflassungsvormerkung gilt, wird mit Blick auf die Rechtsnatur der Vormerkung (als Sicherungsmittel eigener Art)[743] teils bejaht, aber ebenso aufgrund des Schutzzwecks des § 26 Abs. 1 InvG teils bezweifelt.[744] Ohnehin griffe nämlich § 26 Abs. 1 Nr. 3 InvG bei der Verfügung über die Immobilie ein.

Liegen beim Verkauf der Immobilie die Kaufpreisfälligkeitsvoraussetzungen vor, wird der Kaufpreis von der Depotbank in ihrer Funktion als *Zahlstel-*

---

740 Vgl. Einleitung, A.

741 Beckmann, in: Investment-Handbuch (EL 3/07), 410 § 31 Rn. 14.

742 Köndgen, in: B/S/L, I § 26 Rn. 7. Zur Wirkung: Gurski, in: Staudinger(2007), Vorb. zu §§ 873-902, Rn. 79.

743 Vgl. Bassenge, in: Palandt, § 883 Rn. 2.

744 Vgl. Köndgen, in: B/S/L, I § 26 Rn. 10.

le[745] entgegengenommen und auf einem Sperrkonto verbucht.[746] Veräußerungen von Vermögensgegenständen sind gemäß § 82 Abs. 1 InvG vorbehaltlich des § 81 InvG nur zulässig, wenn dies in den Vertragsbedingungen vorgesehen ist und die Gegenleistung den vom Sachverständigenausschuss ermittelten Wert nicht unterschreitet; Unterschreitungen von bis zu fünf Prozent sind dagegen bei Portfolioverkäufen im Sinne des § 82 Abs. 1 InvG zulässig, sofern dies nicht im Widerspruch zum Anlegerinteresse steht.[747]

II. Besondere Betrachtung von Erwerbsgeschäften

1. Das Problem nicht ausreichenden Vermögens zur Abdeckung des Kaufpreisanspruchs

Auch Kaufverträge, die seitens der KAG auf Erwerb einer Immobilie für ein Immobilien-Sondervermögen gerichtet sind, werden zwischen dem Verkäufer und der im eigenen Namen handelnden KAG geschlossen. Die KAG handelt in ihrer Funktion als Treuhänderin der Anleger. Schließt sie Geschäfte im eigenen Namen für fremde Rechnung, fungiert sie als mittelbare Stellvertreterin der Anleger.[748] Durch den Kaufvertrag, der auf den Erwerb einer Immobilie für ein Immobilien-Sondervermögen gerichtet ist, wird der Verkäufer gemäß § 433 Abs. 1 S. 1 BGB zur Übergabe und Eigentumsverschaffung, die KAG gemäß § 433 Abs. 2 BGB zur Zahlung des Kaufpreises und zur Abnahme der Kaufsache verpflichtet. Dabei stellt sich abweichend von dem bereits eingangs beschriebenen Ablauf des Erwerbsvorgangs das Problem, dass der Verkäufer (der Gläubiger des Kaufpreises) die aus dem Schutzsystem des Investment-Dreiecks zugunsten der Anleger resultierenden Unsicherheiten (für Dritte) in Kauf nehmen muss. Dies gilt insbesondere im Zusammenhang mit den Weisungen im Sinne des § 25 S. 2 InvG, die – als Besonderheit gegenüber Transaktionen ohne investmentrechtlichen Bezug – ein gesetzes- und vertragsbedingungskonformes Geschäft erfordern. Außerdem besteht trotz der für eine KAG bestehenden Mindestkapitalanforderungen im Sinne des § 11 Abs. 1 Nr. 1 InvG das Risiko, dass die Kaufpreisforderung des Gläubigers nicht vollständig abgedeckt werden

---

745 Vgl. Fn. 655.

746 Beckmann, in: Investment-Handbuch, 410 (EL 3/06), § 25 Rn. 1; Seegebarth, S. 89. Vgl. zum Sperrkonto Fn. 547.

747 Zum Portfolioverkäufen vgl. Van Kann, in: Van Kann, Rn. 77 ff. Zur Bewertung des Portfolios vgl. Windorfer, in: Van Kann, Rn. 1056 ff. Zum Zweck der Vorschrift vgl. Klusak, in: B/S/L, I § 82 Rn. 4.

748 Vgl. Bitter, S. 378 f. Zur Abgrenzung zwischen mittelbarer Stellvertretung und Treuhand, vgl. Diehle, S. 69 f.

kann. Besonders drastisch kann dies sich ausprägen, wenn es in einem engen zeitlichen Zusammenhang zu größeren Schadensersatzansprüchen der Anleger kommt. Die Mindestkapitalanforderungen sind zwar aus Wirtschaftlichkeitserwägungen sinnvoll,[749] können sich aber zur Abdeckung größerer Schadensersatzverlangen als unzureichend darstellen,[750] auch wenn der Gesetzgeber die Kapitalisierung ausdrücklich zur Abdeckung möglicher Schadensersatzansprüche der Anleger als ausreichend erachtet.[751] Nimmt man mit Blick auf die Mindestkapitalanforderungen der KAG konkret an, dass die KAG lediglich über ein Anfangskapital von 300.000 Euro verfügt, wird dies angesichts des investmentrechtlichen Grundsatzes der Risikomischung schon im Stadium der Portfoliokonzeption (trotz § 74 InvG) und auch später regelmäßig nicht ansatzweise zur Abdeckung möglicher Forderungen diverser Verkäufer ausreichen. Auch zeitlich nach der Portfoliokonzeption stellt das Kapital einer KAG zulässigerweise (§ 11 InvG) nur einen Bruchteil des Sondervermögens dar. Dies erscheint zwar insofern nicht als problematisch, als das Sondervermögen gemäß § 25 S. 2 Nr. 1 InvG zur Begleichung von Forderungen herangezogen wird. Dennoch ist ein direkter Zugriff Dritter auf das Sondervermögen angesichts des Haftungsausschlusses des § 31 Abs. 2 InvG grundsätzlich unmöglich,[752] ein Zugriff auf das (abseits des Sondervermögens stehenden) Vermögen der Anleger gänzlich ausgeschlossen. Zwar trägt der Verkäufer stets das Risiko der Illiquidität des Käufers, also auch bei Transaktionen ohne investmentrechtlichen Bezug, trotzdem ist der Kaufvertragsabschluss für den Verkäufer einer Immobilie insofern risikobehaftet, als es zum Abschluss im Vergleich zu dem Eigenvermögen der KAG großer Transaktionen kommen kann und der Vertrag zwischen der KAG und ihm im „Außenverhältnis“ ausschließlich zur Haftung der im Hinblick auf die Kaufpreisanspruchshöhe relativ gering kapitalisierten KAG führt.

Für schuldrechtliche Vereinbarungen zwischen der KAG und dem Verkäufer eines Grundstücks bewirkt § 30 Abs. 2 InvG, dass der Eigentumsverschaffungsanspruch dem Sondervermögen zugeordnet wird, sobald eine Beziehung zum Sondervermögen hergestellt wurde.[753] Kommt es zur Eintragung des Erwerbers (KAG) im Grundbuch, wird die Immobilie – im Fall des Bestehens einer Beziehung zum Sondervermögen – gemäß § 30 Abs. 2 InvG kraft Gesetzes zum Gegenstand des Sondervermögens. Ob es sich um einen Fall des § 30 Abs. 2 Var. 1 oder Var. 2 InvG handelt, hängt in diesem Zusammenhang davon

749 Engert, in: Der Konzern 2007, S. 477 (480).

750 Schon zur Zeit des KAGG: Müller, in: DB 1975, S. 485 (488).

751 BT-Drucks. 11/5411, S. 26.

752 Schmitz, in: B/S/L, I § 31 Rn. 14.

753 Schmitz, in: B/S/L, I § 30 Rn. 23. Zur Surrogation vgl. Kapitel 2, A. V. 2.

ab, ob der Verschaffungsanspruch selbst schon Gegenstand des Sondervermögens war; das ist insbesondere dann der Fall, wenn bereits eine Auflassungsvormerkung zugunsten des Sondervermögens eingetragen wurde. Die Vermögenszuordnung ist dann unabhängig von der Eintragung der KAG als Eigentümerin (§ 75 InvG) und der beim Erwerb in das Grundbuch einzutragenden Verfügungsbeschränkung gemäß § 76 Abs. 1 S. 1 InvG (*Depotbanksperrvermerk*).[754]

2. Modalitäten der Begleichung des Kaufpreisanspruchs

Betrachtet man § 25 S. 2 InvG, stellt sich die Frage, wie die Verpflichtung der KAG zur Kaufpreiszahlung aus einem Vertrag zu einem Dritten erfüllt werden kann. In Betracht kommen drei Zahlungsvarianten:

(1) Eine Weisungserteilung an die Depotbank zur Zahlung auf die Kaufpreisforderung aus dem Sondervermögen,

(2) eine Zahlung auf die Kaufpreisforderung aus dem Eigenvermögen[755] der KAG, also nicht „für Rechnung der Anleger"[756] oder für „Rechnung des Sondervermögens"[757] (im Folgenden: Verauslagung), sowie

(3) die Möglichkeit, einen durch das Eingehen der Verbindlichkeit entstehenden Aufwendungsersatzanspruch als Befreiungsanspruch zu nutzen und so den Zahlungsweg abzukürzen.

Die Zahlungsvarianten basieren auf verschiedenen Zahlungsgründen. Die Zahlungsvariante 1 bezieht sich angesichts des Wortlauts des § 25 S. 2 Nr. 1 InvG lediglich auf den Kaufpreis. Unterstellt man daneben die Möglichkeit, hinsichtlich des Kaufpreises von den Zahlungsvarianten 2 und 3 Gebrauch zu machen, scheinen sich die Zahlungsvarianten zu überschneiden. Jedoch zeigt eine nähere Betrachtung, dass sie sich deutlich unterscheiden: Dies ergibt sich zunächst direkt aus § 25 S. 2 Nr. 1 InvG. § 25 S. 2 Nr. 1 InvG lässt sich in vier Varianten gliedern. Unter § 25 S. 2 Nr. 1 Var. 1 InvG fällt „die Bezahlung des Kaufpreises beim Erwerb von Wertpapieren, Immobilien, Beteiligungen an Immobilien-Gesellschaften oder sonstigen Vermögensgegenständen", § 25 S. 2

754 Vgl. Klusak, in: B/S/L, I § 76 Rn. 1; Köndgen, in: B/S/L, I § 26 Rn. 8.

755 Vgl. Fn. 432.

756 Vgl. z.B. § 2 Abs. 2, § 9 Abs. 1 S. 1 und § 31 Abs. 2 S. 1 InvG.

757 Vgl. z.B. § 67 Abs. 2 S. 1 InvG.

Nr. 1 Var. 2 InvG erfasst „die Leistung und Rückgewähr von Sicherheiten für Derivate, Wertpapierdarlehen und Pensionsgeschäfte“, § 25 S. 2 Nr. 1 Var. 3 InvG regelt „Zahlungen von Transaktionskosten und sonstigen Gebühren“ und § 25 S. 2 Nr. 1 Var. 4 InvG erfasst schließlich „die Begleichung sonstiger durch die Verwaltung des Investmentvermögens bedingter Verpflichtungen“. Während die Weisungserteilung im Sinne der Zahlungsvariante 1 angesichts der Kaufpreisschuld aus § 433 Abs. 2 BGB allein auf § 25 S. 2 Nr. 1 InvG gestützt wird, stellen die Zahlungsvarianten 2 und 3 Ausprägungen eines auf § 670 BGB und §§ 29 Abs. 1; 31 Abs. 3 InvG gestützten Aufwendungsersatzanspruchs dar. Angesichts dessen ist es von Bedeutung, wie sich die Zahlungsvarianten hinsichtlich des Kaufpreises verhalten, also, ob der Kaufpreis exklusiv über § 25 S. 2 Nr. 1 Var. 1 InvG und damit exklusiv im Sinne der Zahlungsvariante 1 zu begleichen ist.

a) Zahlungsvariante 1: Zahlung aus dem Sondervermögen gemäß § 25 S. 2 Nr. 1 Var. 1 InvG

aa) Allgemeines

Die Erfüllung eines Vertrages, aufgrund dessen eine KAG eine Immobilie für ein Sondervermögen erwirbt und selbst zur Zahlung verpflichtet ist (§ 433 Abs. 2 BGB), geschieht, indem die KAG die Depotbank rechtzeitig[758] im Sinne des § 25 S. 2 Nr. 1 Var. 1 InvG zur Begleichung des Kaufpreises anweist[759] und die Depotbank auf Weisung der KAG die Bezahlung des Kaufpreises zulasten des Sondervermögens und zugunsten des Verkäufers aus dem gesperrten Konto heraus durchführt. Die Depotbank greift direkt auf das Sondervermögen zu und tilgt aus dessen Mitteln die Schuld der KAG.[760]

---

758 Dies ergibt sich aus dem Erfordernis ordnungsgemäßer Verwaltung im Sinne des § 9 Abs. 1 S. 1 InvG.

759 Vgl. Fn. 652.

760 Ob es sich bei der Überweisung um eine Erfüllung (§ 362 Abs. 1 BGB) handelt oder ob sie eine Leistung an Erfüllungs statt (§ 364 Abs. 1 BGB) darstellt, ist umstritten, vgl. Grüneberg in: Palandt, § 362 Rn. 9; Gernhuber, Erfüllung, § 11 I 2 b; von Dücker, in: WM 1999, S. 1257 (1259 f.). Für die Annahme einer Leistung an Erfüllungs statt: BGH NJW 1953, S. 897; OLG Hamm NJW 1988, 2115-2116; OLG Köln NJW-RR 1991, S. 50; Stürner in: Jauernig, §§ 365 Rn. 4; Schreiber, in: Soergel, § 362 Rn. 4. Auch wenn man nicht ohne Weiteres einen konkludenten Ausschluss der Barzahlung bei Grundstückskaufverträgen annehmen kann, lässt sich bei einer ausdrücklichen Vereinbarung der Geldüberweisung Erfüllung annehmen, vgl. BGH MittBayNot 1999, S. 176; OLG Frankfurt NJW 1998, S. 387. Zur Zahlung auf ein nicht benanntes Konto: BGH NJW-RR 1991, S. 50.

§ 25 S. 2 Nr. 1 InvG beruht auf der Intention,[761] die Integrität des Sondervermögens zu schützen[762] und beschreibt die Rolle der Depotbank als *Zahlstelle*[763]. Eine Zahlungsausführung durch die Depotbank mit Folgen für das Sondervermögen im Sinne des § 25 S. 2 Nr. 1 Var. 1 InvG setzt voraus, dass das zugrunde liegende Geschäft der KAG, der Rechtsgrund der Weisung, gesetzes- und vertragsbedingungskonform ist; sich die Vornahme des Geschäfts also zuvorderst im Rahmen einer ordnungsgemäßen Verwaltung im Sinne des § 9 InvG bewegte, sodass eine wirksame Weisung ergehen konnte. Unter einer Weisung im Sinne des § 25 S. 2 InvG versteht man eine seitens der KAG gegenüber der Depotbank verbindliche Aufforderung zur Vornahme eines Geschäfts in ihrer Eigenschaft als Depotbank mit Auswirkungen auf den Bestand des Sondervermögens.[764]

Aus der Weisung folgt weder ein Anspruch des Veräußerers gegenüber der Depotbank noch ein Anspruch der Anleger auf die Vornahme dieses Geschäfts (§ 31 Abs. 2 InvG).[765] Im Falle einer wirksamen Weisung der KAG hat die Depotbank unter der Voraussetzung des § 22 Abs. 1 S. 2 InvG aus dem Sondervermögen heraus die Zahlung an den Gläubiger der KAG (und damit die Erfüllung) vorzunehmen. Dazu ist die Depotbank selbst verpflichtet, außerdem ist sie angesichts des Sperrkontos dazu auch nur selbst fähig. Die Verpflichtung zur Zahlung besteht erst beim Vorliegen einer an die Depotbank gerichteten Weisung im Sinne der §§ 22 Abs. 1 S. 2; 25 S. 2 InvG, nicht bereits zuvor.[766] Zahlt die Depotbank aus dem Sondervermögen mit Tilgungswirkung gegenüber dem Gläubiger der KAG, erlischt die Verbindlichkeit der KAG gegenüber deren Gläubiger; zugleich erfüllt die Depotbank aber ihre gesetzlich veranlagte und durch die Weisung der KAG konkretisierte Verpflichtung gegenüber der KAG.[767]

Wenngleich man aus Sicht des Gläubigers der KAG in Aussprache der Weisung der KAG an die Depotbank ein „Minus" gegenüber der Kaufpreiszahlung sehen könnte, stellt sie angesichts der in Betracht kommenden Zahlungsvarianten lediglich dann überhaupt eine Pflicht (Nebenpflicht) dar, wenn die Erfüllung vertragsgemäß auf die Zahlungsmodalitäten einer Zahlungsvariante festgelegt

761 Zum Ziel der Auslegung Normwidersprüche zu vermeiden: Larenz/Canaris, S. 134; Bydlinski, S. 463 ff.

762 Köndgen, in: B/S/L, I § 25 Rn. 2.

763 Vgl. Fn. 655.

764 Vgl. Fn. 652.

765 Zum ähnlichen Fall einer internen Sukzession: Gernhuber, Erfüllung, § 22, 2.

766 Vgl. Löhnig, S. 206.

767 Vgl. Gernhuber, Erfüllung, § 22, 10.

ist. Selbst aber dann, wenn die Zahlungsvariante 1 im Vertrag abgebildet wurde, wird es regelmäßig an einem (einklagbaren) Recht des Gläubigers auf die Weisungserteilung fehlen.[768] Der Verkäufer muss sich hinsichtlich der Erfüllung an die KAG halten, die wiederum die Depotbank in die Pflicht nimmt. Schon weil dem Veräußerer gerade kein Anspruch auf die Zahlung aus dem Sondervermögen durch die Depotbank zusteht (§ 31 Abs. 2 InvG), darüber hinaus aber, weil die Depotbank die Auszahlung aus dem Sondervermögen schuldet, scheiden die Figuren Schuldbeitritt, Schuldübernahme oder gar (selbstständige) Garantie aus.[769]

Die Zahlung aus dem Sondervermögen erfolgt entsprechend § 25 S. 2 Nr. 1 Var. 1 InvG ohne Zwischenschaltung der KAG, sodass die KAG auf Grundlage des § 25 S. 2 Nr. 1 Var. 1 InvG keine Zahlung an sich verlangen kann. Unter „Bezahlung des Kaufpreises" kann nämlich nur eine direkt auf Tilgung des Anspruchs gerichtete Handlung verstanden werden. Im *Interesse der Anleger* ist sowohl eine unverzügliche Weisungsaussprache als auch eine unverzügliche Tilgung der Verbindlichkeit der KAG erforderlich, da das Entstehen von zusätzlichen Kosten, wie sie beispielsweise bei einer verspäteten Zahlung durchaus denkbar wären, nicht wünschenswert ist (*Verwaltungs- und Substanzerhaltungsrisiko*).

Die Erfüllungsmodalität des § 25 S. 2 Nr. 1 Var. 1 InvG ist unter Berücksichtigung der aus § 22 Abs. 1 S. 2 InvG resultierenden Prüfungspflicht hinsichtlich des Geschäfts, das der Weisung zugrunde liegt, also des Rechtsgrunds der Weisung, zu betrachten. Im Gegensatz zu einer „gewöhnlichen" Banküberweisung, bei der der Anweisende eine Anweisung gegenüber einem Angewiesenen aussprechen kann, ohne dass Letzterem besondere Prüfungspflichten hinsichtlich der Anweisung obliegen, setzt die Vornahme der Zahlung durch die Depotbank eine im Sinne des § 22 Abs. 1 S. 2 InvG wirksame Weisung der KAG an die Depotbank voraus, die nur ergehen kann, wenn das Geschäft zwischen der KAG und dem Veräußerer in Ansehung der Vorschriften des InvG

768 Zur Befugnis des Schuldners, die Begleichungsmodalitäten, einschließlich der Person (§ 267 BGB), zu wählen, vgl. Bittner, in: Staudinger(2009), § 267 Rn. 1 f.; Ebert, in: Erman, § 267 Rn. 1; Alff, in: BGB-RGRK, § 267 Rn. 1; Krüger, in: MüKoBGB, § 267 Rn. 1. Eingehend zur Interessenlage Gernhuber, Erfüllung, § 21 I 2. Das Handeln Dritter wird dem Schuldner im Hinblick auf die Erfüllung zugerechnet, vgl. Beuthien, S. 39 ff. Vgl. etwa beispielhaft zur Erfüllung der Schuld des Hauptmieters durch eine Zahlung des Untermieters direkt an den Vermieter: Eckert, in: ZfIR 2006, S. 318-320.

769 Gernhuber, Erfüllung, § 22, 1; Brox/Walker, SR AT, § 35; Jagmann, in: Staudinger (2009), § 329 Rn. 6; Förster, S. 124.

sowie der Vertragsbedingungen und erst nachrangig in Ansehung sonstiger Vorschriften – soweit nicht durch speziellere Regelungen des InvG ausgeschlossen – wirksam ist.

Für Grundstücksgeschäfte ist so über die Einhaltung der Formvorschrift des § 311b Abs. 1 S. 1 BGB und das Erfordernis der Eintragung des *Depotbanksperrvermerks*[770] beim Erwerb auf Veranlassung der KAG, insbesondere die gegenstandsbezogene Zulässigkeit des Erwerbs, sicherzustellen. Einerseits muss der Gegenstand dem abschließenden Katalog der § 67 Abs. 1 und Abs. 2 InvG zuzuordnen sein,[771] andererseits ist von der Depotbank gemäß § 27 Abs. 1 Nr. 5 InvG die Einhaltung der Anlagegrenzen zu beachten. Dies schließt die durch § 67 InvG gesetzten Obergrenzen und die durch das Gebot der Risikomischung vorgegebene Untergrenzen ein. Die Angemessenheit der Gegenleistung (Kaufpreis) soll dagegen einer Ansicht nach nicht dem Prüfungsumfang der Depotbank unterliegen.[772] Dieser Gedanke ist zwar in Übereinstimmung mit den Ausführungen zum Umfang der Kontrollbefugnis der Depotbank grundsätzlich nicht zu beanstanden,[773] könnte aber unter Berücksichtigung des § 67 Abs. 5 InvG insoweit einzuschränken sein, als die Gegenleistung (Kaufpreis) den Wert der Immobilie nur unwesentlich (etwa drei Prozent) überschreiten darf.[774] Zwar fehlt es (mangels Verfügung über eine Immobilie) sowohl in § 27 Abs. 1 InvG als auch in § 26 Abs. 1 InvG an einer Regelung, sodass daraus, abseits von Fallgestaltungen, in denen zugleich der Tatbestand der jeweiligen Norm erfüllt wird, eine nicht bestehende Kontrollpflicht der Depotbank gefolgert werden könnte. Da aber die Kontrollpflicht nicht isoliert aus § 27 Abs. 1 InvG folgt,[775] kann auf § 22 Abs. 1 S. 2 InvG zurückgegriffen werden. Gemäß § 22 Abs. 1 S. 2 InvG in Verbindung mit § 25 S. 2 Nr. 1 InvG ist die Einhaltung der gesetzlichen Vorschriften und der Vertragsbedingungen Voraussetzung für eine ordnungsgemäße Weisung an die Depotbank. Gemäß § 22 Abs. 1 S. 2 InvG darf die Depotbank Weisungen der KAG nur im Fall der Einhaltung der gesetzlichen Vorschriften und der Vertragsbedingungen durchführen.[776] Da wesentliche Überschreitungen der Gegenleistung gegenüber dem Wert der Leistung der KAG den Erwerb einer

---

770 §§ 76 Abs. 1 S. 1, 26 Abs. 1 Nr. 3, 27 Abs. 3 InvG; Köndgen, in: B/S/L, I § 26 Rn. 8, § 27 Rn. 13. Zum Eintragungsumfang, vgl.: BGH WM 2011, S. 1551.

771 Klusak, in: B/S/L, I § 67 Rn. 5 ff.

772 Köndgen, in: B/S/L, I § 25 Rn. 4.

773 Vgl. Kapitel 2, C. III.

774 Klusak, in: B/S/L, I § 67 Rn. 34; Zöll, in: Investment-Handbuch (02/09), 410 § 67 Rn. 30; Lindner-Figura, in: Brinkhaus/Scherer, § 27 KAGG, Rn. 26.

775 Köndgen, in: B/S/L, I § 27 Rn. 2.

776 Köndgen, in: B/S/L, I § 27 Rn. 2.

Immobilie verbieten, darf die Depotbank eine Weisung der KAG, der ein Geschäft unter Missachtung des § 67 Abs. 5 InvG zugrunde liegt, nicht ausführen. Also erstreckt sich die im Innenverhältnis bestehende Kontrollfunktion der Depotbank auch auf das Wertverhältnis von Leistung und Gegenleistung, auch wenn im „Außenverhältnis" die Wirksamkeit des Geschäfts unter „Nichtbeachtung der vorstehenden Vorschriften" gemäß § 67 Abs. 8 InvG ausdrücklich nicht berührt ist.[777] Dadurch werden die Vorschriften der §§ 26 und 27 InvG auch nicht unterlaufen: Während nämlich einerseits § 27 InvG vor allem den Pflichtenkreis der Depotbank gegenüber den Anlegern konkretisiert[778] und der Schwerpunkt der Vorschrift nicht auf Abflüssen liquider Mittel des Sondervermögens liegt[779] und andererseits die Zustimmungspflicht der Depotbank durch § 26 InvG entweder zeitlich weit vor den Zugriff auf das Sondervermögen verlagert wird – so bei § 26 Abs. 1 Nr. 2 InvG (Zeitpunkt der Kontoeröffnung)[780] – oder es gar nicht zu einem (direkten) Zugriff auf das Sperrkonto[781] kommt (§ 26 Abs. 1 Nr. 1 und 3 bis 5 InvG), regelt § 25 S. 2 Nr. 1 InvG, auf den § 22 Abs. 1 S. 2 InvG durch das Aufgreifen der Weisung Bezug nimmt, explizit die Zahlungsvorgänge (Abflüsse aus dem Sondervermögen). Um in diesem Zusammenhang von der entsprechenden Relation von Leistung und Gegenleistung Kenntnis zu erhalten, muss die Depotbank im Kontext des § 67 Abs. 5 InvG in die maßgebliche Bewertung Einsicht erhalten.

bb) Weisungsrechte bei einer Auslagerung der Portfolioverwaltung

Gemäß § 16 Abs. 1 InvG können „Aufgaben, die für die Durchführung der Geschäfte der Kapitalanlagegesellschaft wesentlich sind, […] zum Zwecke einer effizienteren Geschäftsführung auf ein anderes Unternehmen (Auslagerungsunternehmen) ausgelagert werden". Die Auslagerung kann gemäß § 16 Abs. 2 InvG die Portfolioverwaltung[782] betreffen. Im Fall der Auslagerung[783] der Port-

---

777 § 67 Abs. 8 InvG trägt dabei der Rechtssicherheit Rechnung, vgl. Klusak, in: B/S/L, I § 67 Rn. 4.

778 Köndgen, in: B/S/L, I § 27 Rn. 3.

779 Zu Abflüssen in diesem Sinne kommt es bei der Anteilsrücknahme im Sinne des § 27 Abs. 1 Nr. 1 InvG.

780 Köndgen, in: B/S/L, I § 26 Rn. 6.

781 Vgl. Fn. 547.

782 Vgl. zum Portfoliomanagement der KAGen, N.-H. Nickel, S. 11 ff.

783 BaFin, Rundschreiben 11/2010 (BA) vom 15.12.2010 - Mindestanforderungen an das Risikomanagement – MaRisk, AT 9. Beckmann, in: Investment-Handbuch (EL 5/10), 410 § 16 Rn. 6 ff.; Eyles, in: WM 2000, S. 1217 (1220). Zu den Kriterien der Auslagerung mit einem Überblick über auslagerungsfähige Tätigkeiten: Lensdorf/Schneider,

folioverwaltung im Sinne des § 16 Abs. 2 InvG ist das Auslagerungsunternehmen[784] gegenüber der Depotbank im Rahmen des § 25 S. 2 InvG weisungsbefugt.[785] Wie sich dazu die Befugnis der KAG verhält, Weisungen im Sinne des § 25 S. 2 InvG zu erteilen – ob die Weisungsbefugnis also (zusätzlich) bei der KAG bleibt, lässt sich allein dem Wortlaut des § 25 S. 2 InvG nach nicht ermitteln. Im Zusammenhang mit der in diesem Kontext stehenden Frage der Befugnisse des Auslagerungsunternehmens ist der Auslagerungsvertrag[786] – ein Geschäftsbesorgungsvertrag – von Bedeutung.[787] Dort sollen grundsätzlich, soweit erforderlich, Weisungsrechte vereinbart werden.[788] Aber auch § 16 InvG, der als Konkretisierung des § 25a Abs. 2 KWG zu sehen ist,[789] ist zu beachten: Gemäß § 16 Abs. 1a InvG ist eine jederzeitige Überwachung (und Kontrolle) des Auslagerungsunternehmens sicherzustellen.[790] Außerdem sind Weisungsbefugnisse und Kündigungsrechte vertraglich zu vereinbaren. Eine Übertragung der Rechtsstellung der KAG auf das Auslagerungsunternehmen findet also durch die Auslagerung nicht statt, vielmehr bleibt die KAG in ihrer Verantwortung gegenüber den Anlegern und der BaFin.[791] Im Rahmenvertrag über die Auslagerung der Portfolioverwaltung[792] findet sich aber im Rahmen der Beschreibung der Pflichten des Verwalters – des Auslagerungsunternehmens – eine Klausel (§ 2), wonach das Auslagerungsunternehmen (auch) im Rahmen von

---

in: WM 2002, S. 1949 (1950, 1953); Beckmann, in: Investment-Handbuch (EL 3/12), 410 § 16 Rn. 22 ff.

784 Zu den Anforderungen des Unternehmens: Beckmann, in: Investment-Handbuch (EL 3/12), 410 § 16 Rn. 52 ff.

785 Vgl. § 25 S. 2 InvG: „auf Weisung der Kapitalanlagegesellschaft oder einem Unternehmen, das die Aufgaben der Kapitalanlagegesellschaft nach Maßgabe von § 16 Abs. 2 wahrnimmt". Zur Auslagerung der Portfolioverwaltung und zum Erhalt der Verantwortlichkeit der KAG vgl. Beckmann, in: Investment-Handbuch (EL 3/12), 410 § 16 Rn. 100 ff, 103 f.

786 Zu dessen Form und Inhalt vgl. Beckmann, in: Investment-Handbuch (EL 3/12), 410 § 16 Rn. 58 ff.

787 Zu den Inhalten: BaFin, Rundschreiben 11/2010 (BA) vom 15.12.2010 – Mindestanforderungen an das Risikomanagement – MaRisk, AT 9.

788 BaFin, Rundschreiben 11/2010 (BA) vom 15.12.2010 – Mindestanforderungen an das Risikomanagement – MaRisk, AT 9 Ziff. 6 d).

789 Vgl. Köndgen/Schmies, in: BRH, § 113 Rn. 123.

790 Zur Reichweite: Steck, in: B/S/L, I § 16 Rn. 12. Zu den Anforderungen bei der KAG vgl. Beckmann, in: Investment-Handbuch (EL 3/12), 410 § 16 Rn.71 ff.; Baur, in: Assmann/Schütze, § 20 Rn. 62 f.

791 Beckmann, in: Investment-Handbuch (EL 3/12), 410 § 16 Rn. 103.

792 Abgedruckt in: Investment-Handbuch (EL 9/10), 410 § 16 Anh. 4. Zur Zulässigkeit: Steck, in: B/S/L, I § 16 Rn. 24.

Käufen und Verkäufen von Vermögensgegenständen des Sondervermögens „alle Entscheidungen im Rahmen der Portfolioverwaltung nach eigenem Ermessen [trifft], ohne vorab Weisungen von der Gesellschaft [KAG] einholen zu müssen". Daraus ergibt sich, dass – sofern eine solche Vereinbarung getroffen wurde – die Weisung an die Depotbank in Übereinstimmung mit § 25 S. 2 InvG von dem Auslagerungsunternehmen ausgeht. Ihr Weisungsrecht gegenüber der Depotbank verliert die KAG angesichts ihrer sich aus dem InvG und dem Depotbankvertrag ergebenden Stellung gegenüber der Depotbank dennoch nicht. Außerdem existiert im Rahmenvertrag über die Auslagerung der Portfolioverwaltung eine Klausel über eigene Verfügungen der KAG (§ 3), wonach die KAG berechtigt ist, unter bestimmten Voraussetzungen eigene Maßnahmen ohne Rücksprache mit dem Auslagerungsunternehmen zu ergreifen. Zwar ergibt sich aus der Klausel nicht zwingend, dass die KAG – im Fall einer seitens des Auslagerungsunternehmens ausgesprochenen Weisung im Sinne des § 25 S. 2 InvG – weiterhin den Anspruch gegenüber der Depotbank auf die Weisungsausführung hat;[793] wäre dies aber nicht der Fall, könnte die KAG lediglich von der Auslagerungsgesellschaft vertragsgemäßes Handeln verlangen. Der Verantwortungsverteilung zwischen KAG und Depotbank würde dies nicht gerecht. In § 16 Abs. 1 S. 3 InvG findet sich auch die Formulierung, dass die Auslagerung „die Wirksamkeit der Beaufsichtigung der Kapitalanlagegesellschaft in keiner Weise beeinträchtigen [darf]; insbesondere darf sie weder die Kapitalanlagegesellschaft daran hindern, im Interesse ihrer Anleger und Kunden zu handeln, noch darf sie verhindern, dass das Sondervermögen im Interesse der Anleger verwaltet wird". Es ist daher mit Blick auf das *Interesse der Anleger* und im Hinblick auf den Verantwortungserhalt der KAG, der sich aus besonderer Berücksichtigung (weiterer) gesetzlicher Vorschriften[794] und § 3 des Rahmenvertrages ergibt, naheliegend, der KAG neben der Auslagerungsgesellschaft stets einen Anspruch auf die Weisungsausführung zuzuerkennen.

---

793 Unklar: BT-Drucks. 15/1553, S. 84 (Zu § 25), wo es heißt, dass „Transaktionen [...] auf Weisung der Kapitalanlagegesellschaft durchgeführt [werden], [während,] wenn das Fondsmanagement auf ein anderes Unternehmen gemäß § 16 Abs. 2 ausgelagert ist, [...] die Depotbank die Transaktionen auf Weisung des Auslagerungsunternehmens durchzuführen [hat]".

794 Insb. § 25a II KWG; § 16 Ia InvG.

cc) Rolle der Depotbank bei der Zahlung

Angesichts dessen, dass lediglich die Depotbank einen (direkten) Zugriff auf das (im Fall der *Treuhandlösung*) wirtschaftlich den Anlegern zugeordnete Sondervermögen hat und sie gegenüber der formell berechtigten KAG – im Gegensatz zur „gewöhnlichen" Banküberweisung – mit weitreichenden Kontrollbefugnissen ausgestattet ist, könnte man sie bei der Zahlung, flüchtig betrachtet, in der Rolle eines *Dritten* im Sinne des § 267 Abs. 1 BGB sehen. Dies hätte zur Folge, dass die Zahlung der Depotbank im Sinne des § 25 S. 2 Nr. 1 InvG trotz der Erfüllung einer Verbindlichkeit der KAG, nicht der KAG zugerechnet würde.[795] Als *Dritter* im Sinne des § 267 Abs. 1 BGB ist anzusehen, wer aus (objektiver) Empfängerperspektive eine ihm selbst zuzurechnende Leistung für eine fremde Schuld erbringt.[796] Der *Dritte* ist also weder Partei des Schuldverhältnisses noch einer der Parteien zuzurechnen.[797] Einerseits begleicht aber die Depotbank die Forderung des Veräußerers nicht mit eigenen Mitteln, sondern greift auf ein Konto der KAG zu, andererseits besteht die Pflicht zur Zahlung bei dem im Sinne des § 25 S. 2 Nr. 1 InvG vorgegebenen Zahlungsweg erst bei Vorliegen einer rechtmäßigen Weisung der KAG. Liegt eine solche Weisung nicht vor, darf die Depotbank eine Auszahlung aus dem Sondervermögen nicht vornehmen. Betrachtet man die Zahlung als banktechnischen Vorgang, aufgrund dessen der Depotbank eine *Zahlstellenfunktion*[798] attestiert wird, liegt es nahe – wie bei (anderen) Banküberweisungen auch –, eine *Anweisungssituation* anzunehmen.[799] Diese und die Drittleistung im Sinne des § 267 Abs. 1 BGB stehen sich allerdings insofern gegenüber, als bei einer Drittleistung eine eigene Tilgungsbestimmung des *Dritten* vorliegt und diese bei solchen Personen, denen sich der Schuldner für den Leistungsvollzug bedient, fehlt.[800] Wenngleich sich die Abgrenzung von *Anweisungssituationen* und *Drittleistungen aus eigenem Antrieb*

---

795 Gernhuber, Erfüllung, § 20 I 2, 21 I 1.

796 BGH NJW 2003, S. 582 (584); BGH NJW 1995, S. 128 (129); BGH NJW 1980, S. 452; BGH NJW 1979, S. 157; Gernhuber, Erfüllung, § 20 I 2.

797 Gernhuber, Schuldverhältnis, § 19 I 1.

798 Baur, in: Assmann/Schütze, § 20 Rn. 221; Beckmann, in: Investment-Handbuch (EL 3/06), 410 § 25 Rn. 2, 4; Köndgen, in: B/S/L, I § 25 Rn. 3; Seegebarth, S. 89; Wendt, S. 69 f.

799 BGH NJW 1985, S. 2700; Seiler, S. 44 ff., 58 f.; Schön, in: AcP 198 (1998), S. 401 (418 ff.); Koller, in: FS Schimansky, S. 209 (210).

800 Raab, S. 109; Canaris, in: NJW 1992, S. 868 ff.; Martinek, in: JZ 1991, S. 395 (396); V. Caemmerer, in: JZ 1962, S. 385 (386); Medicus/Petersen, Bürgerliches Recht, Rn. 675 ff.; Reuter/Martinek, § 11; Unberath, in: BeckOK-BGB(Ed. 23, 05/12), § 267 Rn. 5 f.; Gernhuber, Erfüllung, § 20 I 1, II 6.

in der Regel leicht feststellen lässt,[801] tritt der Unterschied zwischen einer *veranlassten Drittleistung* und einer *Anweisung* nicht so deutlich hervor.[802] Zwischen diesen Figuren wird daher im Hinblick auf die Vermeidung von Wertungswidersprüchen auf Rechtsfolgenseite – vor allem vor ihrem bereicherungsrechtlichen Hintergrund – fein differenziert.[803]

Bei einer *Anweisungssituation* wird der *Dritte* im Gegensatz zur *veranlassten Drittleistung* als Erfüllungsgehilfe – und damit als Übermittler einer (fremden) Tilgungsbestimmung – des *Anweisenden* eingeordnet.[804] Daraus folgt in bereicherungsrechtlicher Hinsicht im Gegensatz zur Drittleistung, bei der eine Direktkondiktion des *Dritten* gegen den Scheingläubiger zugelassen wird,[805] eine Rückabwicklung „übers Eck".[806] Die Differenzierung bei der Rückabwicklung wird angesichts der Interessenlage der Beteiligten gerechtfertigt: Leistet der Dritte, ohne dass eine Anweisung vorliegt, vollzieht sich die Rückabwicklung in dem Leistungsverhältnis, also zwischen dem Dritten und dem Scheingläubiger. Wenn aber eine Anweisung vorliegt, kann eine Erfüllungsgehilfeneigenschaft des *Dritten* angenommen und eine Zurechnung dessen Leistung an den Schuldner vorgenommen werden.[807] Dann vollzieht sich die Rückabwicklung zwischen dem *Dritten* und dem Schuldner einerseits und zwischen dem Schuldner und dem Gläubiger andererseits. Zur Abgrenzung der Rückabwicklungsvorgänge ist es also von Bedeutung, ob eine Erfüllungsgehilfeneigenschaft des *Dritten* vorliegt. Im Rahmen dieser Frage können die Kriterien *Leistung aus eigenem Antrieb* und *Veranlassung* eine Rolle spielen.[808] Fehlt es unabhängig davon aber ohnehin an einer Tilgungsbestimmung des *Dritten*, lässt sich eine Drittleistung im Sinne des § 267 BGB verneinen. So ist es im Fall der Weisungsaussprache im Sinne des § 25 S. 2 InvG, weshalb sich eine Vergleichbarkeit zu einer „gewöhnlichen" Banküberweisung rechtfertigt.[809] Bei dieser würde die „erstbeauft-

801 Gernhuber, Erfüllung, § 21 I 4.

802 Vgl. Flume, S. 189.

803 Raab, S. 109 ff. m.w.N.; Solomon, S. 311; Flume, S. 188 ff.

804 Raab, S. 110; Canaris, in: NJW 1992, S. 868; Martinek, in: JZ 1991, S. 395 (396); kritisch: Flume, in: NJW 1991, S. 2521 (2523).

805 BGH NJW 1991, S. 919 (920); Stresemann, S. 23.

806 Raab, S. 110; Canaris, in: FS Larenz, S. 799 (800 ff.).

807 BGH NJW 1991, S. 919 (920); vgl. auch Lorenz, in: Staudinger(2007), § 812 Rn. 42 f., 51. Zu den einzelnen Interessen, vgl. Stresemann, S. 10 ff.

808 Zu diesem und zu anderen Ansätzen vgl. Raab, S. 110. Zur Zurechnung vgl. BGH NJW 1991, 919 (920). Zur Terminologie „Zuwendung" und „Leistung" vgl. Beuthien, in: JZ 1968, S. 323 ff.; Kupisch, S. 71, 87 Fn. 289; C. Wolf, S. 17 f., erachtet lediglich die Erfüllungsgehilfeneigenschaft als maßgeblich.

809 BGH NJW 2001, S. 2880; Köndgen, in: JuS 2011, S. 481 ff.; Winkelhaus,

ragte Bank“, hier also die Depotbank, in Ausführung der Weisung, jedoch gegenüber dem Überweisungsempfänger (Gläubiger der KAG) ohne eigenen Leistungszweck handeln (zweckneutrale Zuwendung).[810] Da ein eigener Leistungszweck fehlt, ist die Depotbank nicht als *Dritte* im Sinne des § 267 Abs. 1 BGB anzusehen. Auch wenn somit eine *Drittleistung* ausscheidet, lässt sich damit allein eine (gesetzlich angeordnete) *interne Erfüllungsübernahme*, die auf die *Freistellung* von einer späteren[811] Verbindlichkeit gerichtet ist, nicht zwingend ausschließen.[812] Gemäß § 329 BGB führt eine vertragliche Verpflichtung zur Befriedigung des Gläubigers des anderen Teils (des Schuldners), wenn damit keine Schuldübernahme einhergeht, im Zweifel nicht zu einem Forderungsrecht des Gläubigers. Die *Erfüllungsübernahme* stellt damit im Zweifel einen unechten Vertrag zugunsten Dritter dar.[813] Die Voraussetzungen des § 329 BGB scheinen dadurch erfüllt, dass eine Zahlung der Depotbank als verlängerter Arm der Anleger aus dem Sondervermögen an den Veräußerer im *Zuwendungsverhältnis* eine *Zuwendung an den Dritten* (Gläubiger der KAG) darstellen würde und zugleich im Deckungsverhältnis die Schuld gegenüber der KAG (Versprechensempfängerin) begliche, sodass die im *Deckungs-* und *Valutaverhältnis* bestehenden Verbindlichkeiten durch die Zuwendung der Depotbank an den Veräußerer simultan erlöschen.[814] Dem folgend müsste eine auf das Sondervermögen begrenzte Erfüllungsübernahme – hinsichtlich der gesetzes- und vertragsbedingungskonformen Geschäfte der KAG – in die Rechtsbeziehung der Anleger zur KAG hineingelesen werden.

Die Depotbank ist verpflichtet, auf eine gesetzes- und vertragsbedingungskonforme Weisung hin auszuzahlen. Dennoch ist sie angesichts der vermögensrechtlichen Zuordnung nicht in der Lage, ein eigenes Versprechen mit Auswirkungen für das Sondervermögen abzugeben; vielmehr greift sie nur auf ein ihr nicht gehörendes Konto zu. Auch wenn man überdies angesichts der Kontenzuordnung im Fall der *Treuhandlösung* eine Erfüllungsübernahme seitens der Anleger verneinen könnte, kann allein wegen der Treuhandkonstruktion nicht

in: BKR 2010, S. 441 ff.; Kümpel, in: WM 2001, S. 2273 ff.; Seiler, S. 44 ff., 58 f.; Bälz, in: FS Gernhuber, S. 3 (76 ff.).

810 BGH NJW 2008, S. 63 (65); Seiler, S. 47, 57 f.

811 Zur Zulässigkeit des Einstehens für künftige Verbindlichkeiten, vgl. Müller, in: P/W/W, § 415 Rn. 1.

812 Vgl. Schmitz, in: B/S/L, I § 41 Rn. 7; Jagmann, in: Staudinger(2009), § 329 Rn. 16; Gernhuber, Erfüllung, § 22, 2, 6.

813 Brox/Walker, SR AT, § 32 Rn. 6; Gottwald, in: MüKoBGB, § 329 Rn. 1; Jagmann, in: Staudinger(2009), § 329 Rn. 1.

814 Canaris, BVR, Rn. 322; Jagmann, in: Staudinger(2009), § 329 Rn. 19; Stresemann, S. 21; Seiler, S. 50.

auf die formelle Rechtslage abgestellt werden.[815] Auch steht das Sondervermögen zwar außerhalb der freien Verfügung durch die KAG, dennoch ist der Verfügungsausschluss nicht etwa einer rechtlichen Selbstständigkeit des Vermögens, sondern lediglich dem Sperrkonto[816] geschuldet.[817] Der Annahme einer Erfüllungsübernahme ist zwar zuzugestehen, dass die Beiträge der Anleger zu dem Sondervermögen in Ansehung der Verwaltungstätigkeit der KAG geleistet werden, dennoch ist die Erteilung einer wirksamen Weisung der KAG an die Depotbank eine unabhängig von den Modalitäten der vorangegangenen Vermögenszuordnung stehende zwingende Zahlungsvoraussetzung. Erst die konkrete Weisungserteilung löst daher den Zahlungsvorgang aus. Eine Erfüllungsübernahme kommt also nicht in Betracht.

Auch wenn die Depotbank mit Blick auf das Konto der KAG unter Berücksichtigung des § 22 Abs. 1 S. 2 InvG eine Doppelrolle (zugunsten der KAG und zugunsten der Anleger) einnimmt, zeigt sich aus den angestellten Erwägungen eine *Anweisungssituation.* Gleichwohl hinkt diese einerseits wegen der weitreichenden Prüfungskompetenz der Depotbank hinsichtlich der Wirksamkeit der Weisung, andererseits scheinen die Merkmale einer Anweisung mangels Vermögensopfer der KAG nicht erfüllt zu sein: Unter einer Anweisung versteht man in diesem Zusammenhang eine solche „im weiteren Sinne",[818] also die an einen anderen gerichtete Aufforderung und Ermächtigung, die Disposition des Anweisenden für dessen Rechnung auszuführen.[819] Zwar stehen die Vermögensgegenstände eines Immobilien-Sondervermögens gemäß § 75 InvG im Eigentum der KAG, sodass man das Merkmal „für Rechnung des Anweisenden" (KAG) formal bejahen könnte, jedoch ist dabei – wie auch bei der in diesem Zusammenhang nicht näher zu betrachtenden *Miteigentumslösung* (§ 30 Abs. 1 S. 1 Var. 2 InvG) – die Treuhandabrede zwischen der KAG und den Anlegern zu berücksichtigen, die zu einer Rechtsträgerschaft für fremde Rechnung führt.[820] Vermögensopfer sind dabei unabhängig der jeweiligen Zahlungsvariante nicht oder aber nicht final der KAG zugewiesen; vielmehr steht ihr regelmäßig ein Ausgleichsanspruch im Sinne der gemäß § 29 Abs. 1, 31 Abs. 3 InvG zu, der aus dem Sondervermögen beglichen wird.[821] § 2 Abs. 2 InvG stellt damit übereinstimmend klar, dass Sondervermögen von einer KAG für Rechnung der An-

815 Vgl. Canaris, BVR, Rn. 263, 272 ff.
816 Vgl. Fn. 547.
817 Vgl. Canaris, BVR, Rn. 250 ff.
818 Flume, S. 189.
819 Marburger, in: Staudinger(2009), § 783 Rn. 1; Canaris, BVR, Rn. 322, 920, 2013.
820 Bitter, S. 39, 115. Zum Merkmal „für Rechnung", vgl. BGH NJW 1980, S. 1163.
821 Schmitz, in: B/S/L, I § 31 Rn. 14; Zur Abwicklung vgl. Ohl, S. 35.

leger verwaltet werden. Das Merkmal „für Rechnung des Anweisenden“ bereitet aber nur scheinbar Probleme. Sieht man nämlich das Merkmal „für Rechnung des Anweisenden“ als Abgrenzungsmerkmal zur Verfolgung eines eigenen Leistungszwecks[822] (der Depotbank) und berücksichtigt man zudem hinsichtlich der Frage, ob eine Leistung der KAG oder der Anleger in Betracht kommt, die Besonderheiten der Treuhandkonstruktion,[823] ist das Nichterfüllen des Merkmals des Handelns der KAG für eigene Rechnung der Einordnung als Anweisungssituation nicht abträglich: Die aufgrund der Weisung im Sinne des § 25 S. 2 InvG erfolgende Zuwendung der Depotbank an einen Dritten ist dementsprechend als eine im Deckungsverhältnis erfolgende Leistung gegenüber der KAG zu sehen, wohingegen die KAG durch die Zuwendung der Depotbank im Valutaverhältnis eine Leistung an den Dritten als Gläubiger erbringt.[824] Keine Leistungsbeziehung im Rechtssinne bestehen danach zwischen der Depotbank und dem Gläubiger der KAG.[825] Die Erfüllung der KAG gegenüber deren Gläubiger geschieht einhergehend mit der Leistung der Depotbank an die KAG im Deckungsverhältnis (Simultanleistung).[826] Die Konstruktion wird dabei durch die Tilgungsbestimmung des Anweisenden getragen. Erfüllungstechnisch wird der Gläubiger der KAG darüber hinaus zum Empfangsboten für die anweisende KAG hinsichtlich der Leistungszweckbestimmung der angewiesenen Depotbank gegenüber der KAG im Deckungsverhältnis; die Depotbank überbringt aber – einhergehend mit ihrer Zuwendung an den Veräußerer – die Tilgungsbestimmung der KAG als deren Erklärungsbotin.[827]

b) Zahlungsvarianten 2 und 3: Zulässigkeit „neben“ § 25 S. 2 Nr. 1 Var. 1 InvG?

Aus den speziell geregelten Zahlungsgründen des § 25 S. 2 Nr. 1 InvG – nämlich den Varianten 1 bis 3 des § 25 S. 2 Nr. 1 InvG („Kaufpreis“, „Transaktionskosten“ und „sonstige Gebühren“) – ergibt sich die Frage, ob die Zahlungsvarianten 1 und 3 (Zahlung aus dem Sondervermögen, Verauslagung und Befreiungsanspruch) nebeneinander stehen können oder ob lediglich eine Zahlung

822 Solomon, S. 45 m.w.N.

823 BGH NJW 1961, S. 1461 erachtete in Zusammenhang mit der Treuhand den äußeren Schein der Rechtsinhaberschaft eines Kontos als maßgeblich.

824 Solomon, S. 44; Lorenz, in: Staudinger(2007), § 812 Rn. 49.

825 Sprau, in: Palandt, § 812 Rn. 57 ff.; BGH NJW 1994, S. 2357; Kötter, in: AcP 153 (1954) S. 193 (198); Reuter/Martinek, § 10 I 2 b; Lorenz, in: Staudinger(2007), § 812 Rn. 49.

826 Vgl. Fn. 814.

827 Schwab, in: MüKoBGB, § 812 Rn. 67; BGH WM 1976, S. 904.

im Sinne des § 25 S. 2 Nr. 1 Var. 1 InvG in Betracht kommt oder ob § 25 S. 2 Nr. 1 Var. 1 InvG hinsichtlich des Kaufpreises einen „exklusiven" Zahlungsvorgang beschreibt. Es ist auch bei den anderen beschriebenen Zahlungsvarianten (Verauslagung der KAG sowie Abkürzung des Zahlungswegs durch Nutzung eines Aufwendungsersatz als Befreiungsanspruch) angesichts der die *Zahlstellenfunktion*[828] der Depotbank regelnden und sämtliche Transaktionen für das Sondervermögen erfassenden Vorschrift des § 25 S. 2 Nr. 1 InvG eine Weisung der KAG erforderlich.[829] Allerdings ändern sich die normativen Grundlagen der Weisung: Im Gegensatz zu der Weisung im Sinne der Zahlungsvariante 1, den Kaufpreis zu begleichen, die auf § 25 S. 2 Nr. 1 Var. 1 InvG gestützt würde, erginge die Weisung in den Zahlungsvarianten 2 und 3 aufgrund eines Aufwendungsersatzanspruchs der KAG gemäß § 25 S. 2 Nr. 1 Var. 4 InvG im Sinne einer sonstigen durch die Verwaltung des Investmentvermögens bedingten Verpflichtung. Zwar erscheinen im Sinne des § 25 S. 2 InvG einerseits der Regress nach einer Verauslagung sowie andererseits der „abgekürzte Zahlungsweg" grundsätzlich denkbar. Der „abgekürzte Zahlungsweg" wäre aber auf einen Befreiungsanspruch zu stützen und in § 25 S. 2 Nr. 1 Var. 4 InvG zu verankern. So würde bei den Zahlungsvarianten 1 und 3 der Kaufpreisanspruch des Gläubigers – unter Rückgriff auf jeweils verschiedene Vorschriften, nämlich einerseits auf § 25 S. 2 Nr. 1 Var. 1 InvG (Kaufpreis) oder andererseits auf § 25 S. 2 Nr. 1 Var. 4 InvG (sonstige Verpflichtungen) – getilgt.

Bei der Zahlungsvariante 2, die zwar ebenfalls in § 25 S. 2 Nr. 1 Var. 4 InvG verankert werden müsste, wäre der Kaufpreisanspruch des Gläubigers bereits zum Zeitpunkt der Weisung der KAG im Sinne des § 25 S. 2 Nr. 1 Var. 4 InvG erloschen. Flüchtig betrachtet könnte erwogen werden, dass sich die KAG den Kaufpreisanspruch des Verkäufers abtreten lässt (§ 398 BGB) und dann die Depotbank gemäß § 25 S. 2 Nr. 1 InvG anweist, an sich als neuen Gläubiger zu zahlen. Dies ist aber nicht möglich, da es bei der Begleichung durch die KAG für deren eigene Rechnung zur Erfüllung kommt (§ 362 Abs. 1 oder § 364 Abs. 1 BGB)[830]. Ebenfalls scheitert ein Zahlungsverlangen der KAG nach einer Abtretung des Anspruchs des Verkäufers auch in dem Fall, in dem die KAG nicht bereits auf den Kaufpreisanspruch gezahlt hat, sondern aufgrund eines neuen Schuldverhältnisses zwischen ihr und dem Verkäufer tätig wurde. Zwar besteht bis zu einer Abtretung noch der Kaufpreisanspruch, allerdings kommt es einhergehend mit der Abtretung zu einer Vereinigung von Forderung und Schuld

828 Vgl. Fn. 655.

829 BT-Drucks. 15/1553, S. 84.

830 Vgl. zum Streitstand Fn. 760.

(*Konfusion*),[831] da Gegenstand der Abtretung zwischen dem Verkäufer und der KAG dessen Kaufpreisanspruch ist, den die KAG wegen des im eigenen Namen geschlossenen Vertrages selbst schuldet. Schon da die KAG den Anspruch für sich selbst und nicht für das Sondervermögen erwerben will, scheidet angesichts der Interessenlage unter Berücksichtigung der Treuhandkonstruktion eine etwaige Modifizierung dieser Folge der Abtretung aus.[832]

Ob die im Ergebnis wirtschaftlich gleichen Zahlungsvarianten 1 und 3 angesichts ihrer unterschiedlichen normativen Verankerung nebeneinanderstehen, ist anhand des Normverhältnisses zwischen §§ 25 S. 2 Nr. 1 Var. 4; 29 Abs. 1; 31 Abs. 3 InvG und § 25 S. 2 Nr. 1 Var. 1 InvG sowie unter Berücksichtigung der den Normen zugrunde liegenden Regelungsabsichten,[833] deren Verschränkungen und Zusammenspiel[834] und der Rechtsfolgen und deren Verhältnis[835] zu betrachten. Durch eine darauf basierende Auslegung soll die optimale Entfaltung der Normen erreicht werden.[836] Einher mit der Betrachtung des Normverhältnisses geht die Frage, ob sich das aus § 257 BGB ergebende Verhältnis von Aufwendungsersatz- und Befreiungsanspruch auf das InvG übertragen lässt.[837] Wird nämlich die Zahlungsvariante 3 – weil sich in § 25 S. 2 Nr. 1 InvG eine spezielle Regelung der Kaufpreiszahlung befindet – verdrängt, kann sich der für die Zahlungsvariante 3 vorausgesetzte Aufwendungsersatzanspruch nicht als Befreiungsanspruch fortsetzen. Auch wenn nämlich eine verwaltungsbedingte Verpflichtung, die Begleichung eines seitens der KAG entstehenden Aufwendungsersatzanspruchs, in der speziellen Form des Befreiungsanspruchs, durch den Vertragsabschluss der KAG mit dem Verkäufer einer Immobilie entstehen könnte, liegt dem dennoch ein Kaufpreisanspruch eines Dritten zugrunde, der (exklusiv) im Wege der „Bezahlung des Kaufpreises“ in § 25 S. 2 Nr. 1 Var. 1 InvG, und eben nicht über eine der anderen Varianten des § 25 S. 2 InvG zu begleichen sein könnte. Gleiches würde dann für die anderen in den Varianten 1 bis 3 des § 25 S. 2 Nr. 1 InvG speziell geregelten Zahlungsgründe gelten. Relevanz kommt dabei insbesondere den Erwerbsnebenkosten zu. Unter Nebenkosten fal-

831 Zur Konfusion, vgl.: BGH NZI 2009, 428 (429); BGH NJW 1967, S. 2399; Grüneberg, in: Palandt, Überbl v § 362 Rn. 4.

832 Ausnahmen vom Grundsatz der Konfusion können dort bestehen, wo diese mit Rücksicht auf Dritte geboten sind, vgl. BGH NZI 2009, S. 428 (429); BGH NJW 1967, S. 2399; Grüneberg, in: Palandt, Überbl v § 362, § 363 Rn. 4.

833 Larenz/Canaris, S. 37.

834 Larenz/Canaris, S. 85.

835 Larenz/Canaris, S. 87.

836 Larenz/Canaris, S. 157.

837 Gerhardt, S. 3. Zu anderen materiell-rechtlichen Grundlagen, vgl. Görmer, S. 3.

len namentlich die Maklerprovision, Rechtsberatungskosten und Kosten im Zusammenhang mit der Änderung des Grundbuchs, Notarkosten – vor allem im Zusammenhang mit der Beurkundung des Kaufvertrages – sowie Kosten für technische Maßnahmen, beispielsweise für Vermessungen und Kosten für Sachverständige, Statiker und Architekten und schließlich die Grunderwerbsteuer.

aa) Hintergründe der Begleichung durch Verauslagung

Nähme man an, der Verkäufer hätte gegen die KAG einen fälligen und einredefreien Anspruch auf Kaufpreiszahlung und die Depotbank käme der Weisung der KAG nicht nach, weil sie (unzutreffend) der Annahme wäre, sie sei (noch) nicht zur Begleichung des Kaufpreises der KAG gemäß § 25 S. 2 Nr. 1 Var. 1 InvG verpflichtet, erschiene es möglich, dass die KAG selbst die Forderung des Verkäufers gemäß § 433 Abs. 2 BGB begliche, um eine Zwangsvollstreckung in ihr Vermögen abzuwenden. Zwar stünde die KAG im Vergleich zu einer Zwangsvollstreckung in ihr Vermögen durch Dritte nicht offensichtlich schlechter, dennoch würden sich die im Fall der Zahlungsverweigerung bereits mit der Weisungsaussprache ergebenden Unsicherheiten in Bezug auf einen möglichen Regressanspruch der KAG fortsetzen. Unsicherheiten erscheinen bei Immobilien-Sondervermögen vor allem in Bezug auf den Erwerb zulässiger Vermögensgegenstände, dabei namentlich solcher des § 67 Abs. 1 Nr. 1 bis 3 und Abs. 2 S. 1 InvG sowie bei Grundstückstransaktionen mit Auslandsbezug naheliegend.[838] Da es sich hierbei um für die Anlagegrenzen relevante Vorgänge handelt, unterliegen diese nicht nur der im Rahmen des Auszahlungsvorgangs des § 25 S. 2 Nr. 1 Var. 1 InvG durchzuführenden Prüfung der Gesetzes- und Vertragsbedingungskonformität durch die Depotbank, sondern auch im Rahmen des Erwerbsvorgangs deren Kontrolle im Sinne des § 27 Abs. 1 Nr. 5 InvG.

Aus Verkäuferperspektive scheint eine Zahlung der KAG für eigene Rechnung auf den ersten Blick wünschenswert, würden doch dadurch für den Verkäufer die mit der Weisungserteilung an die Depotbank verbundenen Risiken in den Hintergrund treten. Gleichwohl bliebe aber das unüberwindbare Risiko bestehen, dass die Forderung nicht vollständig abgedeckt würde. Unabhängig davon, dass das Eigenvermögen[839] der KAG nicht dem Zweck dient, Verauslagungen durchführen zu können,[840] kann eine KAG bei größeren Objekten angesichts der geringen Kapitalanforderungen des § 11 InvG schnell an die Grenzen ihrer

838 Dazu: Schultz-Süchting/Thomas, in: WM 2008, S. 2285 ff.

839 Vgl. Fn. 432.

840 Beckmann, in: Investment-Handbuch (EL 11/11), 410 § 11 Rn. 1. Vgl. auch §§ 11 und 2 Abs. 24 InvG.

Belastbarkeit kommen. Mit Blick auf § 25 S. 2 Nr. 1 Var. 1 InvG stellt sich dennoch die Frage, ob die beschriebene Art der Verauslagung der KAG mit anschließendem Regressverlangen durch das InvG zugelassen ist. Gemäß § 25 S. 2 Nr. 1 Var. 1 InvG führt nämlich die Depotbank auf Weisung der KAG die Bezahlung des Kaufpreises beim Erwerb von Immobilien durch. Käme daneben grundsätzlich auch ein Zahlungsvorgang in Betracht, bei dem die KAG selbst zahlen würde, hätte dies zunächst keine Auswirkungen auf das Sondervermögen. Der Vorgang der eigenen Zahlung der KAG wäre jedoch nicht auf den Zahlungsvorgang beschränkt, sondern müsste unter Einschluss des dahinterstehenden Gedankens eines anschließenden Regresses gegenüber den Anlegern – zu befriedigen aus dem Sondervermögen – betrachtet werden: Leistet die KAG vor, tilgt sie den Kaufpreis. Ein Regressverlangen kann die KAG im Anschluss an ihre Leistung dann nur auf einen Aufwendungsersatzanspruch – und damit auf eine dem § 29 Abs. 1 InvG zugrunde liegende Anspruchsgrundlage – stützen, den sie gemäß § 31 Abs. 3 in Verbindung mit § 29 Abs. 1 InvG von der Depotbank nach Aussprache einer entsprechenden Weisung im Sinne des § 25 S. 2 Nr. 1 Var. 4 InvG aus dem Sondervermögen befriedigen lässt.

bb) Aufwendungsersatz- und Befreiungsanspruch im InvG – Allgemeines

Allein der Formulierung des § 25 S. 2 Nr. 1 InvG nach ist eine eindeutige Antwort auf die Frage, ob die Zahlungsvarianten 1 und 3 nebeneinanderstehen, nicht möglich. Zwar ließe sich, sofern die gleiche Schuld zu tilgen wäre, anhand einer etwaigen Spezialität abgrenzen („Kaufpreis" gegenüber „sonstigen Verpflichtungen"); nicht dafür spricht aber die Formulierung der Norm, die eher gleichstufige Varianten andeutet. Auch kann eine Spezialität hinsichtlich des gleichen Anspruchsziels bei divergierenden Anspruchsgrundlagen bezweifelt werden. Sieht man nämlich die Zahlungsvariante 3, die einen Befreiungsanspruch darstellt, als Fortsetzung eines Aufwendungsersatzanspruchs, ist sie – auch wenn sie, wie die Weisung, auf den Kaufpreisanspruch zu zahlen, zur Tilgung führt – nicht auf den dem § 25 S. 2 Nr. 1 InvG zugrunde zu legenden § 433 Abs. 2 BGB, sondern auf § 670 BGB in Verbindung mit §§ 29 Abs. 1; 31 Abs. 3 InvG zu stützen. Grundsätzlich besteht, wenn im Eingehen einer Verbindlichkeit eine Aufwendung liegt,[841] gemäß § 257 BGB zu dem Aufwendungsersatzan-

841 BGH NJW 1989, 1920; OLG Hamm FamRZ 1992, 437; RGZ 151, 93 (99); Fischer, in: BeckOK-BGB(Ed. 23, 05/12), § 670 Rn. 8; Martinek, in: Staudinger(2006), § 670 Rn. 32; Hönn, in: jurisPK-BGB, § 670 Rn. 5, 7 ff.; Grüneberg, in: Palandt, § 256 Rn. 1.

spruch, der grundsätzlich auf Geldzahlung gerichtet ist,[842] ein besonderer und als unabhängig von der Forderung selbst[843] in der Regel sofort fälliger[844] Anspruch auf Befreiung von der Verbindlichkeit.[845] Bei diesem sind die Modalitäten der Befreiung insoweit grundsätzlich dem Befreienden überlassen, als die Befreiungswirkung eintritt.[846] Der Anspruchsinhalt richtet sich nach der zugrunde liegenden Verbindlichkeit.[847] Die Befreiung von der Verbindlichkeit erfolgt in der Regel durch Erfüllung im Sinne des § 362 Abs. 1 BGB.[848] Die Anwendung des § 257 BGB wird von *Schmitz*[849] im Rahmen des InvG verneint, da § 31 Abs. 3 InvG gegenüber § 257 BGB insofern speziell sei, als die Anleger bei Anwendung des § 257 BGB mangels Rechtspersönlichkeit des Sondervermögens für Verbindlichkeiten persönlich einzustehen hätten.[850] Aus § 257 BGB ergibt sich allerdings lediglich, dass derjenige, der „berechtigt ist, Ersatz für Aufwendungen zu verlangen, die er für einen bestimmten Zweck macht", die Befreiung von einer für diesen Zweck eingegangenen Verbindlichkeit verlangen kann. Unter Berücksichtigung der Möglichkeit der KAG, aus dem Sondervermögen Aufwendungsersatz zu verlangen, vor dem Hintergrund der Vermögenssonderungs- und Vermögensschutzvorschriften des InvG, steht daher der grundsätzlichen Anwendung des § 257 BGB nichts im Wege. Auch lässt sich der im Hinblick auf die Erstattungsfähigkeit von Kosten abschließende Charakter des § 29 Abs. 1 InvG[851] nicht gegen § 257 BGB heranziehen, weil eine Befreiung durch Zahlung an einen Dritten lediglich einen Erlöschensgrund für den bis dahin bestehenden Aufwendungsersatzanspruch darstellen würde. Zwar muss eine Befreiung nicht grundsätzlich durch Zahlung herbeigeführt werden,[852]

842 Krüger, in: MüKoBGB, § 256 Rn. 8; Hönn, in: jurisPK-BGB, § 670 Rn. 1.

843 BGH NJW 2010, S. 2197; Grüneberg, in: Palandt, § 257 Rn. 1.

844 § 271 Abs. 1 BGB; BGH NJW 1984, S. 2151 (2153). Vgl. auch Görmer, S. 60. Das Weisungserfordernis des § 25 S. 2 Nr. 1 InvG, verlagert allerdings den Zeitpunkt auf die Gesetzes- und Vertragsbedingungskonformität durch die Depotbank.

845 Krüger, in: MüKoBGB, § 256 Rn. 8, § 257 Rn. 7; Seiler, in: MüKoBGB, § 670 Rn. 13. Grüneberg, in: Palandt, § 257 Rn. 1. Zum Verhältnis von Aufwendungsersatz- und Befreiungsanspruch vgl. Unberath, in: BeckOK-BGB(Ed. 23, 05/12), § 257 Rn. 1.

846 Krüger, in: MüKoBGB, § 257 Rn. 4.

847 Gerhardt, S. 7.

848 Gernhuber, Erfüllung, § 22, 7. Zu den Erfüllungsvoraussetzungen: Eckert, SR AT, Rn. 667; Esser/Schmidt, § 17 II.

849 Schmitz, in: B/S/L, I § 31 Rn. 22. In diese Richtung lässt sich auch Steder, in: Handbuch der Wertpapieranlage, S. 834 (848 f.) verstehen.

850 Beckmann, in: Investment-Handbuch (EL 3/07), 410 § 31 Rn. 40 hält § 257 BGB für anwendbar.

851 Beckmann, in: Investment-Handbuch (EL 4/06), 410 § 29 Rn. 4.

852 Vgl. KG OLGZ 1973, S. 54 (57).

allerdings sind trotz der weiten Formulierung des § 25 S. 2 Nr. 1 Var. 4 InvG („Begleichung“) für die Frage, inwiefern überhaupt etwas anderes als eine Zahlung in Betracht kommt, die Schutzvorschriften zugunsten des Sondervermögens und vor allem im *Interesse der Anleger* zu betrachten. Zwar deutet schon § 29 Abs. 1 InvG anhand der Formulierung, dass „Ersatz von Aufwendungen auszahlen“ sei, eine Zahlung an, dennoch wird dies durch § 29 Abs. 2 InvG relativiert, worin von einem Entnehmen der Vergütung durch die Depotbank die Rede ist.[853]

Einem Befreiungsanspruch stünde auch § 31 Abs. 2 InvG nicht entgegen, da es angesichts dessen, dass er nur einen Aufwendungsersatzanspruch „fortsetzt“, nicht zu einer unzulässigen Haftung des Sondervermögens kommt. Die „Abkürzung des Zahlungswegs“ ließe sich überdies auf § 41 Abs. 1 S. 1 InvG stützen, worin von Aufwendungserstattungen an Dritte die Rede ist. Ein so „abgekürzter Zahlungsweg“ erscheint durchaus praktikabel, dürfte allerdings nicht dem Gesetzeszweck zuwiderlaufen, was sowohl angesichts der Spezialität des „Kaufpreises“ gegenüber „sonstigen Verpflichtungen“ als auch insbesondere mit Blick auf eine mögliche Umgehung von Kontrollbefugnissen der Depotbank denkbar erscheint. Käme aber ein solcher „abgekürzter Zahlungsweg“ in Betracht, könnten Auszahlungen an Dritte insofern unmittelbar aus dem Sondervermögen vorgenommen werden, als der KAG durch das Eingehen der Verbindlichkeit ein Aufwendungsersatzanspruch zustünde. Wäre aber ein Aufwendungsersatzverlangen hinsichtlich der Kaufpreiszahlung angesichts einer „Doppelerfassung“ über § 25 S. 2 Nr. 1 InvG – neben der ausdrücklichen Nennung des Zahlungsgrundes (beispielsweise Kaufpreis) über eine „durch die Verwaltung bedingte Verpflichtung“ – ausgeschlossen, könnte mangels Bestehens kein Aufwendungsersatzanspruch der KAG durch einem Dritten gepfändet werden.[854]

cc) Aufwendungsersatz im Sinne des § 29 Abs. 1 InvG

Gemäß § 29 Abs. 1 InvG darf die Depotbank der Kapitalanlagegesellschaft aus den zu einem Sondervermögen gehörenden Konten nur die für die Verwaltung

853 Im Vergleich zu § 29 Abs. 2 InvG fällt dabei zunächst die unterschiedliche Formulierung auf („auszahlen“ und „entnehmen“). Während „Entnehmen“ mit Blick auf die Vermögensgegenstände als weiter verstanden werden könnte, sodass nicht nur das Barvermögen, sondern auch körperliche Gegenstände in Betracht kämen, ist dies, wie auch das Fehlen des Aufwendungsersatzes in § 29 Abs. 2 InvG als eine Ungenauigkeit des Gesetzgebers anzusehen. Zu Letzterem: Köndgen, in: B/S/L, I § 29 Rn. 10.

854 Vgl. zu dieser Möglichkeit Beckmann, in: Investment-Handbuch (EL 3/07), 410 § 31 Rn. 12; Geßler, in: WM-Beilage 4/1957, S. 10 (19).

des Sondervermögens zustehende Vergütung und den ihr zustehenden Ersatz von Aufwendungen auszahlen.[855] § 29 Abs. 1 InvG selbst beinhaltet aber keine Definition von Aufwendungen. Deshalb liegt es nahe, auf den Aufwendungsbegriff des § 670 BGB zurückzugreifen.[856] In diesem Sinne stellen Aufwendungen freiwillige Vermögensopfer im Interesse eines anderen dar.[857] Erfasst werden neben freiwilligen Vermögensopfern auch Kosten, die eine notwendige Folge der Ausführung darstellen.[858] Als Aufwendungen sind ebenfalls die Eingehung einer Verbindlichkeit zur Auftragsausführung und die Risikoübernahme anzusehen.[859] Von § 670 BGB werden (jedenfalls bei analoger Anwendung) auch Schäden erfasst.[860] Dass § 29 Abs. 1 InvG von einem der KAG „zustehenden Ersatz von Aufwendungen" spricht, ist als Verweis auf vorhandene Anspruchsgrundlagen zu sehen.[861] Dabei kommen neben vertraglichen Ansprüchen (Vertragsbedingungen der KAG, Depotbankvertrag) auch gesetzliche Ansprüche (Geschäftsbesorgungs- und Auftragsrecht) in Betracht. Diese werden durch das InvG, dabei primär durch die Anforderungen des § 41 Abs. 1 S. 1 InvG, überlagert und modifiziert.[862] § 41 Abs. 1 S. 1 InvG fordert von der KAG für Vergütungen und Aufwendungserstattungen aus dem Sondervermögen die Angabe von Methode, Höhe und Berechnungsgrund in den Vertragsbedingungen. Aufwendungen können demnach – ungeachtet des Erfüllens sonstiger Voraussetzungen – nur liquidiert werden, wenn sie bereits in den Vertragsbedingungen benannt sind.[863] Es wird allerdings vertreten, dass dies wegen des Sinns und Zwecks der Vorschrift nicht für Aufwendungsersatzansprüche im Zusammen-

---

855 Vgl. Fn. 853.

856 Köndgen/Schmies, in: BRH, § 113 Rn. 129.

857 Grüneberg, in: Palandt, § 256 Rn. 1; Seiler, in: MüKoBGB, § 670 Rn. 6.

858 BGH NJW 1953, S. 377 (378); Sprau, in: Palandt, § 670 Rn. 3.

859 BGH NJW 1989, 1920; OLG Hamm FamRZ 1992, 437; RGZ 151, 93 (99); Fischer, in: BeckOK-BGB(Ed. 23, 05/12), § 670 Rn. 8; Martinek, in: Staudinger(2006), § 670 Rn. 32; Hönn, in: jurisPK-BGB, § 670 Rn. 5, 7 ff.; Grüneberg, in: Palandt, § 256 Rn. 1.

860 BGH NJW 1985, S. 269; BGH NJW 1963, S. 390; BGH NJW 1961, S. 359; BGH NJW 1960, 1568 (1569); Looschelders, S. 274 ff., 417 f.; Sprau, in: Palandt, 670 Rn. 8, 11; Schulze, in: BGB-HK, § 670 Rn. 7. Ausführlich: Seiler, in: MüKoBGB, § 670 Rn. 14.

861 Köndgen, in: B/S/L, I § 29 Rn. 2.

862 BAG NJW 2004, S. 2036 (2038). Die Liquidation nicht erforderlicher Aufwendungen wird angesichts des dispositiven Charakters des § 670 BGB als möglich, gleichwohl aber regelmäßig gegen § 307 Abs. 2 Nr. 1 BGB verstoßend erachtet, vgl. Köndgen, in: B/S/L, I § 29 Rn. 6.

863 Köndgen, in: B/S/L, I § 29 Rn. 6; Baur, in: Assmann/Schütze, § 20 Rn. 210; Nieding, in: WM 1995, S. 965 (967). A.A. Einmahl, in: ZIP 2002, S. 381 (387 f.).

hang mit dem Erwerb von Vermögensgegenständen gelte.[864] Nach dieser Auffassung könnte das Sondervermögen bei der Geltendmachung von Aufwendungsersatz für die Begleichung von Kaufpreisansprüchen (nach einer Verauslagung) ungeachtet des § 41 Abs. 1 S. 1 InvG herangezogen werden. § 41 Abs. 1 S. 1 InvG entzieht dem insofern die Grundlage, als es dort an einer entsprechenden Differenzierung fehlt.

aaa) Rückgriff auf § 670 BGB?

Wenngleich § 29 Abs. 1 InvG seinem Wortlaut nach nur den nach einer anderen Vorschrift „zustehenden Ersatz von Aufwendungen" erfasst und so ein Zugriff der KAG auf Mittel des Sondervermögens vor der Vornahme von Aufwendungen im Wege eines Vorschusses im Sinne des § 669 BGB nicht in Betracht kommt,[865] erscheint ein Rückgriff auf § 670 BGB grundsätzlich denkbar.[866] Gemäß § 670 BGB kann „der Beauftragte" die für die Ausführung des Auftrags getätigten Aufwendungen, die er den Umständen nach für erforderlich halten durfte, vom Auftraggeber verlangen.

Betrachtet man den Vorgang eines Grundstückserwerbs im Hinblick auf die nach dem Vertragsabschluss entstehenden Leistungspflichten, könnten sich Zweifel an der Wahl der Anspruchsgrundlage insofern ergeben, als die Depotbank gemäß § 25 S. 2 Nr. 1 InvG auf Weisung der KAG die Zahlung an den Verkäufer durchführt. Dies könnte nämlich von § 667 Var. 2 BGB erfasst sein. § 667 Var. 2 BGB stellt allerdings keine im Sinne des § 29 Abs. 1 InvG zugrunde zu legende Anspruchsgrundlage dar. Gemäß § 667 Var. 2 BGB hat der Beauftragte dem Auftraggeber alles, was er zur Ausführung des Auftrags erhält und was er aus der Geschäftsbesorgung erlangt, herauszugeben. Angesichts der beim Erwerb stattfindenden Surrogation käme lediglich eine Besserstellung des Sondervermögens, nicht dagegen eine Besserstellung der Depotbank, die in diesem Zusammenhang die „Beauftragte", die etwas erlangt haben müsste, darstellen müsste, in Betracht. § 667 Var. 2 BGB wird der vorliegenden Situation insgesamt mehrfach nicht gerecht: Zwar lässt sich noch die „Beauftragung" der

864 Schmitz, in: B/S/L, I § 41 Rn. 9.

865 Köndgen, in: B/S/L, I § 29 Rn. 6; Seegebarth, S. 22. Krüger, in: MüKoBGB, § 257 Rn. 6. Da § 29 Abs. 1 InvG den der KAG „zustehenden Aufwendungsersatz" behandelt, kommt nur § 670 BGB, nicht aber § 669 BGB in Betracht. Zur Einordnung des (allerdings nicht über § 29 Abs. 1 InvG geltend zu machenden) Ausgabepreises als Vorschuss: Seegebarth, S. 23.

866 Siara/Tormann, § 11 Anm. VII. Wohl nur grundsätzlich auf § 670 BGB zurückgreifend: Canaris, BVR, Rn. 2416, 2439.

Depotbank durch die KAG begründen; auch führt die Stellung der KAG als Treuhänderin der Anleger nicht zwingend zu der Annahme, die Anleger seien die „Auftraggeber“ im Sinne der Norm; dennoch entsteht, wenn die Depotbank beim Zahlungsvorgang mit Auswirkungen für das Sondervermögen tätig wird, kein im Sinne des § 667 Var. 2 BGB herauszugebender „Überschuss“. Auch wenn Vermögenssonderung gegen eine Anwendung der Norm spricht, ist ohnehin der Anwendungsbereich des § 667 Var. 2 BGB mangels etwas aus der Geschäftsbesorgung Erlangtem nicht eröffnet, sofern die Depotbank untätig bleibt. Auch ist ein herauszugebender „Überschuss“ nur denkbar, wenn die KAG leistet und das Sondervermögen insoweit (zunächst) nicht belastet wird. Eine damit zusammenhängende Vermögenseinbuße der KAG, die sich in einem (theoretischen) „Überschuss“ des Sondervermögens spiegeln würde, wäre nur in einem solchen Fall denkbar, in dem die KAG ihren Anspruch (im Sinne des § 25 S. 2 Nr. 1 InvG) selbst vereiteln würde.[867] Der Fall muss wieder im Kontext der §§ 25 S. 2 Nr. 1 Var. 4; 29 Abs. 1; 31 Abs. 3 und § 25 S. 2 Nr. 1 Var. 1 InvG beurteilt werden: Hat die KAG beispielsweise einen Vertrag geschlossen, aufgrund dessen von ihrem Vertragspartner die geschuldete Leistung bewirkt wurde, und weist sie dann die Depotbank an, eine Auszahlung aus dem Sondervermögen vorzunehmen, zahlt aber nach Aussprache der Weisung ohne erkennbaren Anlass selbst aus, hat die KAG Aufwendungen getätigt, die sie im beschriebenen Fall angesichts fehlender Erforderlichkeit nicht ersetzt verlangen kann. Aus dem Normkontext der §§ 25 S. 2 Nr. 1 Var. 4; 29 Abs. 1; 31 Abs. 3 gegenüber § 25 S. 2 Nr. 1 Var. 1 InvG ergibt sich nämlich, wie noch zu zeigen sein wird, dass nach einer Weisung der KAG (grundsätzlich[868]) keine eigene Leistung der KAG mehr in Betracht kommt.[869] Im Gegensatz zu § 667 Var. 2 BGB kommt die Anwendung des § 670 BGB im Zusammenhang mit den §§ 29 Abs. 1; 31 Abs. 3 InvG in Betracht.[870]

867 Dies ist unabhängig davon, ob die Depotbank der gesetzes- und vertragsbedingungskonformen Weisung nicht nachkommt.

868 Ausnahmen sind denkbar, denn die Depotbank der Weisung nicht nachkommt, vgl. Kapitel 3, 2. b) cc) bbb).

869 Zu den Erwägungen im Zusammenhang mit einem Weisungswiderruf, vgl. Löhnig, S. 209.

870 BGH NJW-RR 2003, S. 921 (922).

bbb) Erforderlichkeit der Aufwendungen

Im Falle des Rückgriffs auf § 670 BGB müsste das *Erforderlichkeitskriterium* beachtet werden.[871] Zur Beurteilung der Erforderlichkeit im Sinne des § 670 BGB ist ein objektiver Maßstab mit subjektivem Einschlag maßgeblich.[872] Danach ist der *verständigen* Ermessensentscheidung eine sorgfältige, alle Umstände des konkreten Falls berücksichtigende Prüfung über die Notwendigkeit der Aufwendung zugrunde zu legen. Unabhängig davon müssten aber auch im Fall der Annahme, dass es auf das *Erforderlichkeitskriterium* des § 670 BGB angesichts der Abdingbarkeit der Norm nicht ankäme,[873] beim Rückgriff auf andere Anspruchsgrundlagen zwingende gesetzliche Vorschriften und diese ergänzende vertragliche Abreden eingehalten werden, die wie das *Erforderlichkeitskriterium* wirken könnten. Hält man aber § 670 BGB grundsätzlich für uneingeschränkt anwendbar, ist dessen *Erforderlichkeitskriterium* dennoch (vor allem) durch das InvG geprägt: Denn der im Rahmen des § 670 BGB geltende Beurteilungsgrundsatz, dass der Mangel einer objektiven Erforderlichkeit aufgrund einer sorgfältigen, an die Umstände des konkreten Falls angepassten subjektiven Prüfung und einer darauf basierenden (subjektiven) Bejahung der Erforderlichkeit aufgewogen werden kann,[874] lässt sich nicht aufrechterhalten. Wäre nämlich ein Aufwendungsersatzverlangen im Sinne der §§ 29 Abs. 1; 31 Abs. 3; 25 S. 2 Nr. 1 Var. 4 InvG nach einer vorausgegangenen Verauslagung ebenso denkbar, wie die Weisung an die Depotbank, gemäß § 25 S. 2 Nr. 1 Var. 1 InvG eine Zahlung aus dem Sondervermögen heraus vorzunehmen, müsste angesichts der Überschneidung der beiden Zahlungsvarianten in § 25 S. 2 Nr. 1 InvG ein auf vergleichbare objektive[875] Kriterien zurückführbarer Ansatz, der eine Vergleichbarkeit ermöglicht, zugrunde gelegt werden. So modifiziert sich das *Erforderlichkeitskriterium* des § 670 BGB für den Fall, dass Aufwendungsersatz nach einer Verauslagung verlangt wird, anhand des § 25 S. 2 InvG, worin das Erfordernis der Einhaltung gesetzlicher Vorschriften und der Vertragsbedingungen statuiert wird. Dies ergibt sich schon aus dem Erfordernis der Einhaltung gesetzlicher Vorschriften und der Vertragsbedingungen selbst: So besteht beispielsweise seitens der KAG beim Erwerb kein Ermessen bezüglich der Frage, ob sich der Erwerb eines Gegenstands in Einhaltung der Anlagegrenzen des § 67 InvG

871 Schmitz, in: B/S/L, I § 31 Rn. 22; Beckmann, in: Investment-Handbuch (EL 3/07), 410 § 31 Rn. 40. Zur Abwicklung im Innenverhältnis: Ohl, S. 35.

872 Sprau, in: Palandt, § 670 Rn. 4.

873 Köndgen, in: B/S/L, I § 29 Rn. 6.

874 Sprau, in: Palandt, § 670 Rn. 4.

875 „Objektiv“ ist dabei angesichts zahlreicher unbestimmter Rechtsbegriffe zu sehen, vgl. dazu z.B. Beckmann, in: Investment-Handbuch (EL 3/06), 410 § 26 Rn. 48.

bewegt oder ob durch den Erwerb die Anlagegrenzen überschritten werden. Ungeachtet dessen besteht bei einem Erwerb, der gesetzliche Vorschriften und die Vertragsbedingungen einhält, insbesondere also im Rahmen der Anlagegrenzen stattfindet, seitens der KAG aber ein sich auf ihre Befugnis, Anlageentscheidungen treffen zu können, erstreckender Spielraum, beispielsweise hinsichtlich der Wahl eines von mehreren in Betracht kommenden Anlageobjekten, der nicht beschnitten wird.[876] So führt das InvG einerseits zur Objektivierung des *Erforderlichkeitskriteriums* des § 670 BGB, andererseits erzwingt die „Doppelerfassung" eines Vorgangs – nämlich hier konkret die Kaufpreiszahlung an den Gläubiger der KAG oder die Erstattung von Aufwendungsersatz für die Kaufpreiszahlung der KAG – einen dem § 25 S. 2 InvG immanenten Vergleichbarkeitsgesichtspunkt. Es liegt daher mit Blick auf den Schutz der Integrität des Sondervermögens nahe, die Voraussetzungen des Regresses im Sinne des § 25 S. 2 Nr. 1 Var. 4 InvG – unabhängig der dem § 25 S. 2 Nr. 1 Var. 4 InvG zugrunde gelegten Anspruchsgrundlage – an den Voraussetzungen der Zahlung im Sinne des § 25 S. 2 Nr. 1 Var. 1 InvG zu messen. Für die Beurteilung des auf einen Aufwendungsersatzanspruch gestützten Regressverlangens im Anschluss an eine Verauslagung müsste dann (lediglich) hypothetisch eine Zahlung gemäß § 25 S. 2 Nr. 1 Var. 1 InvG erwogen werden. So würde eine Vergleichbarkeit der Zahlungsvarianten hergestellt. Natürlich ergeben sich daraus Zweifel an der Eigenständigkeit des *Erforderlichkeitskriteriums* des § 670 BGB, sodass die Anwendung der Norm wiederum hinterfragt werden kann. Dies ließe sich allerdings angesichts der Anforderungen der §§ 25 S. 2; 22 Abs. 1 S. 2 InvG nur scheinbar vermeiden, wenn die Voraussetzungen der hypothetischen Zahlung gemäß § 25 S. 2 Nr. 1 Var. 1 InvG schon in das *Erforderlichkeitskriterium* – und damit in das der Weisung zugrunde liegende Geschäft – hineingelesen würden. Einen Unterschied wiese dies dann auf, wenn man nicht § 670 BGB, sondern eine andere Anspruchsgrundlage[877] wählte. Dann müsste eine Harmonisierung – falls diese im Rahmen der konkreten Norm nicht möglich wäre – wiederum in § 25 S. 2 Nr. 1 InvG selbst stattfinden.

Die KAG darf, unabhängig des gewählten Ansatzes, aufgrund des dem § 25 S. 2 InvG immanenten Vergleichbarkeitsgesichtspunktes, im Fall einer Verauslagung nur dasjenige für erforderlich halten, was auch bei einer Zahlung im Wege des § 25 S. 2 Nr. 1 Var. 1 InvG ausgezahlt werden dürfte. Eine darauf beru-

876 Vgl. Kapitel 2, C. III. Nicht vom Spielraum erfasst sind Verstöße gegen Verhaltensregeln der KAG.

877 Bei einer Anspruchsgrundlage aus den Vertragsbedingungen müssten zwar lediglich die gesetzlichen Vorschriften eingehalten werden, dennoch müsste sich ein Regress an den §§ 25 S. 2; 22 Abs. 1 S. 2 InvG messen lassen.

hende, in Übereinstimmung mit den gesetzlichen Vorschriften und den Vertragsbedingungen stehende und von der Depotbank nach deren Prüfung[878] zutreffenderweise als wirksam erachtete Weisung müsste dann seitens der Depotbank ausgeführt werden, sodass seitens der KAG auch im Fall der Verauslagung an einen Aufwendungsersatzanspruch gegenüber den Anlegern, der aus dem Sondervermögen zu begleichen wäre, gedacht werden kann.[879] Umgekehrt wäre mit Blick auf § 25 S. 2 Nr. 1 Var. 1 InvG („Kaufpreis") ein Regress im Sinne des § 25 S. 2 Nr. 1 Var. 4 InvG nach Verauslagung bei solchen Geschäften der KAG ausgeschlossen, bei denen die Weisung von der Depotbank – nach deren rechtlicher Prüfung – nicht durchgeführt werden dürfte.[880]

Unsicherheiten sind dabei besonders im Hinblick auf die Erwerbsgegenstände und Anlagegrenzen denkbar, dies insbesondere bei Grundstückstransaktionen mit Auslandsbezug.[881] Darf die Depotbank bei derartigen Geschäften die Weisung der KAG nicht durchführen, ist die KAG wegen des Vertragsabschlusses im eigenen Namen zur Zahlung verpflichtet[882] und ihr steht kein Aufwendungsersatzanspruch zu.[883] Es erscheint dabei nicht ausgeschlossen, bereits in der Vornahme eines solchen Geschäfts, bei Kenntnis oder grob fahrlässiger Unkenntnis der maßgeblichen Umstände, einen Verstoß gegen die ordnungsgemäße Verwaltung im Sinne des § 9 Abs. 1 S. 1 InvG zu sehen. Nicht erst bei der im Erfüllungsstadium auftretenden Frage nach der möglichen Begleichung von Forderungen durch die Depotbank aus dem Sondervermögen, sondern bereits beim Eingehen der Verbindlichkeit können also Probleme auftreten. Diese resultierten aber nicht *per se* daraus, dass die KAG im eigenen Namen Verpflichtungen eingeht, die im Normalfall aus dem Sondervermögen beglichen werden, da § 25 S. 2 Nr. 1 InvG gerade für solche vom InvG vorgesehenen Fälle der eigenen Verpflichtung der KAG (im Rahmen ordnungsgemäßer Verwaltung) eingreift.

Auch wenn die Anleger im Außenverhältnis vor einer Haftung geschützt werden (§ 31 Abs. 2 und Abs. 3 InvG), kann das Sondervermögen im Rahmen ordnungsgemäßer Verwaltung unter Berücksichtigung des § 31 Abs. 2 S. 1 InvG zur Verbindlichkeitsbegleichung herangezogen werden. Das Eingehen der Ver-

878 Eingeschlossen ist eine Rechtsgrundprüfung, vgl. Köndgen, in: B/S/L, I § 25 Rn. 4.

879 Zur Person des Schuldners und zu den Zahlungsmodalitäten vgl. Köndgen, in: B/S/L, I § 29 Rn. 7.

880 Dazu nur: Reiss, S. 151, 242.

881 Vgl. Schultz-Süchting/Thomas, in: WM 2008, S. 2285 ff.

882 Schmitz, in: B/S/L, I § 31 Rn. 11.

883 Canaris, BVR, Rn. 2440, 2416 denkt (wohl gerade für solche Fälle) einen Bereicherungsanspruch an.

bindlichkeit der KAG mit der Absicht, diese durch Zuhilfenahme des Sondervermögens zu begleichen, ist also wie eine Verauslagung mit anschließendem Regressverlangen nur dann als problematisch einzustufen, wenn eine Missachtung des Grundsatzes der ordnungsgemäßen Verwaltung vorliegt. Vor diesem Hintergrund kann die KAG, wenn sie bereits eine Weisung an die Depotbank im Sinne des § 25 S. 2 Nr. 1 Var. 1 InvG ausgesprochen hat, unter dem Gesichtspunkt ansonsten widersprüchlichen Verhaltens (§ 242 BGB) und (infolgedessen) mangels Erforderlichkeit (im Sinne des § 670 BGB) keinen Aufwendungsersatz im Sinne des § 670 BGB in Verbindung mit §§ 25 S. 2 Nr. 1 Var. 4; 29 Abs. 1; 31 Abs. 3 InvG für eine Verauslagung im Zeitraum zwischen der Aussprache der Weisung und der Zahlung der Depotbank (sofern überhaupt gezahlt wurde) verlangen. Anders ist jedoch der Fall zu beurteilen, in dem die KAG eine gesetzes- und vertragsbedingungskonforme Weisung im Sinne des § 25 S. 2 Nr. 1 Var. 1 InvG an die Depotbank aussprach und die Depotbank dieser Weisung ganz oder teilweise pflichtwidrig nicht nachkam. Hier würde eine fristgemäße Zahlung der KAG auf den Kaufpreisanspruch des Dritten nicht nur zur Abwendung der Zwangsvollstreckung in ihr (eigenes) Vermögen, sondern auch der Vermeidung von Folgekosten dienen.[884] Diese könnten dann möglicherweise im Wege eines Schadens-, Aufwendungsersatz- oder gar Bereicherungsanspruchs von der KAG gegenüber der Depotbank geltend gemacht werden.[885] Das Sondervermögen bliebe aber abseits des dann dem *Erforderlichkeitskriterium* genügenden Aufwendungsersatzanspruchs im Sinne des § 670 BGB in Verbindung mit §§ 25 S. 2 Nr. 1 Var. 4; 29 Abs. 1; 31 Abs. 3 InvG von diesen Vorgängen unberührt. Stiege in diesem Fall möglicherweise das Konfliktpotenzial zwischen KAG und Depotbank oder der Verwaltungsaufwand der KAG, wäre das aus Anlegerperspektive zwar nicht wünschenswert, jedoch nur dann nachteilig und liefe dem *Interesse der Anleger* zuwider, wenn sich der erhöhte Aufwand in Kosten – beispielsweise in Abwicklungs- oder Anwaltskosten – niederschlüge, die sich in der Verwaltungsvergütung abbildeten.

dd) Auswirkungen von § 67 Abs. 5 S. 1 InvG

Im Gegensatz zu den Zahlungsvarianten 1 und 3 erfolgt die Zahlung bei der Zahlungsvariante 2 zunächst aus dem Eigenvermögen[886] der KAG. Für diese Zahlungsvariante, aber auch für die Zahlungsvariante 3, die auf der Zahlungsvariante 2 aufbaut, weil sie den sich an die Zahlungsvariante 2 anschließenden

884 Zu diesem Gedanken vgl. Canaris, BVR, Rn. 2426, 2449.

885 Krüger, in: MüKoBGB, § 257 Rn. 12.

886 Vgl. Fn. 432.

Aufwendungsersatzanspruch in einem Befreiungsanspruch „fortsetzt", ist § 67 Abs. 5 S. 1 InvG in den Blick zu nehmen. Gemäß § 67 Abs. 5 S. 1 InvG darf ein Vermögensgegenstand für ein Immobilien-Sondervermögen nur erworben werden, wenn er zuvor von einem Sachverständigen bewertet wurde und die aus dem Sondervermögen zu erbringende Gegenleistung den ermittelten Wert nicht oder nur unwesentlich übersteigt.[887] Das Erfordernis der Bewertung des Gegenstands durch einen Sachverständigen stellt eine Erwerbsvoraussetzung dar, die seitens der KAG, wie auch die Wertäquivalenz zu beachten ist.[888]

Eine Bewertung ist erforderlich für die Frage, ob die Gegenleistung im Sinne des § 67 Abs. 5 S. 1 InvG dem Wert des Gegenstands nahezu entspricht. Der Wert der zu erwerbenden Immobilie soll dabei objektiv ermittelt werden. Deshalb wird die Bewertung vor dem Erwerb im Sinne des § 67 Abs. 5 S. 1 InvG von einem unabhängigen Sachverständigen durchgeführt. Der unabhängige Sachverständige darf keinem Sachverständigenausschuss der KAG angehören.[889] Dem liegt der Gedanke der Trennung von Erstbewertung und Folgebewertungen zugrunde.[890] Auch wenn es angesichts dessen an Regelungen für die Erstbewertung fehlt,[891] lassen sich für die Frage nach den Voraussetzungen der Erstbewertung die Regelungen für Folgebewertungen heranziehen.[892] Insbesondere ist für die Frage der Unabhängigkeit des Sachverständigen § 77 Abs. 2 S. 2 InvG maßgeblich.[893]

Für die Wertfeststellung kommt es auf den Erwerbszeitpunkt an. Es ist also zukunftsorientiert zu bewerten.[894] Besondere Bedeutung hat dies für sich im Bau befindende Erwerbsgegenstände. Auch wenn für die Direktanlage in Immobilien und die Beteiligung an Immobiliengesellschaften dieselben Bewertungsregeln gelten,[895] divergiert der Wertansatz: Während nämlich für Gegenstände im Sinne der §§ 67 Abs. 1, 2 und 68 Abs. 1 InvG gemäß § 79 Abs. 1 S. 4 InvG zunächst der Kaufpreis als Wert angesetzt werden kann,[896] sind Immobilien, die indirekt gehalten werden, weil sie über die Beteiligung an einer Immobilien-

887 Vgl. Fn. 774.
888 Zur Wertermittlung vgl. Windorfer, in: Van Kann, Rn. 973 ff.
889 Klusak, in: B/S/L, § 67 Rn. 3, 42; § 77 Rn. 15.
890 Klusak, in: B/S/L, § 67 Rn. 36, § 77 Rn. 5; § 79 Rn. 10 f.
891 Klusak, in: B/S/L, § 77 Rn. 9.
892 Klusak, in: B/S/L, § 77 Rn. 9.
893 Klusak, in: B/S/L, § 67 Rn. 35. Unmittelbar gilt § 77 Abs. 2 InvG aber nicht, vgl. Klusak, in: B/S/L, § 77 Rn. 10.
894 Klusak, in: B/S/L, § 67 Rn. 34; § 77 Rn. 8.
895 Klusak, in: B/S/L, § 70 Rn. 1.
896 Klusak, in: B/S/L, § 79 Rn. 2, 6, 11.

Gesellschaften im Sinne des § 68 Abs. 1 InvG erworben werden, gemäß § 68 Abs. 2 S. 2 InvG mit dem Verkehrswert anzusetzen.[897]

Für die Zahlungsvarianten 2 und 3 ist im Rahmen des § 67 Abs. 5 S. 1 InvG auch die unscheinbar wirkende Formulierung, dass die Gegenleistung aus dem Sondervermögen zu erbringen ist, relevant.[898] Daraus könnten zwei Schlüsse gezogen werden: Erstens läge es angesichts der Formulierung fern, bei Missachtung des § 67 Abs. 5 S. 1 InvG einen zur Surrogation führenden Bezug zum Sondervermögen anzunehmen, sodass es bei Missachtung des § 67 Abs. 5 S. 1 InvG nicht zu einer Zuordnung der Erwerbsgegenstände zum Sondervermögen käme; zweitens könnte aus § 67 Abs. 5 S. 1 InvG eine scharfe Trennung zwischen § 670 BGB in Verbindung mit §§ 25 S. 1 Nr. 1 Var. 4; 29 Abs. 1; 31 Abs. 3 InvG und § 25 S. 2 Nr. 1 Var. 1 InvG folgen, sodass alles, was eine aus dem Sondervermögen zu erbringende Gegenleistung im Sinne des § 67 Abs. 5 S. 1 InvG darstellt, nicht von der KAG für ein von ihr abgeschlossenes Geschäft im Wege des Aufwendungsersatzes im Sinne des § 29 Abs. 1 InvG verlangt werden könnte. Hätte die KAG nun bereits den Kaufpreis verauslagt, bestünden zwei Probleme: Erstens wäre die Gegenleistung zum Zeitpunkt des Aufwendungsersatzverlangens bereits erbracht und zweitens wäre dafür nicht das Sondervermögen, sondern das Eigenvermögen[899] der KAG herangezogen worden. Zwar würde der im Regressfall auszuzahlende Aufwendungsersatz aus dem Sondervermögen erbracht, allerdings angesichts vorhergehender Erfüllung nicht als Gegenleistung im Sinne des § 67 Abs. 5 S. 1 InvG.

Betrachtet man das InvG und dabei besonders die Vorschriften über zulässige Vermögensgegenstände anderer Sondervermögen, fällt auf, dass die Formulierung, wonach die Gegenleistung[900] aus dem Sondervermögen zu erbringen ist, einzigartig ist. Selbst in § 67 InvG finden sich in Bezug auf die Gegenleistung ohne erkennbaren Grund untereinander abweichende Formulierungen (§ 67

---

897 Klusak, in: B/S/L, § 68 Rn. 17, § 79 Rn. 11.

898 Zum Gegenleistungsbegriff vgl. Klusak, in: B/S/L, I § 67 Rn. 33.

899 Vgl. Fn. 432.

900 Nebenkosten sind nicht vom Gegenleistungsbegriff erfasst, vgl. Klusak, in: B/S/L, § 67 Rn. 33. Dies erklärt sich daraus, dass die Nebenkosten nicht dem Verkäufer zugute kommen. Unter Nebenkosten fasst man beispielsweise die Maklerprovision, Rechtsberatungskosten und Kosten im Zusammenhang mit der Änderung des Grundbuchs, Notarkosten – vor allem im Zusammenhang mit der Beurkundung des Kaufvertrages – sowie Kosten für technische Maßnahmen, beispielsweise für Vermessungen und Kosten für Sachverständige, Statiker und Architekten und schließlich die Grunderwerbsteuer.

Abs. 1 InvG[901] und § 67 Abs. 2 InvG[902]). Auch wenn gemäß § 67 Abs. 8 InvG Verstöße gegen die Vorschriften des § 67 Abs. 1 bis 7 InvG keine Auswirkungen auf die Wirksamkeit des jeweiligen Rechtsgeschäfts haben, spricht einerseits der Vergleich der Vorschriften, andererseits die je nach Fallgestaltung variierende banktechnische Abwicklung gegen die streng formale Betrachtung: So fehlt es nämlich bei Banküberweisungen im Gegensatz zur Barzahlung technisch teils durchaus an einer „unmittelbaren Verknüpfung“ von Ab- und Zuflüssen bei Schuldner und Gläubiger.[903]

ee) Das Verhältnis zwischen den Varianten des § 25 S. 2 Nr. 1 InvG auf Grundlage eines Schreibens der BaFin

Ob die Zahlungsvarianten 2 und 3 hinsichtlich des Kaufpreises in Betracht kommen, wird durch ein Schreiben der BaFin[904] nicht ausdrücklich beantwortet. Gleichwohl lässt sich das Schreiben der BaFin durchaus für die Begründung der Alternativität der Zahlungsvarianten des § 25 S. 2 Nr. 1 InvG hinsichtlich des Kaufpreises[905] heranziehen. Nach Auffassung der BaFin können „Kosten, die im Zusammenhang mit dem Erwerb und der Veräußerung von Vermögensgegenständen entstanden sind (z. B. Notarkosten), sowie Kosten der Bekanntmachung der Jahres- und Halbjahresberichte, der Ausgabe- und Rücknahmepreise und ggf. der Ausschüttungen und des Auflösungsberichtes“[906], ersatzfähige Aufwendungen im Sinne des § 29 Abs. 1 InvG darstellen. Klargestellt wird damit zunächst, dass etwaige Aufwendungen im Zusammenhang mit Notarkosten, sofern konkret die Voraussetzungen für einen Aufwendungsersatzanspruch vorliegen, auch im Regressfall nach einer vorausgegangenen Begleichung durch die KAG für deren eigene Rechnung verlangt werden können. Es fällt allerdings sofort auf, dass die Äußerung sich aufgrund der Wahl des Beispiels „Notarkosten“ nicht auf den Kaufpreis selbst bezieht. Insofern offenbart

---

901 „Für ein Immobilien-Sondervermögen erwerben“ im Sinne des § 67 Abs. 1 InvG würde der Formulierung nach ohne Weiteres auch einen Erwerb für Rechnung der KAG mit nachträglicher Zuordnung zum Sondervermögen erfassen.

902 Die Formulierung „für Rechnung eines Immobilien-Sondervermögens erwerben“ ist im Vergleich zu § 67 I InvG enger und erfasst dem Wortlaut nach gerade nicht den Erwerb für Rechnung der KAG.

903 Vgl. Köndgen, in: JuS 2011, S. 481 ff.

904 BaFin, Rundschreiben 6/2010 (WA) vom 02.07.2010 zu den Aufgaben und Pflichten der Depotbank nach den §§ 20 ff. InvG, VIII. 6. b).

905 Zu den Nebenkosten vgl. Klusak, in: B/S/L, § 67 Rn. 33.

906 BaFin, Rundschreiben 6/2010 (WA) vom 02.07.2010 zu den Aufgaben und Pflichten der Depotbank nach den §§ 20 ff. InvG, VIII. 6. b).

sich ein Unterschied zu den bisherigen Ausführungen: Notarkosten stellen in Bezug auf § 25 S. 2 InvG einen Fall der Transaktionskosten dar (§ 25 S. 2 Nr. 1 Var. 3 InvG). Auch wenn aber der Kaufpreis nicht genannt ist, lässt sich für diesen eine Schlussfolgerung ziehen. Wenn Notarkosten demnach neben § 25 S. 2 Var. 3 InvG auch § 25 S. 2 Var. 4 InvG zugeordnet werden könnten, muss dies erst recht für den Kaufpreis gelten. § 25 S. 2 InvG selbst lassen sich diesbezüglich keine weiteren Erkenntnisse entnehmen. Betrachtet man zudem die Vorgängerregelungen des § 25 S. 2 InvG, erweist sich auch dies als nicht auschlussreich: Zwar erfasste die Vorgängerregelung des § 25 S. 2 InvG, ursprünglich § 11 Abs. 4 KAGG, anschließend § 12a Abs. 2 KAGG, die Verpflichtung zur Bezahlung des Kaufpreises beim Erwerb von Wertpapieren oder sonstigen Vermögensgegenständen und weitere Verpflichtungen (Leistung von Einschüssen, Lieferung, Zahlung des Rücknahmepreises, Rücknahme, Ausschüttung der Gewinnanteile); Transaktionskosten waren aber in der Vorschrift nicht geregelt. Wenngleich sich allein daraus eine differenzierte Behandlung von Kaufpreis und Transaktionskosten folgern ließe, die nun auch in § 25 S. 2 Nr. 1 InvG verankert werden könnte, ist dieser Gedanke schon angesichts dessen, dass die Pflicht zur Zahlung dieser Kosten, sonstiger Gebühren und die Pflicht zur Begleichung sonstiger durch die Verwaltung bedingter Verpflichtungen schon im KAGG in den §§ 25g Abs. 3 S. 2 und 31 Abs. 7 S. 1 KAGG geregelt war, zu verwerfen.[907] Die Depotbank hatte also, wie bei § 12a Abs. 2 KAGG auf Weisung der KAG, sonstige, durch die Verwaltung des Sondervermögens bedingte Verpflichtungen zu erfüllen. So zeigt sich anhand der Betrachtung der Vorgängervorschriften, dass § 25 S. 2 InvG die Vorgängerregelungen hinsichtlich der Begleichung von Forderungen Dritter zusammengeführt und weiterentwickelt hat. In Gänze nun durch § 25 S. 2 Nr. 1 InvG erfasst sind die im Fall eines Immobilienerwerbs durch eine KAG in Betracht kommenden Kosten, nämlich der Kaufpreis sowie Transaktionskosten im Sinne von § 41 Abs. 2a InvG (einschließlich Erwerbsnebenkosten), namentlich Maklerprovision, Rechtsberatungskosten und Kosten im Zusammenhang mit der Änderung des Grundbuchs, Notarkosten – vor allem im Zusammenhang mit der Beurkundung des Kaufvertrages – sowie Kosten für technische Maßnahmen, beispielsweise für Vermessungen und Kosten für Sachverständige, Statiker und Architekten und schließlich die Grunderwerbsteuer.

Warum der Kaufpreises in dem Schreiben der BaFin nicht erwähnt wurde, kann offenbleiben. Allein aber aus der Nichterwähnung des Kaufpreises lässt sich nicht darauf schließen, dass der Kaufpreis nicht im Wege eines Aufwen-

907 § 25g Abs. 3 S. 2 KAGG betraf Beteiligungs-Sondervermögen, § 31 Abs. 7 S. 1 KAGG Grundstücks-Sondervermögen.

dungsersatzanspruchs geltend gemacht werden kann. Dies hätte ansonsten zur Folge, dass der Kaufpreis exklusiv durch einen Zahlungsvorgang im Sinne des § 25 S. 2 Nr. 1 Var. 1 InvG zu begleichen wäre, während für Transaktionskosten sowohl § 25 S. 2 Var. 3 InvG als auch § 25 S. 2 Var. 4 InvG in Betracht kämen. Eine derartige Differenzierung zwischen dem Kaufpreis und den Transaktionskosten folgt weder aus dem Schreiben noch aus dem Gesetz und ist also im Rahmen der Zahlungsvarianten abzulehnen.

c) Die Zahlungsvarianten im Einklang mit dem InvG

Auch wenn die Zahlungsvarianten 1 bis 3 (grundsätzlich) nebeneinanderstehen, sind bei den Zahlungsvarianten 2 und 3 die Voraussetzungen des § 41 Abs. 1 S. 1 InvG zu beachten.[908] Die Annahme der Gleichrangigkeit der Zahlungsvarianten harmonisiert mit der Ausfüllung des Aufwendungsbegriffs im Sinne von § 67 Abs. 1 Nr. 2 InvG, worunter nämlich auch Erwerbskosten, insbesondere also auch der Kaufpreis, gefasst werden.[909] Dennoch kann daraus nicht stets die Zulässigkeit jeder Zahlungsvariante gefolgert werden: Ist beispielsweise eine Weisung an die Depotbank ausgesprochen, eine Zahlung gemäß § 25 S. 2 Nr. 1 Var. 1 InvG vorzunehmen, ist die Zahlungsvariante 2 grundsätzlich ausgeschlossen.[910] Außerdem ist stets zu beachten, dass transaktionsbezogene Zahlungsvorgänge so vorgenommen werden, dass die KAG zwischenzeitlich, nämlich solange noch deren Verbindlichkeit nicht erloschen ist, keinen Zugriff auf Mittel des Sondervermögens hat.[911] Dieser sich auch in den die *Zahlstellenfunktion*[912] der Depotbank ausprägenden Vorschriften widerspiegelnde Gedanke beruht auf den im InvG verankerten und sich aus dem Anlegerinteresse ergebenden Schutzwürdigkeitserwägungen zugunsten des Sondervermögens (Vermögens- und Haftungssonderung)[913], insbesondere im Ausschluss einer missbräuchlichen Nutzung der Mittel des Sondervermögens durch die KAG, in einer Minimierung von Insolvenzrisiken sowie in der Verhinderung von Verzögerungen.

---

908 Nieding, in: WM 1995, S. 965 (967). A.A.: Einmahl, in: ZIP 2002, S. 381 (387 f.); Schmitz, S. 123; Beckmann, in: Investment-Handbuch (EL 3/07), 410, § 31 Rn. 40. Schmitz, in: B/S/L, I § 41 Rn. 9.

909 Klusak, in: B/S/L, I § 67 Rn. 13.

910 Vgl. Kapitel 3, A. II. 2. b) cc) bbb).

911 Köndgen, in: B/S/L, I § 25 Rn. 2; Beckmann, in: Investment-Handbuch (EL 3/06), 410 § 25 Rn. 3.

912 Vgl. Fn. 655.

913 Vgl. Kapitel 2, A. V. 1.

Unabhängig der sich aus § 25 S. 2 InvG ergebenden Anforderungen an das der Weisung zugrunde liegende Geschäft ist die Zahlungsvariante 2 grundsätzlich nicht mit zusätzlichen Unsicherheiten behaftet. Zwar sind Unterschreitungen der Mindestkapitalanforderungen im Sinne des § 11 InvG denkbar, werden aber angesichts dessen, dass der KAG regelmäßig einhergehend mit der Verbindlichkeitsbegründung ein Anspruch auf die Leistung erwächst, den Ausnahmefall darstellen. Sollte es aber zu einer Unterschreitung der Mindestkapitalanforderungen kommen, würde die KAG gegen ihre gesetzlich angeordnete Pflicht zur Erhaltung einer ausreichenden Liquidität verstoßen.[914] Unsicherheiten erscheinen im Zusammenhang mit dem Ergebnis der bereits beschriebenen hypothetischen Prüfung der Depotbank hinsichtlich einer Weisung im Sinne des § 25 S. 2 Nr. 1 Var. 1 InvG denkbar. Es käme nicht tatsächlich zu einer Prüfung seitens der Depotbank im Zusammenhang mit § 25 S. 2 Nr. 1 Var. 1 InvG. Das Ergebnis einer hypothetischen Prüfung lässt sich jedoch im Zusammenhang mit § 25 S. 2 Nr. 1 Var. 4 InvG in die Kriterien des Aufwendungsersatzanspruchs – also in die den §§ 25 S. 2 Nr. 1 Var. 4; 29 Abs. 1; 31 Abs. 3 InvG zugrunde liegende Anspruchsgrundlage (im Falle des § 670 BGB in das *Erforderlichkeitskriterium*) – spiegeln.[915] Zwar dürfte die Depotbank ihre Einschätzung nicht anstelle der Einschätzung der KAG setzen – insbesondere müsste der Spielraum der KAG[916] beachtet werden, dennoch lassen sich die Zahlungsvarianten 1 und 2 insofern harmonisieren, als Zahlungen gemäß § 25 S. 2 Nr. 1 InvG in beiden Fällen unter vergleichbaren Voraussetzungen erfolgen; im Sinne der Zahlungsvariante nämlich dann, wenn Aufwendungen im Sinne einer dem § 29 Abs. 1 InvG zugrunde liegenden Anspruchsgrundlage getätigt wurden, die im Falle des § 670 BGB dem *Erforderlichkeitskriterium* genügten.[917] In diesem Fall nimmt die Depotbank die Auszahlung vor. Andererseits erfordert § 25 S. 2 Nr. 1 Var. 1 InvG eine Zahlung, wenn eine Weisung der KAG erging und die Depotbank bei deren Prüfung die Übereinstimmung mit gesetzlichen Vorschriften und den Vertragsbedingungen feststellte. Bestünde dabei im Rahmen des § 25 S. 2 Nr. 1 Var. 1 InvG ein Spielraum, wäre dieser auf § 25 S. 2 Nr. 1 Var. 4 InvG zu übertragen.

Zwar hat die Depotbank sich stets an den Vorgaben des InvG zu orientieren, dennoch ist das Ergebnis der Prüfung selbst dann, wenn man entgegen der hier

914 Canaris, BVR, Rn. 2426. Schultz-Süchting/Thomas, in: WM 2008, S. 2156 (2159) erwägen die darlehensweise Beschaffung, falls nötig.

915 Vgl. Kapitel 3. A. II. 2. b) cc) bbb).

916 Vgl. Kapitel 2, C. III.

917 In Bezug auf die Nebenkosten ist dabei zunächst das Hauptgeschäft, anschließend sind die Nebenkosten selbst in den Blick zu rücken.

vertretenen Auffassung nicht nur bezüglich der Beanstandungs-, sondern auch bezüglich der Prüfungskompetenz der Depotbank der vom BGH vorgenommenen Einschränkung auf eine Rechtmäßigkeitskontrolle folgt,[918] nicht stets vorhersehbar und – vor allem angesichts zahlreicher unbestimmter Rechtsbegriffe – wohl in der Regel als unbeeinflussbar hinzunehmen. In Bezug auf die Folgen im Vergleich zwischen den §§ 25 S. 2 Nr. 1 Var. 4; 29 Abs. 1; 31 Abs. 3 InvG und § 25 S. 2 Nr. 1 Var. 1 InvG ist dies allerdings nicht wesentlich: Verneint nämlich die Depotbank die Gesetzes- und Vertragsbedingungskonformität, ist das wirtschaftliche Ergebnis für die KAG im Hinblick auf den nicht gegebenen Aufwendungsersatzanspruch im Sinne der Zahlungsvariante 2 gleich dem, im Fall einer seitens der Depotbank versagten Zahlung aus dem Sondervermögen im Sinne der Zahlungsvariante 1. Während die KAG in dem Fall, in dem ihr seitens der Depotbank (zu Recht) eine Zahlung gemäß § 25 S. 2 Nr. 1 Var. 1 InvG versagt wird, selbst für die Verbindlichkeit einstehen muss (§ 31 Abs. 2 InvG), fehlt es der KAG im Fall der Zahlungsvariante 2 an einem Aufwendungsersatzanspruch. In beiden Fällen obliegen ihr also final die Kosten.

In praktischer Hinsicht bleibt zu bemerken, dass hinsichtlich des Kaufpreises die Zahlungsvarianten 1 und 2 beziehungsweise 2 und 3 schon angesichts verschiedener Zahlungswege abgegrenzt werden können, nicht jedoch die Zahlungsvarianten 1 und 3. Fehlt es an einem eindeutigen Hinweis, wird man hinsichtlich des Kaufpreises[919] stets von der Zahlungsvariante 1 ausgehen können. Erstreckt sich die Weisung der KAG aber nicht nur auf den Kaufpreis, sondern auch auf Nebenkosten, liegen der Weisung dann (mindestens) zwei Varianten des § 25 S. 2 InvG zugrunde. Hinsichtlich der Nebenkosten kann die KAG die Depotbank anweisen, die Kosten im Sinne des § 25 S. 2 Var. 3 zu begleichen – dann läge eine Situation im Sinne der Zahlungsvariante 1 hinsichtlich der Nebenkosten vor –, sie zunächst aus dem Vermögen der KAG zu verauslagen – dann läge eine Situation im Sinne der Zahlungsvariante 2 vor – oder den durch das Eingehen der Verbindlichkeit entstehenden Aufwendungsersatzanspruch der KAG im Sinne der Zahlungsvariante 3 durch einen darauf aufbauenden Befreiungsanspruch abzukürzen.

918 BGH WM 2001, S. 2053 f. Vgl. Kapitel 2, C. III. 2.

919 Dies gilt auch für die anderen ausdrücklich aufgeführten Zahlungsgründe („Transaktionskosten" und „sonstige Gebühren").

3. Ausgleichsmöglichkeiten bei Fehlern im Zusammenhang mit Zahlungen

a) Allgemeines

Betrachtet man die Zahlungsvarianten 1 und 3 (besonders dabei die Zahlungsvariante 1), gilt bereicherungsrechtlich der Grundsatz des Ausgleichs der jeweiligen Parteien des fehlerhaften Verhältnisses.[920] Bei der in Bezug auf eine bereicherungsrechtliche Rückabwicklung relevantesten Situation, bei der jedenfalls das Verhältnis des Anweisenden (KAG) zu dem Anweisungsempfänger (Verkäufer) im Valutaverhältnis nichtig ist, kann grundsätzlich der Anweisende kondizieren.[921] Ist zusätzlich das Deckungsverhältnis nichtig, handelt es sich um einen Doppelmangel, der nach teilweise vertretener Ansicht einen Ausgleich entlang der Leistungsbeziehungen nach sich zieht.[922] Nach anderer Ansicht wird eine Durchgriffskondiktion befürwortet.[923]

Es sind durchaus Fälle einer wirksamen Verpflichtung der KAG aber gleichwohl unwirksamen Anweisung wegen einer Missachtung der Vorschriften des InvG denkbar, bei denen zugleich andere gesetzliche Vorschriften beachtet wurden. Dass die Depotbank selbstständig ohne Anweisung zahlt, erscheint jedoch in Anbetracht der vor der Auszahlung liegenden Prüfungspflichten nicht als naheliegend. Die Wahrscheinlichkeit einer Kondiktion der Depotbank gegenüber dem Verkäufer ist daher als gering einzuschätzen. Dass, unter Zugrundelegung einer Anweisungssituation in der Regel lediglich der KAG – und nicht der Depotbank – ein Bereicherungsanspruch gegenüber dem Verkäufer zustehen kann, lässt sich angesichts deren geringer Kapitalanforderungen auf den ersten Blick in Bezug auf Risikotragungsgesichtspunkte kritisieren. Allerdings wird die KAG, wie auch die Depotbank, wenn ihr ein Anspruch zustünde, nicht für sich selbst tätig: Erworbene Ansprüche gehören dann gemäß § 30 Abs. 2 InvG kraft Surrogation zum Sondervermögen.[924] Für den Fall, dass die KAG den Anspruch nicht geltend macht, kommen wegen einer Verletzung der Verwaltungspflicht der KAG auch Ansprüche der Anleger und der Depotbank im Sinne des § 28 Abs. 1 Nr. 1 InvG in Betracht.

---

920 BGHZ 87, S. 393 (395); C. Wolf, S. 44; Seiler, S. 50 ff.

921 Eingehend zur bereicherungsrechtlichen Seite der fehlgeschlagenen Banküberweisung: Seiler, S. 57 ff.; Winkelhaus, in: BKR 2010, S. 441 ff.; BGH NJW 1984, S. 483. Kritisch zum Leistungsbegriff: Staake, in: WM 2005 S. 2113 (2115).

922 Schwab, in: MüKoBGB, § 812 Rn. 73; V. Caemmerer, JZ 1962, S. 385 (388 f.).

923 BGH NJW 2001, S. 2880 (2881); BGH NJW 1967, S. 1905 ff.; RGZ 86, 343 (349).

924 Canaris, BVR, Rn. 2440.

b) Korrektur fehlerhafter Vermögenszuordnungen – Verdrängung von Ausgleichsansprüchen durch spezielle Regelungen?

Die Frage, ob Ausgleichsansprüche durch eine analoge Anwendung von Vorschriften und/oder bereicherungsrechtliche Ansprüche, auch über § 684 S. 1 BGB (analog), in Betracht kommen, ist angesichts des Kontexts des InvG zu beantworten. Zuvorderst muss differenziert werden: Ist an der Rückabwicklung eine Partei außerhalb des Investment-Dreiecks beteiligt, fehlt es an speziellen Regelungen, sodass vor allem bereicherungsrechtliche Ansprüche denkbar sind. Ob auch ein bereicherungsrechtlicher Ausgleich innerhalb des Investment-Dreiecks in Betracht kommt, ist unklar und anhand der Betrachtung der Vorschriften des InvG zu klären.[925] Dem Gedanken eines solchen Ausgleichs liegen Fälle zugrunde, in denen eine Vermögenslage entsteht, die aus Sicht der KAG wegen einer eigenen, gegenüber Dritten nicht kompensierbaren Einbuße und einer (ungerechtfertigten) Mehrung des Sondervermögens korrekturbedürftig erscheint. Da die KAG das Sondervermögen verwaltet und Weisungen im Sinne des § 25 S. 2 InvG auszusprechen vermag und dabei dem Risiko ausgesetzt ist, dass die Depotbank den Weisungen nach Beanstandung eines Geschäfts der KAG nicht Folge leistet, erscheinen solche Einbußen im Zusammenhang mit Zahlungsvorgängen nicht ausgeschlossen. Angesichts dessen, dass eine Beanstandung der Depotbank sich auf die investmentrechtliche Zulässigkeit beschränken kann und Verträge der KAG gegenüber Dritten unberührt bleiben, liegt es nahe, der KAG dann einen Ausgleichsanspruch zu gewähren, soweit eine Mehrung des Sondervermögens eingetreten ist. Eine solche Mehrung kann sich als Folge einer Surrogation im Sinne des § 30 Abs. 2 Var. 2 InvG darstellen oder als Folge eines gesetzlichen Erwerbs im Sinne von §§ 946 ff. BGB. Die Surrogation schützt umgekehrt die Anleger vor aus ihrer Sicht ausgleichsbedürftigen Vermögenslagen.

aa) Vermögenslage des Sondervermögens

Da sich durch die Surrogation die Vermögenslage eines Sondervermögens ändert, ist diese für die Frage nach Ausgleichsansprüchen der KAG in Betracht zu ziehen. Es erscheint im Kontext des § 30 Abs. 2 Var. 2 InvG durchaus denkbar, dass ein Vorgang, der sich oberflächlich betrachtet als ein *Beziehungserwerb* darstellt, die Voraussetzungen nicht erfüllt und angesichts des Erscheinungs-

925 Bejahend: Canaris, BVR, Rn. 2440; Schrödemeyer/Baltzer, in: Brinkhaus/Scherer, § 10 KAGG, Rn. 38. Verneinend: Schmitz, in: B/S/L, I § 31 Rn. 23; Beckmann, in: Investment-Handbuch (EL 3/07), 410 § 31 Rn. 39. Gegen einen Rückgriff abseits von Vergütungs- und Aufwendungsersatz auch: Vom Berge und Herrendorff, S. 66 f.

bildes des Vorgangs von der Depotbank Gegenstände (statt zum Eigenvermögen[926] der KAG) zu einem Sondervermögen zugeordnet werden. Liegen die Voraussetzungen des *Beziehungserwerbs* dagegen vor, tritt die Surrogationswirkung des § 30 Abs. 2 Var. 2 InvG ein. An den Voraussetzungen der Surrogation fehlt es dagegen bei Geschäften der KAG für eigene Rechnung. Eine Surrogation kann auch nicht angenommen werden, wenn lediglich die Depotbank Gegenstände entgegen dem eigentlichen Verwendungszweck einem Sondervermögen zuordnet, da die Verwaltungskompetenz ausschließlich der KAG zugewiesen ist und sie somit allein berechtigt ist, den Verwendungszweck zu bestimmen.[927] Das bedeutet, dass nur dann, wenn die KAG bei einem als *Beziehungserwerb* erscheinenden Vorgang den Verwendungszweck im Sinne der Beziehungsklausel bestimmt, eine Surrogation stattfindet. Unabhängig von einer Surrogation ist aber ein gesetzlicher Erwerb im Sinne der §§ 946 ff. BGB möglich. Da die Surrogation im Sinne des § 30 Abs. 2 Var. 2 InvG ein Rechtsgeschäft voraussetzt, steht der *Beziehungserwerb* im engen Zusammenhang mit dem die Zahlungsvorgänge aus dem Sondervermögen heraus beschreibenden § 25 S. 2 InvG.

Betrachtet man nun den Fall der Surrogation (*Beziehungserwerb*) bei Zahlungsvorgängen im Sinne des § 25 S. 2 Nr. 1 InvG, erstellt die KAG spätestens zu dem Zeitpunkt, in dem die KAG eine Weisung im Sinne des § 25 S. 2 Nr. 1 Var. 1 InvG ausspricht oder nach einer Verauslagung die Zahlung von Aufwendungsersatz (§ 670 BGB in Verbindung mit §§ 25 S. 2 Nr. 1 Var. 4; 29 Abs. 1; 31 Abs. 3 InvG) verlangt, eine Beziehung zwischen dem von ihr vorgenommenen Rechtsgeschäft und dem betroffenen Sondervermögen, sodass Ansprüche und Erwerbsgegenstände gemäß § 30 Abs. 2 Var. 2 InvG zum entsprechenden Sondervermögen zugeordnet werden. Je früher dies geschieht, desto geringer ist das Risiko des Zugriffs von Gläubigern der KAG (Zwangsvollstreckung) auf die Erwerbsgegenstände (einschließlich Forderungen) vor der Zuordnung zum Sondervermögen. Es ist also sinnvoll, den Zugriffszeitraum zu verringern oder gar ganz zu beseitigen. Hierfür muss lediglich die für die Surrogation erforderliche Beziehung zum Sondervermögen frühzeitig erstellt werden. Dies kann insbesondere durch eine Bezeichnung des „Zielvermögens" in der Erwerbsvereinbarung geschehen.

Besteht bei einem Immobilienerwerb bereits frühzeitig eine Beziehung zu einem Sondervermögen, ergibt sich schon aus der von der KAG aufgrund des Erfordernisses einer ordnungsgemäßen Verwaltung zu verschaffenden Auflas-

926 Vgl. Fn. 432.

927 Vgl. Wolf, in: JuS 1975, S. 710 (714).

sungsvormerkung oder dem Antrag auf Eintragung in das Grundbuch – beim Fehlen vorhergehender Eintragungsanträge – ein dingliches Anwartschaftsrecht zugunsten des Sondervermögens.[928] Allerdings setzt eine Surrogation stets voraus, dass eine Zuordnung zu dem „richtigen" Vermögen möglich ist. Dies kann insbesondere dann problematisch werden, wenn von der KAG mehrere Sondervermögen verwaltet werden und die Konten und/oder Depots sich bei einer Depotbank befinden. Der die Surrogation ermöglichende Bezug zu einem bestimmten Sondervermögen wird aber bei einer Immobilientransaktion in der Regel jedenfalls dann vorliegen, wenn die Depotbank oder Sachverständige im Sinne des § 77 Abs. 2 S. 2 InvG bereits informiert wurden. Dies liegt insbesondere bei Erwerbsvorgängen der KAG angesichts der einzutragenden Auflassungsvormerkung nahe. Ob aber eine Surrogation erfolgt (ist), ist stets eine Frage des Einzelfalls.[929]

bb) Fehlen der Zahlungsvoraussetzungen des § 25 S. 2 Nr. 1 InvG

Betrachtet man die Zahlungsvarianten des § 25 S. 2 Nr. 1 InvG, zeigt sich, wie sich die Folgen der Surrogation auswirken können: Im Fall einer Verauslagung (Zahlungsvariante 2) kann es zu einer Mehrung des Sondervermögens kommen, wenn die Erwerbsgegenstände in das Sondervermögen surrogiert sind, aber die KAG auf das Sondervermögen angesichts dessen, dass die Voraussetzungen eines Aufwendungsersatzanspruchs nicht vorliegen, nicht zurückgreifen kann. Dann kommt auch die Zahlungsvariante 3 nicht mehr in Betracht, weil bereits infolge der Verauslagung die Verbindlichkeit der KAG gegenüber deren Gläubiger erloschen ist. Aber auch wenn die KAG „nur" verpflichtet ist und die Voraussetzungen einer wirksamen Weisung im Sinne des § 25 S. 2 Nr. 1 InvG nicht vorliegen, kann das Sondervermögen trotz der Verpflichtung der KAG nicht herangezogen werden. So ist es nicht nur bei den Zahlungsvarianten 2 und 3, sondern auch bei der Zahlungsvariante 1 möglich, dass eine aus Sicht der KAG korrekturbedürftige Situation entsteht, denn trotz einer etwaigen Pflichtwidrigkeit kann eine Surrogation – mit der Folge einer Vermögensmehrung – stattfinden und gleichzeitig eine Zahlung seitens der Depotbank verweigert werden. Schließt die KAG also ein Geschäft, das den Anforderungen, die an Weisungen im Sinne des § 25 S. 2 Nr. 1 Var. 1 InvG zu stellen sind, beziehungsweise den Kriterien des § 670 BGB oder §§ 25 S. 2 Nr. 1 Var. 4; 29 Abs. 1; 31 Abs. 3

---

928 BGH NJW 1982, 1639; Beckmann, in: Investment-Handbuch (EL 3/06), 410 § 26 Rn. 30.

929 Vgl. zum Zweck der Surrogationsvorschrift, das Unmittelbarkeitsprinzip zu überwinden: Coing, S. 102.

InvG nicht entspricht und damit pflichtwidrig ist, stellt sich die Frage, ob die in diesem Fall durch § 30 Abs. 2 InvG herbeigeführte Vermögenslage aufrechterhalten bleiben soll. An der Pflichtwidrigkeit scheitert die Surrogation nämlich nicht; im Gegenteil: Auch hier besteht die Möglichkeit, dass die KAG (erfolgreich) für ein Sondervermögen erwirbt, so beispielsweise unter Missachtung der Anlagegrenzen.[930]

cc) Ausgleichsmöglichkeiten

aaa) Ansprüche bei fehlerhafter Zuordnung der Gegenstände

Wenn die Depotbank Gegenstände trotz Fehlens der Surrogationsvoraussetzungen einem Sondervermögen zuordnet, stellt sich die Frage, ob Ausgleichsansprüche möglich sind. Kommt es zu Rückgabeverlangen der Anleger, könnte man zur Korrektur eines in Folge der Zuordnung möglicherweise überhöhten Inventarwerts[931] erwägen, dem Rückgabeverlangen in der Höhe der Wertabweichung einen Anspruch entgegenzuhalten, der das Verhältnis der KAG zu den Anlegern beträfe. Der Anspruch müsste sich dann – auch wenn die Konten und Depots im Fall der *Treuhandlösung* auf die KAG lauten – angesichts der in Bezug auf die Verwaltung des Investmentvermögens bestehenden Rechtsbeschränkungs- und Kontrollmechanismen des InvG gegen die hinter dem Sondervermögen stehenden Anleger auf die Herausgabe der vorteilhaften Rechtsstellung richten und wäre aus dem Sondervermögen zu begleichen.[932] § 36 Abs. 1 S. 1, 2 InvG zeigt, dass dies nicht ausgeschlossen ist: Der Inventarwert ermittelt sich gemäß § 36 Abs. 1 S. 1 InvG aus der Teilung des Wertes des Sondervermögens durch die Zahl der in den Verkehr gelangten Anteile und wird gemäß § 36 Abs. 1 S. 2 InvG von der Depotbank unter Mitwirkung der KAG oder von der KAG selbst ermittelt. Bei der Ermittlung gemäß § 36 Abs. 1 S. 2 InvG sind Verbindlichkeiten abzuziehen. Eine solche Verbindlichkeit würde sich bei der fehlerhaften Zuordnung von Gegenständen zu einem Sondervermögen aus § 812

930 Zu den (nur ordnungswidrigkeitsrechtlichen) Folgen der Überschreitung vgl. Klusak, in: B/S/L, I § 67 Rn. 47.

931 §§ 36 Abs. 1; 79 Abs. 3 InvG; Baur, in: Assmann/Schütze, § 20 Rn. 286.

932 So ließe sich Canaris, BVR, Rn. 2440 verstehen, der allerdings auch bei pflichtwidrigen Geschäften eine Surrogation annimmt. Vgl. zu Ansprüchen gegen die Anleger auch: Schmitz: B/S/L, § 31 Rn. 14; Reiss, S. 83 f. Zu den Zahlungsmodalitäten vgl. Köndgen, in: B/S/L, I § 29 Rn. 7, der die Anleger nicht als persönliche Entgeltschuldner sieht. Zur Konstruktion vgl. Canaris, BVR, Rn. 2392. Zum Bereicherungsgegenstand: Sprau, in: Palandt, § 812 Rn. 4; Leupertz, in: P/W/W, § 812 Rn. 29; Lorenz, in: Staudinger(2007), § 812 Rn. 66 ff.

Abs. 1 S. 1 Var. 2 BGB ergeben. Das Sondervermögen wäre nämlich in sonstiger Weise auf Kosten[933] der KAG gemehrt und es würde, da zwar eine Leistung des Dritten an die KAG vorliegen sollte, diese aber nicht das Sondervermögen tangiert hätte, an einer vorrangigen Leistung eines Dritten, wie sie bei einem pflichtwidrigen Geschäft für das Sondervermögen in der Regel gegeben sein wird, fehlen.[934] Auch hätte das Sondervermögen die Mehrung ohne Rechtsgrund erfahren.

Die Erfüllung dieses Herausgabeanspruchs würde bei fehlerhaften Gutschriften durch Belastung des „falschen" Kontos und Gutschrift auf dem „richtigen" Konto erfolgen, bei verwahrten Gegenständen, insbesondere Wertpapieren, durch Zuordnung zum richtigen Depot. Wenn es sich um einen Immobilienerwerb durch eine KAG handelt, darf bei einem Erwerb der KAG für eigene Rechnung im Zuge der Grundbuchänderung keine Verfügungsbeschränkung (*Depotbanksperrvermerk*) gemäß §§ 76 Abs. 1 S. 1; 26 Abs. 1 Nr. 3 InvG eingetragen werden. Geschieht dies dennoch, kann die KAG gemäß § 894 BGB deren Löschung verlangen.[935] Die KAG hat gegen die Depotbank schon aus dem Depotbankvertrag[936] einen Anspruch auf die richtige Vermögenszuordnung. So kann der KAG gegen die Depotbank wegen deren Pflichtverletzung aus dem Depotbankvertrag ein Anspruch auf die Vornahme der richtigen Zuordnung und ein Schadensersatzanspruch zustehen, soweit den Anlegern zu viel ausgezahlt wurde. Durch eine fehlerhafte Zuordnung von Vermögensgegenständen zum Sondervermögen kann es zu einer korrekturbedürftigen Situation kommen, allerdings ist dies vor allem dann denkbar, wenn die KAG bei einer Depotbank mehrere Konten (mindestens ein Eigen- und ein Treuhandkonto) und Depots unterhält. Zur Verschiebung zwischen den Vermögen müssen die Voraussetzungen erfüllt werden, auf die es ankäme, wenn das Vermögen verschiedenen Rechtsinhabern zustünde.[937] Deshalb ist wie bei der echten Rechtsübertragung hinsichtlich der Vermögen angesichts der divergierenden und voneinander getrennten Vermögenskreise ein nach außen erkennbarer Übertragungsakt – im Wege eines zulässigen Insichgeschäfts im Sinne des § 181 BGB – erforderlich,

---

933 Vgl. Sprau, in: Palandt, § 812 Rn. 39, 43.

934 Zum Subsidiaritätsgrundsatz vgl. NJW 1999, S. 1393 (1394 m.w.N.); BGH NJW 2007, S. 3127 (3130); von Sachsen Gessaphe, in: Dauner-Lieb/Langen, § 812 Rn. 190-193.

935 Bassenge, in: Palandt, § 894 Rn. 2.

936 Vgl. zu den Aufgaben und Pflichten der Depotbank § 2 DBV-Immobilien, vgl. Fn. 557.

937 Graulich, S. 35 ff., 110; Mit Verweis auf § 36 Abs. 7 InvG: Reiss, S. 84. Baur, § 5 KAGG, Rn. 6.

um eine fehlerhafte Zuordnung zu korrigieren.[938] Dies wird im Kontext des InvG vor allem – trotz der im Fall der *Treuhandlösung* seitens der KAG bestehenden einheitlichen Rechtsinhaberschaft mit einheitlicher Verfügungsmacht – der rechtlichen Einordnung der betreffenden Konten (Eigen- und Treuhandkonto) gerecht.[939]

bbb) Analoge Anwendung des § 684 S. 1 BGB bei pflichtwidrigen Geschäften der KAG?

Auch für pflichtwidrige Geschäfte der KAG ließe sich eine Ausgleichsmöglichkeit erwägen. Der Ausgleich aus sich infolge solcher Geschäfte ergebenden Besserstellungen des Sondervermögens ist zwar im InvG nicht geregelt, gleichwohl lässt sich aus der bloßen Nichtexistenz einer Regelung nicht ohne Weiteres der Schluss ziehen, dass die Besserstellung aufrechterhalten bleiben soll.[940] Wird ein erworbener Gegenstand einem Sondervermögen zugeordnet und verweigert die Depotbank die Zahlung des Kaufpreises, des Aufwendungsersatzes nach Verauslagung oder die Befreiung von der Verbindlichkeit der KAG, ist das Sondervermögen um den Gegenstand vermehrt, während die KAG – sofern sie nicht bereits verauslagt hat – aus dem Vertrag zur Erbringung ihrer Leistung verpflichtet bleibt und nicht auf das Sondervermögen zurückgreifen kann. Sucht man nach Ausgleichsansprüchen, kommen bereicherungsrechtliche Ansprüche, auch über § 684 S. 1 BGB analog, in Betracht. Inwiefern darauf zurückgegriffen werden kann, ist vor allem angesichts der Schutzvorschriften des InvG zugunsten des Sondervermögens und in den nur eingegrenzten Zahlungs- und Entnahmemöglichkeiten unter Einschluss der sich in den Vorschriften ausprägenden Wertungen[941] des Gesetzgebers zu betrachten. Ob das Fehlen einer Ausgleichsregelung im InvG als (planwidrige) Regelungslücke[942] anzusehen ist,

---

938 Baur, § 5 KAGG, Rn. 6; Reiss, S. 110; Gläbe, S. 168; Graulich, S. 134. Vgl. zur Reichweite des § 181 BGB: Baetzgen, in: RNotZ 2005, S. 193 ff. Suttmann, in: MittBayNot 2011, S. 1 (2 ff.). Zur Abwicklung und der Erwägung einer analogen Anwendung des § 181 BGB, vgl. Reiss, S. 84 ff.; Zeller, in: Brinkhaus/Scherer, § 5 KAGG, Rn. 9 f. Die Analogie angesichts des § 9 InvG mangels Regelungslücke ablehnend: Schmitz, in: B/S/L, I § 31 Rn. 19.

939 Ohl, S. 59 f.; Reiss, S. 83 f.; Bitter, S. 40, 518. Vgl. zu Eigen-, Fremd-, und Treuhandkonto: Canaris, BVR, Rn. 236 ff., 247, 263 ff., 272; Lange, in: NJW 2007, S. 2513 (2514).

940 Canaris, BVR, Rn. 2440; Sprau, in: Palandt, Einf v § 812 Rn. 5; Schildt, in: JuS 1995, S. 953 f.

941 Vgl. Canaris, Lücken, S. 183 ff.; Larenz/Canaris, S. 37; Rüthers/Fischer, Rn. 895.

942 Rüthers/Fischer, Rn. 844, 851 f.

die anhand von § 684 S. 1 BGB analog geschlossen werden könnte,[943] bedarf aber der näheren Betrachtung: Im Fall des § 684 S. 1 BGB (analog) würde die Zahlung an die KAG erfolgen. Ein entsprechendes Verlangen kann die KAG im Kontext des § 25 S. 2 Nr. 1 InvG nur bei einem Aufwendungsersatzanspruch im Sinne der Zahlungsvariante 2 geltend machen, sodass im Folgenden nur dieser Fall betrachtet wird. Im Fall der Zahlungsvariante 2 ist – wie bei den anderen Zahlungsvarianten – stets eine gesetzes- und vertragsbedingungskonforme Weisung der KAG erforderlich. Bringt man im Zusammenhang mit einem Regressverlangen nach einer Verauslagung § 684 S. 1 BGB analog ins Spiel, würde diese Norm bei flüchtiger Betrachtung insofern indirekt die Anforderungen an eine Weisung „verringern", als es zu einem Ausgleich auch für dem InvG oder den Vertragsbedingungen nicht genügende Geschäfte käme, obwohl wegen dieser weder eine ordnungsgemäße Weisung ergehen könnte noch die Voraussetzungen des § 41 Abs. 1 S. 1 InvG erfüllt wären, wonach Methode, Höhe und Berechnung der Aufwendungserstattungen in den Vertragsbedingungen anzugeben sind.[944]

Ob Aufwendungen nämlich ersatzfähig sind, ist – wie es sich aus § 41 Abs. 1 S. 1 InvG ergibt – zuvorderst anhand der Vertragsbedingungen zu beurteilen. Anschließend – aber nicht nachrangig – stehen die im InvG stark eingegrenzten Zahlungs- und Entnahmemöglichkeiten[945] aus dem Sondervermögen möglicherweise im Wege. Bei genauer Betrachtung zeigt sich aber, dass § 684 BGB analog nicht zur Folge hätte, dass die KAG ihre Aufwendungen (voll) ersetzt bekäme, sondern der Anspruch – im Gegensatz zu einem Aufwendungsersatzanspruch – lediglich zu einer Abschöpfung des Erlangten führen würde. Angesichts dessen liegt kein Widerspruch[946] zwischen den unter Berücksichtigung des *Erforderlichkeitskriteriums* bestehenden Aufwendungsersatzmöglichkeiten und Ausgleichsmöglichkeiten bei pflichtwidrigen Geschäften. Das Sondervermögen stünde nach der Abschöpfung nicht schlechter, als wenn das pflichtwidrige Geschäft unterblieben wäre. Auch erführe das Sondervermögen, allein durch die Zulassung eines derartigen Anspruchs, keine über das „gewöhnliche" Risiko von Substanzschmälerungen durch Veruntreuungen – das durch kollusives Zusammenwirken beteiligter Personen der Institutionen KAG und Depotbank entstünde – hinausgehende Belastung. Angesichts der Abschöpfung und der damit einhergehenden Divergenzen im Hinblick auf die Ausgleichshöhe

943 Zur Analogie vgl. Larenz/Canaris, S. 82, 85; Rüthers/Fischer, Rn. 894.

944 Köndgen, in: B/S/L, I § 29 Rn. 6.

945 Vgl. §§ 29, 31 Abs. 3 InvG. Schmitz, in: B/S/L, I § 31 Rn. 23 und § 41 Rn. 6 ff.

946 Vgl. Canaris, BVR, Rn. 2440, 2471. Zur Auflösung von Widersprüchen bei der Auslegung: Larenz/Canaris, S. 37.

würde das den Aufwendungsersatzanspruch begründende *Erforderlichkeitskriterium* nicht unterlaufen und auch nicht das Prüfungsrecht der Depotbank durch die Hintertür beseitigt.

Ein Rückgriff auf § 684 S. 1 BGB analog lässt sich also damit rechtfertigen, dass er, da nur der Überschuss abgeschöpft würde, nicht zu Nachteilen für das Sondervermögen führen würde. Im Interesse einer funktionierenden KAG ist es überdies naheliegend, „lediglich formal fehlerhafte Geschäfte" nicht zum Schaden der KAG werden zu lassen. Aber angesichts der sich im InvG befindenden Vorschriften zum Wechsel[947], als auch zum Insolvenzfall[948] einer KAG, ist das Interesse des Gesetzgebers an einer (unter jeden Umständen) funktionierenden KAG – im Gegensatz zu dem seitens des Gesetzgebers hervorgehobenen *Interesses der Anleger* – jedoch nicht als überwiegend stark einzuordnen. Dennoch bliebe, würde man pauschal außerhalb des InvG stehende Ausgleichsansprüche – wie hier konkret § 684 S. 1 BGB analog – versagen, die Intention des Tätigwerdens der KAG völlig unberücksichtigt. So lässt sich ein Ausschluss von Ausgleichsansprüchen für Geschäfte der KAG, die die Umgehung von Kontrollmechanismen bezwecken, ohne Weiteres rechtfertigen.[949] Demgegenüber kann es durchaus als unbillig angesehen werden, der KAG jeglichen Ausgleich zu versagen, wenn sie – beispielsweise bei einer unzulässigen Untätigkeit der Depotbank – zur Schadensabwendung (in eigener Sache) tätig geworden ist. Eine Differenzierung nach der Intention des Tätigwerdens ließe sich jedoch nicht in den über § 684 S. 1 BGB in Bezug genommenen bereicherungsrechtlichen Vorschriften verankern. Auch Schadensersatzansprüche der KAG gegen die Depotbank sind im Kontext des Ausgleichs nicht uneingeschränkt hilfreich: Zwar kann nicht ausgeschlossen werden, dass Einbußen der KAG kompensiert werden können, allerdings müsste die Depotbank dann eine Pflicht verletzt haben.

Für den Fall möglicher Schadensersatzansprüche – wenn die Depotbank einer Weisung unzulässigerweise nicht nachkam – kann sich, zumal eine Surrogation im Sinne des § 30 Abs. 2 Var. 2 InvG unabhängig des pflichtgemäßen Handelns der KAG eintritt, ein gegenständlich wahrnehmbarer Vermögenszuwachs im Sondervermögen verkörpern, der durch die Möglichkeit der Geltendmachung von Schadensersatzansprüchen gegen die Depotbank nicht abgeschöpft werden kann. Nimmt man überdies an, die Depotbank habe, weil es sich um ein pflichtwidriges Geschäft der KAG handelte, die Zahlung zu Recht verweigert, bestünde ein Schadensersatzanspruch nicht. Dies alles spricht für die Abschöpfung

947 §§ 38 Abs. 1; 39 Abs. 1, Abs. 3 InvG.
948 §§ 19k; 19l; 38 Abs. 3 InvG.
949 Vgl. Larenz/Canaris, S. 37.

über § 684 BGB analog. Betrachtet man den Bereicherungsausgleich, zeigt sich, dass er zu interessengerechten Ergebnissen führt: So würde – wenn man § 684 BGB analog anwendete – eine Abschöpfung der kraft Gesetzes dem Sondervermögen zugeordneten Vermögensgegenstände erfolgen und wegen der dann möglichen gegenstandsbezogenen Rückabwicklung eine etwaige Rückabwicklung zwischen der KAG und deren Vertragspartner positiv beeinflussen. Sieht man in § 684 BGB allerdings eine *Rechtsgrundverweisung*,[950] müssen die Tatbestandsvoraussetzungen eines Bereicherungsanspruchs gegeben sein. Zwar scheidet die dabei in Betracht kommende Nichtleistungskondiktion nicht aufgrund einer vorrangigen Leistung[951] aus, da das Leistungsverhältnis – unabhängig davon, ob das Geschäft getätigt werden durfte – zwischen KAG und deren Vertragspartner besteht.

Mehrt der Vertragspartner der KAG das Sondervermögen, geschieht dies, um seine Verbindlichkeit gegenüber der KAG zu tilgen, sodass eine Leistung des Vertragspartners der KAG an die KAG vorliegt (*solvendi causa*). So wie die KAG beim Fehlen ihrer Verpflichtung gegen ihren Vertragspartner einen Anspruch aus einer *Leistungskondiktion* des § 812 Abs. 1 BGB auf Herausgabe des Gegenstands hat, kann der Vertragspartner beim Fehlen seiner Verpflichtung einen entsprechenden Anspruch auf Herausgabe des Gegenstandes, beziehungsweise im Fall der Surrogation gemäß § 818 Abs. 2 BGB auf Wertersatz geltend machen. Die hinter dem Sondervermögen stehenden Anleger erlangen im Verhältnis zur KAG durch deren regressloser Verauslagung auch (im Verhältnis zur KAG) keine Befreiung von einer (auf das Sondervermögen beschränkten) Verbindlichkeit, da zu dem Zeitpunkt einerseits die verbindlichkeitsauslösende Weisung noch nicht ausgesprochen ist, andererseits aber angesichts der Pflichtwidrigkeit durch die Weisung auch keine Verbindlichkeit begründet wird. Dennoch ist eine Abschöpfung nicht *per se* ausgeschlossen, denn das Sondervermögen wird – jedenfalls sofern der Kaufpreis von der KAG im Sinne der Zahlungsvariante 2[952] gezahlt und gegenüber dem Vertragspartner vertragsgemäß

950 Zum Streitstand vgl. Seiler, in: MüKoBGB, § 684 Rn. 4; Schwab, in: Dauner-Lieb/Langen, § 684 Rn. 4 ff. Zur Auffassung, es handele sich um eine Rechtsfolgenverweisung vgl. BGH NJW-RR 1992, S. 713; BGH WM 1976, S. 1056 (1060); Sprau, in: Palandt, § 684 Rn 1. Zur Auffassung, es handele sich um eine Rechtsgrundverweisung vgl. Seiler, in: MüKoBGB, § 684 Rn. 4; Gursky, in: AcP 185 (1985), S. 13 (40); Bartsch, in: AcP 171 (1971), S. 218 (227).

951 Sprau, in: Palandt, § 812 Rn. 7.

952 Wenn die KAG im Sinne der Zahlungsvariante 1 anwiese, würde die Depotbank bei einem pflichtwidrigen Geschäft nicht auszahlen. So käme es nicht zu einer Übereignung. In dem Fall könnte der Verkäufer – je nach Vertragsinhalt – Ansprüche gegen die KAG geltend machen. Gegen eine etwaige Vollstreckung in Vermögensgegenstän-

bewirkt wurde – um den Gegenstand, im Fall des Immobilienerwerbs um die Immobilie, gemehrt. Eine *Nichtleistungskondiktion* der KAG ist angesichts dessen grundsätzlich denkbar, dass Eigentum und Besitz an dem Gegenstand (trotz Pflichtwidrigkeit) kraft Gesetzes dem Sondervermögen zugeordnet werden und ein Rechtsgrund nicht vorliegt. Ob aber eine der KAG zugewiesene Rechtsposition betroffen ist[953] und der Zuwachs am Sondervermögen auch auf Kosten der KAG geschieht, kann – jedenfalls, sofern eine Beziehung zum Sondervermögen (beispielsweise wegen dessen ausdrücklicher Bezeichnung oder einer bereits bestellten Auflassungsvormerkung) besteht – aufgrund der Wirkung des § 30 Abs. 2 InvG bezweifelt werden,[954] sodass der Ausgleichsanspruch durchaus scheitern kann. In diesem Kontext ist es – auch wenn es zunächst anders erscheint – nicht von Bedeutung, ob die KAG bereits verauslagt hat, da sie auch dann, wenn eine ordnungsgemäße Weisung nicht ergehen könnte, wegen des Eingehens ihrer Verpflichtung Erfüllung schuldet und auch im Fall ihrer Inanspruchnahme leer ausgeht. Ein interessengerechtes Ergebnis lässt sich daher nur mittels eines Ausgleichsanspruchs erzielen. Sieht man in § 684 BGB keine *Rechtsgrund-* sondern eine *Rechtsfolgenverweisung*, hindert die Nichterfüllung einzelner Tatbestandsvoraussetzungen der §§ 812 ff. BGB, konkret der *Nichtleistungskondiktion*, einen Ausgleich nicht.[955] Einem bereicherungsrechtlichen Ausgleich ließe sich wegen der Abschöpfung, die nicht auf Kompensation ausgerichtet ist und hinter einem Aufwendungsersatzanspruch zurückbleiben kann, nicht entgegnen, dass er den eingeschränkten Zahlungs- und Entnahmemöglichkeiten zuwiderliefe. Das Sondervermögen stünde nämlich nach der Abwicklung neutral,[956] da der Ausgleich abseits der Abschöpfung lediglich im Verhältnis der KAG zu dem Verkäufer abgewickelt würde.

Ist das Geschäft aber nicht pflichtwidrig und fehlt es an einer Weisung oder durfte die KAG trotz einer ursprünglich im Sinne der Zahlungsvariante 1 (§ 25 S. 2 Nr. 1 Var. 1 InvG) ausgesprochenen Weisung selbst zahlen,[957] erfolgt der Ausgleich im Rahmen der im InvG vorgesehenen Möglichkeiten: Die KAG muss in diesem Sinne lediglich eine Weisung im Sinne der Zahlungsvariante 2 aussprechen (§ 670 BGB in Verbindung mit §§ 25 S. 2 Nr. 1 Var. 4; 29 Abs. 1;

---

de des Sondervermögens hätte sich die Depotbank für die Anleger im Sinne des § 28 Abs. 1 S. 1 Nr. 3 InvG zu wehren.

953 Schwab, in: MüKoBGB, § 812 Rn. 244.

954 Wendehorst, in: BeckOK(Ed. 23, 05/12), § 812 Rn. 109.

955 Kritisch: Schwab, in: Dauner-Lieb/Langen, § 684 Rn. 7.

956 Mit der Abwicklung entstehende Kosten wären Zug um Zug gegen die Herausgabe geltend zu machen.

957 Vgl. Kapitel 3, A. II. 2. b) cc) bbb).

31 Abs. 3 InvG). Steht diese Weisung im Einklang mit gesetzlichen Vorschriften und den Vertragsbedingungen, ist die Depotbank verpflichtet, die Auszahlung vorzunehmen.

III. Besonderheiten des Anwachsens bei einer Beteiligung im Sinne des § 68 InvG

Bislang wurde lediglich der Direkterwerb von Immobilien betrachtet. Auch wenn das KAGG und anschließend das InvG dem Leitbild des Direkterwerbs von Volleigentum an Grundstücken folgte, werden aus gesellschafts- und steuerrechtlichen Gründen und bei Immobilienerwerben mit Auslandsbezug[958] die Erwerbsmöglichkeiten über Immobiliengesellschaften forciert.[959] Regelungen dazu finden sich in § 68 InvG. Gemäß § 68 Abs. 1 InvG darf die KAG an Immobiliengesellschaften im Sinne der Vorschrift beteiligt sein, wenn die Vertragsbedingungen dies vorsehen, ein dauernder Ertrag zu erwarten ist und die Befugnisse der Depotbank gemäß § 26 Abs. 1 Nr. 5 InvG sichergestellt sind. Die Immobiliengesellschaft selbst muss vor allem in ihrem Tätigkeitsbereich auf Tätigkeiten beschränkt sein, die die KAG bei einem Immobilien-Sondervermögen selbst ausüben dürfte. Im Sinne des § 68 InvG sind Beteiligungen an Gesellschaften möglich, sofern eine Nachschusspflicht der KAG ausgeschlossen ist. So kann die KAG auch an Gesellschaften beteiligt sein, bei denen für andere Gesellschafter eine Nachschusspflicht besteht. Deshalb ist die Beteiligung an einer Kommanditgesellschaft (im Folgenden: KG) möglich.[960] Eine Beteiligung der KAG als Kommanditistin an einer KG ist insofern interessant, als die KAG nach dem Ausscheiden des einzigen Komplementärs die „Letztverbleibende“ sein kann.

---

958 Beim Halten über eine Immobiliengesellschaft entfällt das Sperrvermerkerfordernis, da es an einem entsprechenden Verweis der § 27 Abs. 3 und § 76 Abs. 1 Satz 1 InvG auf § 26 Abs. 1 Nr. 5 Var. 2 InvG fehlt, vgl. Schultz-Süchting/Thomas, in: WM 2008, S. 2285 (2290).

959 Schultz-Süchting/Thomas, in: WM 2008, S. 2285.

960 Klusak, in: B/S/L, I § 68 Rn. 11.

Da es in diesem Fall an einem für Personengesellschaften nötigen persönlich haftenden Gesellschafter fehlt, ist die Gesellschaft (liquidationslos) vollbeendet.[961] Der KAG wächst dann der Anteil des ausscheidenden Gesellschafters kraft Gesetzes zu.[962]

Auf den ersten Blick scheint zwischen dieser Situation und Immobilientransaktionen kein Bezug zu bestehen. Sieht man näher hin, fällt auf, dass die aus der Gesamtrechtsnachfolge[963] entstehende Situation wegen der Anlegerinteressen anhand der §§ 67 ff. InvG zu beurteilen sein könnte. Betrachtet man die Vorschriften, deutet sich aber an, dass sie für Fälle der Gesamtrechtsnachfolge nicht vorgesehen sind: Die Bezeichnung der Gegenleistung in § 67 Abs. 5 S. 1 InvG ist nur dann sinnvoll, wenn es sich um einen rechtsgeschäftlichen Erwerb handelt. Gleiches ergibt sich aus den in § 67 und § 68 InvG befindenden Vorschriften zur Bewertung der Gegenstände (§§ 67 Abs. 5 S. 1; 68 Abs. 2, Abs. 5 S. 1 Nr. 1 InvG). Überdies können Höchstgrenzen (§§ 67 Abs. 2, Abs. 4; 68 Abs. 6 InvG) beim Erwerb überhaupt nur dann eingehalten werden, wenn der Erwerb willensabhängig ist. Trotz des Erfordernisses der Beschränkung des Tätigkeitsbereichs der Beteiligungsgesellschaft im Sinne des § 68 Abs. 1 S. 2 Nr. 2 InvG, ist es im Falle deren Untergehens – wie besonders deutlich bei der Auflösung der KG in dem beschriebenen Fall – denkbar, dass kraft Gesetzes Vermögensgegenstände erworben werden, die im Wege eines Erwerbs im Sinne des § 67 InvG nicht erworben hätten werden dürfen. Auch § 68 Abs. 1 InvG selbst erfasst dem Wortlaut nach lediglich das „Erwerben“[964] oder „Halten“ von Beteiligungen, nicht dagegen die Situation der „Auflösung“ oder „Liquidation“ von Gesellschaften, an denen eine Beteiligung gehalten wird.

Zwar ist das Ausscheiden eines Komplementärs auch durch Beschluss möglich (§ 131 Abs. 3 Nr. 6 HGB), sodass die KAG im Rahmen des Schaffens der Voraussetzungen der *Anwachsung*[965] Einfluss nehmen kann, dennoch vollzieht sich der Vermögensübergang kraft Gesetzes im Wege der Gesamtrechtsnachfolge.[966] Auch wenn die Vorschriften darauf nicht anwendbar zu sein scheinen, da die Gesamtrechtsnachfolge – weil es an einer Übertragung fehlt – an § 67 und

961 BGH NJW 1979, S. 1705 (1706); BGH NZI 2005, S. 287; Kindler, in: JuS 2006, S. 865 (869); Lorz, in: Ebenroth/Boujong/Joost-HGB, § 131 Rn. 29; Weipert, in: Ebenroth/Boujong/Joost-HGB, § 161 Rn. 24; Bork/Jacoby, in: ZGR 2005, S. 611 (625 ff.).

962 BGH NZG 2000, S. 474; Schöne, in: BeckOK-BGB(Ed. 23, 05/12), § 738 Rn. 5.

963 Vgl. BGH NZI 2005, S. 287.

964 Auch das Gründen ist von der Vorschrift erfasst, vgl. Klusak, in: B/S/L § 68 Rn. 14.

965 Kritisch zu dem Begriff: Bork/Jacoby, in: ZGR 2005, S. 611 (627).

966 BGH BB 1979, S. 397.

§ 68 InvG vorbeigeht, liegt es in Anbetracht dessen, dass im Rahmen des beschriebenen Untergehens der KG die Vermögensgegenstände „frei" werden und der KAG als Gesamtrechtnachfolger zufallen, nahe, im Fall der Gesamtrechtsnachfolge auf § 67 InvG, der den Direkterwerb von Vermögensgegenständen erfasst, zurückzugreifen: Der Rückgriff auf § 67 InvG kann zwar nicht den Eintritt der Gesamtrechtsnachfolge beeinflussen, aber eine InvG- und vertragsbedingungskonforme Vermögenszuordnung herstellen. Ungeachtet der angesichts des ursprünglichen Gesamthandsvermögens nun nach dem Untergang der KG unmöglichen Zuordnung des „quotal" neu Zugefallenen (gemessen am ursprünglichen Anteil der KAG an der Gesellschaft), kommt es durch den Übergang der Vermögensgegenstände auf die KAG in Folge der Surrogation[967] zum „Austausch" der Beteiligung gegen die Vermögensgegenstände.

Auch wenn dabei weder § 67 InvG noch § 68 InvG mit dem besonders hervorzuhebenden Abs. 3 Nr. 1 (Ausschluss der Nachschusspflicht) passen, spricht das zu berücksichtigende *Interesse der Anleger* dafür, den Erwerbsvorgang im Sinne der §§ 67 ff. InvG zu behandeln. Dies steht auch im Einklang mit dem Bestreben des Gesetzgebers, die Voraussetzungen des unmittelbaren Erwerbs (§ 67 InvG) und mittelbaren Erwerbs (§ 68 InvG)[968] zu harmonisieren.[969] So lassen sich die im Zusammenhang mit Altverbindlichkeiten bestehenden gesellschaftsspezifischen (erkennbaren und verdeckten) Haftungsrisiken, die während der Existenz der KG für die KAG als auch für die Anleger begrenzt waren,[970] nach der Auflösung beziehungsweise der Vollbeendigung minimieren,[971] auch wenn es – da sich die Haftung des letztverbleibenden Kommanditisten (KAG) auf die Vermögensgegenstände beschränkt, die der KG zugeordnet waren[972] – nicht zu einer Nachschusspflicht entgegen § 68 Abs. 3 S. 1 Nr. 1 InvG kommt.[973] Um insbesondere die Einhaltung der Anlagegrenzen – auf die es auch beim Erwerb kraft Gesetzes ankommt – sicherzustellen, müssen bei der Anwendung des § 67 InvG im Gegensatz zu dem Normalfall des Direkterwerbs, nach dem Zufallen des Vermögens möglicherweise Gegenstände „aussortiert" wer-

967 Die Surrogation des bereits vom Anteil erfassten Vermögens lässt sich unter § 30 Abs. 2 Var. 3 InvG fassen, das aufgrund des Anteils in Folge der Gesamtrechtsnachfolge Erlangte ist von § 30 Abs. 2 Var. 1 InvG erfasst.

968 Von einem mittelbaren Erwerb ist ausdrücklich die Rede: BT-Drucks. 13/8933, S. 64.

969 Vgl. § 68 Abs. 1 Nr. 2, Abs. 2, Abs. 5 Nr. 1 InvG. BT-Drucks. 13/8933 S. 119.

970 Klusak, in: B/S/L, I § 68 Rn. 11; BT-Drucks. 13/8933, S. 119.

971 Die Inkaufnahme solcher (höhenmäßig beschränkter) Risiken erfolgt vorwiegend mit dem Zweck, Marktkenntnisse von (ausländischen) Gesellschaften zu nutzen oder von Steuerersparnissen zu profitieren, vgl. Klusak, in: B/S/L, I § 68 Rn. 1.

972 BGH WM 2004, S. 1138 (1139).

973 Zur unzulässigen Fortführung: Klusak, in: B/S/L, I § 68 Rn. 11.

den. Das Entstehen einer nicht InvG- oder vertragsbedingungskonformen Situation kann dabei sowohl auf die Gesamtrechtsnachfolge als auch auf die Surrogation zurückgeführt werden, da sich beides unabhängig davon vollzieht, ob es sich um einen im Sinne des § 2 Abs. 4 InvG zulässigen Vermögensgegenstand handelt.[974] Da sich so die Folge der *Anwachsung* in einer Zuordnung der Vermögensgegenstände zum Sondervermögen manifestiert, ist aufgrund der jeweils maßgeblichen Vorschriften der §§ 67 f. InvG im Rahmen einer Einzelbetrachtung jedes Gegenstands festzustellen, ob ein Erwerb möglich war.[975] Dabei ist auch § 67 Abs. 6 InvG zu beachten, wonach für Immobilien-Sondervermögen auch solche Gegenstände erworben werden dürfen, „die zur Bewirtschaftung der Vermögensgegenstände des Immobilien-Sondervermögens erforderlich sind“[976].

Auch § 68a InvG steht dem nicht im Wege: Diese den §§ 27 Abs. 6 KAGG und 67 Abs. 6 InvG a.F. folgende Vorschrift soll verhindern, dass Interessenkollisionen zu Erwerbsvorgängen führen, die nicht zum Marktpreis erfolgen und sich so negativ auf das Sondervermögen auswirken.[977] Gemäß § 68a Abs. 1 S. 2 InvG darf der für Rechnung des Sondervermögens zu erwerbende Vermögensgegenstand (unter anderem) nicht zu einem Unternehmen gehören, an dem die KAG eine bedeutende Beteiligung hält. Unterstellt, eine bedeutende Beteiligung (oder eine andere Konstellation im Sinne des § 68a InvG) läge im Falle der Beteiligung der KAG an einer KG vor, würde zwar dem letztverbleibenden Kommanditisten (KAG) beim Ausscheiden des Komplementärs der Anteil des ausscheidenden Komplementärs zuwachsen, allerdings wiederum kraft Gesetzes. Angesichts dessen fehlt es an einem im Sinne der §§ 67 und 68 InvG – und damit im Sinne des § 68a InvG – zu fordernden rechtsgeschäftlichen Erwerb. Dieses Erfordernis lässt sich abseits des Bezugs auf die §§ 67 und 68 InvG, für die bereits das Erfordernis festgestellt wurde, damit begründen, dass (auch) § 68a InvG es nicht vermag, die Gesamtrechtsnachfolge auszuschließen.

Der Wortlaut erfasst neben dem „Erwerben“ auch das „Veräußern“ und der Zweck der Vorschrift dient der Vermeidung von Interessenkonflikten und dadurch bedingten zu teuren Erwerben.[978] Deshalb kann sich die Vorschrift nur auf willensabhängige Vorgänge beziehen. Das *Anwachsen* im Falle dessen, dass die KAG als letztverbleibende Kommanditistin an einer KG beteiligt ist, ist also

974 Zur Surrogation: Schmitz, in: B/S/L, I § 30 Rn. 26.

975 Zu den Anlagegrenzen und deren Überschreitung vgl. Klusak, in: B/S/L, I § 67 Rn. 47 und § 68 Rn. 30.

976 Unter § 67 Abs. 6 InvG können auch Grundstücke fallen. Mit Beispielen: Klusak, in: B/S/L, § 67 Rn. 37 f.

977 BT-Drucks. 14/8017 S. 105 f.

978 BT-Drucks. 14/8017 S. 105 f.; BT-Drucks. 15/1553 S. 98 f.

nicht beim Erwerb selbst, aber nachdem die Gesamtrechtsnachfolge eingetreten ist, wie ein rechtsgeschäftlicher Erwerb von Vermögensgegenständen zu behandeln.

IV. Gläubigersicherung: Besondere vertragliche Abreden und deren Geltendmachung

In Immobilienkaufverträgen finden sich in der Regel neben den *essentialia negotii* umfangreiche vertragsspezifische Abreden, durch die den Parteien diverse Pflichten auferlegt werden. Beispielsweise können Projektbestandteile, die sich auf die Errichtung von Gebäuden beziehen, oder Nachfolgevereinbarungen bezüglich gebäudespezifischer Verträge Gegenstand des Vertrages sein. Unabhängig der konkreten Ausgestaltung des Vertrages sind Risikotragungsgesichtspunkte von zentraler Bedeutung. Dabei geht es vor allem um Absicherungen hinsichtlich Sach- und/oder Rechtsmängeln und eine mögliche Verkäuferhaftung,[979] ebenfalls aber um die Absicherung des Verkäufers hinsichtlich der Kaufpreiszahlung im Hinblick auf den Zahlungszeitpunkt und den Zahlungsumfang.[980]

1. Die Folgen von Bürgschaften und Garantien durch die KAG

Bei Grundstückstransaktionen sind zur Absicherung von Ansprüchen, vor allem zur Absicherung des Kaufpreisanspruchs, Bürgschaften und Garantieabreden denkbar, Letztgenannte vor allem hinsichtlich bestimmter Eigenschaften oder Beschaffenheiten[981] oder des Bestehens oder Eintritts beziehungsweise Nichtbestehens oder Nichteintritts bestimmter Umstände, die das Grundstück betreffen. Zwar sind Bürgschaften und Garantien für gemeinschaftliche Rechnung der Anleger gemäß § 31 Abs. 4 InvG unzulässig,[982] dennoch bleiben im Übrigen Bürgschaften und Garantien der KAG zulässig. Darüber hinaus sind von § 31 Abs. 4 InvG nicht sämtliche Garantieabreden für gemeinschaftliche Rechnung der Anleger erfasst: Wenngleich nämlich angesichts des Zwecks der Vorschrift, eine Haftung der Anleger (auch aus dem Sondervermögen) auszuschließen, an eine weite Auslegung des Begriffs „Garantievertrag“ gedacht werden könnte,

979 Vgl. G. Schneider, S. 17 ff.; Zu Rechts- und Sachmängeln: Baur/Stürner, § 21 Rn. 15 ff.

980 Zur Problematik bei Beteiligung eines Dritten als Inhaber eines Grundpfandrechts vgl. Hoffmann, in: NJW 1987, S. 3153 ff.

981 Habersack, in: MüKoBGB, Vorbem zu §§ 765-778, Rn. 23.

982 Schmitz, in: B/S/L, I § 31 Rn. 28.

sind sowohl Zusicherungen als auch Gewährleistungsausschlüsse (insbesondere solche des Vertragspartners der KAG), die ebenfalls haftungsbegründende Wirkung entfalten können, auszuklammern.[983] Unter den Begriff „Garantievertrag" im Sinne des § 31 Abs. 4 InvG fallen nämlich allein selbstständige, über die Vertragsleistung hinausgehende Garantien. Unter einer (selbstständigen) Garantie versteht man die von der eigentlichen Schuld unabhängige Verpflichtung des Einstehens bezüglich eines bestimmten Umstandes.[984] Betrachtet man die Situation, dass die KAG in Verträgen Garantien vereinbart, stellt sich angesichts des § 31 Abs. 4 InvG die Frage nach der Zulässigkeit solcher Vereinbarungen. Zu unterscheiden ist dabei zwischen der Garantie im Namen und für Rechnung der KAG und der Garantie im Namen der KAG für gemeinschaftliche Rechnung der Anleger. Die Erstgenannte kann schon dann vorliegen, wenn die KAG, die Leistung aus dem Sondervermögen verspricht.[985] Dies ist zulässig. Die selbstständige Garantie im Namen der KAG für gemeinschaftliche Rechnung der Anleger ist dagegen wegen § 31 Abs. 4 InvG unzulässig. Zwar wird das Geschäft gerade mit dem Zweck der Vermögenserhaltung untersagt, und damit wegen seiner spezifisch rechtlichen Folgen;[986] ob es sich bei § 31 Abs. 4 InvG allerdings um ein Verbotsgesetz im Sinne des § 134 BGB handelt und Verstöße zur Nichtigkeit des Rechtsgeschäfts führen, wird in der Literatur nicht eindeutig beantwortet.[987] Die Frage ist vor dem Hintergrund des § 311b Abs. 1 BGB von entscheidender Bedeutung: Läge ein Verstoß gegen ein Verbotsgesetz mit Nichtigkeitsfolge vor, würde eine dennoch getroffene Garantie sich aufgrund der bedingungsähnlichen Verbindung zu den übrigen Abreden und der damit verbundenen Beurkundungspflichtigkeit wegen § 139 BGB regelmäßig auf die Wirksamkeit des gesamten Vertrages auswirken.[988] Dies hätte einerseits – angesichts

983 Zur Abgrenzung: AG Hamburg, Recht und Schaden (r+s) 1987, S. 47 f.; Habersack, in: MüKoBGB, Vorbem zu §§765-778, Rn. 38; Maier, in: Harbauer, § 3 ARB 2000 Rn. 206.

984 Zum Begriff, vgl. RGZ 146, 120 (123 f.); BGH NJW 1985, 2941 ff.; BGH NJW-RR 2001, S. 1611 (1612); Förster, S. 124; Fischer, in: Lwowski/Fischer, § 9 Rn. 213; Beckmann, in: Investment-Handbuch (EL 3/07), 410 § 31 Rn. 33; Nobbe, in: BRH, § 92 Rn. 1, 6; Habersack, in: MüKoBGB, Vorbem zu §§765-778, Rn. 38 f.

985 Vgl. Gottwald, in: MüKoBGB, § 328 Rn. 16.

986 Vgl. Schiller, S. 173.

987 Bejahend: Beckmann, in: Investment-Handbuch (EL 3/07), § 31 Rn. 7; Scherer, in: Brinkhaus/Scherer, § 9 KAGG, Rn. 12. Patzner/Döser, in: HK-Investmentrecht, § 31 Rn. 3. Ablehnend: Köndgen/Schmies, in: BRH, § 113 Rn. 66.

988 Wochner, in: Schreiber, Kap. 6 Rn. 27; Roth, in: Staudinger(2010), § 139 Rn. 31. Zur Reichweite des Beurkundungserfordernisses, vgl. BGH NJW 1994, S. 2885; BGH NJW 1988, S. 132; BGH NJW 1980, S. 829; BGH NJW 1987, S. 1069; Seeger,

des dann wegen der Nichtigkeit fehlenden Eigentumsverschaffungsanspruchs – die Entwertung der bis zu diesem Zeitpunkt möglicherweise bestellten Auflassungsvormerkung als Sicherungsmittel gegen Zwischenverfügungen zur Folge,[989] andererseits käme eine Heilung (*ex nunc*) gemäß § 311b Abs. 1 S. 2 BGB hinsichtlich des ganzen Geschäfts, angesichts des § 134 BGB nicht in Betracht.

Der Wortlaut („darf [...] weder [...] noch") kann, wenngleich die Vorschrift ein bestimmtes Tun untersagt, wie auch das Fehlen der Anordnung einer Nichtigkeitsfolge, nicht als eindeutige Antwort angesehen werden.[990] Gegen das Hineinlesen einer Nichtigkeitsfolge in die Vorschrift wird angeführt, dass die Vorschrift nicht über das rechtliche Dürfen im Innenverhältnis zwischen der KAG und den Anlegern hinausgehe und damit lediglich ein Internum in der Sphäre einer Partei sei.[991] Auch wenn dies Schadensersatzansprüche nicht ausschlösse, könnte Regelungszweck der Norm die Nichtigkeit des ganzen Geschäfts zur Folge haben.[992] Aus der Gesetzessystematik lässt sich keine eindeutige Antwort entwickeln: In § 26 Abs. 2 S. 2 InvG beeinträchtigt die Zustimmung zu einer Verfügung unter Verstoß gegen § 26 Abs. 1 InvG die Wirksamkeit ausdrücklich nicht, in § 31 Abs. 5 InvG ist eine gegen die Norm verstoßende Verfügung dagegen gegenüber den Anlegern unwirksam. Angesichts dieser ausdrücklichen Erwähnung und der Regelungswirkung (relative Unwirksamkeit) spricht unter Berücksichtigung des engen Regelungszusammenhangs zu § 31 Abs. 4 InvG mehr für eine Wirksamkeit der Geschäfte im Sinne des § 31 Abs. 4 InvG als dagegen. Das lässt sich auch auf die ausdrückliche Anordnung der Unwirksamkeit von Vereinbarungen stützen, die gemäß § 31 Abs. 2 InvG von „Vorschriften dieses Absatzes" abweichen. Zwingend ist dieser Schluss allerdings nicht. In § 59 S. 2 InvG ist für Verstöße gegen das Leerverkaufsverbot ausdrücklich die Wirksamkeit des Geschäfts angeordnet. Ein entgegen § 67 Abs. 1 bis Abs. 7 InvG vorgenommenes Rechtsgeschäft ist gemäß § 67 Abs. 8 InvG wirksam. Ebenso verhält es sich gemäß § 72 InvG mit Verstößen gegen die §§ 68 bis 71 InvG. Schließlich wird gemäß § 82 Abs. 5 InvG die Wirksamkeit einer Verfü-

---

in: MittBayNot 2003, 11 ff.; Wedemann, in: WM 2010, S. 395 ff.; Wochner, in: Schreiber, Kap. 6 Rn. 9 ff.; Hirschmann, in: Van Kann, Rn. 574.

989 Wochner, in: Schreiber, Kap. 6 Rn. 29.

990 BGH NJW 1992, S. 2021 (2022); Ellenberger, in: Palandt, § 134 Rn. 6a; Schiller, S. 57.

991 Schmitz, in: B/S/L, I § 31 Rn. 27. Kritisch zu der Figur der einseitigen Verbotsgesetze: Schiller, S. 84.

992 BGH NJW 1999, S. 1715 (1717); BGH NJW 1990, S. 1473 (1474); BGH NJW 1984, 1175 (1176); Wendtland, in: BeckOK-BGB(Ed. 23, 05/12), § 134 Rn. 10; Medicus, BGB-AT, Rn. 645.

gung durch Verstöße gegen § 82 Abs. 1 bis 3 InvG nicht berührt. Es finden sich insgesamt also sowohl Anordnungen hinsichtlich der Wirksamkeit und der Unwirksamkeit von Geschäften, ohne dass ein System erkennbar ist. Nimmt man die Bußgeldandrohung des § 143 Abs. 1 Nr. 2 InvG für die Vergabe von Gelddarlehen oder das Eingehen von Verpflichtungen entgegen § 31 Abs. 4 InvG in den Blick, fällt auf, dass die Vorschrift nur die KAG – und damit eben nur einen Vertragsbeteiligten – betrifft, sodass dies für die Wirksamkeit des Vertrags spricht, auch wenn eine Bußgeldandrohung, die sich an beide Parteien richtet, auf ein gesetzliches Verbot mit Nichtigkeitsfolge hindeutet. Für die Rechtfertigung einer Nichtigkeitsfolge aus überwiegenden Schutzinteressen der KAG oder der hinter ihr stehenden Anleger fehlt es an Anhaltspunkten, auch wenn den Anlegerinteressen im InvG besondere Bedeutung zukommt: Diesen Interessen wird nämlich durch die Trennung von Verwaltung und Verwahrung zwischen KAG und Depotbank und bei nicht verwahrungsfähigen Gegenständen durch die Überwachungs-, Kontroll- und Zustimmungspflichten der Depotbank (§§ 24 Abs. 3; 26; 27 InvG) sowie durch die bei Verletzungen des InvG möglichen Schadensersatzansprüche Rechnung getragen. Es spricht damit insgesamt deutlich mehr gegen die Annahme eines Verbotsgesetzes im Sinne des § 134 BGB als dafür. Deshalb ist § 31 Abs. 4 InvG nicht als Verbotsgesetz anzusehen. Eine Heilung des Geschäfts gemäß § 311b Abs. 1 S. 2 BGB ist also nicht ausgeschlossen.

In Bezug auf die Heilungsmöglichkeit des Kaufvertrages, der eine gegen § 31 Abs. 4 InvG verstoßende Garantie beinhaltet (Verpflichtungsgeschäft), muss allerdings noch das Verfügungsgeschäft (mit der KAG als Verfügende) berücksichtigt werden. Gemäß § 26 Abs. 1 Nr. 3 InvG hat die Depotbank den Verfügungen der KAG über Immobilien des Sondervermögens zuzustimmen. Im Zusammenhang mit § 26 Abs. 2 1 InvG, der die Zustimmung an die in § 26 Abs. 1 InvG genannten Anforderungen und an die weiteren Vorschriften des InvG und die Vertragsbedingungen knüpft, stellt die Zustimmung einen „Fallstrick" auf dem Weg zur Heilung dar: Zwar liegt ein in Bezug auf § 311b Abs. 1 S. 2 BGB heilbares, aber von der Depotbank im Hinblick auf die Vereinbarkeit mit dem InvG zu prüfendes Verpflichtungsgeschäft vor, angesichts des Verstoßes gegen § 31 Abs. 4 InvG darf die Depotbank jedoch nicht einwilligen und gleichfalls nicht genehmigen.[993] So kann sie auch keine Löschungsbewilligung hinsichtlich des *Depotbanksperrvermerks* (§§ 76 Abs. 1 S. 1; 26 Abs. 1 Nr. 3 InvG) erteilen. Ist die Löschungsbewilligung als Kaufpreisfälligkeitsvoraus-

---

993 Köndgen, in: B/S/L, I § 26 Rn. 19. Kritisch zur Möglichkeit der Genehmigung: Köndgen, in: B/S/L, I § 26 Rn. 20.

setzung vereinbart, wird die Kaufpreisfälligkeit nicht eintreten. Steht sie unter der Bedingung der Kaufpreiszahlung, wird der Verkäufer den Kaufpreis angesichts dessen, dass die Bedingung nicht eintreten kann, zurückfordern müssen, es sei denn, der maßgebliche Vertag wird derart geändert, dass er sowohl § 31 Abs. 4 InvG genügt als auch der bereits gezahlte Kaufpreis berücksichtigt wird.

Eine von der KAG bei Verstößen gegen § 31 Abs. 4 InvG dennoch vorgenommene Verfügung ist gemäß § 26 Abs. 2 S. 3 InvG gegenüber den Anlegern unwirksam.[994] Die Anleger haben dann gemäß §§ 883 Abs. 2; 888 BGB das Recht, vom Erwerber die Zustimmung zur Eintragung oder Löschung – also Bewilligung im Sinne des § 19 GBO – von Rechten an dem jeweiligen Grundstück zu verlangen. Gemäß § 28 Abs. 1 Nr. 2 InvG würde die Depotbank die Ansprüche geltend machen. Ein im Sinne des § 26 Abs. 2 S. 4 InvG möglicher gutgläubiger Erwerb wird aber – jedenfalls bei inländischen Immobilien –[995] aufgrund der gemäß § 76 Abs. 1 InvG im Grundbuch eingetragenen Verfügungsbeschränkung[996] der KAG in der Regel ausscheiden. Die Immobilie verbleibt also im Sondervermögen. Die InvG-konforme Vertragserfüllung ist seitens der KAG nicht möglich, solange eine gegen § 31 Abs. 4 InvG verstoßende Vereinbarung vorliegt. Um einen gegen die KAG gerichteten Schadensersatzanspruch des Erwerbers zu verhindern, ist es bereits vor der Verfügung notwendig, eine gegen § 31 Abs. 4 InvG verstoßende Vereinbarung zu einer Garantie im Namen und für Rechnung der KAG zu ändern. So entstehende Kosten können von der KAG weder als Vergütungs- noch als Aufwendungsersatzanspruch verlangt werden.

Es zeigt sich also, dass bei einer Garantie entgegen § 31 Abs. 4 InvG den Beurkundungserfordernissen nicht Rechnung getragen wird und es so, ungeachtet des § 311b Abs. 1 S. 2 BGB, an einem wirksamen Vertrag fehlt; zugleich hindert dies im Ergebnis eine wirksame Übereignung. Im Umkehrfall, in dem die KAG als Erwerber auftritt, entsteht angesichts dessen, dass eine wirksame Weisung im Sinne der §§ 22 Abs. 1 S. 2; 25 S. 2 Nr. 1 InvG nicht ergehen kann, keine Verpflichtung der Depotbank, eine Zahlung aus dem Sondervermögen heraus vorzunehmen. Die KAG kann in diesem Fall auch aus dem Sondervermögen keinen Regress verlangen.

---

994 Vgl. BGH NJW 1990, S. 2459 f.; Köndgen, in: B/S/L, I § 26 Rn. 22.

995 Vgl. zu ausländischen Immobilien: Schultz-Süchting/Thomas, in: WM 2008, S. 2285 (2286 ff.).

996 Köndgen, in: B/S/L, I § 26 Rn. 8.

2. Belastungen von Gegenständen des Sondervermögens

Im Zusammenhang mit einer Grundstückstransaktion sind Belastungen von Gegenständen des Sondervermögens denkbar. Unter einer Belastung versteht man eine Verfügung, die ein beschränkt dingliches Recht an einer Immobilie begründet.[997] In Bezug auf die Kaufpreisfälligkeitsvoraussetzungen ist im Zusammenhang mit Belastungen mit Blick auf die Sicherungsinteressen des Verkäufers (Kaufpreisgläubigers) vor allem eine Auflassungsvormerkung des Käufers relevant, die ein Sicherungsmittel eigener Art[998] darstellt; für Geschäfte, die mithilfe eines Kredits abgewickelt werden, kommt der Bestellung einer Grundschuld Bedeutung zu. Dabei sind im Rahmen eines Sondervermögens auch grundstücksübergreifende Grundschulden (Gesamtgrundschulden)[999] denkbar. Sondervermögensübergreifende Grundschulden scheiden allerdings wegen des Gebots des § 30 Abs. 3 S. 2 InvG, die Sondervermögen getrennt zu halten, aus. Gerade dann, wenn der Kaufpreis finanziert wird, sind Belastungen der Immobilie denkbar. Dazu bedarf es der Belastungsvollmacht des Verkäufers, der zum Zeitpunkt der Belastung (angesichts des ausstehenden Kaufpreises) noch als Eigentümer der Immobilie im Grundbuch eingetragen ist.[1000]

Für Belastungen ist § 31 Abs. 5 InvG zu beachten. Danach dürfen Gegenstände, die zu einem Sondervermögen gehören, nicht verpfändet oder sonst belastet, zur Sicherung übereignet oder zur Sicherung abgetreten werden. Allerdings gilt dies gemäß § 31 Abs. 5 S. 2 InvG beispielsweise nicht für Belastungen im Zusammenhang mit Geschäften im Sinne der §§ 53 und 80a InvG. Gemäß § 53 InvG dürfen unter besonderen Voraussetzungen durch die KAG kurzfristige Kredite für Rechnung der Anleger aufgenommen werden.[1001] Für Immobilien-Sondervermögen wird die Regelung des § 53 InvG zu kurzfristigen Krediten durch § 80a S. 1 InvG, der langfristige Kredite betrifft, ergänzt.[1002] Werden Kredite im Sinne des § 53 InvG oder im Sinne des § 80a S. 1 InvG aufgenommen, ist die Belastung von Gegenständen des Sondervermögens also gemäß § 31 Abs. 5 S. 2 InvG nicht unzulässig. Unabhängig davon, ob der Belastung eine Kreditaufnahme zugrunde liegt oder die Belastung der Sicherung eines sonstigen Anspruchs dient, ist vor der Belastung von Vermögensgegenständen eines Immobilien-Sondervermögens § 82 Abs. 3 InvG zu beachten: Darin werden be-

997 Köndgen, in: B/S/L, I § 26 Rn. 9.

998 Vgl. Bassenge, in: Palandt, § 883 Rn. 2.

999 Gaberdiel/Gladenbeck, Rn. 11; C. Schreiber/Will, in: Schreiber, Kap. 14 Rn. 41 ff.

1000 Zu den Risiken: Waldner, Rn. 537.

1001 Zur Reichweite des § 31 Abs. 5 InvG, vgl. Beckmann, in: Investment-Handbuch (EL 3/07), 410 § 31 Rn. 20.

1002 Zum Verhältnis der Vorschriften, vgl. Klusak, in: B/S/L, I § 80a Rn. 3.

sondere Voraussetzungen für eine Belastung sowie eine Belastungshöchstgrenze in Höhe von 30 Prozent des Verkehrswerts aller Immobilien festgesetzt.[1003] Sofern es unter Beachtung der Belastungshöchstgrenzen im *Interesse der Anleger* und im Rahmen einer ordnungsgemäßen Verwaltung erfolgt, steht einer Besicherung, bei der Erwerbs- und Besicherungsgegenstand divergieren sowie einer grundstücksübergreifenden Besicherung, insbesondere einer Gesamtgrundschuld,[1004] nichts im Wege. Aus § 30 Abs. 3 S. 2 InvG ergibt sich aber, dass eine sondervermögensübergreifende Besicherung ausscheidet.

Die Prüfung des § 82 Abs. 3 InvG ist dabei seitens der Depotbank vor der Zustimmung zur Belastung gemäß § 26 Abs. 1 Nr. 4 InvG vorzunehmen. Dass seitens der Depotbank hier angesichts des vermeintlich „insoweit klaren" Wortlauts des § 82 Abs. 3 InvG die Übereinstimmung mit gesetzlichen Vorschriften und den Vertragsbedingungen nicht zu prüfen sei,[1005] lässt sich durch § 26 Abs. 1 Nr. 4, Abs. 2 S. 1 InvG widerlegen. Im Zusammenhang mit § 26 Abs. 1 Nr. 4 InvG wird allerdings vertreten, dass die Eintragung einer Vormerkung angesichts des Schutzzwecks der Norm nicht der Zustimmung der Depotbank bedürfe und es diesbezüglich auf die endgültige Verfügung ankäme.[1006] Auch bei der Belastung von Grundstücken, die noch im Eigentum eines anderen stehen – beispielsweise zum Zweck der Finanzierung – könnte man annehmen, dass die Vorschrift des § 26 Abs. 1 Nr. 4 InvG nicht berührt sei. Hier soll zutreffenderweise dennoch die Zustimmung angesichts der andernfalls bestehenden Zufallsabhängigkeit des Ergebnisses der Eigentumsumschreibung – (zunächst) mit oder ohne Belastung – erforderlich sein.[1007]

3. Abtretung von Ansprüchen der KAG und Zwangsvollstreckung

Vor allem im Anbetracht einer – insbesondere bei Transaktionen mit Auslandsbezug – möglichen Kostenersparnis[1008] ist es gut vorstellbar, dass im Zusammenhang mit einer Grundstückstransaktion Forderungen zur Sicherung von Zahlungsansprüchen abgetreten werden. Abtretungen von Forderungen aus Rechtsverhältnissen, die sich auf Vermögensgegenstände eines Immobilien-Sondervermögens beziehen, sind zwar mangels einer Regelung in § 82 Abs. 3 S. 2 InvG

1003 Klusak, in: B/S/L, I § 82 Rn. 12. Zum Gedanken des Schutzes vor einem Wegfall der Besicherung vgl. Schneider, in: NZG 2008, S. 5 (6).

1004 Gaberdiel/Gladenbeck, Rn. 11; C. Schreiber/Will, in: Schreiber, Kap. 14 Rn. 41 ff.

1005 Klusak, in: B/S/L, I § 82 Rn. 11.

1006 Köndgen, in: B/S/L, I § 26 Rn. 11.

1007 Beckmann, in: Investment-Handbuch (EL 3/06), 410 § 26 Rn. 29.

1008 Klusak, in: B/S/L, I § 82 Rn. 10.

unbegrenzt möglich, sofern sie im Rahmen einer ordnungsgemäßen Verwaltung erfolgen,[1009] dennoch müssen sie gemäß § 82 Abs. 3 S. 1 InvG in den Vertragsbedingungen vorgesehen und mit einer ordnungsgemäßen Wirtschaftsführung vereinbar sein. Außerdem ist gemäß § 26 Abs. 1 Nr. 4 InvG zur Abtretung von Forderungen aus Rechtsverhältnissen, die sich auf Immobilien beziehen, eine Zustimmung der Depotbank erforderlich, die von deren Beurteilung der Marktüblichkeit abhängt.[1010] Wenn in Depotbankverträgen eine Vereinbarung getroffen würde, nach der Ansprüche der KAG aus Geschäften im eigenen Namen für Rechnung eines Sondervermögens zur Sicherheit an die Depotbank abgetreten würden, würde dies – über die Frage, inwiefern eine Anspruchsabtretung seitens der KAG, beispielsweise gegenüber einem Vertragspartner überhaupt noch möglich wäre – die Frage aufwerfen, ob es sich um Ansprüche der KAG handelt oder nicht.

Generell ist nämlich für die Anspruchsabtretung von Bedeutung, ob es sich um Ansprüche der KAG, also nicht zu einem Sondervermögen gehörende Ansprüche oder solche aus den von einer KAG verwalteten sonstigen Vermögen handelt oder ob sich die Ansprüche im Sinne des § 26 Abs. 1 Nr. 4 InvG auf ein Immobilien-Sondervermögens beziehen und deshalb gemäß § 30 Abs. 2 InvG (bereits) zum Sondervermögen gehören.[1011] Als Ansprüche der KAG sind besonders die der KAG zufließenden Ausgabeaufschläge sowie Vergütungs- und Aufwendungsersatzansprüche hervorzuheben.[1012] Für diese Ansprüche ist § 26 Abs. 1 Nr. 4 InvG nicht einschlägig. Auch wenn die AVB-Immobilien[1013], die im Verhältnis zwischen der KAG und den Anlegern maßgeblich sind, in § 9 Nr. 2 hinsichtlich der Abtretung von Ansprüchen eine Regelung enthalten, würde eine zuvor getroffene Abtretungsvereinbarung zwischen der KAG und der Depotbank im Depotbankvertrag Bedenken bereiten, wenn sie nicht auf Ansprüche der KAG beschränkt wäre, also nicht nur Ansprüche abseits des § 26 Abs. 1 Nr. 4 InvG beträfe und die Depotbank dann angesichts der §§ 82 Abs. 3 S. 1; 26 Abs. 1 Nr. 4 InvG als „Richterin in eigener Sache“ aufträte. Dies hätte eine Interessenkollision entgegen § 22 Abs. S. 1 InvG zur Folge. Während eine nicht einschränkende Vereinbarung in diesem Kontext somit als unzulässig zu beurteilen ist, bestehen gegenüber einer Vereinbarung, die auf Ansprüche der KAG be-

1009 Klusak, in: B/S/L, I § 82 Rn. 12.

1010 Köndgen, in: B/S/L, I § 26 Rn. 9. Zu den Voraussetzungen der Abtretung, vgl. Klusak, in: B/S/L, I § 82 Rn. 11.

1011 Zu den Ansprüchen der KAG vgl. Köndgen/Schmies, in: BRH, § 113 Rn. 127 ff.

1012 Zu Ausgabeaufschlägen vgl. vgl. Köndgen/Schmies, in: BRH, § 113 Rn. 129.

1013 Vgl. Fn. 355.

schränkt ist, abseits des Bestimmbarkeitserfordernisses[1014], keine Bedenken. Eine Abtretung von Ansprüchen der KAG (an die Depotbank) würde allerdings eine spätere Abtretung der gleichen Ansprüche beeinträchtigen.[1015]

a) Ausgabeaufschläge, Vergütungs- und Aufwendungsersatzansprüche

Als abzutretende Ansprüche kommt zunächst der seitens der KAG gegenüber den Anlegern bestehende vertragliche Anspruch auf Leistung der Ausgabeaufschläge im Sinne der §§ 23 Abs. 2 S. 5; 41 Abs. 1 S. 2 InvG in Betracht.[1016] Darüber hinaus bestehen vertragliche Vergütungs- und Aufwendungsersatzansprüche im Sinne der §§ 29 Abs. 1; 31 Abs. 3 InvG, Letztgenannte allerdings unter den sich aus § 41 Abs. 1 S. 1 InvG ergebenden Einschränkungen. Außerdem ist ein Aufwendungsersatzanspruch hinsichtlich des Kaufpreises im Kontext der Zahlungsvarianten 1 und 2 nur dann denkbar, wenn dessen Voraussetzungen vorliegen, insbesondere also nicht eine Weisung im Sinne der Zahlungsvariante 1 erging und das *Erforderlichkeitskriterium* gewahrt wurde.

Im Zusammenhang mit der Finanzierung entstehenden Aufwendungsersatzansprüchen könnte größere Bedeutung zukommen.[1017] Zwar könnte sich eine Abtretung der genannten Ansprüche für die KAG mangels Kompensation über einen Rückgriff auf das Sondervermögen für die KAG als nachteilig erweisen, dennoch gehören die Ansprüche nicht zum Sondervermögen, sodass ihre Abtretung ohne Zustimmung der Depotbank grundsätzlich möglich ist. Sieht man den Aufwendungsersatzanspruch der KAG auch in der Ausprägung eines Befreiungsanspruchs als möglich, ist dessen Abtretung aber nur eingeschränkt zulässig: Im Sinne des § 399 Var. 1 BGB wird die Abtretung von Befreiungsansprüchen nämlich grundsätzlich als ausgeschlossen erachtet,[1018] jedoch an den zu befriedigenden Gläubiger zugelassen.[1019] Grundsätzlich bleibt der Inhalt eines

1014 BGH NJW 2000, S. 276; BGH NJW 1953, S. 21; Grüneberg, in: Palandt, § 398 Rn. 14.

1015 Zur Vorausabtretung vgl. BGH NJW 2000, S. 276. Zur Sicherungsabtretung vgl. Grüneberg, in: Palandt, § 398 Rn. 23. Zur Mehrfachabtretung vgl. BGH NJW 2005, S. 1192 (1193). Zum Verhältnis von Vorausabtretung und Abtretungsverbot vgl. Müller, in: P/W/W, § 398 Rn. 13 ff; Grüneberg, in: Palandt, § 398 Rn. 10 f., 23.

1016 Köndgen, in: B/S/L, I § 29 Rn. 7; Köndgen/Schmies, in: BRH, § 113 Rn. 60.

1017 Zu den Rechtsgrundlagen vgl. Schulz-Süchting/Thomas, in: WM 2009, S. 2156 (2157).

1018 RGZ 80, S. 183; Gerhardt, S. 41 ff.; Krüger, in: MüKoBGB, § 257 Rn. 8.

1019 BGH NJW 1993, S. 2232 (2233 m.w.N.); BGH DStR 2010, S. 1534 (1535); Hadding, in: Soergel, § 329 Rn. 20; Grüneberg, in: Palandt, § 257 Rn. 1; Grüneberg, in: Palandt, § 399 Rn. 4; Krüger, in: MüKoBGB, § 257 Rn. 8.

Anspruchs im Fall einer Abtretung erhalten. Wird der Anspruch an den zu befriedigenden Gläubiger abgetreten, wandelt er sich in eine Forderung auf die geschuldete Leistung, also in der Regel in einen Zahlungsanspruch, um.[1020] Für die Pfändung und Überweisung der genannten Ansprüche sind die §§ 829; 835 ZPO maßgeblich.[1021] Die Vollstreckung eines Befreiungsanspruchs durch den zu Befreienden, also die KAG, richtet sich zwar nach § 887 ZPO,[1022] Für die Vollstreckung durch den Gläubiger der KAG sind dagegen wieder die §§ 803 ff. ZPO einschlägig.[1023] Einem anderen als dem zu Befreienden oder dem Gläubiger des zu Befreienden würde aus dem Befreiungsanspruch kein (Zahlungs)-anspruch erwachsen, sodass eine Pfändung – wie bereits die Abtretung – nicht in Betracht kommt.[1024]

b) Anspruch auf Weisungsausführung gemäß § 25 S. 2 Nr. 1 Var. 1 InvG

Möglich erscheint auch die Abtretung des Anspruchs der KAG auf Weisungsausführung[1025] durch die Depotbank aus dem Depotbankvertrag in Verbindung mit § 25 S. 2 Nr. 1 Var. 1 InvG. Wenngleich dieser dem Befreiungsanspruch zu gleichen scheint, zeigt sich aufgrund der normativen Verankerung in § 25 S. 2 Nr. 1 Var. 1 InvG, dass er nicht einen Aufwendungsersatzanspruch fortsetzt, sondern auf die Begleichung des Kaufpreisanspruchs – dem Wortlaut nach (nur) durch „Bezahlung" – gerichtet ist. Der Befreiungsanspruch selbst ist jedoch nicht zwingend auf eine Geldleistung beschränkt.[1026] Der Anspruch auf Überweisung nach Aussprache der entsprechenden Weisung durch die KAG oder der Auslagerungsgesellschaft ist Bestandteil des Schuldverhältnisses zwischen KAG und Depotbank.[1027] Er richtet sich gegen die Depotbank und gehört deshalb nicht zum Sondervermögen, sodass die Vermögensschutzvorschriften einer Abtretung nicht im Wege stehen. Allerdings lässt sich aus Sicht des Gläubigers der KAG nach dem (wirtschaftlichen) Vorteil der Abtretung eines Anspruchs fragen, weil

---

1020 BGH NJW 2011, S. 2351; BGH NJW 2010, S. 2197 (2198); Gerhardt, S. 69; Grüneberg, in: Palandt, § 257 Rn. 1, § 399 Rn. 4; Krüger, in: MüKoBGB, § 257 Rn. 8.

1021 Ahrens, in: P/G-ZPO, § 851 Rn. 3 ff., 18 ff. Zum Aufwendungsersatzanspruch vgl. Schmitz, in: B/S/L, I § 31 Rn. 7, 15; Köndgen/Schmies, in: BRH, § 113 Rn. 60.

1022 KG OLGZ 1973, 54; Gerhardt, S. 16; Gruber, in: MüKoZPO, § 803 Rn. 12.

1023 BGHZ 7, S. 246; KG OLGZ 1973, 54 (57); Gerhardt, S. 69. Mit Verweisen auf den Streitstand zwischen Handlungsvollstreckung oder Geldvollstreckung: Görmer, S. 125.

1024 Stöber, Rn. 95.

1025 Knütel, in: ZHR 137 (1973), S. 285 (291).

1026 Görmer, S. 30. Zum Verhältnis der Ansprüche vgl. Görmer, S. 33.

1027 Die KAG verliert ihren Anspruch auch nicht im Fall der Auslagerung, vgl. Kapitel 3, A. II. 2. a) bb).

die KAG an dessen Durchsetzung schon aus ihrem Interesse der Abwendung einer Zwangsvollstreckung in ihr eigenes Vermögen interessiert ist. Ist die Weisung der KAG an die Depotbank aber ordnungsgemäß ergangen, kann sich der Veräußerer hinsichtlich des Kaufpreisanspruchs im Fall der Abtretung direkt an die Depotbank wenden, ohne sich an die KAG halten zu müssen. Da sich der Anspruch der KAG auf Anspruch auf Weisungsausführung im Gegensatz zum Befreiungsanspruch als Zahlungsanspruch darstellt und nicht zum Sondervermögen gehört, besteht die Möglichkeit der Pfändung und Überweisung nach den §§ 829; 835 ZPO.[1028]

c) *Weitere Ansprüche*

Ebenfalls denkbar ist die Abtretung von sonstigen Ansprüchen der KAG, besonders die Abtretung etwaiger Schadensersatzansprüche, beispielsweise gegen die Depotbank. Diese sind angesichts der im Vergleich zur KAG wesentlich höheren Haftungsmasse der Depotbank interessant.[1029] Als weitere der Abtretung zugängliche Ansprüche kommen insbesondere Mietzinsansprüche[1030] und Ansprüche aus (immobilienbezogenen) Versicherungen in Betracht.[1031] Die Abtretung solcher Forderungen „aus Rechtsverhältnissen, die sich auf Immobilien beziehen" ist seitens der Depotbank gemäß § 26 Abs. 1 Nr. 4 InvG zustimmungspflichtig.[1032] Die Pfändung und Überweisung der Ansprüche richtet sich nach den §§ 829; 835 ZPO.

1028 Zur Übertragbarkeit und Pfändbarkeit eines verwahrten Guthabens: BGH NJW 1982, 2192; Fehrenbacher, in: P/W/W § 675f Rn. 23; Canaris, in: Staub-HGB, § 357 Rn. 49 f.

1029 Das Mindestkapital der Depotbank beträgt gemäß § 20 Abs. 2b InvG grundsätzlich fünf Millionen Euro.

1030 Zur Abtretbarkeit: BGH NJW 2003, S. 2987; Grüneberg, in: Palandt, § 399 Rn. 4.

1031 Zu Sicherheiten bei der Fremdfinanzierung: Schultz-Süchting/Thomas, in: WM 2009, S. 2156 (2160).

1032 Köndgen, in: B/S/L, I § 26 Rn. 12. Stehen die Forderungen im Zusammenhang mit Belastungen des Grundstücks, sind die Belastungen gemäß § 26 Abs. 1 Nr. 4 InvG selbst ebenfalls zustimmungspflichtig.

4. Zulässigkeit der Unterwerfung unter die sofortige Zwangsvollstreckung

Vor dem Hintergrund der Möglichkeit der KAG, verschiedene Vermögen zu haben und zu verwalten,[1033] dabei insbesondere mehrere Sondervermögen zu bilden und unter Berücksichtigung der differenzierten Behandlung von Eigen- und Treuhandkonten der KAG sowie der durch das InvG etablierten Vermögenstrennung,[1034] ist ungeachtet der bei Immobilien-Sondervermögen entgegen § 31 Abs. 5 S. 1 InvG möglichen Zwangsvollstreckung[1035] in Gegenstände des Sondervermögens fraglich, inwiefern eine Unterwerfung unter die sofortige Zwangsvollstreckung seitens der KAG gegenüber Dritten zulässig ist.[1036] Eine Unterwerfung des Schuldners unter die sofortige Zwangsvollstreckung kommt bei Grundstückskaufverträgen insbesondere, aber nicht ausschließlich hinsichtlich des Kaufpreises in Betracht.[1037]

Generell ist für die Unterwerfung unter die sofortige Zwangsvollstreckung neben der Einhaltung der Urkundenform im Sinne der § 8 ff. BeurkG[1038] vor allem das Bestimmtheitserfordernis zu wahren;[1039] darüber hinaus muss die Verfügungsberechtigung des Erklärenden gegeben sein.[1040] Die Zwangsvollstreckung findet aus der Urkunde, nicht aus der Unterwerfungserklärung des Schuldners statt.[1041] Den Inhalt des Vollstreckungstitels bestimmt grundsätzlich der Schuldner mit Blick auf den materiellen Anspruch,[1042] wobei Beschrän-

---

1033 § 30 Abs. 3 1, Abs. 5 InvG.

1034 § 30 Abs. 1 S. 2, Abs. 3 InvG.

1035 Vgl. § 82 Abs. 3 S. 1 InvG. Zu der Ermöglichung der Zwangsvollstreckung durch Grundpfandrechte vgl. Fn. 405.

1036 Zur Reichweite vgl. Stöber, in: Zöller-ZPO, § 794 Rn. 26; V. Rintelen, in: RNotZ 2001, S. 3 ff.; Müller, in: RNotZ 2010, S. 167 ff.; Hertel, in: DNotZ 1999, S. 1 ff.; Wolfsteiner, in: DNotZ 1999, S. 306 (310, 317 ff.); BGH NJW 1980, S. 1050.

1037 Heinemann, in: Grundstückskaufverträge, Rn. 633 ff.

1038 BGH WM 2009, S. 2212 (2214).

1039 BGH NJW 1995, S. 1162; V. Rintelen, in: RNotZ 2001, S. 3 (5 ff., 12); Rastätter, in: BWNotZ 1992, S. 85 ff. Zur Form einer Vollmacht vgl. Epp, in: BRH, § 94 Rn. 253a. Zu den Elementen der Erklärung vgl. Wolfsteiner, S. 85. Zu Beurkundungs- und Klauselverfahren vgl. Wolfsteiner, S. 12 f.

1040 RGZ 146, S. 308 (314); Eickmann, in: MüKoBGB, § 1147 Rn. 34; V. Rintelen, in: RNotZ 2001, S. 3 (15 f.).

1041 Wolfsteiner, in: MüKoZPO, § 794 Rn. 235; Demharter, in: MitBayNot 2005, S. 63 (64); BGH NJW 1979, S. 928; Scheuch, in: P/G-ZPO, § 794 Rn. 52; Wolfsteiner, in: DNotZ 1990, S. 531 ff.

1042 V. Rintelen, in: RNotZ 2001, S. 3 (18).

kungen[1043] – auch auf bestimmte Sondervermögen –[1044] zulässig sind. Würde die KAG bei der Unterwerfungserklärung eine Beschränkung auf ein bestimmtes Sondervermögen erwägen, wäre es einerseits mit Blick auf die dingliche Rechtslage, andererseits mit Blick auf die verwalteten Vermögen und das Eigenvermögen[1045] der KAG hilfreich, eine eindeutige Formulierung zu wählen.[1046] Zuvorderst müsste allerdings eine Unterwerfungserklärung hinsichtlich eines von der KAG verwalteten Sondervermögens zulässig sein. Zwar ist es generell bankenüblich, dass der Schuldner sich mit seinem gesamten Vermögen der sofortigen Zwangsvollstreckung unterwirft,[1047] allerdings würde die KAG – die (im Fall der *Treuhandlösung*) zwar formell Eigentümerin des Vermögens, aber dennoch über die Treuhandabrede gegenüber den Anlegern gebunden ist, unter Berücksichtigung der Treuhandkonstruktion und unter Berücksichtigung des § 31 Abs. 2 InvG – im eigenen Namen eine Unterwerfungserklärung für ein „fremdes" Vermögen abgeben,[1048] für das wegen des InvG besondere Bestimmungen bestehen.[1049]

Im Rahmen des InvG ließe sich bei flüchtiger Betrachtung die Zulässigkeit der Unterwerfung unter die sofortige Zwangsvollstreckung für Immobilien-Sondervermögen aus der Belastungsmöglichkeit folgern. Gleichwohl gibt die Unterwerfungserklärung, die eine auf das Zustandekommen eines Titels gerichtete einseitige Willenserklärung darstellt, die sich ausschließlich nach prozessualen Grundsätzen richtet,[1050] dem Gläubiger die Möglichkeit, einen Vollstreckungstitel unabhängig einer gerichtlichen Prüfung der Forderung zu erlangen[1051] und schafft damit eine Vollstreckungserleichterung, die – im Gegensatz

---

1043 Zu Beschränkungen in zeitlicher, örtlicher oder gegenständlich Hinsicht: DNotI-Report 2000, S. 1; V. Rintelen, in: RNotZ 2001, S. 3 (19). Wolfsteiner, S. 164; Stöber, in: Zöller-ZPO, § 794 Rn. 35; Wolfsteiner, in: MüKoZPO, § 794 Rn. 176 ff.

1044 Kindl, in: Saenger-ZPO, § 794 Rn. 35.

1045 Vgl. Fn. 432.

1046 Zur Problematik am Beispiel des Betriebsvermögens, vgl.: DNotI-Report 2000, S. 1 (3).

1047 Vgl. DNotI-Report 2000, S. 1; Müller, in: RNotZ 2010, S. 167 (182 f.). Zu den Bedingungen vgl. Rastätter, in: BWNotZ 1992, S. 85 (86).

1048 Vgl. Wolfsteiner, in: MüKoZPO, § 794 Rn. 152; Wolfsteiner, S. 128; Lwowski/Peters, in: MüKoInsO, § 35 Rn. 275. Coing, S. 101, 176 ff.

1049 Vgl. Kapitel 2, A. V. 1.

1050 BGH NJW-RR 2007, S. 749 (750); BGH NJW 1999, 51 (52); RGZ 146, S. 308 (312); Wolfsteiner, S. 88 m.w.N.; V. Rintelen, in: RNotZ 2001, S. 3 (4); Scheuch, in: P/G-ZPO, § 794 Rn. 52.

1051 Eickmann, in: MüKoBGB, § 1147 Rn. 31 ff. Zu den Folgen für den Schuldner vgl. Schimansky, in: WM 2008, S. 1049 (1050 ff.); Freckmann, in: BKR 2010, S. 275 ff.

zur Belastung selbst – nicht ausdrücklich im InvG vorgesehen ist. Darüber hinaus stellt die Unterwerfung lediglich ein „prozessuales Nebenrecht“ und daher insbesondere keine Verfügung[1052] dar. Deshalb sind § 26 Abs. 1 Nr. 3 und 4 InvG nicht auf die Zwangsvollstreckungsunterwerfung anwendbar. Eine Ausweitung der Zustimmungserfordernisse der Depotbank auf die Abgabe der Unterwerfungserklärung verbietet sich dabei schon angesichts deren enumerativen Aufzählung, darüber hinaus aber ebenfalls angesichts des Fehlens einer vergleichbaren Situation.[1053]

Zwar lässt sich dem InvG entnehmen, dass es zu einer Zwangsvollstreckung in das Sondervermögen kommen kann (§ 28 Abs. 1 S. 1 Nr. 3 InvG),[1054] daraus lässt sich jedoch weder auf die generelle Zulässigkeit der Zwangsvollstreckung noch auf die Zulässigkeit der Abgabe der Unterwerfungserklärung schließen. Angesichts des Fehlens einer Regelung ließe sich folgern, dass die Abgabe der Unterwerfungserklärung für das Sondervermögen gar nicht vorgesehen sei. Dies erscheint aber zweifelhaft, da sich die materielle Rechtslage durch die Unterwerfungserklärung nicht ändert.

Betrachtet man die Situation genauer, wird mit Blick auf die Haftungsfreistellung des Sondervermögens im Sinne des § 31 Abs. 2 InvG, wonach das Sondervermögen nämlich (grundsätzlich) im Verhältnis zwischen der KAG und einem Dritten (Gläubiger) nicht haftet, deutlich, dass der einer etwaigen Unterwerfung zugrundeliegende Anspruch in den Blick zu rücken ist. Für die Frage, ob eine Unterwerfungserklärung abgegeben werden kann, ist also zunächst der der Unterwerfungserklärung zugrunde liegende materielle Anspruch[1055] genauer zu betrachten und sogleich zu prüfen, ob das Sondervermögen dafür herangezogen werden kann. Im Verhältnis „des Sondervermögens“ zur KAG kommen Aufwendungsersatz- und Vergütungsansprüche in Betracht, im Verhältnis „des Sondervermögens“ zu Dritten lediglich Ansprüche, aufgrund derer eine zulässige Belastung von Gegenständen des Sondervermögens erfolgt ist.[1056] Verfügungen im Sinne des § 26 Abs. 1 Nr. 3 InvG und Forderungsabtretungen im Sinne

1052 Wolfsteiner, S. 93; Bayreuther, in: MüKoBGB, § 185 Rn. 16.

1053 Vgl. zur Wirkung der Unterwerfungserklärung: Wolfsteiner, S. 91.

1054 Dies erklärt sich schon anhand der für Immobilien-Sondervermögen bestehenden Möglichkeit der Belastung im Sinne der §§ 26 Abs. 1 Nr. 4, 82 Abs. 3 InvG, vgl. Fn. 405. Durch die Belastungsmöglichkeit zulasten des Sondervermögens ist es möglich, Sicherheiten für größere Projekte zur Verfügung zu stellen. Die Inhaber von Grundpfandrechten haben damit im Fall der Verwertung Zugriff auf Gegenstände des Sondervermögens.

1055 Gaul/Schilken/Becker-Eberhard, § 13 Rn. 51 f.

1056 Zu denkbaren Ansprüchen vgl. Gaul/Schilken/Becker-Eberhard, § 13 Rn. 54.

des § 26 Abs. 1 Nr. 4 InvG scheiden schon deshalb aus, weil mit ihnen ein Wechsel der Rechtsträgerschaft einhergeht. Eine Zwangsvollstreckungsunterwerfung seitens der die Aufwendungsersatz- und Vergütungsansprüche schuldenden Anleger, vertreten durch die KAG gegenüber dem Gläubiger der Ansprüche, der KAG,[1057] mit einer anschließenden Abtretung erscheint insofern nicht sinnvoll, als die Zahlung ohnehin von der Depotbank (die von der Unterwerfung nicht berührt würde) durchgeführt wird, soweit die Zahlungsvoraussetzungen gegeben sind. Gleiches gilt für den Anspruch der KAG auf Weisungsausführung (sofern die Voraussetzungen einer ordnungsgemäßen Weisung gegeben sind). Reicht das Sondervermögen nicht aus, verhindert § 31 Abs. 3 InvG einen Rückgriff auf das Vermögen der Anleger.

Deshalb sind lediglich Ansprüche Dritter zu fokussieren. Bei diesen ist zwischen der Abgabe der Unterwerfungserklärung im Zusammenhang mit seitens der Depotbank zustimmungspflichtigen Belastungen im Sinne des § 26 Abs. 1 Nr. 4 InvG und sonstigen Ansprüchen zu differenzieren. Diese Differenzierung folgt aus den §§ 31 Abs. 2, 5; 82 Abs. 3 InvG, wonach in Gegenstände des Sondervermögens nach einer zulässigen Belastung vollstreckt werden kann. Würde man die Unterwerfung unter die sofortige Zwangsvollstreckung überdies für andere Ansprüche zulassen, käme es durch die aufgrund der Abgabe der Unterwerfungserklärung ergehende Urkunde zu einer Vollstreckung in das Sondervermögen und zu einer nicht vorgesehenen Haftung des Sondervermögens. Der Zwangsvollstreckung durch Dritte zugänglich sind damit Ansprüche, die aus einer zulässigen Belastung folgen. Bei akzessorischen Sicherungsmitteln, namentlich der Hypothek, führt dies dazu, dass der zugrunde liegende Anspruch mit berücksichtigt wird.

Eine Vollstreckungssperre, die unabhängig von beachtlichen Verstößen gegen das InvG im Rahmen der Prüfungs- und Belehrungspflichten des Notars[1058] (insbesondere § 17 Abs. 2 BeurkG) bestünde, wie dies für Testamentsvollstrecker, Nachlass- und Insolvenzverwalter, die sich als Vermögensinhaber trotz Verfügungssperren der sofortigen Zwangsvollstreckung unterwerfen, der Fall ist,[1059] existiert im InvG nicht: Auch wenn das Sondervermögen gemäß § 31 Abs. 2 S. 1 InvG nicht für Verbindlichkeiten der KAG haftet, ist eine Zwangsvollstreckung in Gegenstände des Sondervermögens, wie § 28 Abs. 1 Nr. 3 InvG

1057 Bei einer „In-sich-Unterwerfung“ müssten die Voraussetzungen einer ordnungsgemäßen Vertretung gegeben sein, vgl. Gaul/Schilken/Becker-Eberhard, § 13 Rn. 70; V. Rintelen, in: RNotZ 2001, S. 3 (16).

1058 Zum Ablauf des Beurkundungsverfahrens, vgl. Heinemann, in: Grundstückskaufverträge, Rn. 60 ff.

1059 Wolfsteiner, S. 129.

zeigt, nicht kategorisch ausgeschlossen. Eine unabwendbare Zwangsvollstreckung kann nämlich bei Immobilien-Sondervermögen die Folge einer gemäß §§ 26 Abs. 1 Nr. 4; 82 Abs. 3 S. 1 InvG zulässigen Belastung darstellen.[1060] Kommt es aber zu einer Zwangsvollstreckung wegen eines Anspruchs für den das Sondervermögen nicht haftet, hat die Depotbank gemäß § 28 Abs. 1 Nr. 3 InvG eine Drittwiderspruchsklage zu erheben.[1061] Im Übrigen dienen die Vorschriften über das Verhalten der KAG und der Depotbank sowie die Vermögensschutzvorschriften – unabhängig davon, dass sie keine Vollstrekkungssperre im oben genannten Sinne vorsehen – dazu, das Sondervermögen zu schützen, eine Inanspruchnahme zu verhindern, eine Zwangsvollstreckung auszuschließen und für den Fall pflichtwidrigen Verhaltens Vermögenseinbußen durch Schadensersatzansprüche zu kompensieren.

Hinsichtlich der im Sinne des § 794 Abs. 1 Nr. 5 ZPO in Betracht kommenden Ansprüche wegen Belastungen ist § 82 Abs. 3 S. 2 InvG[1062] in Verbindung mit § 30 Abs. 3 S. 2 InvG in den Blick zu nehmen. Einerseits wird nämlich eine für jedes Immobilien-Sondervermögen bestehende Obergrenze vorgegeben, andererseits stellt § 30 Abs. 3 S. 2 InvG als Ausprägung der Vermögenstrennung – über die Andeutung in § 80 Abs. 3 S. 1 InvG hinaus – klar, dass eine sondervermögensübergreifende Besicherung nicht in Betracht kommt.[1063] Schon allein wegen § 30 Abs. 3 S. 2 InvG scheidet daher auch eine sondervermögensübergreifende Zwangsvollstreckungsunterwerfung aus.

Eine an der Auslegung des Zustimmungsbegriffs im Sinne des § 26 InvG orientierte Differenzierung[1064] nach dem Zeitpunkt, in dem die Depotbank Kenntnis von der Unterwerfung erlangt, sodass die Zulässigkeit im Fall der Einwilligung der Depotbank (Kenntnis) zu bejahen und im Fall der Genehmigung (Unkenntnis) zu verneinen sei, erscheint nicht sinnvoll: Zwar weiß die Depotbank, wenn eine Zustimmungspflicht besteht und sie in ein Geschäft einwilligt – beispielsweise in eine im Zusammenhang mit einem Besicherungsvertrag stehende Belastung im Sinne des § 26 Abs. 1 Nr. 4 InvG – vor Abschluss des Geschäfts um die Schaffung der Voraussetzungen für eine später mögliche Verwertung der von der Belastung betroffenen Gegenstände und einer damit im Zusammenhang

---

1060 Vgl. Fn. 1054.

1061 Vgl. Bitter, S. 40.

1062 Dazu: Klusak, in: B/S/L, I § 82 Rn. 12.

1063 Vgl. Kapitel 3, A. IV. 2. Dies deutet sich auch in § 80 Abs. 3 S. 1 InvG an, wenn von der Belastung von Vermögensgegenständen die Rede ist, „die zu einem Sondervermögen" gehören. Allerdings ließe sich das auch lediglich in Abgrenzung zu sonstigen Vermögen der KAG verstehen.

1064 Vgl. Kapitel 2, B. III.

stehenden Zwangsvollstreckungsunterwerfung der KAG, sofern eine solche Unterwerfungserklärung bereits abgegeben wurde. Es ist aber auch denkbar, dass die Unterwerfungserklärung nicht einhergehend mit dem Besicherungsvertrag, sondern erst zu einem späteren Zeitpunkt abgegeben wird. Wenn nun – in Übereinstimmung mit dem zur Frage der teleologischen Reduktion Festgestellten[1065] – Genehmigungen für Verfügungen (Belastungen) ohne eine zugleich abgegebene Unterwerfungserklärung in Betracht kommen, kann angesichts des Fehlens einer Regelung für die Unterwerfungserklärung nichts anderes gelten, wenn mit einer Belastung einhergehend (oder erst im Anschluss daran) eine Unterwerfungserklärung abgegeben wird. Kurzgefasst ist die Unterwerfung unter die sofortige Zwangsvollstreckung mit Auswirkungen für das Sondervermögen also soweit möglich, als ein materieller Anspruch besteht, der aus dem Sondervermögen zu begleichen ist.

V. Bürgschaften und Garantien Dritter

Bürgschaften und Garantien solventer Dritter erscheinen im Zusammenhang mit Immobilientransaktionen stets denkbar;[1066] bei Immobilientransaktionen mit Bezug zu einem Sondervermögen besonders beim Mitwirken institutioneller Investoren und/oder falls es sich um eine Spezial-Immobilien-Sondervermögen handelt. Die Vereinbarung solcher Garantien wird im Kontext des InvG vor allem anhand der Frage entschieden, zu welchem Preis sie im Vertrag zu etablieren sind und inwiefern die KAG für diesbezüglich entstehende Kosten Ersatz verlangen kann. Dies richtet sich nach den dem § 29 Abs. 1 InvG zugrunde liegenden Anspruchsgrundlagen für Aufwendungsersatz.[1067]

VI. Zwischenergebnis

Besonders bei Immobilienerwerbsgeschäften mit Bezug zu einem Sondervermögen zeigen sich deutliche Modifikationen im Vergleich zu dem Ablauf einer Immobilientransaktion ohne Bezug zu einem Immobilien-Sondervermögen. Nicht nur die verschiedenen Zahlungsvarianten, die grundsätzlich gleichrangig nebeneinanderstehen, aber dennoch normativ unterschiedlich verankert sind, sondern auch die Gläubigersicherungsmöglichkeiten prägen das InvG deutlich in den Transaktionsvorgang ein. Der Gesamteindruck der Zahlungs-, Siche-

1065 Vgl. Kapitel 2, B. III.

1066 Vgl. Hirschbaum, in: Van Kann, Rn. 644 ff.

1067 Vgl. Kapitel 3, A. II. 2. b) cc).

rungs- und Vollstreckungsmöglichkeiten bestätigt die im Rahmen der Grundlagen[1068] herausgearbeiteten Wertungen des Anleger- und Vermögensschutzsystems des InvG. Besonders deutlich zeigt sich dies anhand von § 30 Abs. 2 InvG, der, sofern man die Anwendung des § 684 BGB analog verneint oder im Rahmen des § 684 BGB einen Rechtsgrundverweis auf bereicherungsrechtliche Vorschriften sieht, einer interessengerechten Rückabwicklung im Wege stehen kann.

B. Folgerungen: Maßnahmen im Vorfeld von Transaktionen

Die InvG- und vertragsbedingungskonforme Abwicklung von Transaktionen mit Bezug zu einem Immobilien-Sondervermögen stellt sich im Vergleich zum „gewöhnlichen Ablauf" als komplexe und mit einigen Unsicherheiten behaftete Angelegenheit dar. Während die Tücken von Immobilientransaktionen ohne Bezug zu einem Sondervermögen vor allem mit Blick auf die Dauer der Grundbuchänderung, die Etablierung adäquater Lösemöglichkeiten des Verkäufers – vor allem im Zusammenhang mit Finanzierungen, die Verhinderung einer „vorschnellen" Eintragung des Erwerbers und die weitgehend der Disposition der Beteiligten zugänglichen Regelung von Haftungsfragen – bestehen, setzt eine „reibungslose" Abwicklung von Immobilientransaktionen mit Bezug zu einem Sondervermögen überdies in erster Linie ein InvG- und vertragsbedingungskonformes Geschäft voraus. So wirkt sich die Be- oder Missachtung von Anlagegrenzen ebenso wie die Be- oder Missachtung des *Interesses der Anleger* in speziellen Vorschriften oder den allgemeinen, diese Vorschriften ergänzenden Grundsätzen[1069] unmittelbar auf die Gesetzes- und Vertragsbedingungskonformität von Geschäften, aber auch auf die Pflicht der KAG zur ordnungsgemäßen Verwaltung aus. Gesetzes- und vertragsbedingungswidrige Geschäfte haben, weil die Mechanismen des InvG blockiert werden, nachteilige Auswirkungen auf die Interessen der Vertragsparteien des Transaktionsvorgangs. Dies zeigt sich besonders bei der Abwicklung des Zahlungsvorgangs beim Erwerb einer Immobilie für ein Immobilien-Sondervermögen. Deutlich beeinflusst wird der Vorgang auch durch die den Anlegerschutzgedanken ausprägenden Vorschriften zur Vermögens- und Haftungssonderung[1070] unter Einschluss der Surrogationsvorschrift des § 30 Abs. 2 InvG sowie die Trennung von Verwaltungs- und

---

1068 Vgl. Kapitel 2, A. V. 1.
1069 Vgl. Kapitel 1, B. II.
1070 Vgl. Kapitel 2, A. V. 1.

Verwahrungszuständigkeit und die Zustimmungs-, Überwachungs- und Kontrollpflichten der Depotbank. Diese führen zu Modifikationen des Ablaufs von Immobilientransaktionen ohne Bezug zu einem Immobilien-Sondervermögen. Dies zeigt sich wiederum bei der Abwicklung von Zahlungsvorgängen, aber auch insbesondere im Schutz des Sondervermögens vor einer Inanspruchnahme von Dritten. Zwar ist es in einem engen Rahmen möglich, Sicherheiten zu geben, insbesondere Grundstücke zu belasten, dennoch führen Schutzvorschriften zugunsten des Sondervermögens zu erheblichen Einschränkungen.

I. Frühzeitige Einbeziehung der Depotbank

Die personelle und organisatorische Trennung[1071] von KAG und Depotbank gehört zu den elementaren Grundlagen der Struktur des Investment-Dreiecks. Nach den Vorgaben des InvG sind die Institute dennoch zur Kooperation im *Interesse der Anleger* verpflichtet. Zu einem so vorgesehenen Kontakt von KAG und Depotbank kommt es im Rahmen einer ordnungsgemäßen Verwaltung des Sondervermögens durch die KAG vor allem im Zusammenhang mit Zahlungsvorgängen sowie bei seitens der Depotbank zustimmungspflichtigen Geschäften und im Rahmen der Kontrollausübung durch die Depotbank (§§ 26 und 27 InvG). Im Zusammenhang mit Zahlungsvorgängen zu nennen sind insbesondere die Auszahlung aus dem Sondervermögen durch die Depotbank auf Weisung der KAG, die Auszahlung der Vergütung und des Aufwendungsersatzes durch die Depotbank an die KAG sowie die Entnahme der Vergütung (und des Aufwendungsersatzes)[1072] durch die Depotbank mit Zustimmung der KAG. Zwar wird es bei der Ausgabe und Rücknahme von Anteilen mit Blick auf die korrekte Datenübermittlung auch zu einem Kontakt der Institute kommen; unabhängig davon wird aber der Ausgabepreis direkt an die Depotbank gerichtet.[1073]

Angesichts der ausgeprägten Trennung von Verwaltung und Verwahrung und der detaillierten Regelung der divergierenden Pflichten lässt sich so die *ratio legis* folgern, dass ein Kontakt dort vorgesehen ist, wo er für die ordnungsgemäße Verwaltung des Sondervermögens unter Berücksichtigung der Beachtung des *Interesses der Anleger* erforderlich ist. Angesichts dessen, dass Interessenkonflikte nicht auftreten sollen, ist der Kontakt im Übrigen nicht wünschens-

---

1071 Kritisch zur in der Praxis engen wirtschaftlichen Verflechtung: Köndgen, in: B/S/L, I Vor §§ 20 bis 29, Rn. 1.

1072 Die Nichterwähnung des Aufwendungsersatzes in § 29 Abs. 2 InvG wird als redaktionelles Versehen eingestuft vgl. Köndgen, in: B/S/L, I § 29 Rn. 10.

1073 Beckmann, in: Investment-Handbuch (EL 2/08), 410 § 23 Rn. 13.

wert. In diesem Kontext ist auch der durch die Praxis entwickelte Anlageausschuss zu sehen.[1074]

Inwieweit so eine frühzeitige Einbeziehung der Depotbank in Betracht kommt, muss anhand der Grundprinzipien[1075] des InvG im Einzelfall entschieden werden, kategorisch ausgeschlossen erscheint sie nicht. Zwar ist die Trennung der Institute historisch gewachsen, und insbesondere Abhängigkeiten sind nach dem Gesetzeszweck nicht erwünscht, gleichwohl spricht der Kontext zwischen der Verwaltungspflicht der KAG (§ 9 InvG) und den Pflichten der Depotbank (hier insbesondere §§ 26 f. InvG) vor dem im Hintergrund der Pflichten stehenden Anlegerinteresse (§ 9 Abs. 2 Nr. 1 und § 22 Abs. 1 S. 1 InvG), vor allem in Bezug auf die Wahrnehmung der Überwachungs- und Kontrollaufgaben der Depotbank, eher für einen frühzeitigen Kontakt als dagegen. Auch wenn dies im Kontext der von der KAG zu beachtenden Verhaltensregeln und Organisationspflichten[1076] steht und aus der grundsätzlich fehlenden Mitsprache der Anleger ein starker Fokus auf die Trennung der Institute gefolgert werden könnte, ist eine frühzeitige Einbeziehung der Depotbank im Zusammenhang mit Grundstückstransaktionen dann positiv zu bewerten, wenn sie den Vorgang fördert. Dann erfolgt der Kontakt zwischen KAG und Depotbank primär pflichtenmotiviert und dient dem *Interesse der Anleger*.

Dort, wo die Wahrnehmung der Überwachungs- und Kontrollfunktion der Depotbank gefördert wird – wie beispielsweise durch frühzeitige Bekanntgabe anstehender Vorgänge und frühzeitiges Zugänglichmachen relevanter Unterlagen und Daten – verringert sich die Wahrscheinlichkeit der Durchführung InvG- und vertragsbedingungswidriger Geschäfte. Wenngleich die Geschäftsmodalitäten dabei möglicherweise detailliert besprochen werden und der Depotbank frühzeitig Vertragsunterlagen zugehen, ist beiderseitig auf Distanz zu achten. Die KAG darf nicht versuchen, die Depotbank zu beeinflussen; die Depotbank hat dagegen Distanz zur KAG derart zu wahren, dass sie selbst keine Entscheidungen trifft, die der KAG zugewiesen sind (Geschäftsführung)[1077]. Sollten sich kritische Geschäfte andeuten, ist es sinnvoll, dass die Depotbank frühzeitig ihre Bedenken andeutet. Diese Art der Kooperation vor dem Abschluss des jeweiligen Geschäfts durch die KAG kann die Abwicklung von Geschäften insofern begünstigen, als frühzeitig die Höhe des liquiden Vermögens von der Depotbank festgestellt und eine belastbare Aussage über Anlagegrenzen und zulässige Er-

1074 Zum Anlageausschuss vgl. Fn. 664.

1075 Vgl. Kapitel 1, B. I. und II.

1076 §§ 9 f. InvG. Vgl. Kapitel 1, B. II. 6.

1077 Vgl. Kapitel 2,C. III. 2.

werbsgegenstände getroffen werden kann. Ist eine Zustimmung der Depotbank zu einem Geschäft der KAG erforderlich, ist es bereits in diesem Stadium möglich, die Voraussetzungen dafür zu schaffen und die Zustimmung einzuholen. Mit besonderem Blick auf Anlegerschutzgesichtspunkte ist in jedem Fall das Risiko von *Interessenkonflikten* zu vermeiden.[1078] Sind die Kommunikationswege aber transparent[1079] – erfolgt also eine ordnungsgemäße Dokumentation –, können die Vorteile, die aus einer effizienteren Verwaltung resultieren, zum Preis eines überschaubaren Risikos in Anspruch genommen werden.

Bei Immobilienveräußerungen ist im Kontext der Zustimmungspflichten im Sinne des § 26 Abs. 1 InvG (dabei besonders Nr. 3 und 4) der *Depotbanksperrvermerk* (§§ 76 Abs. 1; 26 Abs. 1 Nr. 3 InvG) bedeutsam. Da die Depotbank dessen Löschung bewilligen muss, wird sie spätestens dann einbezogen; in jedem Fall ist sie aber vor der Verfügung einzubeziehen. Bei Immobilienerwerben führt die Depotbank die Zahlung des Kaufpreises durch. Da die Kaufpreisfälligkeit vor der Verfügung über die Immobilie liegt, ist die Depotbank spätestens im Rahmen der Weisungsaussprache der KAG einzubeziehen. Da der Prüfungszeitraum je nach Komplexität des der Weisung zugrunde liegenden Vertrags zwischen KAG und dem Dritten variieren kann, ist es ratsam, der Depotbank die Vertragsunterlagen in der beurkundeten Form zur Verfügung zu stellen, sodass die Weisungsausführung schnellstmöglich erfolgen kann.

II. Besonderheiten im Kaufvertrag zwischen der KAG und dem Dritten

Auch wenn der zugunsten der Depotbank im Grundbuch einzutragende *Depotbanksperrvermerk* (§§ 76 Abs. 1 S. 1; 26 Abs. 1 Nr. 3 InvG) nicht allerseits als zu einer Grundbuchsperre führend gesehen wird,[1080] erscheint es für Veräußerungen von Immobilien sinnvoll, wenn dem Notar bereits bei der Beurkundung des Kaufvertrags zwischen der KAG und dem Dritten eine Einwilligung der Depotbank in die spätere Verfügung und eine Löschungsbewilligung vorliegen, da dann auch die Löschung des *Sperrvermerks* aus dem Grundbuch reibungslos

---

1078 Dazu Köndgen/Schmies, in: BRH, § 113 Rn. 61; Zur Rolle der Depotbank vgl. König, S. 126 f. Zur Vermeidung von Interessenkonflikten bei Wertpapierdienstleistungen vgl. Lang, § 8 Rn. 8 ff.; Fraune, S. 88 f.

1079 Die Transparenz besteht in erster Linie gegenüber der BaFin, die ihre Aufgabe unter anderem gemäß § 5 InvG wahrnimmt.

1080 OLG Karlsruhe BWNotZ 2010, S. 82 ff. Zu den Folgen: Köndgen, in: B/S/L, I § 26 Rn. 8. Zur Auffassung, es handele sich um ein Veräußerungsverbot: Klusak, in: B/S/L, I § 76 Rn. 4.

abläuft. Je nach Vereinbarung sollte die Vorlage der Löschungsbewilligung beim Grundbuchamt unter einer Bedingung stehen (beispielsweise Kaufpreisfälligkeit).

Tritt die KAG auf Erwerberseite auf, ist es vor dem Hintergrund des Zahlungsweges schon beim Abschluss von Kaufverträgen sinnvoll, dass die KAG im Verhältnis zu ihrem Vertragspartner (unwiderrufliche) Abreden trifft, die die Beziehung zu dem jeweiligen „Zielvermögen" unmittelbar erkennen lassen. Dadurch kommt es zur Surrogation im Sinne der *Beziehungsklausel*, sodass es dem Zugriff von Gläubigern der KAG entzogen ist (§ 31 Abs. 2 InvG). Deshalb sind aus Sicht der KAG, aber vor allem auch aus Sicht der Anleger klare Abreden vorteilhaft. Je nach Vereinbarung kann die Beschreibung der Tilgungsmodalitäten zu einer Garantie der KAG im eigenen Namen und für eigene Rechnung führen. Neben sondervermögensspezifischen Vereinbarungen, die der Sicherung des Verkäufers dienen,[1081] sind im Verhältnis der KAG zu ihrem Vertragspartner hinsichtlich einer möglichen Unterwerfung der KAG unter die sofortige Zwangsvollstreckung ebenfalls besondere Abreden erforderlich.[1082] Sollen (zur Sicherheit) Ansprüche der KAG an ihren Vertragspartner abgetreten werden, ist zu berücksichtigen, dass es sich um Ansprüche der KAG handeln muss und diese nicht bereits der Depotbank gegenüber abgetreten wurden.[1083]

III. Unwiderrufliche Anweisung der Depotbank im Kaufvertrag und Bestätigung der Weisungsausführung

Zwar ist die Depotbank verpflichtet, eingehende Beträge unverzüglich zu verbuchen[1084] beziehungsweise Auszahlungen im *Interesse der Anleger* unverzüglich vorzunehmen, dennoch bietet es sich an, dass die KAG die Depotbank frühestmöglich unwiderruflich zur Kaufpreiszahlung anweist, um Unsicherheiten im Hinblick auf das Vorliegen einer wirksamen Weisung auszuschließen und den Zahlungsvorgang bei Erwerbsvorgängen reibungslos abzuwickeln. Allerdings sollte schon die aus dem InvG resultierende Pflicht zur ordnungsgemäßen Verwaltung im *Interesse der Anleger* einen Widerruf ausschließen. Ergeht eine solche Anweisung in dem seitens der KAG mit einem Dritten geschlossenen Kauf-

1081 Zu den denkbaren Sicherheiten vgl. Kapitel 3, A. IV.

1082 Vgl. Kapitel 3, A. IV. 4.

1083 Vgl. Kapitel 3, A. IV. 3.

1084 Schrödemeyer/Baltzer, in: Brinkhaus/Scherer, § 12a KAGG, Rn. 21.

vertrag, ist zu beachten, dass der Vertrag der Depotbank zugeht.[1085] Wird zusätzlich fristgebunden die Bestätigung der Weisungsausführung verlangt, führt dies nicht dazu, dass die Depotbank solche Fristen beachten muss, sofern sich deren Einhaltung nachteilig auf die Prüfungspflicht auswirken würde. Darin eingeschlossen ist der Fall zu sehen, dass die liquiden Mittel des Sondervermögens (noch) nicht ausreichen, um die Kaufpreisforderung abzudecken. Auch wenn die Depotbank unabhängig von der KAG ist, spricht gegen die Setzung einer Frist zur Weisungsausführung seitens der KAG, dass unnötigerweise Druck ausgeübt wird, der zu einer unsorgfältigen Prüfung anregt.

IV. Besonderheiten bei Transaktionen mit Auslandsbezug

Auch wenn eine geografische Risikostreuung im Sinne des InvG nicht notwendig ist,[1086] besteht die Möglichkeit, dass die KAG Grundstücke im Ausland erwirbt. Dabei besteht neben der Möglichkeit des Direkterwerbs die Möglichkeit, die Grundstücke über eine Immobiliengesellschaft zu erwerben. Bei Transaktionen mit Auslandsbezug können die Rechtspositionen an Grundstücken variieren.[1087]

Ob der Erwerb von Rechten an Vermögensgegenständen im Sinne des § 67 Abs. 1 und Abs. 2 InvG zulässig ist, richtet sich gemäß § 2 Abs. 4 Nr. 5 InvG nach der Vergleichbarkeit der Rechte. Da im Regelfall die Geschäftsabwicklungsmodalitäten zwischen Immobilientransaktionen im Inland und solchen mit Auslandsbezug variieren,[1088] kommt der frühzeitigen Einbeziehung der Depotbank in das jeweilige Geschäft bei Transaktionen mit Auslandsbezug besondere Bedeutung zu. Neben der frühzeitigen Kontaktaufnahme zum dortigen Grundbuchamt oder einer entsprechenden Einrichtung erscheint es zur Wahrung der Rechte der Depotbank sinnvoll, die Modalitäten der Eintragung des *Depotbanksperrvermerks* (§§ 76 Abs. 1 S. 1; 26 Abs. 1 Nr. 3 InvG) beziehungsweise dessen Äquivalents[1089] umgehend zu erörtern. Wird eine Immobilie durch eine Gesellschaft erworben, an der die KAG beteiligt ist, entfällt das Erfordernis der Eintragung eines *Depotbanksperrvermerks*,[1090] dennoch besteht gemäß § 26

1085 Beispielsweise können die KAG und deren Vertragspartner im Sinne des § 51 Abs. 2 BeurkG vereinbaren, dass die Depotbank eine Ausfertigung verlangen kann.

1086 BGH WM 2001, S. 2053.

1087 Schultz-Süchting/Thomas, in: WM 2008, S. 2285 (2286).

1088 Vgl. Schultz-Süchting/Thomas, in: WM 2008, S. 2285 (2286).

1089 Vgl. Schultz-Süchting/Thomas, in: WM 2008, S. 2285 (2289); Baur, in: Assmann/Schütze, § 20 Rn. 393.

1090 Vgl. Fn. 958.

Abs. 1 Nr. 5 Var. 2 InvG eine Zustimmungspflicht der Depotbank für Verfügungen über Vermögensgegenstände der Gesellschaft, wenn es sich nicht um eine Minderheitsbeteiligung handelt.

Schluss

A. Resümee

Das Vermögenssonderungs- und Schutzsystem des InvG weist Besonderheiten auf, die bei Immobilientransaktionen mit Bezug zu einem Immobilien-Sondervermögen zu einigen Modifikationen führen: Was den Austausch der Leistungen – Immobilie gegen Kaufpreis – betrifft, spielen für Veräußerungsvorgänge vor allem der Zustimmungsvorbehalt der Depotbank gemäß § 26 Abs. 1 Nr. 3 InvG und die damit einhergehende Löschungsbewilligung des *Depotbanksperrvermerks* eine wichtige Rolle. Der Vorgang ist im Übrigen aber auch in juristisch-ökonomischer Hinsicht interessant, vor allem, was das Wertverhältnis von Leistung und Gegenleistung im Sinne des § 82 Abs. 1 InvG betrifft. Bei Erwerbsvorgängen treten weitere Modifikationen in den Vordergrund. Idealerweise stellt sich nämlich der Immobilienerwerb durch einen (offenen) Immobilienfonds im Sinne des InvG so dar, dass die KAG die Depotbank gemäß § 25 S. 2 Nr. 1 InvG anweist, den Kaufpreis an den Gläubiger der KAG zu zahlen.

Die Depotbank prüft, ob der Vorgang den gesetzlichen Vorschriften und den Vertragsbedingungen entspricht und greift erst dann auf das Sondervermögen zu, um die Schuld der KAG zu tilgen. Steht die Weisung der KAG nicht im Einklang mit den das *Interesse der Anleger* ausprägenden gesetzlichen Vorschriften und den Vertragsbedingungen, darf die Depotbank keine Auszahlung vornehmen. Dies ist beispielsweise der Fall, wenn Anlagegrenzen oder Belastungsgrenzen missachtet werden oder das Wertverhältnis von Leistung und Gegenleistung nicht den gesetzlichen Vorschriften entspricht.[1091]

In diesem Zusammenhang zeigt sich, dass die Frage der Sinnhaftigkeit von Anlageentscheidungen nicht ohne Weiteres – mit dem Hinweis darauf, dass sie der Zweckmäßigkeit zuzuordnen sei, die von der Depotbank nicht zu prüfen wäre – dem Einblick der Depotbank und einer etwaigen Beanstandung entzogen werden kann. Umgekehrt führt dies aber nicht zum Ausschluss eines seitens der KAG bestehenden Spielraums im Hinblick auf Fragen der Portfolioverwaltung und -entwicklung. Auch führt die Kontrollbefugnis der Depotbank selbstverständlich nicht zu dem Recht, jede Entscheidung beanstanden zu können, gleichwohl führt die seitens der Depotbank mögliche Plausibilitätskontrolle insofern zu einer Reduzierung einer völlig freien Entscheidung der KAG, als sie

1091 Vgl. Kapitel 3.

sich des Einblicks nicht verwehren kann und sie über die Kontrolle der Anlagegrenzen hinaus an die Grundsätze der *Business Judgement Rule* gebunden wird. Gleichzeitig bestätigt die Anwendung der *Business Judgement Rule* den Ermessensspielraum der KAG. Stellt sich allerdings heraus, dass das Geschäft den gesetzlichen Vorschriften und/oder Vertragsbedingungen nicht entsprach, beispielsweise, weil Anlagegrenzen falsch eingeschätzt und deshalb missachtet wurden, ist ein rechtskonformer, dem *Interesse der Anleger* entsprechender Zustand alsbald herzustellen.[1092] Eine Missachtung der Pflichten der KAG führt abseits der ausdrücklichen Anordnung nicht zur Unwirksamkeit des Geschäfts, kann aber eine Haftung der KAG – vor allem gegenüber den Anlegern – nach sich ziehen.[1093]

Im „Außenverhältnis" des Investment-Dreiecks wird stets die das Sondervermögen verwaltende KAG tätig. Schließt sie Verträge, ist sie zu fordern berechtigt, gleichzeitig aber gegenüber dem Vertragspartner verpflichtet. Im Rahmen eines Erwerbsvorgangs für das Sondervermögen kann sich der Vertragspartner der KAG (gleich, ob er Käufer oder Verkäufer ist) nur an die KAG halten. Diese hat aber (grundsätzlich) nach entsprechender Weisungserteilung gegenüber der Depotbank einen Anspruch auf eine aus dem Sondervermögen vorzunehmende Zahlung an den Gläubiger im Sinne des § 25 S. 2 Nr. 1 Var. 1 InvG. Die Erteilung der Weisung der KAG an die Depotbank ist seitens des Gläubigers in der Regel nicht einklagbar.[1094] Zwar sind andere Begleichungsformen, insbesondere die Verauslagung (Zahlungsvariante 2) grundsätzlich möglich,[1095] allerdings stehen die Kapitalanforderungen der KAG (§ 11 InvG) weit hinter den Kapitalanforderungen der Depotbank oder gar dem Volumen des Sondervermögens zurück. So ist es gut denkbar, dass der Kaufpreisanspruch des Vertragspartners der KAG aus deren Eigenvermögen[1096] nicht beglichen werden kann. Dennoch sind zur Absicherung des Vertragspartners bei Immobilientransaktionen mit Bezug zu einem Sondervermögen Bürgschaften und Garantieabreden aufseiten der KAG denkbar. Diese dürfen allerdings nicht entgegen § 31 Abs. 4 InvG (also nicht für gemeinschaftliche Rechnung der Anleger) vereinbart werden. Soweit dies aber der Fall ist, hindert eine selbstständige Garantie für Rechnung des Sondervermögens bei einem Veräußerungsvorgang – jedenfalls bei ordnungsgemäßer Verweigerung der Zustimmung seitens der Depotbank –

1092 Klusak, in: B/S/L, I § 67 Rn. 47. Vgl. Kapitel 2, C. III zur Divergenz zwischen Kontroll- und Beanstandungsbefugnis.

1093 Vgl. Kapitel 2, C. III.

1094 Vgl. Kapitel 3, A. II. 2.

1095 Vgl. Kapitel 3, A. II. 2.

1096 Vgl. Fn. 432.

eine wirksame Übereignung.[1097] Bei einem Erwerbsvorgang wird keine Zahlungsverpflichtung der Depotbank mit Folgen für das Sondervermögen ausgelöst. Belastungen von Gegenständen des Sondervermögens sind unter den Voraussetzungen des § 82 Abs. 3 InvG in Abweichung zu § 31 Abs. 5 S. 2 InvG möglich,[1098] unterliegen jedoch einem Zustimmungsvorbehalt der Depotbank im Sinne des § 26 Abs. 1 Nr. 4 InvG. Der Kritik an im Sinne des § 26 Abs. 1 InvG möglichen Genehmigungen kann, alternativ zum Vorschlag einer teleologischen Reduktion des Begriffs auf Einwilligungen, dadurch begegnet werden, dass der Pflichtenkatalog der KAG auf die Einholung von Einwilligungen erweitert wird: Im Sinne der Anlegerinteressen spricht nämlich einiges dafür, der KAG im Rahmen der Vornahme einer ordnungsgemäßen Verwaltung aufzuerlegen, die Einwilligung der Depotbank einzuholen.[1099]

Werden Forderungen zur Sicherung von Zahlungsansprüchen abgetreten, ist angesichts des § 26 Abs. 1 Nr. 4 InvG danach zu differenzieren, ob die Ansprüche zu einem Sondervermögen gehören oder ob es sich um Ansprüche der KAG handelt.[1100] Des Weiteren ist aus Sicht eines Gläubigers von Bedeutung, ob Ansprüche der KAG noch der Abtretung zugänglich sind, also insbesondere nicht bereits zuvor im Rahmen des Depotbankvertrags an die Depotbank abgetreten wurden. Die Abtretung von Aufwendungsersatz- und Befreiungsansprüchen[1101] ist zwar möglich, gleichwohl ist aus Sicht des jeweiligen Gläubigers zu beachten, dass der KAG bei Immobilien-Sondervermögen im Fall dessen, dass wenn wegen eines Kaufpreiszahlungsanspruchs (lediglich) eine Weisung im Sinne der Zahlungsvariante 1 erging, diesbezüglich weder ein Aufwendungsersatz- noch ein Befreiungsanspruch in Betracht kommt.

Dies wirkt sich aber nicht auf etwaige Aufwendungsersatzansprüche aus, die sich aus anderen Rechtsverhältnissen ergeben können, beispielsweise verauslagte Kosten für Rechtsanwälte oder gar Aufwendungsersatzansprüche für das Verauslagen eines Kaufpreises bei anderen Transaktionen. Mit Blick auf vor allem im Zusammenhang mit Verauslagungen im Sinne der Zahlungsvariante 2 möglicherweise entstehende Regressansprüche der KAG ist zu beachten, dass die eingeschränkten Zahlungs- und Entnahmemöglichkeiten des InvG einem Rückgriff auf bereicherungsrechtliche Ansprüche, auch über § 684 BGB analog, grund-

1097 Vgl. Kapitel 3, A. IV. 1.

1098 Vgl. Kapitel 3, A. IV.

1099 Vgl. Kapitel 2, C. III. 1. und Kapitel 3, B. I.

1100 Vgl. Kapitel 3, A. IV. 3.

1101 Der Befreiungsanspruch kann nur an den zu befriedigenden Gläubiger abgetreten werden, vgl. Kapitel 3, A. IV. 3. a).

sätzlich nicht im Wege stehen.[1102] Für die Unterwerfung unter die sofortige Zwangsvollstreckung fehlt es an Regelungen. Gleichwohl ist sie nicht kategorisch ausgeschlossen. Allerdings setzen sich dort die Ausprägungen des Vermögensschutzes für das Sondervermögen fort: So ist die Unterwerfung unter die sofortige Zwangsvollstreckung angesichts der nur eingeschränkten Haftung des Sondervermögens auch nur eingeschränkt möglich.[1103]

Eine wichtige Besonderheit bei Immobilientransaktionen mit Bezug zu einem Immobilien-Sondervermögen wurzelt in § 30 Abs. 2 InvG. Die sich dort befindende Surrogationsvorschrift kann bei einem Beziehungserwerb, bei dem nicht klar ist, ob eine Surrogation erfolgt ist, durchaus zu Abwicklungs-, Rückabwicklungs- und Ausgleichsschwierigkeiten führen. Um stets eine klare Anspruchs- und Vermögensinhaberschaft zu gewährleisten, sind die Abwicklungen mit Blick auf § 30 Abs. 2 InvG zu sehen; insbesondere sind (geplante) Vermögenszuordnungen frühzeitig offenzulegen.[1104]

B. Beantwortung der eingangs aufgeworfenen Fragen

- Wie wirkt sich das InvG auf den Ablauf einer Immobilientransaktion aus?

Die im InvG geregelten Grundprinzipien des Investmentmodells, die sich im Investment-Dreieck ausprägen, wirken sich erheblich auf den Ablauf von Immobilientransaktionen aus. Von zentraler Bedeutung sind die aus der Kontrollfunktion der Depotbank resultierenden Zustimmungs- und Mitwirkungserfordernisse. Im Vergleich zu Immobilientransaktionen ohne investmentrechtlichen Bezug ist bei Veräußerungsvorgängen im Kontext der Zustimmungs- und Mitwirkungserfordernisse vor allem der Zustimmungsvorbehalt hinsichtlich der Löschungsbewilligung des *Depotbanksperrvermerks* wesentlich. Da die Depotbank sowohl die Wertäquivalenz von Leistung und Gegenleistung als auch die Einhaltung der Anlagegrenzen prüft, kommt ihr im Hinblick auf die Frage, ob ein Gegenstand veräußert werden darf, eine zentrale Rolle zu.

Bei Erwerbsvorgängen zeigt sich im Vergleich zu Immobilientransaktionen ohne investmentrechtlichen Bezug erneut die zentrale Rolle der Depotbank. Sie ist nämlich nur unter den Voraussetzungen, dass das von der KAG abgeschlossene Geschäft im Einklang mit den gesetzlichen Vorschriften und den

1102 Vgl. Kapitel 3, A. II. 3.
1103 Vgl. Kapitel 3, A. IV. 4.
1104 Vgl. Kapitel 2, A. V. 2.

Vertragsbedingungen übereinstimmt, zur Ausführung einer von der KAG ausgesprochenen Weisung verpflichtet. Während also nur dann eine Zahlung aus dem Sondervermögen in Betracht kommt, ist die KAG aufgrund des Vertragsabschlusses im eigenen Namen stets zur Zahlung verpflichtet.

- Wie sind Forderungen eines Dritten aus einem seitens der KAG mit einem Dritten geschlossenen Vertrag zu begleichen – inwiefern kann die KAG angesichts § 25 S. 2 Nr. 1 InvG auf die Depotbank oder das Sondervermögen verweisen?

Im „Außenverhältnis" ist lediglich die KAG gegenüber dem Dritten verpflichtet. Gleichwohl hat sie unter den Voraussetzungen des § 25 S. 2 Nr. 1 InvG einen Anspruch auf Vornahme einer Zahlung aus dem Sondervermögen gegen die Depotbank. Hierbei steht es der KAG grundsätzlich frei, sich für eine der drei in Betracht kommenden Zahlungsvarianten zu entscheiden, nämlich (1) eine Weisungserteilung an die Depotbank zur Zahlung auf die Kaufpreisforderung aus dem Sondervermögen, (2) eine Zahlung auf die Kaufpreisforderung aus dem Eigenvermögen der KAG, also nicht „für Rechnung der Anleger" oder für „Rechnung des Sondervermögens" (kurz: Verauslagung) sowie (3) die Möglichkeit, einen durch das Eingehen der Verbindlichkeit entstehenden Aufwendungsersatzanspruch als Befreiungsanspruch zu nutzen und so den Zahlungsweg abzukürzen.

Zwar ist die Depotbank, wenn die entsprechenden Voraussetzungen vorliegen, verpflichtet, der Weisung der KAG Folge zu leisten, dennoch hat der Dritte abseits der Möglichkeit, sich den entsprechenden Anspruch der KAG gegenüber der Depotbank von der KAG abtreten zu lassen oder zu pfänden, keinen Anspruch gegenüber der Depotbank auf Vornahme der Zahlung. Die Abtretbarkeit und Pfändbarkeit der Ansprüche ist angesichts dessen, dass sie nicht zu einem Sondervermögen gehören, möglich.

Bei der Wahl eines Befreiungsanspruchs durch die KAG bleibt die Reichweite der Abtretbarkeit und Pfändbarkeit hinter den anderen Varianten zurück. Hinsichtlich der Weisungsaussprache seitens der KAG gegenüber der Depotbank kommt dem Gläubiger der KAG auch dann kein Anspruch zu, wenn eine der in Betracht kommenden Zahlungsvarianten vereinbart worden ist.

- Welche Sicherheiten können von einer KAG (insbesondere beim Erwerb einer Immobilie für ein Immobilien-Sondervermögen) mit Wirkung für das Sondervermögen gestellt werden?
- Inwiefern kann in Gegenstände des Sondervermögens vollstreckt werden?

Bürgschaften und (selbstständige) Garantien für Rechnung der Anleger, also auch mit Wirkung für ein Sondervermögen, kommen angesichts des § 31 Abs. 4 InvG nicht in Betracht. Grundsätzlich scheitern auch die Abtretung von Forderungen aus Rechtsverhältnissen, die sich auf Immobilien beziehen sowie die Belastung von Vermögensgegenständen eines Sondervermögens an § 31 Abs. 5 InvG. In Abweichung dazu ist es gemäß § 82 Abs. 3 InvG – unter eingeschränkten Voraussetzungen – möglich, dass Forderungen aus Rechtsverhältnissen, die sich auf Immobilien beziehen, abgetreten oder Vermögensgegenstände belastet werden. In den Fällen hat die Depotbank gemäß § 26 Abs. 1 Nr. 4 InvG zuzustimmen. Ist eine Belastung im Sinne des § 82 Abs. 3 InvG zulässig, kann auch in Gegenstände des Sondervermögens vollstreckt werden. Auch wenn gegenstandsübergreifende Belastungen möglich sind, scheiden sondervermögensübergreifende Belastungen aus. Die Vollstreckungsmöglichkeit richtet sich dabei nach der Belastungsmöglichkeit. Ansprüche, die nicht zu einem Sondervermögen gehören – so insbesondere Ansprüche der KAG –, können ungeachtet des § 82 Abs. 3 InvG und dessen besondere Voraussetzungen abgetreten und gepfändet werden.

- Ab wann gehören Ansprüche, wenn die KAG (im eigenen Namen) einen Vertrag mit einem Dritten schließt, zum Sondervermögen?

Die Zuordnung von Ansprüchen und Gegenständen zu einem Sondervermögen richtet sich nach § 30 Abs. 2 InvG. Bei Immobilientransaktionen hängt der Zeitpunkt der Zuordnung jedoch von mehreren Faktoren ab. Von entscheidender Bedeutung ist zunächst, ob es sich um einen Fall der *Rechtserwerbs*-, der *Ersatz*- oder der *Beziehungsklausel* handelt. Während in den Fällen der *Rechtserwerbs*- und *Ersatzklausel* der Surrogationszeitpunkt unproblematisch festgestellt werden kann, stellt sich dies bei der *Beziehungsklausel* komplexer dar: Betrachtet man diesbezüglich einen Erwerbsvorgang, tritt die Surrogationswirkung bei der Verwendung von Mitteln eines Sondervermögens (spätestens) zu diesem Zeitpunkt ein. Anders ist dies, wenn Mittel der KAG verwendet werden. Hier muss grundsätzlich eine von einem entsprechenden Willen der KAG getragene Beziehung zu einem Sondervermögen erstellt werden, um die Surrogationswirkung auszulösen. Ist aber – in beiden Fällen – bereits eine Beziehung zu einem bestimmten Sondervermögen erstellt, kommt es schon vorher zur Surrogation etwaiger Ansprüche. Ist bereits ein Recht zum Bestandteil eines Sondervermögens geworden, folgt dasjenige, das aufgrund eines Rechts erworben wird, dem Recht (*Rechtserwerbsklausel*).

- Welche Anforderungen sind an Geschäfte mit Bezug zu einem Immobilien-Sondervermögen zu stellen, sodass eine Weisung im Sinne des § 25 S. 2 Nr. 1 InvG in Verbindung mit § 22 Abs. 1 S. 2 InvG ergehen kann?
- Wie wirken sich Verletzungen des InvG und der Vertragsbedingungen aus?

Die Geschäfte müssen gesetzlichen Vorschriften und den Vertragsbedingungen genügen. Dabei muss die KAG ihrer Pflicht zur ordnungsgemäßen Verwaltung im *Interesse der Anleger* nachkommen. Die KAG hat jedoch bei Anlageentscheidungen einen Spielraum, bei dem die *Business Judgement Rule* Anwendung findet. Bewegt sich die KAG im Rahmen ihres Spielraums, hat die Depotbank keine Beanstandungsbefugnis. Dabei spielt das *Interesse der Anleger* eine Doppelrolle: Dessen spezielle Ausprägung finden sich im Rahmen spezieller Vorschriften, so beispielsweise das *Substanzerhaltungsrisiko* in der Anordnung eines ausgewogenen Wertverhältnis zwischen Leistung und Gegenleistung in § 67 Abs. 5 InvG, daneben sind die allgemeinen Ausprägungen des *Anlegerinteresses* – soweit sie nicht durch spezielle Regelungen verdrängt werden, insbesondere die ordnungsgemäße *Verwaltung*- und *Interessenvertretung*, zu beachten und von der Depotbank angesichts der Anordnung in § 22 Abs. 1 S. 1 InvG zu kontrollieren.

Im Rahmen des § 25 S. 2 Nr. 1 InvG steht bei Immobilienerwerben die Zahlung im Sinne der Var. 1 („Kaufpreis") nicht exklusiv. Es widerspricht insbesondere nicht dem Anlegerinteresse, dass die KAG den Kaufpreis verauslagt und anschließend Aufwendungsersatz verlangt. Auch ist es möglich, dass sie nach dem Eingehen ihrer Verbindlichkeit Befreiung von dieser verlangt. Dann allerdings ist das Befreiungsverlangen – wie das Aufwendungsersatzverlangen – nicht lediglich auf § 25 S. 1 Nr. 1 InvG, sondern zusätzlich auf die den Aufwendungsersatz begründende Anspruchsgrundlage zu stützen.

Auch im Zusammenhang mit Immobilientransaktionen sind Verstöße gegen das InvG oder die Vertragsbedingungen möglich. Abseits von Regelungen des InvG, die unterschiedliche Folgen für Verstöße anordnen,[1105] ist für die Frage, wie mit Verstößen umzugehen ist, das *Interesse der Anleger* maßgeblich, so bei-

1105 Folgen sind beispielsweise die Wirksamkeit in Fällen der §§ 26 Abs. 2 S. 2; 67 Abs. 8; 72; 82 Abs. 5 InvG, die relative Unwirksamkeit in Fällen der §§ 26 Abs. 2 S. 3; 31 Abs. 5 S. 1 InvG und die Unwirksamkeit im Sinne des § 31 Abs. 2 S. 3.

spielsweise bei der Überschreitung von Anlagegrenzen. In Bezug auf die Vermeidung von Verstößen und die Folgen bei Verstößen spielt die Depotbank aufgrund ihrer Kontrollfunktion eine essenzielle Rolle. Kommt es beispielsweise bei einer Grundstückstransaktion dazu, dass entgegen § 31 Abs. 4 InvG Sicherheiten bestellt werden, verhindert der Zustimmungsvorbehalt seitens der Depotbank gravierende Folgen: So kann es bei Verkäufen trotz des § 311b Abs. 2 S. 2 BGB nicht zu einer Heilung des Kaufvertrages kommen, da die Depotbank keine Zustimmung zu einer Verfügung erteilen darf und es nicht zur Löschungsbewilligung hinsichtlich des *Depotbanksperrvermerks* kommt. Kommt es dennoch zu einer Verfügung, ist diese gegenüber den Anlegern unwirksam. Bei Käufen dagegen kann keine wirksame Weisung an die Depotbank ergehen, sodass es nicht zu einer Auszahlung kommt.

Allein die Pflichtwidrigkeit von Geschäften der KAG hindert nicht den Eintritt der Surrogation. Aus Sicht der KAG entsteht dann, wenn ein Gegenstand einem Sondervermögen zugeordnet wird, ohne dass die KAG bezüglich ihrer Verbindlichkeit gegenüber einem Dritten auf ein Sondervermögen zugreifen kann, eine ausgleichsbedürftige Situation. Auch wenn die Voraussetzungen des Zahlungsanspruchs oder eines Aufwendungsersatzanspruchs nicht vorliegen, kann die KAG gemäß § 684 BGB analog einen bereicherungsrechtlichen Ausgleich verlangen. Fehlte es an den Surrogationsvoraussetzungen, bestand beispielsweise nämlich überhaupt keine Beziehung zu einem Sondervermögen, hat die KAG, neben etwaigen Ansprüchen gegen die Depotbank, gegen die wirtschaftlich hinter dem Sondervermögen stehenden Anleger einen Anspruch auf die richtige Zuordnung, der wie zwischen zwei Rechtsträgern zu erfüllen wäre.

C. Thesen

- Immobilientransaktionen mit Bezug zu einem Immobilien-Sondervermögen im Sinne des InvG werden deutlich durch das Investment-Dreieck, die darin ausgeprägte Vermögens- und Haftungssonderung und die außerdem stark ausgeprägte Stellung der Depotbank bestimmt: Während die nur gering kapitalisierte KAG Verträge im eigenen Namen schließt und im „Außenverhältnis“ selbst verpflichtet wird, besteht für den Gläubiger der KAG grundsätzlich keine Möglichkeit, auf das Sondervermögen zuzugreifen. Die Zustimmungspflichten der Depotbank im Sinne des § 26 Abs. 1 InvG betreffen sowohl den Erwerb als auch die Veräußerung und wirken sich an verschiedenen Stellen aus, so insbesondere bei der Löschung des *Depotbanksperrvermerks*, bei Belastungen und Abtretungen von Forderungen aus Rechtsverhältnissen, die sich auf Immobilien beziehen. Hinzu kommt die Kontrollfunktion der Depotbank, deren wesentliche Auswirkung bei Erwerbsvorgängen darin liegt, die von der KAG ausgesprochenen Weisungen zu prüfen und nur im Falle dessen, dass sie nicht gegen gesetzliche Vorschriften und die Vertragsbedingungen verstoßen, auszuführen.

- Bei Immobilienerwerben kommen drei Zahlungsvarianten in Betracht: Neben der Aussprache einer Weisung an die Depotbank, den Kaufpreis im Sinne des § 25 S. 2 Nr. 1 Var. 1 InvG zu zahlen, ist es möglich, dass die KAG den Kaufpreis bei Immobilienerwerben verauslagt und anschließend Regress verlangt oder ein Befreiungsverlangen auf § 25 S. 2 Nr. 1 Var. 4 InvG stützt. Je nach Wahl der Zahlungsvariante variieren Umfang und Möglichkeit der Abtretung oder Pfändung von (Aufwendungsersatz- und Befreiungs-)Ansprüchen.
- Im InvG von großer Bedeutung ist das *Interesse der Anleger*: Dessen wirtschaftliche Komponente ergibt sich zwar anlagespezifisch aus dem jeweiligen Anlageziel, der Fondsausrichtung, wird aber rechtlich durch das InvG umrahmt. Die anhand eines Rückgriffs auf Anlegerschutzgesichtspunkte ermittelten Interessen ergeben sich aus teils tatsächlichen und teils fiktiven Individualinteressen und gelten wegen des Kollektivmodells für alle Anleger im Sinne des InvG. Dennoch werden sie aufgrund unterschiedlicher Risiken durch das InvG „gruppenspezifisch" geprägt. Während im Vorfeld der Anlage das *Informationsinteresse* von zentraler Bedeutung ist, weil nur auf Grundlage ausreichender Informationen eine eigenverantwortliche Entscheidung für oder gegen eine Anlageform getroffen werden kann, ist während des Anlagezeitraums das *Substanzerhaltungsinteresse* von überragender Bedeutung. In Bezug auf das *Interesse der Anleger* ist vor dem Hintergrund des Kollektivmodells der Grundsatz der Anlegergleichbehandlung wesentlich. Diesbezüglich erscheinen Unterschiede bei der Erhebung von Ausgabeaufschlägen bedenklich.
- Entscheidungen, die einem Spielraum der KAG unterliegen – so insbesondere Anlageentscheidungen – darf die Depotbank nicht beanstanden; gleichwohl entziehen sie sich nicht dem Einblick durch die Depotbank. Insofern ist zwischen der Kontroll- und Beanstandungsbefugnis zu differenzieren.
- Bereicherungsrechtliche Ausgleichsansprüche der KAG sind sowohl bei pflichtwidrigen Geschäften möglich, wenn eine Surrogation eingetreten ist, als auch bei fehlerhaften Zuordnungen zu Sondervermögen, ohne dass die Voraussetzungen der Surrogation vorlagen.

D. Überleitung zum KAGB

I. Der KAGB-DiskE durch das Bundesministerium für Finanzen

Mit dem 20. Juli 2012 wurde die Zukunft offener Immobilienfonds in Frage gestellt. Aufgrund der von der EU (Kommission und Parlament) verabschiedeten Richtlinie über die Verwalter alternativer Investmentfonds (sogenannte AIFM-Richtlinie)[1106], die gemeinsame Regelungen für die Manager alternativer Investmentfonds vorsieht, sollte nach der Intention des Bundesministeriums für Finanzen (im Folgenden: BMF) ein neues Regelwerk entstehen, in dem offene Immobilienfonds nicht mehr vorgesehen waren. Abseits des Bestandsschutzes für bestehende Fonds sollten Neuauflagen nicht mehr möglich sein. Lange Zeit war unklar, ob die AIFM-Richtlinie im InvG umgesetzt würde.[1107] Dafür hätte gesprochen, dass erstens im Zentrum der Richtlinie Zulassungsvoraussetzungen, Organisations- und Verhaltenspflichten[1108] und die Aufsicht über die Manager stehen, dass zweitens bereits die OGAW-Richtlinie[1109] im InvG umgesetzt wurde und dass drittens die Regelungen der AIFM-Richtlinie eine gewisse Nähe zu denen des InvG aufweisen. Bereits mit dem Entwurf deutete einiges darauf hin, dass bis zum Ende der Umsetzungsfrist der AIFM-Richtlinie, die bis zum 22. Juli 2013 läuft, ein neues Gesetz, das sogenannte Kapitalanlagegesetzbuch (im Folgenden: KAGB), der Intention nach ein „in sich geschlossenes Regelwerk“, in Kraft treten würde. Das BMF hat am 20. Juli 2012 den Diskussionsentwurf[1110] eines Gesetzes zur Umsetzung der Richtlinie 2011/61/EU über die Verwalter alternativer Investmentfonds (AIFM-Umsetzungsgesetz - AIFM-UmsG) vorgelegt. Artikel 1 dieses Entwurfs stellt den Entwurf des Kapitalanlagegesetzbuches (im Folgenden: KAGB-DiskE) dar.

1106 Richtlinie 2011/61/EU. Die Abkürzung AIFM folgt aus den Anfangsbuchstaben der Bezeichnung „Alternative Investment Funds Manager“.

1107 Vgl. Weitnauer, in: BKR 2011, S. 143 (146).

1108 In Art. 12 der AIFM-Richtlinie finden sich allgemeine Verhaltensgrundsätze, die in den nachfolgenden Vorschriften weiter ausgeprägt werden. Insbesondere hervorzuheben sind die Vorschrift über die Minimierung von Interessenkonflikten in Art. 14 und die sich mit dem Risiko- und Liquiditätsmanagement befassenden Artt. 15 und 16. Diese Ausprägungen, wie auch die mindestens jährliche Bestimmung des Fondswerts in Art. 19, das Erfordernis einer unabhängigen Verwahrstelle in Art. 21 und die Transparenzanforderungen der Artt. 22 ff. erinnern am das InvG.

1109 Vgl. Fn. 95.

1110 AIFM-UmsG-DiskE einschließlich KAGB-DiskE vom 20.07.2012, abrufbar unter: http://www.bundesfinanzministerium.de/ Content/DE/Gesetzestexte/ Referentenentwuerfe/2012-07-20-aifm.html, B, zuletzt abgerufen am 02.08.2012.

In dem KAGB-DiskE gingen europäische Regulierungsmaßnahmen auf. In das darauf folgende KAGB sollten laut des Entwurfs in erster Linie dann sowohl die Regelungen der AIFM-Richtlinie als auch die Regelungen der OGAW-Richtlinie integriert; außerdem sollten aber Regelungen zur Anwendung der Europäischen Verordnung über Risikokapitalfonds und der Europäischen Verordnung über Europäische Fonds für soziales Unternehmertum geschaffen werden.[1111] Artikel 2 des AIFM-UmsG sah die Aufhebung des InvG vor. Im KAGB-DiskE fanden sich zahlreiche Regelungen des InvG wieder, wenn auch teilweise modifiziert. Neben der Übertragung von Regelungen für offene Fonds auf geschlossene Fonds fiel insgesamt eine deutliche Zunahme aufsichtsrechtlicher Bestimmungen auf. Der KAGB-DiskE differenzierte zwischen offenen[1112] und geschlossenen[1113] Investmentvermögen. Den offenen Investmentvermögen sollten sowohl Investmentvermögen im Sinne der OGAW-Richtlinie als auch alternative Investmentfonds (im Folgenden: AIF), den geschlossenen Investmentvermögen dagegen lediglich AIF unterfallen.[1114] Die Abgrenzung zwischen OGAW-Investmentvermögen und AIF ergab sich übereinstimmend mit der AIFM-Richtlinie aus § 1 Abs. 3 S. 1 KAGB-DiskE. Demnach wurden AIF negativ gegenüber OGAW abgegrenzt, nämlich als solche Investmentvermögen, die keine OGAW-Investmentvermögen sind.

OGAW und AIF lassen sich anhand der jeweiligen Richtlinien wie folgt abgrenzen:

(1) Unter einem OGAW gemäß der Richtlinie 2009/65/EG versteht man „Organismen, deren ausschließlicher Zweck es ist, beim Publikum beschaffte Gelder für gemeinsame Rechnung nach dem Grundsatz der Risikostreuung […] zu investieren, und deren Anteile auf Verlangen der Anteilinhaber unmittelbar oder mittelbar zu Lasten des Vermögens dieser Organismen zurückgenommen oder ausgezahlt werden […]“[1115]. Nicht unter die OGAW-Richtlinie fallen Anlagen des geschlossenen Typs und solche Anlagen, die nicht gegenüber einem Publikum in der Gemeinschaft oder einem Teil dieser vertrieben werden.[1116]

1111 KAGB-DiskE, B. Lösung.

1112 Abschnitt 4 KAGB-DiskE.

1113 Abschnitt 5 KAGB-DiskE.

1114 § 1 Abs. 1 S. 2 KAGB-DiskE; KAGB-DiskE, Begründung, A. II. 6.

1115 Art. 1 der Richtlinie 2009/65/EG.

1116 Art. 3 der Richtlinie 2009/65/EG.

Die zulässigen Anlagegegenstände sind in Art. 50 der OGAW-Richtlinie geregelt. Darunter fallen – abschließend und mit Einschränkungen versehen – Wertpapiere, Anteile an OGAW, Sichteinlagen, Derivate, Geldmarktinstrumente, flüssige Mittel sowie bewegliches und unbewegliches Vermögen von Investmentgesellschaften, das für die unmittelbare Ausübung der Tätigkeit unerlässlich ist.[1117]

(2) Unter einem AIF gemäß der Richtlinie 2011/61/EU versteht man jeden „Organismus für gemeinsame Anlagen einschließlich seiner Teilfonds, der von einer Anzahl von Anlegern Kapital einsammelt, um es gemäß einer festgesetzten Anlagestrategie zum Nutzen dieser Anleger zu investieren, und keine Genehmigung gemäß Artikel 5 der Richtlinie 2009/65/EG [OGAW-Richtlinie] benötigt“[1118].

Offene Investmentvermögen sollten nach Maßgabe des § 87 Abs. 1 KAGB-DiskE „nur als Sondervermögen gemäß den Vorschriften des Unterabschnitts 2 oder als Investmentaktiengesellschaft mit veränderlichem Kapital gemäß den Vorschriften des Unterabschnitts 3 aufgelegt werden“. Abweichend davon sollten gemäß § 87 Abs. 2 KAGB-DiskE „offene inländische Investmentvermögen, die nicht inländische OGAW sind und deren Anteile nach dem Gesellschaftsvertrag ausschließlich von professionellen Anlegern gehalten werden dürf[t]en, zusätzlich als offene Investmentkommanditgesellschaft gemäß den Vorschriften des Unterabschnitts 4 aufgelegt werden“ können.

Wäre der KAGB-DiskE umgesetzt worden, stünden abseits der Möglichkeit, Investmentvermögen in Vertragsform (ohne eigene Rechtspersönlichkeit) im Sinne des Unterabschnitts 2 aufzulegen, die dann von einer externen Kapitalverwaltungsgesellschaft im Sinne der §§ 17 Abs. 1, 2 Nr. 1; 18 KAGB-DiskE verwaltet würden,[1119] also für offene Investmentvermögen, zwei weitere Fondsve-

1117 Art. 50 der Richtlinie 2009/65/EG.

1118 Art. 4 der Richtlinie 2011/61/EU.

1119 Gemäß § 17 Abs. 1 KAGB-DiskE sind Kapitalverwaltungsgesellschaften „inländische Unternehmen, deren Geschäftsbereich darauf gerichtet ist, inländische Investmentvermögen, EU-Investmentvermögen oder ausländische AIF zu verwalten“. Gemäß § 17 Abs. 2 KAGB-DiskE kann die Kapitalverwaltungsgesellschaft entweder (Nr. 1) eine externe Kapitalverwaltungsgesellschaft sein, „die die vom Investmentvermögen oder im Namen des Investmentvermögen bestellte juristische Person ist und aufgrund dieser Bestellung für die Verwaltung des Investmentvermögens verantwortlich ist […]“ oder (Nr. 2) „das Investmentvermögen selbst, wenn die Rechtsform des Invest-

hikel[1120] je nach Anlegerkreis zur Verfügung, nämlich einerseits Investmentaktiengesellschaften mit veränderlichem Kapital beziehungsweise für professionelle Anleger[1121] Spezialinvestmentaktiengesellschaften mit veränderlichem Kapital (§§ 104 bis 119 KAGB-DiskE) und andererseits offene Investmentkommanditgesellschaften, die sich ausschließlich an professionelle Anleger richteten (§§ 120 bis 134 KAGB-DiskE). Bei den geschlossenen Investmentvermögen stünden lediglich zwei Fondsvehikel zur Verfügung, nämlich einerseit Investmentaktiengesellschaften mit fixem Kapital beziehungsweise für professionelle Anleger Spezialinvestmentaktiengesellschaften mit fixem Kapital (§§ 136 bis 144 KAGB-DiskE) und andererseits geschlossene Investmentkommanditgesellschaften beziehungsweise für professionelle Anleger Spezialinvestmentkommanditgesellschaften (§§ 145 bis 157 KAGB-DiskE).

Die Abgrenzung von offenen und geschlossenen Investmentvermögen ergab sich aus dem KAGB-DiskE – anders als im InvG[1122] – gemäß § 1 Abs. 2 KAGB-DiskE lediglich aus dem für offene Investmentvermögen mindestens einmal pro Jahr bestehenden Recht zur Anteilsrückgabe. Die jeweils zulässigen Vermögen divergierten zum einen hinsichtlich der Vermögensgegenstände, zum anderen hinsichtlich des Anlegerkreises.[1123]

Bei Betrachtung des KAGB-DiskE fällt auf den ersten Blick auf, dass zahlreiche, vor allem zentrale Bestimmungen des InvG in den KAGB-DiskE integriert wurden – teils nur mit geringen Modifikationen.[1124] Allerdings verabschie-

---

mentvermögens eine interne Verwaltung zulässt und der Vorstand oder die Geschäftsführung des Investmentvermögens entscheidet, keine externe Kapitalverwaltungsgesellschaft zu bestellen (interne Kapitalverwaltungsgesellschaft).
In diesem Fall wird das Investmentvermögen als Kapitalverwaltungsgesellschaft zugelassen".

1120 Vgl. KAGB-DiskE, Begründung, A. II. 5.

1121 Hinsichtlich des Anlegerkreises wird, wie dies systematisch schon im InvG der Fall war, differenziert. Spezial-Investmentvermögen stehen demnach im Gegensatz zu Publikums-Investmentvermögen lediglich institutionellen Investoren zur Verfügung. Diese werden als sogenannte „professionelle Anleger" bezeichnet. Eine Besonderheit ist die Qualifikation bestimmter Privatanlegern als „semi-professionelle Anleger", vgl. Begründung zu § 226 Abs. 1 KAGB-DiskE, wo hinsichtlich der Voraussetzungen grundsätzlich auf diejenigen der EU-Verordnung über Europäische Risikokapitalfonds verwiesen wird.

1122 Zu den Abgrenzungskriterien im InvG, vgl. Kapitel 2, A. III. 1.

1123 Eine Übersicht über die zulässigen Anlagegenstände im Sinne des KAGB-DiskE unter Berücksichtigung des KAGB-RegE findet sich in Schluss D. II.

1124 Eine Übersicht über die Standorte der Vorschriften im InvG, im KAGB-DiskE und im KAGB-RegE findet sich in Schluss D. II.

dete sich der KAGB-DiskE auch von Strukturen des InvG. Besonders markant geschah dies dadurch, dass Immobilien-Sondervermögen nach dem KAGB-DiskE künftig nur noch in Form geschlossener AIF aufgelegt werden sollten;[1125] für bereits aufgelegte Immobilienfonds gab es mit § 314 KAGB-DiskE (lediglich) eine dem Bestandsschutz geschuldete Übergangsvorschrift. Hinsichtlich des Grundes für derart drastische Änderungen für Immobilien-Sondervermögen kann auf das strukturelle Problem aus einer langfristigen Anlage in Verbindung mit der grundsätzlich jederzeit bestehenden Rückgabemöglichkeit und die diesbezüglich bereits eingetretenen Folgen verwiesen werden.[1126] Dabei gilt es allerdings zu bemerken, dass die letzten Änderungen des InvG in Bezug auf Rückgaben, nämlich die Fristen und insbesondere auch die Höchstgrenzen im Sinne des § 80c Abs. 3 InvG in der Fassung vom 05. April 2011 noch nicht so alt sind, dass von einer nachhaltigen Erprobung gesprochen werden kann, zumal sie zu einem Zeitpunkt geschaffen wurden, als sich bereits die aus dem Spannungsverhältnis zwischen langfristiger Anlage und kurzfristigen Rücknahmeverlangen resultierenden Risiken realisiert hatten.[1127] Es stellte sich deshalb bereits zum Zeitpunkt der Vorlage des KAGB-DiskE die Frage der Notwendigkeit einer radikalen Abkehr von offenen Immobilienfonds.

Es war zunächst unklar, ob die Verlagerung von Immobilienanlagen auf geschlossene Fonds tatsächlich bis zur Verabschiedung des KAGB weiter verfolgt werden sollte, wie dies in dem KAGB-DiskE zum Ausdruck kam. Der nun veröffentlichte Entwurf der Bundesregierung beinhaltet indes wieder Regelungen zu offenen Immobilienfonds.[1128]

Bedenken an dem KAGB-DiskE ließen sich mit Blick auf die Ausklammerung von Immobilienfonds sofort anbringen: Es wird – unabhängig der aufgrund der „Immobilienblase“ in die Krise geratenen offenen Immobilienfonds – weiterhin Bedarf nach einer risikodiversifizierten fortlaufenden Immobilienanlage – und nicht nur nach einzelnen Immobilienprojekten – geben, wie sie bei offenen Immobilienfonds verfolgt wird und auch Anlagen in geschlossenen Immobilienfonds sind – wie sich das bereits in der Vergangenheit zeigte („Schrottimmobilien“) – nicht vor fehlerhaften Bewertungen und/oder einem Wertverfall geschützt.

1125 Vgl. §§ 225 Abs. 1 Nr. 1 KAGB-DiskE; Begründung des KAGB-DiskE, A. II. 6. b).

1126 Vgl. Einleitung, A.; KAGB-DiskE, Begründung, A. II. 6. a) bb). Kritisch, insbesondere zu Spezialfonds: V. Livonius, in: BB 2012, S. 1933.

1127 Vgl. Einleitung, A.

1128 Vgl. Schluss D. II.

II. Der KAGB-RegE der Bundesregierung

Am 12. Dezember 2012 beschloss die Bundesregierung einen neuen Entwurf des AIFM-UmsG[1129], dessen Artikel 1 – wie bereits im Entwurf des BMG – einen Entwurf des KAGB beinhaltet (im Folgenden: KAGB-RegE). Bereits einige Tage zuvor, nämlich am 04. Dezember 2012, veröffentlichte das BMF einen Referentenentwurf eines Gesetzes zur Anpassung des Investmentsteuergesetzes und anderer Gesetze an das AIFM-Umsetzungsgesetz (AIFM-Steuer-Anpassungsgesetz - AIFM-StAnpG)[1130], dessen Stellungnahmefrist bis zum 03. Januar 2013 lief. Hinsichtlich des Regelungskonzepts knüpft der KAGB-RegE an den KAGB-DiskE an, so dass grundsätzlich auf die Ausführungen zum KAGB-DiskE[1131] verwiesen werden kann. Wie bereits der KAGB-DiskE differenziert der KAGB-RegE zwischen OGAW- und AIF Fonds einerseits, zwischen offenen und geschlossenen Fonds andererseits und schließlich anhand des Anlegerkreises. Die Nachfolgende Übersicht illustriert die wesentlichen Ausprägungen der zunächst im Sinne des KAGB-DiskE und nun im Sinne des KAGB-RegE in Betracht kommenden Fonds und deren zulässige Anlagegenstände in vereinfachter Form:

1129 AIFM-UmsG-RegE einschließlich KAGB-RegE vom 12.12.2012, abrufbar unter: http://www.bundesfinanzministerium.de/Content/DE/Gesetzestexte/Gesetzentwuerfe_Arbeitsfassungen/2012-12-12-aifml-Gesetzentwurf.html, zuletzt abgerufen am 22.12.2012.

1130 AIFM-StAnpG-RefE vom 04.12.2012, abrufbar unter http://www.bundesfinanzministerium.de/Content/DE/Gesetzestexte/Referentenentwuerfe/2012-123-04-Entwurf-%20eines%20Gesetzes%20zur%20Anpassung%20des%20Investmentsteuergesetzes-%20und%20anderer%20Gesetze%20an%20das%20AIFM-Umsetzungsgesetz%20(AIFM-Steuer-Anpassungsgesetz%20%E2%80%93%20AIFM-StAnpG.html, zuletzt abgerufen am 31.12.2012.

1131 Vgl. Schluss D. I.

Übersicht über die Entwürfe

Die Regelungen des KAGB-DiskE sind in der nachfolgenden Übersicht linksseitig abgedruckt, die Regelungen des KAGB-RegE rechtsseitig.

Immobilien-Sondervermögen KAGB-DiskE

(im KAGB-DiskE nicht vorhanden)

Inländische OGAW, § 188 und §§ 189-194 KAGB-DiskE

Zulässige Anlagegegenstände sind Wertpapiere (eingeschränkt bei Aktien im Sinne des § 194 Nr. 3), Geldmarktinstrumente, Bankguthaben, Investmentanteile (Anteile an OGAW, eingeschränkt auch an anderen inländischen Sondervermögen, EU-OGAW, ausländischen offenen AIF und Investmentaktiengesellschaften mit veränderlichem Kapital sowie ausländische offene Investmentanteile, die keine Anteile von EU-OGAW sind), Derivate (eingeschränkt), Forderungen (eingeschränkt). Unzulässige Anlagegegenstände sind Edelmetalle und Zertifikate über Edelmetalle.

Offene Publikums-AIF, § 210 KAGB-DiskE

1. Gemischte Investmentvermögen, §§ 214-215 KAGB-DiskE

Zulässige Anlagegegenstände sind Vermögensgegenstände im Sinne der §§ 189 bis 194, Anteile oder Aktien an inländischen AIF (eingeschränkt, sofern es sich nicht um Anteile oder Aktien an anderen inländischen, EU- oder ausländischen Publikums-AIF im Sinne des § 192 oder für Anteile oder Aktien an Spezial-AIF handelt, die in Vermögensgegenstände des § 215 Abs. 2 S. 3 Nr. 1 bis 3 anlegen dürfen).

Immobilien-Sondervermögen, § 230 KAGB-RegE

Mietwohngrundstücke, Geschäftsgrundstücke, gemischt genutzte Grundstücke, jeweils Niesbrauchrechte an diesen Grundstücken (eingeschränkt), Grundstücke im Zustand der Bebauung (eingeschränkt), unbebaute Grundstücke (eingeschränkt), Erbbaurechte (eingeschränkt), „andere" Grundstücke und „andere" Erbbaurechte (eingeschränkt), Beteiligungen an Immobiliengesellschaften (eingeschränkt) sowie über diese Beteiligungen an (anderen) Immobiliengesellschaften und subsidiär: Zulässige Vermögensgegenstände wie bei inländischen OGAW im Sinne der §§ 192-211.

Inländische OGAW, § 192 und §§ 193-198 KAGB-RegE

Zulässige Anlagegegenstände sind Wertpapiere (eingeschränkt bei Aktien im Sinne des § 198 Nr. 3), Geldmarktinstrumente, Bankguthaben, Investmentanteile (Anteile an OGAW, eingeschränkt auch an anderen inländischen Sondervermögen, EU-OGAW, ausländischen offenen AIF und Investmentaktiengesellschaften mit veränderlichem Kapital sowie ausländische offene Investmentanteile, die keine Anteile von EU-OGAW sind), Derivate (eingeschränkt), Forderungen (eingeschränkt). Unzulässige Anlagegegenstände sind Edelmetalle und Zertifikate über Edelmetalle.

Offene inländische Publikums-AIF,§ 214 KAGB-RegE

1. Gemischte Investmentvermögen, §§ 218-219 KAGB-RegE

Zulässige Anlagegegenstände sind Vermögensgegenstände im Sinne der §§ 193 bis 198, Anteile oder Aktien an inländischen AIF (eingeschränkt, sofern es sich nicht um Anteile oder Aktien an anderen inländischen, EU- oder ausländischen Publikums-AIF im Sinne des § 196 oder für Anteile oder Aktien an Spezial-AIF handelt, die in Vermögensgegenstände des § 219 Abs. 3 Nr. 1 bis 3 anlegen dürfen).

2. Sonstige Investmentvermögen, §§ 216-219 KAGB-DiskE

Zulässige Anlagegegenstände sind Vermögensgegenstände der §§ 189 bis 194 (ohne die Erwerbsbeschränkungen des § 193 Abs. 1), Anteile oder Aktien an inländischen Investmentvermögen nach Maßgabe der §§ 192, 214 und 216 sowie an entsprechenden EU-Investmentvermögen oder ausländischen AIF, Edelmetalle und unverbriefte Darlehensforderungen. Nach Maßgabe der Anlagebedingungen kommen auch Anteile oder Aktien an Sonstigen Investmentvermögen sowie an entsprechenden EU-AIF oder ausländischen AIF in Betracht, allerdings dann unter Berücksichtigung der §§ 220 Abs. 3, 4 S. 2, 3; 223 Abs. 1 und 224 S. 2.

3. Dach-Hedgefonds, §§ 220-224 KAGB-DiskE

Zulässige Anlagegegenstände sind Anteile oder Aktien von Zielfonds sowie Bankguthaben, Geldmarktinstrumente, Anteile an Investmentvermögen des § 192 die ausschließlich in Bankguthaben und Geldmarktinstrumente sowie in Anteilen an entsprechenden EU-AIF und/oder ausländischen AIF anlegen dürfen, Verkauf von Devisenterminkontrakten von in Fremdwährung gehaltenen Vermögensgegenständen (eingeschränkt), Erwerb von Verkaufsoptionsrechten auf Devisen oder Devisenterminkontrakte, die auf dieselbe Währung lauten (eingeschränkt).

4. Geschlossene inländische Publikums-AIF, § 225 KAGB-DiskE

Zulässige Anlagegegenstände sind Immobilien, Schiffe, Flugzeuge, Anlagen zur Erzeugung von Strom aus Erneuerbaren Energien, Beteiligungen an ÖPP-Projektgesellschaften sowie an Gesellschaften, die die genannten Gegenstände und zur Bewirtschaftung dieser erforderliche Gegenstände oder Beteiligungen erwerben dürfen, Anteile und Aktien an inländischen geschlossenen Publikums-AIF, an europäischen oder ausländischen geschlossenen Publikums-AIF, deren Anlagepolitik vergleichbaren Anforderungen unterliegt, Anteile an geschlossenen Spezial-AIF sowie an europäischen oder ausländischen geschlossenen Spezial-AIF deren Anlagepolitik vergleichbaren Anforderungen unterliegt, Vermögensgegenstände im Sinne der §§ 189 bis 191.

2. Sonstige Investmentvermögen, §§ 220-224 KAGB-RegE

Zulässige Anlagegegenstände sind Vermögensgegenstände der §§ 193 bis 198 (ohne die Erwerbsbeschränkungen des § 197 Abs. 1), Anteile oder Aktien an inländischen Investmentvermögen nach Maßgabe der §§ 196, 218 und 220 sowie an entsprechenden EU-Investmentvermögen oder ausländischen AIF, Edelmetalle und unverbriefte Darlehensforderungen. Nach Maßgabe der Anlagebedingungen kommen auch Anteile oder Aktien an Sonstigen Investmentvermögen sowie an entsprechenden EU-AIF oder ausländischen AIF in Betracht, allerdings dann unter Berücksichtigung der §§ 225 Abs. 3, 4 S. 2, 3; 228 Abs. 1 und 229 S. 2.

3. Dach-Hedgefonds, §§ 225-229 KAGB-RegE

Zulässige Anlagegegenstände sind Anteile oder Aktien von Zielfonds sowie Bankguthaben, Geldmarktinstrumente, Anteile an Investmentvermögen des § 196 die ausschließlich in Bankguthaben und Geldmarktinstrumente sowie in Anteilen an entsprechenden EU-AIF und/oder ausländischen AIF anlegen dürfen, Verkauf von Devisenterminkontrakten von in Fremdwährung gehaltenen Vermögensgegenständen (eingeschränkt), Erwerb von Verkaufsoptionsrechten auf Devisen oder Devisenterminkontrakte, die auf dieselbe Währung lauten (eingeschränkt).

4. Geschlossene inländische Publikums-AIF, § 261 KAGB-RegE

Zulässige Anlagegegenstände sind Sachwerte, Anteile oder Aktien an ÖPP-Projektgesellschaften sowie an Gesellschaften, die Sachwerte[1132] und zur Bewirtschaftung dieser erforderliche Gegenstände oder Beteiligungen erwerben dürfen, Beteiligungen an Unternehmen, die nicht zum Handel an einer Börse zugelassen oder in einen organisierten Markt einbezogen sind, Anteile und Aktien an geschlossenen inländischen Publikums-AIF, an europäischen oder ausländischen geschlossenen Publikums-AIF, deren Anlagepolitik vergleichbaren Anforderungen unterliegt, Anteile an geschlossenen inländischen Spezial-AIF sowie an europäischen oder ausländischen geschlossenen Spezial-AIF, deren Anlagepolitik vergleichbaren Anforderungen unterliegt sowie Vermögensgegenstände im Sinne der §§ 193 bis 195.

1132 Der Verweis „Vermögensgegenstände im Sinne der Nummern 1 sowie […]" lässt Raum für die Frage, ob nicht auch eine andere Nummer – möglicherweise Nummer 2 – miterfasst sein sollte.

1. Offene Inländische Spezial-AIF, § 249 KAGB-DiskE

Zulässige Anlagegegenstände sind Finanzinstrumente im Sinne der AIFM-Richtlinie, deren Verkehrswert ermittelt werden kann.

2. Hedgefonds, § 250-251 KAGB-DiskE

Zulässige Anlagegegenstände sind solche im Sinne des § 249 unter Einsatz von Leverage oder Leerverkäufen. Es besteht ein Genehmigungsvorbehalt seitens der BaFin für die Anlagebedingungen.

3. Offene inländische Spezial-AIF mit festen Anlagebedingungen, § 252 KAGB-DiskE

Grundsätzlich gelten die §§ 249 Abs. 1; 188-207 und 214 bis 219, Abweichungen sind möglich.

4. Geschlossene inländische Spezial-AIF, § 253 KAGB-DiskE

Die Anlage erfolgt überwiegend in Vermögensgegenstände, die nicht Finanzinstrumente im Sinne der AIFM-Richtlinie sind und deren Verkehrswert ermittelt werden kann.

Inländische Spezial-AIF, § 282 ff. KAGB-RegE

1. Offene Inländische Spezial-AIF, § 282 KAGB-RegE

Zulässige Anlagegegenstände sind Finanzinstrumente im Sinne der AIFM-Richtlinie, deren Verkehrswert ermittelt werden kann.

2. Hedgefonds, § 283 KAGB-RegE

Zulässige Anlagegegenstände sind solche im Sinne des § 282 unter Einsatz von Leverage oder Leerverkäufen. Es besteht ein Genehmigungsvorbehalt seitens der BaFin für die Anlagebedingungen.

3. Offene inländische Spezial-AIF mit festen Anlagebedingungen, § 284 KAGB-RegE

Grundsätzlich gelten die §§ 282 Abs. 1; 192-211 und 218-260, Abweichungen sind gemäß § 284 möglich.

4. Geschlossene inländische Spezial-AIF, § 285 KAGB-RegE

Die Anlage erfolgt überwiegend in Vermögensgegenstände, die nicht Finanzinstrumente im Sinne der AIFM-Richtlinie sind und deren Verkehrswert ermittelt werden kann.

Von den übernommenen und variierten Vorschriften ist vor dem Hintergrund der im Rahmen der hier vorliegenden Untersuchung thematisierten Vorschriften exemplarisch – aber nicht abschließend – der Standort dieser Vorschriften bedeutsam:[1133]

InvG	**KAGB-DiskE**	**KAGB-RegE**	**Bezeichnung**
§ 3	§ 3	§ 3	Bezeichnungsschutz
§ 11	§ 25	§ 25	Kapitalanforderungen
§ 9	§ 28 (§ 29)	§ 28 (§ 29)	Allgemeine Verhaltensregeln
§ 9a	§ 30	§ 28	Organisationspflichten
§ 16	§ 36	§ 36	Auslagerung
§ 20	§ 64	§ 68	Beauftragung und jährliche Prüfung
§ 22	§ 66	§ 70	Interessenkollision
§ 24	§ 68	§ 68	Verwahrung
§ 25	§ 70	§ 74	Zahlung und Lieferung
§ 26	§ 71	§ 75	Zustimmungspflichtige Geschäfte
§ 27	§ 72	§ 76	Kontrollfunktion
§ 28	§ 74	§ 78	Geltendmachung von Ansprüchen der Anleger
§ 29	§ 75	§ 79	Vergütung, Aufwendungsersatz
§ 30	§ 88	§ 92	Sondervermögen
§ 31	§ 89	§ 93	Verfügungsbefugnis, Treuhänderschaft, Sicherheitsvorschriften
§ 33	§ 91	§ 95	Anteilsscheine
§ 37	§ 94	§ 98, § 255	Rücknahme von Anteilen, Aussetzung

1133 Die genannten Vorschriften werden überdies durch weitere Normen ergänzt. Außerdem finden sich angesichts verschiedener Investmentvermögenstypen Doppelungen, beispielsweise sei die Doppelregelung der Geltendmachung von Ansprüchen der Anleger genannt (§§ 74 und 85 KAGB-DiskE). Bei mehreren Regelungen des gleichen Regelungsgegenstands wurde jeweils die erste aufgegriffen.

Auch wenn der KAGB-RegE in Gänze nur wenige Überschneidungen mit dem InvG aufweist, fällt bei einem Blick in Abschnitt 3 des KAGB-RegE auf, dass sich in den §§ 230 ff. KAGB-RegE – im Gegensatz zu dem KAGB-DiskE – Regelungen zu offenen Immobilien-Sondervermögen finden, die im Wesentlichen denen des InvG entsprechen.

In dem Besonderen Teil (B.) der Begründung zu § 230 Abs. 1 KAGB-RegE liest sich dazu: „Absatz 1 übernimmt mit redaktionellen Anpassungen den Wortlaut des aufzuhebenden § 66 des Investmentgesetzes. Die §§ 231 bis 260 übernehmen grundsätzlich die Regelungen der aufzuhebenden §§ 67 bis 82 InvG. Einzelne Änderungen wurden vorgenommen. Nicht übernommen wurde insbesondere § 80b des Investmentgesetzes, da sich die für alle Kapitalverwaltungsgesellschaften geltenden Anforderungen an das Risikomanagement nunmehr in § 29 finden. Zur Anpassung an die Vorschriften für Bewerter der Richtlinie 2011/61/EU wurde der aufzuhebende § 77 des Investmentgesetzes ebenfalls nicht übernommen."

Logisch erscheint, dass gemäß § 255 Abs. 2 KAGB-RegE die Ausgabe und Rücknahme von Anteilen an offenen Immobilien-Sondervermögen so geregelt wurde, dass diese „den Anforderungen an ein Produkt mit illiquiden Vermögensgegenständen gerecht"[1134] werden können. Umgesetzt wird dies insbesondere durch die Festlegung eines bestimmten Rücknahmetermins im Kalenderjahr, durch die 12-Monats-Differenz zwischen diesen, geregelt in § 255 Abs. 2 KAGB-RegE, sowie durch die Rückgabefrist von 12 Monaten in Verbindung mit einer in diesem Zusammenhang unwiderruflich abzugebenden Rückgabeerklärung gemäß § 255 Abs. 4 KAGB-RegE. Ebenfalls einleuchtend ist die Regelung des § 255 Abs. 3 KAGB-RegE, wonach eine Mindesthaltefrist (von 24 Monaten) auch bei Beträgen unterhalb von 30.000 Euro pro Kalenderhalbjahr etabliert wurde.[1135] Die Begründung der Regelung wird auf die Erfahrung gestützt, dass „auch mit dieser Regelung eine Aussetzung und Abwicklung nicht hätte verhindert werden können, da ein Großteil der Anleger unterhalb der Schwelle von 30.000 Euro investiert [sei]."[1136]

1134 Begründung zu § 255 Abs. 2 KAGB-RegE.

1135 In diesem Zusammenhang sind die Übergangsvorschriften des § 346 KAGB-RegE bedeutsam.

1136 Begründung zu § 255 Abs. 3 KAGB-RegE.

Auch die jüngsten Erhebungen der Branche und der depotführenden Stellen zeigten, „dass offene Immobilienfonds im Wesentlichen von Privatkunden mit kleineren Anlagevolumina erworben werden.“[1137] Diese Erkenntnis ist ein Resultat des aus der Investmentidee folgenden Anlagekonzepts.

Kritisch zu sehen sind beispielsweise die Regelungen betreffend der Bewertung. Nun stehen die Möglichkeiten der internen und der externen Bewertung zur Verfügung. Die neuen Regelungen der §§ 212; 216; 250 KAGB-RegE bleiben gleichwohl hinter § 77 InvG zurück. Betrachtet man nur die Regeln für „externe“ Bewerter, ist für offene Immobilienfonds der § 250 Nr. 2 KAGB-RegE in den Blick zu nehmen. Dieser verweist auf § 319 HGB. Dadurch scheint das Regelungsdefizit auf den ersten Blick kompensiert. Allerdings verweist § 250 Nr. 2 KAGB-RegE nur auf § 319 Abs. 1 S. 1 und S. 2 HGB und eben gerade nicht auf die berufsbezogenen Ausschließungsgründe der § 319 Abs. 3 und Abs. 4 HGB.

In der für alle offenen inländischen Publikums-AIF und durch Bezugnahme in § 250 KAGB-RegE auch für Immobilienfonds geltenden Regelung des § 216 KAGB-RegE fällt auf, dass sich neben der vagen Regelung des § 216 Abs. 2 KAGB-RegE in § 216 Abs. 3 KAGB-RegE ein Verweis auf einen aufgrund der AIFM-Richtlinie zur Zeit des Entwurfs noch zu erlassenden Rechtsakt[1138], nun erlassen als so genannte Level 2-Verordnung[1139], findet. Dabei stellt sich die Frage, warum trotz des Vollständigkeitsbestrebens, mit dem KAGB ein in sich geschlossenes Regelwerk zu erlassen, nicht jedenfalls bis zum Erlass des Rechtsaktes die bereits vorhandenen Vorschriften des InvG in die Neuregelung eingearbeitet wurden.

Auch wenn dem Anlegerschutzgedanken augenscheinlich durch „neues“ Vokabular[1140] Rechnung getragen werden soll, ist der Entwurf aus Sicht eines Durchschnittsanlegers in Bezug auf seine Begrifflichkeiten und seine Rege-

---

1137 Begründung zu § 255 Abs. 3 KAGB-RegE.

1138 Dort heißt es wörtlich: „Die Kriterien und der Inhalt der erforderlichen beruflichen Garantien des externen Bewerters nach Buchstabe b bestimmen sich nach Artikel 73 der Verordnung (EU) Nr. .../2013 [Level 2-Verordnung nach Artikel 19 Absatz 11 Buchstabe b der Richtlinie 2011/61/EU]“.Vgl. dazu auch Art. 19 Abs. 11 der AIFM-Richtlinie: „Die Kommission erlässt gemäß Artikel 56 und nach Maßgabe der Bedingungen der Artikel 57 und 58 delegierte Rechtsakte, mit denen Folgendes festgelegt wird [...] b) die beruflichen Garantien, die der externe Bewerter bieten muss, um die Bewertungsfunktion wirksam wahrnehmen zu können [...].“

1139 Verordnung (EU) Nr. 231/2013 der Kommission vom 19.12.2012, ABl. der Europäischen Union L 83/1.

1140 §§ 26 Abs. 2; 85 Abs. 1 KAGB-RegE: „ehrlich“, „redlich“; §§ 26 Nr. 3b, 6; 165 Abs. 2 Nr. 27; 307 Abs. 1 Nr. 14 KAGB-RegE: „fair“.

lungskomplexität intransparent: Exemplarisch für begriffliche Intransparenz ist der „neue" Begriff des *Carried Interests*, der ausweislich der Begründung aufgrund einer terminologischen Angleichung zur AIFM-Richtlinie eingeführt wurde. Der *Carried Interest* ist gemäß § 1 Abs. 19 Nr. 7 KAGB-RegE „der Anteil an den Gewinnen des AIF, den eine AIF-Verwaltungsgesellschaft als Vergütung für die Verwaltung des AIF erhält […]". Auch wenn dieser Begriff zu Beginn des Gesetzes definiert wird, stellt sich die Frage, warum nicht auch dessen Verhältnis zur Verwaltungsvergütung (*Management-Fee*) an sich dargestellt wird.

Interessant erscheint es, dass übernommene Regelungen des InvG, die bereits im InvG Anlass zum Streit gaben, trotz Stellungnahmen betroffener Institutionen, nicht geändert wurden. Exemplarisch hierfür ist § 79 Abs. 2 KAGB-RegE, wonach „die Verwahrstelle […] die Vergütung, die ihr für die Verwahrung des inländischen OGAW und die Wahrnehmung der Aufgaben nach Maßgabe dieses Gesetzes zusteht, nur mit Zustimmung der OGAW-Verwaltungsgesellschaft entnehmen [darf]". Wie bereits im InvG ist der Aufwendungsersatz, anders als in § 79 Abs. 2 KAGB-RegE, nicht geregelt. Gleiches ist beispielsweise in Bezug auf § 84 Abs. 1 Nr. 3 und 4 KAGB-RegE festzustellen, in dem die bereits im InvG fragwürdige Differenzierung zwischen Verfügungen und Belastungen übernommen wurde.

Nachtrag

Mit Datum vom 10.05.2013 veröffentlichte der 7. Ausschuss des Deutschen Bundestages (Finanzausschuss) eine (synoptisch aufgebaute) Beschlussempfehlung, die zugleich einen Bericht zu dem AIFM-UmsG darstellt[1141]. Diese Beschlussvorlage wurde vom Bundestag am 16.05.2013 angenommen. Nachdem die Einberufung eines Vermittlungsausschusses (Art. 77 Abs. 2 GG) durch den Bundesrat nicht verlangt wurde, ist das AIFM-UmsG, damit auch das KAGB (vgl. Art. 1 des AIFM-UmsG), am 22. Juli 2013 in Kraft getreten. Das KAGB entspricht im Wesentlichen dem KAGB-RegE.

Im Kontext dieser Arbeit sind jedoch einige Änderungen in Bezug auf den KAGB-RegE der Erwähnung wert; voran die Begriffkonkretisierung der AIF im Sinne von § 1 Abs. 4 Nr. 2 KAGB: Dort wird nicht mehr bloß auf die Verordnung auf Grundlage von Artikel 4 Absatz 4 der AIFM-Richtlinie verwiesen, sondern nunmehr klar gestellt, dass offene AIF solche sind, bei denen die Anleger oder Aktionäre – von Mindesthaltefristen oder Aussetzungs- und Beschränkungsmöglichkeiten abgesehen – „mindestens einmal pro Jahr das Recht zur Rückgabe gegen Auszahlung ihrer Anteile oder Aktien aus dem AIF haben". Ebenso der Erwähnung wert sind der in Bezug auf die Rücklagen stehende Verweis des § 1 Abs. 19 Nr. 1 S. 2 KAGB auf § 10 Abs. 3a KWG und der in Bezug auf die Eigenmittel stehende Verweis des § 1 Abs. 19 Nr. 9 KAGB auf § 10 Abs. 2 KWG. Mit Blick auf die Verwahrstellen ist die Schärfung der Treuhänder(anzeige)pflichten im Sinne von § 80 Abs. 3 S. 3 KAGB hervorzuheben. Was die Erwerbsvoraussetzungen betrifft, ist durch den umfassend erfolgten Austausch des Wortes „gehalten" durch „erworben" Klarheit geschaffen[1142]. In Bezug auf die Vermögensgegenstände von OGAW ist die Veränderung des § 198 Nr. 4b KAGB – nun: „Forderungen […] gemäß Anhang VI Teil 1 Nummer 9 der Richtlinie 2006/48/EG" zu beachten. In Bezug auf Immobiliensondervermögen wurden die erwerbsbezogenen Bewertungsvorschriften im Sinne von § 231 Abs. 2 Nr. 1-3 KAGB ergänzt. Hier wird nun eine Differenzierung bei dem Wert des Vermögens vorgenommen: Bis einschließlich eines Wertes von 50 Millionen Euro genügt die Bewertung durch einen externen Bewerter, oberhalb von 50 Millionen Euro erfordert die Bewertung zwei Bewerter. In personeller Hinsicht ist wegen des Verweises auf § 250 Abs. 2 KAGB nach jeweils drei Jahren, in

1141 BT-Drucks. 17/13395.

1142 Vgl. §§ 1 Abs. 6; 91 Abs. 2; 110 Abs. 3; 125 Abs. 2; 127 Abs. 1; 142 S. 2; 150 S. 2 und 262 Abs. 2 Nr. 2 KAGB.

denen der gleiche Bewerter tätig wird, ein Austausch vorzunehmen. Eine erneute Tätigkeit richtet sich nach § 250 Abs. 2 S. 4 KAGB (zwei Jahre Karenzzeit). Eine Harmonisierung in Bezug auf die Bewertungsregeln findet sich für Immobilien-Gesellschaften in § 246 Abs. 3 KAGB. Für solche Gesellschaften finden sich in §§ 248 ff. (einschließlich des wiederum geltenden § 250 Abs. 2) KAGB über das allgemeine Bewertungsverfahren nach § 169 KAGB hinausgehende und aufgrund der Beschlussempfehlung weiter konkretisierte Regelungen (§§ 248 Abs. 4; 249 Abs. 1 Nr. 1 und 2 KAGB sowie der neu gefasste § 251 Abs. 1 KAGB). Im KAGB befindet sich nun wieder die zwischenzeitlich nicht mehr ausdrücklich aus dem InvG übernommene 5-Prozent-Mindestliquiditätsgrenze für Immobiliensondervermögen (§ 253 Abs. 1 S. 2 KAGB). Zuvor war lediglich von einem „ausreichenden Betrag für die Rücknahme von Anteilen" die Rede (§ 253 Abs. 1 S. 2 KAGB-RegE). Auch die Fassung des § 255 Abs. 2 KAGB entspricht nicht mehr der des KAGB-RegE. Nun sind Rücknahmetermine nämlich mindestens alle zwölf Monate vorgeschrieben. Weiter konkretisiert ist außerdem der Verlust des Verwaltungsrechts der KVGen im Fall von Aussetzungen (§ 257 Abs. 4 KAGB). Was die Veräußerung und Belastung von Vermögensgegenständen eines Immobilien-Sondervermögens angeht, wird nun mit Blick auf die Gegenleistung und das Bewertungserfordernis (§ 260 Abs. 1 Nr. 2, Abs. 2 KAGB) konsequent nicht mehr die Person des Bewerters fokussiert, sondern das Verfahren (§ 249 Abs. 1 KAGB). Bei geschlossenen inländischen Publikums-AIF zeigen sich – mit Blick auf die 50-Millionen-Euro-Grenze – Parallelen zu den Bewertungsvorschriften für Immobilien-Sondervermögen (§ 261 Abs. 5, 6 KAGB). Mit Blick auf den Risikomischungsgrundsatz findet sich in § 262 S. 2 KAGB eine entsprechende fakultative Suspension für (die ersten) 18 Monate. Für den gleichen Zeitraum gelten die Beschränkungen für Leverage und Belastung gemäß § 263 Abs. 5 KAGB – vorbehaltlich der Anlagebedingungen – nicht.

Anhang

Mit freundlicher Einwilligung des BVI sind folgende Auszüge beigefügt:

Auszug aus der mit der BaFin abgestimmten endgültigen Fassung der „Allgemeine Vertragsbedingungen für ein Immobilien-Sondervermögen“ des BVI (Stand: 18. Juli 2012):

§ 12 Ausgabe und Rücknahme von Anteilscheinen, Rücknahmeaussetzung

[…]

3. Vorbehaltlich des Absatzes 4 können die Anleger von der Gesellschaft jederzeit die Rücknahme der Anteile zum nächstfolgenden Rücknahmetermin verlangen, soweit die Anteilrücknahme 30.000 Euro pro Kalenderhalbjahr für einen Anleger nicht übersteigt. Bei Anteilrückgaben nach Satz 1 hat der Anleger gegenüber seiner depotführenden Stelle eine Erklärung abzugeben, dass der Wert der von ihm zurückgegebenen Anteile insgesamt 30.000 Euro nicht übersteigt und keine weiteren Verfügungen über Anteile am betreffenden Immobilien-Sondervermögen im selben Kalenderhalbjahr vorliegen.

[…]

6. Der Gesellschaft bleibt jedoch vorbehalten, die Rücknahme der Anteile auszusetzen, wenn außergewöhnliche Umstände vorliegen, die eine Aussetzung unter Berücksichtigung der Interessen der Anleger erforderlich erscheinen lassen (§ 37 Abs. 2 InvG).

7. Insbesondere bleibt der Gesellschaft vorbehalten, die Rücknahme der Anteile aus Liquiditätsgründen zum Schutze der Anleger befristet zu verweigern und auszusetzen (§ 81 InvG). Reichen die Bankguthaben und die Erlöse aus Verkäufen der gehaltenen Geldmarktinstrumente, Investmentanteile und Wertpapiere zur Zahlung des Rücknahmepreises und zur Sicherstellung einer ordnungsgemäßen laufenden Bewirtschaftung nicht aus oder stehen sie nicht sogleich zur Verfügung, so hat die Gesellschaft die Rücknahme mit einer Frist von sechs Monaten zu verweigern. Reichen nach Ablauf der vorgenannten Frist die liquiden Mittel für die Rücknahme nicht aus, so sind Immobilien des Sondervermögens zu veräußern. Die Gesellschaft hat die Rücknahme bis zur Veräußerung der Immobilien zu angemessenen Bedingungen, längstens bis zu zwölf Monaten nach der Aussetzung der Rücknahme zu verweigern. Reichen auch nach Ablauf dieser Frist die liquiden Mittel für die Rücknahme nicht aus, so ist die Rücknahme weiterhin zu verweigern und es sind weiterhin Immobilien des Sondervermögens zu veräußern, wobei der Veräußerungserlös den Verkehrswert um

bis zu 10% unterschreiten kann. Reichen auch 24 Monate nach der Aussetzung der Rücknahme die liquiden Mittel für die Rücknahme weiterhin nicht aus, so ist die Rücknahme weiterhin zu verweigern und es sind weiterhin Immobilien des Sondervermögens zu veräußern, wobei der Veräußerungserlös den Verkehrswert um bis zu 20% unterschreiten kann. Reichen auch 30 Monate nach der Aussetzung der Rücknahme die liquiden Mittel nicht aus, so erlischt das Verwaltungsrecht der Gesellschaft an dem Sondervermögen. Das Verwaltungsrecht erlischt auch, wenn die Gesellschaft für das Sondervermögen zum dritten Mal binnen fünf Jahren die Rücknahme aussetzt. Bei der Wiederaufnahme der Rücknahme von Anteilen sind die neuen Ausgabe- und Rücknahmepreise im Bundesanzeiger und in einer hinreichend verbreiteten Wirtschafts- oder Tageszeitung oder in den im Verkaufsprospekt bezeichneten elektronischen Informationsmedien zu veröffentlichen.

[…]

Auszug aus der mit der BaFin abgestimmten endgültigen Fassung der „Besondere Vertragsbedingungen für ein Immobilien-Sondervermögen das keinen Einschränkungen gegenüber den nach dem InvG zugelassenen Anlagemöglichkeiten unterliegt (Variante ohne Anteilklassen)“ des BVI (Stand: 18. Juni 2012):

Anlagegrundsätze und Anlagegrenzen

Baustein 1

Immobilien

1. Die Gesellschaft darf für das Sondervermögen folgende Immobilien im gesetzlich zulässigen Rahmen (§ 67 Abs. 1 und Abs. 2 InvG) erwerben:
   a) Mietwohngrundstücke, Geschäftsgrundstücke und gemischt genutzte Grundstücke;
   b) Grundstücke im Zustand der Bebauung bis zu 20% des Wertes des Sondervermögens;
   c) unbebaute Grundstücke, die für eine alsbaldige eigene Bebauung nach Maßgabe des Buchstaben a) bestimmt und geeignet sind, bis zu 20% des Wertes des Sondervermögens;
   d) Erbbaurechte unter den Voraussetzungen der Buchstaben a) bis c);
   e) andere Grundstücke und andere Erbbaurechte sowie Rechte in Form des Wohnungseigentums, Teileigentums, Wohnungserbbaurechts und Teilerbbaurechts bis zu 15% des Wertes des Sondervermögens;
   f) Nießbrauchrechte an Grundstücken nach Maßgabe des Buchstaben a), die der Erfüllung öffentlicher Aufgaben dienen, bis zu 10% des Wertes des Sondervermögens.
2. Die Gesellschaft darf Vermögensgegenstände im Sinne von Absatz 1 außerhalb eines Vertragsstaates des Abkommens über den Europäischen Wirtschaftsraum erwerben, wenn die gesetzlichen Voraussetzungen des § 67 Abs. 3 InvG erfüllt sind. In einem Anhang, der Bestandteil dieser "Besonderen Vertragsbedingungen" ist, sind der betreffende Staat und der Anteil am Wert des Sondervermögens, der in diesem Staat höchstens angelegt werden darf, anzugeben.

[...]

3. Bei der Berechnung des Wertes des Sondervermögens für die gesetzlichen und vertraglichen Anlagegrenzen gemäß Absatz 1 Buchstaben b), c) e) und f) sowie Absatz 2 sind die aufgenommenen Darlehen nicht zu berücksichtigen.

4. .... (Zusätzliche individuelle Regelungen, z.B. Streuungsregelungen)

[…]

Baustein 2

Beteiligungen an Immobilien-Gesellschaften

1. Die Gesellschaft darf im gesetzlich zulässigen Rahmen (§§ 68 bis 72 InvG) Beteiligungen an Immobilien-Gesellschaften erwerben, deren Unternehmensgegenstand im Gesellschaftsvertrag oder in der Satzung auf Tätigkeiten beschränkt ist, welche die Gesellschaft für das Sondervermögen ausüben darf. Die Immobilien-Gesellschaft darf nach dem Gesellschaftsvertrag oder der Satzung nur Vermögensgegenstände im Sinne von <Baustein 1> sowie die zur Bewirtschaftung der Vermögensgegenstände erforderlichen Gegenstände oder Beteiligungen an anderen Immobilien-Gesellschaften erwerben. Die Beteiligungen an Immobilien-Gesellschaften sind bei den Anlagebeschränkungen nach <Baustein 1> und bei der Berechnung der dabei geltenden gesetzlichen Grenzen zu berücksichtigen.

2. Soweit einer Immobilien-Gesellschaft ein Darlehen gemäß <§ 4 Abs. 4 Satz 3> der "Allgemeinen Vertragsbedingungen" gewährt wird, hat die Gesellschaft sicherzustellen, dass

   a) die Darlehensbedingungen marktgerecht sind,

   b) das Darlehen ausreichend besichert ist,

   c) bei einer Veräußerung der Beteiligung die Rückzahlung des Darlehens innerhalb von sechs Monaten nach Veräußerung vereinbart ist,

   d) die Summe der für Rechnung des Sondervermögens einer Immobilien-Gesellschaft insgesamt gewährten Darlehen 50 % des Wertes der von der Immobilien-Gesellschaft gehaltenen Immobilien nicht übersteigt,

   e) die Summe der für Rechnung des Sondervermögens den Immobilien-Gesellschaften insgesamt gewährten Darlehen 25 % des Wertes des Sondervermögens nicht übersteigt. Bei der Berechnung der Grenze sind die aufgenommenen Darlehen nicht abzuziehen.

[…]

Baustein 12
Ausgabe- und Rücknahmepreis

Bearbeiterhinweis:

1. Wenn die Ermittlung des Anteilpreises nicht börsentäglich erfolgen soll, ist die folgende Formulierung zu verwenden. Dabei ist zu beachten, dass gemäß § 79 Abs. 3 InvG mindestens zu jedem Ausgabe- und Rücknahme-termin eine Anteilpreisberechnung erfolgen muss:

„Abweichend von <§ 13 Absatz 5> der „Allgemeinen Vertragsbedingungen“ werden die Ausgabe- und Rücknahmepreise nur <Beispiel: einmal jährlich jeweils zum 30. Dezember> ermittelt.“

2. Wird ein Ausgabeaufschlag erhoben, ist folgende Formulierung zu wählen:

„Der Ausgabeaufschlag beträgt .... % des Anteilwertes. Es steht der Gesellschaft frei, einen niedrigeren Ausgabeaufschlag zu berechnen.“

3. Wird ein Rücknahmeabschlag erhoben, ist folgende Formulierung zu wählen:

„Der Rücknahmeabschlag beträgt ... % des Anteilwertes. Es steht der Gesellschaft frei, einen niedrigeren Rücknahmeabschlag zu berechnen.“

Im Hinblick auf zivilrechtliche Gesichtspunkte ist darüber hinaus anzugeben, ob der Rücknahmeabschlag dem Sondervermögen oder der Gesellschaft zusteht. Es kann eine der folgenden Formulierungen gewählt werden:

„Der Rücknahmeabschlag steht der Gesellschaft zu.“ oder „Der Rücknahmeabschlag steht dem Sondervermögen zu.“

Sofern vom Anleger außer dem Ausgabeaufschlag oder Rücknahmeabschlag sonstige Kosten zu entrichten sind, ist aufgrund § 13 Abs. 2 der Allgemeinen Vertragsbedingungen und gemäß § 41 Abs. 1 Satz 2 InvG deren Höhe und Berechnung anzugeben. Die Formulierung ist individuell zu gestalten, sodass von einem Formulierungsvorschlag abgesehen wird.

Baustein 13

Ausgabe und Rücknahme von Anteilen

Bearbeiterhinweis:

Wenn die Ausgabe und Rücknahme von Anteilen nicht börsentäglich erfolgen soll, ist die folgende Formulierung aufzunehmen. Dabei ist zu beachten, dass gemäß § 80c Absatz 2 Satz 2 InvG keine Anteilausgabe erfolgen darf, wenn nicht gleichzeitig auch eine Möglichkeit zur Rückgabe von Anteilen für die Anleger besteht.

Abweichend von <§ 12 Absatz 3> der „Allgemeinen Vertragsbedingungen" können die Anleger von der Gesellschaft nur <Beispiel: einmal jährlich jeweils zum 30. Dezember> die Rücknahme der Anteile verlangen. Die Ausgabe von Anteilen an dem Sondervermögen erfolgt abweichend von <§ 12 Absatz 1 Satz 2> der „Allgemeinen Vertragsbedingungen" nur zu den in Satz 1 genannten Terminen.

[…]

Auszug aus dem Muster-Depotbankvertrag des BVI für Immobilien-Sondervermögen (Stand: 14. Juli 2011):

§ 2

Aufgaben und Pflichten der Depotbank

1. Die Rechte und Pflichten der Depotbank ergeben sich aus diesem Vertrag, dem Investmentgesetz (InvG) in der für das einzelne Sondervermögen jeweils anwendbaren Fassung, dem Depotgesetz (DepotG), allen für die Depotbanktätigkeit relevanten aufsichtsrechtlichen Vorgaben in ihrer jeweiligen Fassung, insbesondere dem Rundschreiben der BaFin 6/2010 (WA), den Allgemeinen und Besonderen Vertragsbedingungen und sonstigen schriftlichen Vereinbarungen, die das Rechtsverhältnis zwischen dem Anleger und der Gesellschaft in Bezug auf das jeweilige Sondervermögen regeln sowie den ergänzenden Vereinbarungen zwischen Gesellschaft, Anleger und Depotbank (nachfolgend zusammen „Vertragsbedingungen"). Die Parteien werden die Einzelheiten der Verfahren, mit denen die Gesellschaft die Leistungen der Depotbank in Bezug auf deren vertragliche Verpflichtungen überprüfen kann, gesondert festlegen.
2. Die Depotbank bestätigt, dass ihre organisatorischen Vorkehrungen geeignet sind, ihre Depotbanktätigkeit im Einklang mit Abs. 1 wahrzunehmen.
3. Die Depotbank übernimmt insbesondere folgende Aufgaben:
   - Ausgabe und Rücknahme der Anteile sowie unverzügliche Erfassung der bei ihr eingegangenen Zeichnungs- und Rücknahmeaufträge;
   - Unterzeichnung der Anteilscheine oder Globalurkunden;
   - Verwahrung der verwahrfähigen Vermögensgegenstände und Bankguthaben (Führung der Sperrkonten und Sperrdepots);
   - laufende Überwachung des Bestandes an Immobilien und Beteiligungen an Immobilien-Gesellschaften sowie der sonstigen nicht verwahrfähigen Vermögensgegenstände und Führung eines Bestandsverzeichnisses der nicht verwahrfähigen Vermögensgegenstände;
   - Überwachung der Eintragung der Verfügungsbeschränkung gemäß §§ 27 Abs. 3, 26 Abs. 1 Nr. 3 InvG ins Grundbuch bzw. bei ausländischen Immobilien Sicherstellung der Wirksamkeit der Verfügungsbeschränkung;

- Überwachung des Erwerbs von Beteiligungen an Immobilien-Gesellschaften;
- Überwachung der Gesellschaft dahingehend, dass mit Immobilien-Gesellschaften eine Vereinbarung getroffen wird, wonach die der Gesellschaft für Rechnung der Sondervermögen zustehenden Zahlungen, der Liquidationserlös und sonstige zustehende Beträge unverzüglich auf ein Sperrkonto bei der Depotbank einzuzahlen sind;
- Überprüfung der Vermögensaufstellungen der Immobilien-Gesellschaften;
- Zustimmung zu Verfügungen über zum Sondervermögen gehörende Immobilien und Beteiligungen an Immobilien-Gesellschaften; Zustimmung zu Verfügungen über von Immobilien-Gesellschaften gehaltenen Immobilien;
- Zustimmung zu Änderungen des Gesellschaftsvertrages oder der Satzung einer Immobilien-Gesellschaft;
- Zustimmung zur Aufnahme von Krediten für Rechnung eines Sondervermögens nach Maßgabe von § 26 Abs. 1 Nr. 1 InvG;
- Zustimmung zu Belastungen von Immobilien, die zu einem Sondervermögen oder zum Vermögen einer Immobiliengesellschaft gehören, sowie zu Abtretungen von Forderungen aus Rechtsverhältnissen, die sich auf diese Immobilien beziehen;
- Sorgetragung für die gesetzmäßige und vertraglich festgelegte Verwendung der Erträge;
- Überwachung der Einhaltung der für das jeweilige Sondervermögen geltenden gesetzlichen und in den Vertragsbedingungen festgelegten Anlagegrenzen;
- Wahrnehmung der Aufgaben als Zahlstelle einschließlich der Ausführung von Weisungen der Gesellschaft bzw. eines Dritten, auf den die Aufgabe der Portfolioverwaltung ausgelagert ist;

[…]

§ 5

Gegenseitige Informationspflichten

1. Die Depotbank hat der Gesellschaft rechtzeitig alle Informationen aus ihrer Sphäre zu übermitteln, die diese zur Erfüllung ihrer Funktion als Kapitalanlagegesellschaft benötigt, insbesondere damit sie Zugang zu zeitnahen und genauen Informationen über die Konten und Depots des Sondervermögens erhält. Die Depotbank hat gegenüber der Gesellschaft insbesondere unverzüglich darüber zu informieren, wenn sie ihren Depotbankfunktionen in Bezug auf die Änderung oder den Erwerb eines neuen Produktes nicht vollumfänglich nachkommen kann; in diesem Fall hat die Gesellschaft der Depotbank einen angemessenen Zeitraum zur Anpassung ihrer Systeme zu gewähren.
2. Die Depotbank hat Risiken aus der Verwahrung von Wertpapieren der Gesellschaft gegenüber offenzulegen.
3. Die Gesellschaft verschafft der Depotbank Zugang zu allen Informationen aus ihrer Sphäre, die diese zur Erfüllung ihrer Aufgaben benötigt. Insbesondere hat sie der Depotbank
   - unverzüglich und umfassend Informationen über jedes Geschäft betreffend nicht verwahrfähige Vermögensgegenstände zu erteilen;
   - alle Informationen zugänglich zu machen, die diese benötigt, um die Wirksamkeit von Verfügungsbeschränkungen bei ausländischen Immobilien sicherzustellen;
   - sämtliche vertraglichen Vereinbarungen zwischen ihr und dem Anleger (z. B. Erwerbsvorgaben) oder zwischen ihr und einem Dritten in der im Service-Level-Agreement vereinbarten Art und Weise zur Verfügung zu stellen, sofern diese Vereinbarungen für die Wahrnehmung der Kontrollfunktion durch die Depotbank erforderlich sind;
   - unverzüglich beabsichtigte Änderungen der Vertragsbedingungen eines Sondervermögens oder den geplanten Erwerb eines neuen (i. d. R. komplexen) Produktes mitzuteilen, soweit dies Auswirkungen auf die ordnungsgemäße Wahrnehmung der Funktionen der Depotbank haben könnte;
   - über alle Geschäftsabschlüsse Informationen in umfassender und geeigneter Weise zu erteilen, insbesondere über Geschäfte mit nicht verwahrfähigen Vermögensgegenständen;

- unverzüglich Informationen über sämtliche mit ihren Anlegern vertraglich vereinbarten Anlagegrenzen sowie über deren Änderungen zu übermitteln.

4. Zur Erfüllung ihrer Pflichten nach dem Geldwäschegesetz tauschen die Gesellschaft und die Depotbank insbesondere die folgenden Informationen aus:
    - alle Informationen in Bezug auf Zeichnung, Rücknahme, Ausgabe, Annullierung und Rückkauf von Anteilen des Sondervermögens;
    - Informationen über die Aufgaben und Zuständigkeiten hinsichtlich der Pflichten in Bezug auf die Bekämpfung von Geldwäsche und Terrorismusfinanzierung.
5. Die Parteien verpflichten sich, elektronisch übermittelte Informationen im Sinne von Ziffer 3 aufzuzeichnen.

[...]

Literaturverzeichnis

Albrecht, Achim Karahan, Davud Lenenbach, Markus (Hg.)	Fachanwaltshandbuch Bank- und Kapitalmarktrecht Münster 2010
Assmann, Heinz-Dieter Schütze, Rolf A. (Hg.)	Handbuch des Kapitalanlagerechts 3. Aufl. München 2007
Bälz, Ulrich	Leistung – Rückgriff – Durchgriff, in: Hermann Lange; Knut Wolfgang Nörr; Harm Peter Westermann (Hg.), Festschrift für Joachim Gernhuber zum 70. Geburtstag, Tübingen, 1993, S. 3-95
Baetzgen, Oliver	Insichgeschäfte im Gesellschaftsrecht, in: RNotZ 2005, S. 193-224
Balzer, Peter	Vermögensverwaltung durch Kreditinstitute. Eine Untersuchung der Rechtsbeziehung zwischen Kreditinstitut und Anleger bei der Verwaltung von Wertpapiervermögen München 1999
Banzhaf, Marc Oliver	Die Entsprechungserklärung der Societas Europaea (SE) mit Sitz in Deutschland mit Blick auf die US-amerikanischen Anforderungen an gute Corporate Governance Frankfurt am Main 2009
Banzhaf, Marc Oliver	Fragen zu alternativen Finanzierungsformen bei Immobilien-Gesellschaften im Sinne von § 68 InvG, in: WM 2011, S. 299-306

Barocka, Egon	Investment-Sparen und Investment-Gesellschaften. Eine volkswirtschaftliche und rechtspolitische Betrachtung Stuttgart 1956
Bartsch, Karl Ludwig	Aufwendungsersatzanspruch und Schadensersatzpflicht des Geschäftsführers im Falle berechtigter und unberechtigter Geschäftsführung ohne Auftrag, in: AcP 171 (1971), S. 218-233
Bassen, Alexander	Institutionelle Investoren und Corporate Governance. Analyse der Einflussnahme unter besonderer Berücksichtigung börsennotierter Wachstumsunternehmen Wiesbaden 2002
Baum, Günter	Schutz und Sicherung des Investmentsparers bei Kapitalanlagegesellschaften und Investment-Trusts Mainz 1959
Baumbach/Hopt Hopt, Klaus J. Merkt, Hanno Roth, Markus	Handelsgesetzbuch 35. Aufl. München 2012
Baums, Theodor König, Markus	Investmentfonds im Universalbankkonzern. Rechtstatsachen und aktuelle Reformfragen, in: Karl-Heinz Forster (Hg.), Aktien- und Bilanzrecht. Festschrift für Bruno Kropff, Düsseldorf 1997, S. 3-36
Baums, Theodor	Stellungnahme (zur ZBB Dokumentation „Die Macht der Banken – Anhörung im Bundestag), in: ZBB 1994, S. 86-100

Baur, Jürgen — Investmentgesetze. Gesetz über Kapitalanlagegesellschaften (KAGG) und Gesetz über den Vertrieb ausländischer Investmentanteile und über die Besteuerung der Erträge aus ausländischen Investmentanteilen (Auslandinvestment-Gesetz - AuslInvestmG) – Kommentar nebst Länderübersicht EG/EWR-Staaten, Japan, Schweiz, USA
2. Aufl.
Berlin 1997

Baur, Fritz
Baur, Jürgen
Stürner, Rolf — Sachenrecht
18. Aufl.
München 2009

zit. als: Baur/Stürner, § Rn.

Beck'scher Online-Kommentar BGB
Bamberger, Heinz G.
Roth, Herbert
(Hg.) — Stand: Mai 2012
München

zit. als: Bearbeiter, in: BeckOK-BGB(Ed., Monat/Jahr), § Rn.

Beck'sches Notarhandbuch
Brambring, Günter
Jerschke, Hans-Ulrich
Waldner, Wolfram
(Hg.) — 5. Aufl.
München 2009

Beckmann, Klaus Scholtz, Rolf-Detlev Vollmer, Lothar	Investment. Ergänzbares Handbuch für das gesamte Investmentwesen – Kommentar zu den Rechtsvorschriften einschließlich der steuerrechtlichen Regelungen, Erläuterungen und Materialien zu den wirtschaftlichen Grundlagen Stand: Juli 2012 Berlin zit. als: Bearbeiter, in: Investment-Handbuch, Kennziffer § Rn., bzw. Investment-Handbuch, Kennziffer, Rn. / S.
Berger, Hanno Steck, Kai-Uwe Lübbehüsen, Dieter	Investmentgesetz. Investmentsteuergesetz München 2010 zit. als: Bearbeiter, in: B/S/L, I § Rn.
Berndt, Lothar	Strukturen und Funktionen des Marktes für Investmentzertifikate in der Bundesrepublik Deutschland. Eine Marktanalyse unter besonderer Berücksichtigung des Wettbewerbsaspektes Köln 1975
Bertschinger, Urs	Sorgfaltspflichten der Bank bei Anlageberatung und Verwaltungsaufträgen Zürich 1991
Beuthin, Volker	Zweckerreichung und Zweckstörung im Schuldverhältnis Tübingen 1969
Beuthin, Volker	Zuwendender und Leistender, in: JZ 1968, S. 323-327
Bitter, Georg	Rechtsträgerschaft für fremde Rechnung Tübingen 2006

Block, Albert | Auswirkungen von Sachmängelansprüchen bzw. weiterer materiell-rechtlicher Störungen auf die verfahrensrechtlichen Anweisungen gegenüber dem vollziehenden Notar,
in: Armin Höland; Rolf Sethe; Notarkammer Sachsen-Anhalt (Hg.), Materielle, verfahrens- und steuerrechtliche Folgen gestörten Grundstückskaufs und Grundstückshandels, Baden-Baden 2009,
S. 63-144

zit. als: Block, in: Grundstückskauf, S. (Bezugseite)

Blomeyer, Jürgen | Die Rechtsnatur der Gesamthand,
in: JR 1971, S. 397-403

Bork, Reinhard
Jacoby, Florian | Das Ausscheiden des einzigen Komplementärs nach § 131 Abs. 3 HGB,
in: ZGR 2005, S. 611-653

Bork, Reinhard | Die Errichtung von Konten- und Depotsperren,
in: NJW 1981, S. 905-906

Bork, Reinhard | Zurechnung im Konzern,
in: ZGR 1994, S. 237-265

Brandeis, Louis D. | Other People's Money and how the Bankers use it
New York 1914

Breuer, Wolfgang
Gürtler, Marc | Performarnacemessung mittels *Sharpe-, Jensen-* und *Treynor*-Maß. Eine Anmerkung,
in: ZBB 1999, S. 273-286

Brinkhaus, Josef
Scherer, Peter
(Hg.) | Gesetz über Kapitalanlagegesellschaften, Auslandinvestment-Gesetz
München 2003

zit. als: Bearbeiter, in: Brinkhaus/Scherer, § KAGG, Rn.

Brömmelmeyer, Christoph	Neue Regeln für die Binnenhaftung des Vorstands – Ein Beitrag zur Konkretisierung der Business Judgement Rule, in: WM 2005, S. 2065-2070
Brox, Hans Walker, Wolf-Dietrich	Allgemeines Schuldrecht, 36. Aufl. München 2012 zit. als: Brox/Walker, SR AT, § Rn.
Buge, Ronald	Investitionen in ausländische Fonds mit Immobilienbezug. Besonderheiten bei Real Estate Opportunity Fonds, Rohstoff- und Infrastrukturfonds, in: Berater-Brief Vermögen (BBV) 2007, S. 54-59
Bundesverband Investment und Asset Management e.V. (Hg.)	Handeln im Interesse der Anleger. Regelbuch für Kapitalanlagegesellschaften Freigericht 2010
Bydlinski, Franz	Juristische Methodenlehre und Rechtsbegriff 2. Aufl. Wien 1991
Caemmerer, Ernst von	Bereicherungsansprüche und Drittbeziehungen, in: JZ 1962, S. 385-389
Caemmerer, Ernst von	Kapitalanlage- oder Investmentgesellschaften in: JZ 1958, S. 41-50
Canaris, Claus-Wilhelm	Bankvertragsrecht 2. Aufl. Berlin 1981 zit. als: Canaris, BVR, Rn.
Canaris, Claus-Wilhelm	Der Bereicherungsausgleich bei Zahlung des Haftpflichtversicherers an einen Scheingläubiger, in: NJW 1992, S. 868-873

Canaris, Claus-Wilhelm | Der Bereicherungsausgleich im Dreipersonenverhältnis, in: Gotthard Paulus; Uwe Diederichsen; Claus-Wilhelm Canaris (Hg.), Festschrift für Karl Larenz zum 70. Geburtstag, München 1973, S. 799-865

zit. als: Canaris, in: FS Larenz, S. 799 (Bezugseite)

Canaris, Claus-Wilhelm | Die Feststellung von Lücken im Gesetz. Eine methodologische Studie über Voraussetzungen und Grenzen der richterlichen Rechtsfortbildung praeter legem 2. Aufl.
Berlin 1983

Canaris, Lücken, S.

Canaris, Claus-Wilhelm | Die Vertrauenshaftung im deutschen Privatrecht
München 1971

zit. als: Canaris, Vertrauenshaftung, S.

Caspari, Karl-Burkhard | Anlegerschutz in Deutschland im Lichte der Brüsseler Richtlinien, in: Stefan Grundmann (Hg.), Anleger- und Funktionsschutz durch Kapitalmarktrecht. Symposium und Seminar zum 65. Geburtstag von Eberhard Schwark, S. 7-22
Berlin 2006

zit. als: Caspari, in: Anleger- und Funktionsschutz, S. (Bezugseite)

Coester-Waltjen, Dagmar | Die dingliche Surrogation, in: JURA 1996, S. 24-28

Coing, Helmut | Die Treuhand kraft privaten Rechtsgeschäfts
München 1973

Dauner-Lieb, Barbara
Langen, Werner — Bürgerliches Gesetzbuch
Band 2. Schuldrecht
2. Auflage
Baden-Baden 2012

Demharter, Johann — Prüfungsumfang im Klauselerteilungsverfahren. Anmerkung zu BayObLG Beschluss vom 10.05.2004, Az 1Z BR 023/04,
in: MittBayNot 2005, 63-66

Derleder, Peter — Der „mitgekaufte" Mieter,
in: NJW 2008, S. 1189-1195

Derleder, Peter — Der Rücktritt vom Grundstückskauf und die Grundstücksbelastungen,
in: NJW 2009, S. 1034-1039

Diehle, Heinrich — Rechtsträgerschaft für fremde Rechnung und Schadenseintritt beim Dritten. Zur Drittschadensliquidation bei Treuhand und mittelbarer Stellvertretung
Münster 1969

Döser, Achim — Gleichbehandlung der Anleger bei der Aussetzung der Anteilsrücknahme nach § 81 InvG. Anmerkung zu Frankfurt, 1. Kammer, Beschluss vom 22.12.2008, Az 1 L 4252/08.F (V),
in: jurisPR-BKR, Heft 5/2009, Anm. 3.

zit. als: Döser, in: jurisPR-BKR 5/2009 Anm. 3

Dücker, Hans-Gerd von — Erfüllung einer Geldschuld durch Banküberweisung,
in: WM 1999, S. 1257-1263

Ebenroth, Carsten Thomas Boujong, Karlheinz Joost, Detlev (Hg.)	Handelsgesetzbuch Band 1 §§ 1 - 342e 2. Aufl. München 2008 zit. als: Bearbeiter, in Ebenroth/Boujong/Joost-HGB, § Rn.
Ebner von Eschenbach, Hans-Christoph	Die Rechte des Anteilinhabers nach dem Gesetz über Kapitalanlagegesellschaften Erlangen 1959
Echelpoel, Alexander van	Risikocontrolling von Fonds in: Die Bank 1998, S. 41-45
Eckert, Hans-Georg	Direktzahlungen des Untermieters an den Hauptvermieter. Zugleich Besprechung von LG Hamburg, Urteil vom 3. November 2005 - 334 O 122/05, in: ZfIR 2006, S. 318-320
Eckert, Jörn	Schuldrecht. Allgemeiner Teil 4. Aufl. Baden-Baden 2005 zit. als: Eckert, SR AT, Rn.
Einmahl, Matthias	Die Preispolitik großer deutscher Investmentfondsgesellschaften im Licht des AGB-Rechts, in: Zeitschrift für Wirtschaftsrecht (ZIP) 2002, S. 381-388
Engert, Andreas	Kapitalanlagegesellschaften sind keine Banken. Die Ausgliederung der kollektiven Vermögensverwaltung aus dem Kreditwesengesetz, in: Der Konzern, S. 477-486
Erichsen, Hans-Uwe Ehlers, Dirk (Hg.)	Allgemeines Verwaltungsrecht 14. Aufl. Berlin 2010

Erman
Westermann, Harm Peter (Hg.)
Bürgerliches Gesetzbuch
12. Aufl.
Köln 2008

Esser, Josef
Schmidt, Eike
Schuldrecht. Band I. Allgemeiner Teil. Teilband 1. Entstehung, Inhalt und Beendigung von Schuldverhältnissen
8. Aufl.
Heidelberg 1995

Eyles, Uwe
Funktionsauslagerung (Outsourcing) bei Kredit- und Finanzdienstleistungsinstituten. Bank- und wertpapieraufsichtsrechtliche Rahmenbedingungen,
in: WM 2000, S. 1217-1234

Fahr, Ulrich (Begr.)
Kaulbach, Detlef
Bähr, Gunne W.
Versicherungsaufsichtsgesetz – VAG. Mit Solvabilität II, Anlageverordnung und Kapitalausstattungsverordnung
5. Aufl.
München 2012

Feddersen, Dieter
Hommelhoff, Peter
Schneider, Uwe H.
Corporate Governance – eine Einführung,
in: Dieter Feddersen; Peter Hommelhoff; Uwe H. Schneider (Hg.), Corporate Governance. Optimierung der Unternehmensführung und der Unternehmenskontrolle im deutschen und amerikanischen Aktienrecht, Köln 1996,
S. 1-8

Fehrenbacher, Thomas
Maetschke, Matthias
Zusätzliche Verwaltungsvergütung und AGB-rechtliche Transparenzkontrolle bei offenen Immobilienfonds,
in: WM 2010, S. 1149-1155

Financial Services Authority (FSA) (Hg.) — A new regulator for the new millennium
London 2000

abrufbar unter
http://www.fsa.gov.uk/pubs/policy/p29.pdf

zit. als: FSA, Regulator, Rn.

Fischer, Reinfrid
Klanten, Thomas — Bankrecht. Grundlagen der Rechtspraxis
4. Aufl.
Köln 2010

Fischer, Thomas — Risikomanagement im Investment Banking,
in: Die Bank 1994, S. 636-642

Fleischer, Holger — Empfiehlt es sich, im Interesse des Anlegerschutzes und zur Förderung des Finanzplatzes Deutschland das Kapitalmarkt- und Börsenrecht neu zu regeln? Kapitalmarktrechtliches Teilgutachten. Teil F,
in: Deutscher Juristentag (Hg.), Verhandlungen des Vierundsechzigsten Deutschen Juristentages. Berlin 2002. Band I. Gutachten (Teil F und G)
München 2002

Flume, Werner — Gesellschaft und Gesamthand,
in: ZHR 136 (1972), S. 177-207

Flume, Werner
Ernst, Wolfgang (Hg.) — Studien zur Lehre von der ungerechtfertigten Bereicherung
Tübingen 2003

zit. als: Flume, S.

Flume, Werner — Zum Bereicherungsausgleich bei Zahlungen in Drei-Personen-Verhältnissen,
in: NJW 1991, S. 2521-2524

Förster, Achim
Herrler, Sebastian — Gesetzliches Rücktrittsrecht des Verkäufers bei Nichtzahlung der Grunderwerbsteuer durch den Käufer?,
in: NJW 2010, S. 2090-2093

Förster, Christian	Die Fusion von Bürgschaft und Garantie. Eine Neusystematisierung aus rechtsvergleichender Perspektive Tübingen 2010
Fraune, Christian	Der Einfluss institutioneller Anleger in der Hauptversammlung Köln 1996
Freckmann, Peter	Die Zwangsvollstreckungsunterwerfung ist wirksam – basta! Aber neue Nachweispflichten bei Forderungsübertragungen. Zugleich Anmerkung zur BGH-Entscheidung v. 30. 3. 2010 – XI ZR 200/09 (BKR 2010, 241 ff.), in: BKR 2010, S. 275-280
Gaul, Hans Friedhelm Schilken, Eberhard Becker-Eberhard, Ekkehard	Zwangsvollstreckungsrecht 12. Aufl. München 2010
Gericke, Karlheinz	Rechtsfragen zum Investmentsparen, in: DB 1959, S. 1276-1278
Gerhardt, Walter	Der Befreitungsanspruch. Zugleich ein Beitrag zum arbeitsrechtlichen Freistellungsanspruch Göttingen 1966
Gernhuber, Joachim	Bürgerliches Recht. Ein systematisches Repetitorium für Fortgeschrittene 3. Aufl. München 1991 zit. als: Gernhuber, Bürgerliches Recht, § Röm. Ziff.
Gernhuber, Joachim	Das Schuldverhältnis. Begründung und Änderung, Pflichten und Strukturen, Drittwirkungen Tübingen 1989 zit. als: Gernhuber, Schuldverhältnis, § Röm. Ziff.

Gernhuber, Joachim — Die Erfüllung und ihre Surrogate. Sowie das Erlöschen der Schuldverhältnisse aus anderen Gründen
2. Aufl.
Tübingen 1994

zit. als: Gernhuber, Erfüllung, § Röm. Ziff.

Gernhuber, Joachim — Die fiduziarische Treuhand,
in: JuS 1988, S. 355-363

Geßler, Ernst — Das Recht der Investmentgesellschaften und ihrer Zertifikatsinhaber,
in: WM-Beilage 4/1957, S. 10-28

Gläbe, Rüdiger — Der Schutz der Zertifikatsinhaber von Investmentgesellschaften
Meisenheim am Glan 1975

Görmer, Gerald — Die Durchsetzung von Befreiungsansprüchen im zivilprozessualen Erkenntnis- und Vollstreckungsverfahren
Frankfurt a.M. 1992

Graulich, Wilhelm — Die Rechtsverhältnisse der Sondervermögen (Investmentfonds) nach dem Gesetz über Kapitalanlagegesellschaften im Vergleich zu den Rechtsverhältnissen anderer Sondervermögen des Privatrechts
Mainz 1968

Gringel, Christoph — Die Regulierung von Hedgefonds zwischen Anleger- und Fondsinteressen
Baden-Baden 2009

Grote, Joachim — Die Rechtsstellung der Prämien-, Bedingungs- und Deckungsstocktreuhänder nach dem VVG und dem VAG
Karlsruhe 2002

Grundmann, Stefan
Hofman, Christian
Möslein, Florian
Finanzkrise und Wirtschaftsordnung. Krisenursachen, Finanzmarktstabilisierung, Finanzmarktstabilität,
in: Stefan Grundmann; Christian Hofmann; Florian Möslein (Hg.), Finanzkrise und Wirtschaftsordnung, S. 1-40
Berlin 2009

Grziwotz, Herbert
Everts, Arne
Heinemann, Jörn
Grundstückskaufverträge
Köln 2005

Grziwotz, Herbert
Rechtsfolgen der Nichtzahlung der Grunderwerbsteuer und der Kosten durch den Grundstückskäufer,
in: NJW 2000, S. 2646-2648

Gschoßmann, Bernhard
Rechtliche Grundlagen des Investmentgeschäfts
München 1996

Gursky, Karl-Heinz
Der Tatbestand der Geschäftsführung ohne Auftrag,
in: AcP 185 (1985), S. 13-45

Habersack, Mathias
Die Pflicht zur Aufklärung über Rückvergütungen und Innenprovisionen und ihre Grenzen,
in: WM 2010, S. 1245-1253

Hagenbucher, Florian
Die Eintragung der Eigentumsvormerkung für den Grundstückskäufer: ein unvermeidbares Risiko für den Verkäufer?,
in: MittBayNot 2003, S. 249-259

Hansmeyer, Walter
Zwangsvollstreckungsmaßnahmen gegen Verkäufer oder Käufer während der Abwicklung eines notariellen Kaufvertrages,
in: MittRhNotK 1989, S. 149-169

Harbauer, Walter (Begr.) Bauer, Günter Cornelius-Winkler, Joachim (Hg.)	Harbauer. Rechtschutzversicherung. Kommentar zu den Allgemeinen Bedingungen für die Rechtsschutzversicherung (ARB 2000/2009 und 75) München 2010
Heinsius, Theodor	Der Sicherheitentreuhänder im Konkurs. Unmittelbarkeitsprinzip versus Offenkundigkeits- und Bestimmtheitsprinzip, in: Walter Gerhardt; Uwe Diederichsen; Bruno Rimmelspacher (Hg.), Festschrift für Wolfram Henckel zum 70. Geburtstag am 21. April 1995, Berlin 1995, S. 378-400 zit. als: Heinius, in: FS Henckel, S. 378 (Bezugseite)
Heiser, Kristian J.	Interessenkonflikte in der Aktiengesellschaft und ihre Lösung am Beispiel des Zwangsangebots. Das Spannungsfeld zwischen Unternehmer- und Anlegerinteressen. Ein Vorschlag zur Harmonisierung von Aktien- und Kapitalmarktrecht Hamburg 1999
Helios, Marcus Schmies, Christian	Ausländische Investmentanteile i. S. d. § 2 Abs. 9 InvG. Investmentrechtliche Zweifelsfragen des BaFin Rundschreiben 14/2008 (WA) vom 22.12.2008 und steuerrechtliche (Fern-)Wirkungen, in: BB 2009, S. 1100-1110
Hennsler, Martin	Treuhandgeschäft. Dogmatik und Wirklichkeit, in: AcP 196 (1996), S. 37-87
Hertel, Christian	Änderungen der Zwangsvollstreckungsunterwerfung durch die Zweite Zwangsvollstreckungsnovelle, in: DNotZ 1999, S. 1-4

Hess, Glen E. | Corporate Governance – zum Stand der Diskussion in den Vereinigten Staaten,
in: Dieter Feddersen; Peter Hommelhoff; Uwe H. Schneider (Hg.), Corporate Governance. Optimierung der Unternehmensführung und der Unternehmenskontrolle im deutschen und amerikanischen Aktienrecht, Köln 1996,
S. 9-24

zit. als: Bearbeiter, in: Corporate Governance, S. 9 (Bezugseite)

Heun, Werner | Der Staat und die Finanzkrise,
in: JZ 2010, S. 53-62

Hockmann, Heinz-Josef
Thießen, Friedrich | Investment Banking
2. Aufl.
Stuttgart 2007

Hoffmann, Rolf | Die Gefährdung der Abwicklung des Verkaufs eines grundpfandbelasteten Grundstücks durch Pfändung des Kaufpreisanspruchs. Ein Beitrag zur zwangsvollstreckungsfesten Gestaltung von Grundstückskaufverträgen,
in: NJW 1987, S. 3153-3157

Hohaus, Benedikt | Die „Treuhandlösung“ bei Mitarbeiterdirektbeteiligungen – Steuerrechtliche Grundsätze,
in: DB 2002, S. 1233-1238

Hopt, Klaus J. | Der Kapitalanlegerschutz im Recht der Banken. Gesellschafts-, bank- und börsenrechtliche Anforderungen an das Beratungs- und Verwaltungsverhalten der Kreditinstitute
München 1975

zit. als: Hopt, S.

Hopt, Klaus J. — Inwieweit empfiehlt sich eine allgemeine gesetzliche Regelung des Anlegerschutzes? Gutachten G für den 51. Deutschen Juristentag,
in: Deutscher Juristentag (Hg.), Verhandlungen des Einundfünfzigsten Deutschen Juristentages. Band 1. Teil G (Gutachten)
München 1976

Horst, Reinold — Immobilienverkauf. Mietrechtliche Auswirkungen,
in: ZMR 2009, S. 655-661

Jauernig, Othmar — Jauernig. Bürgerliches Gesetzbuch
14. Aufl.
München 2011

juris Praxiskommentar BGB
Herberger, Maximilian
Martinek, Michael
Rüßmann, Helmut
(Hg.) — Band 2. Schuldrecht
5. Aufl., Saarbrücken 2010
zit. als: Bearbeiter, in: jurisPK-BGB, § Rn.

Kaune, Clemens R.
Oulds, Mark K. — Das neue Investmentgesetz,
in: ZBB 2004, S. 114-126

Kestler, Alexander
Benz, Claudia — Aktuelle Entwicklungen im Investmentrecht,
in: BKR 2008, S. 403-409

Kindermann, Elmar — Gutschrift und Belastungsbuchung im Geldüberweisungsverkehr,
in: WM 1982, S. 318-325

Kindler, Peter — Grundfragen der Kommanditistenhaftung,
in: JuS 2006, S. 865-869

Klenk, Friedrich Ernst — Die rechtliche Behandlung des Investmentanteils unter Berücksichtigung der Anteilberechtigung des Investmentratensparers
Köln 1967

Klüsener, Robert	Die Bedeutung der Zweckmäßigkeit neben der Rechtmäßigkeit in § 68 I 1 VwGO, in: NVwZ 2002, S. 816-821
Klunzinger, Eugen	Einführung in das Bürgerliche Recht. Grundkurs für Studierende der Rechts- und Wirtschaftswissenschaften 14. Aufl. München 2009
Klusak, Bernd	Internationales Immobilien-Institut AG. iii-Fonds: Ein Konzept hat sich bewährt in: Der langfristige Kredit 1985, S. 376-378
Knütel, Rolf	Weisungen bei Geschäftsbesorgungsverhältnissen, insbesondere bei Kommission und Spedition, in: ZHR 137 (1973), S. 285-333
Köndgen, Johannes	Anmerkung zu BGH, Urteil vom 18. September 2001 (XI ZR337/00, Frankfurt a.M.) – WM 2001, 2053, in: WuB I G 4. Investmentgeschäft 1.02, S. 321-S. 324
Köndgen, Johannes	Das neue Recht des Zahlungsverkehrs, in: JuS 2011, S. 481-489
König, Markus	Anlegerschutz im Investmentrecht Wiesbaden 1998
Koch, Hans-Joachim Rüßmann, Helmut	Juristische Begründungslehre. Eine Einführung in Grundprobleme der Rechtswissenschaft München 1982
Kocher, Dirk	Zur Reichweite der Business Judgement Rule, in: CCZ 2009, S. 215-221
Kohl, Helmut Kübler, Friedrich Walz, Rainer Wüstrich, Wolfgang	Abschreibungsgesellschaften, Kapitalmarkteffizienz und Publizitätszwang. Plädoyer für ein Vermögensanlagegesetz, in: ZHR 138 (1974), S. 1-49

Koller, Arnold	Grundfragen einer Typuslehre im Gesellschaftsrecht Freiburg (Schweiz) 1967
Koller Ingo	Der Vorschuß bei der Giroüberweisung der Geldkarte und dem Netzgeld, in: Norbert Horn; Hans-Jürgen Lwowski; Gerd Nobbe (Hg.), Bankrecht – Schwerpunkte und Perspektiven. Festschrift für Herbert Schimansky, Köln, 1999, S. 209-220
	zit. als: Koller, in: FS Schimansky, S. 209 (Bezugseite)
Kort, Michael	Compliance-Pflichten von Vorstandsmitgliedern und Aufsichtsratsmitgliedern, in: Stefan Grundmann; Brigitte Haar; Hanno Merkt (Hg.), Festschrift für Klaus J. Hopt zum 70. Geburstag am 24. August 2010. Unternehmen, Markt und Verantwortung, Berlin 2010, S. 983-1003
	zit. als: Kort, in: FS Hopt, S. 983 (Bezugseite)
Kötter, Hans-Wilhelm	Zur Rechtsnatur der Leistungskondiktion, in: AcP 153 (1954), S. 193-239
Krieger, Gerd	Corporate Governance und Corporate Governance Codex in Deutschland, in: ZGR 2012, S. 202-227
Kümpel, Siegfried Wittig, Arne (Hg.)	Bank- und Kapitalmarktrecht 4. Aufl. Köln 2011
Kümpel, Siegfried	Bank- und Kapitalmarktrecht 3. Aufl. Köln 2004
Kümpel, Siegfried	Der Bestimmtheitsgrundsatz bei Verfügungen über Sammeldepotguthaben, in: WM 1980, S. 422-437

Kümpel, Siegfried — Zum Bereicherungsausgleich bei fehlerhaften Banküberweisungen,
in: WM 2001, S. 2273-2280

Kuntze, Joachim
Ertl, Rudolf
Herrmann, Hans — Grundbuchrecht. Kommentar zur Grundbuchordnung und Grundbuchverfügungen einschließlich Wohnungseigentumsgrundbuchverfügung
6. Aufl.
Berlin 2006

zit. als: Bearbeiter, in: KEHE, § Rn.

Kupisch, Berthold — Gesetzespositivismus im Bereicherungsrecht. Zur Leistungskondiktion im Drei-Personen-Verhältnis
Berlin 1978

Lang, Volker — Informationspflichten bei Wertpapierdienstleistungen
München 2003

Lange, Frank-Holger — Treuhandkonten in Zwangsvollstreckung und Insolvenz,
in: NJW 2007, S. 2513-2516

Langenbucher, Katja — Vorstandshandeln und Kontrolle. Zu einigen Neuerungen durch das UMAG,
in: DStR 2005, S. 2083-2090

Larenz, Karl — Lehrbuch des Schuldrechts
I. Band: Allgemeiner Teil
14. Aufl.
München 1987

zit. als: Larenz, Schuldrecht AT, S.

Larenz, Karl
Canaris, Claus-Wilhelm — Methodenlehre der Rechtswissenschaft
3. Aufl.
Berlin 1995

zit. als: Larenz/Canaris, S.

Laux, Manfred Päsler, Rüdiger H.	Wertpapier-Investmentfonds Frankfurt a.M. 1992
Lechner, Stéphan	Vermeidung und Aufdeckung von „Top Management Fraud“ durch das unternehmerische Überwachungssystem, in: DStR 2006, S. 1854-1859
Lensdorf, Lars Schneider, Jan	Das Rundschreiben des Bundesaufsichtsamtes für Kreditwesen zur Auslagerung von wesentlichen Bereichen von Kredit- und Finanzdienstleistungsinstituten auf andere Unternehmen gemäß § 25a Abs. 2 KWG, in: WM 2002, S. 1949-1956
Leverenz, Kent	Testamentsvollstreckung durch Banken und Sparkassen, in: ZBB 1995, 156-169
Leyens, Patrick C.	Deutscher Aufsichtsrat und U.S.-Board: ein- oder zweistufiges Verwaltungssystem? Zum Stand der rechtsvergleichenden Corporate Governance-Debatte, in: RabelsZ 2003, S. 57-105
Liebich, Dieter Mathews, Kurt	Treuhand und Treuhänder in Recht und Wirtschaft, 2. Aufl. Berlin 1966
Lindner-Figura, Jan Oprée, Frank Stellmann, Frank (Hg.)	Geschäftsraummiete 2. Aufl. München 2008
Linhardt, Hans	Investmentgeschichte in: Leo Schuster (Hg.), Investment Handbuch, Stuttgart 1971, S. 1-24

Livonius, Hilger von Bernau, Timo	Der neue Tatbestand der „Anlageverwaltung“ als erlaubnispflichtige Finanzdienstleistung, in: WM 2009, S. 1216-1224
Livonius, Hilger von	Investmentrechtliche Rahmenbedingungen für Hedgefonds in Deutschland, in: WM 2004, S. 60-69
Livonius, Hilger von	Standpunkt. Das Kapitalanlagegesetzbuch - Generalabrechnung mit dem Immobilien-Sondervermögen, in: BB 2012, S. 1933
Löhnig, Martin	Treuhand. Interessenwahrnehmung und Interessenkonflikte Tübingen 2006
Lohmann, Hans Henning	Die Zweckmäßigkeit der Ermessensausübung als verwaltungsrechtliches Rechtsprinzip Berlin 1972
Lohse, Andrea	Unternehmerisches Ermessen. Zu den Aufgaben und Pflichten von Vorstand und Aufsichtsrat Tübingen 2005
Looschelders, Dirk	Die Mitverantwortlichkeit des Geschädigten im Privatrecht Tübingen 1999
Lwowski, Hans-Jürgen Fischer, Gero Langenbucher, Katja	Das Recht der Kreditsicherung 9. Aufl. Berlin 2011 zit. als: Bearbeiter, in: Lwowski/Fischer, § Rn.
Martinek, Michael	Der Bereicherungsausgleich bei veranlasster Drittleistung auf fremde nichtbestehende Schuld, in: JZ 1991, S. 395-400

Mauser, Johannes — Anlegerschutzlücken in den Investmentrichtlinien und den umsetzenden Inlandsgesetzen
Tübingen 1999

Medicus, Dieter — Allgemeiner Teil des BGB
10. Aufl.
Heidelberg 2010

Medicus, Dieter
Lorenz, Stephan — Schuldrecht II. Besonderer Teil
16. Aufl.
München 2012

Meikel, Georg — GBO. Grundbuchordnung
10. Aufl.
Köln 2009

zit. als: Bearbeiter, in: Meikel, § Rn.

Meyer-Cording, Ulrich — Das Recht der Banküberweisung unter besonderer Berücksichtigung der steckengebliebenen Überweisungen
Tübingen 1951

Möllers, Thomas — Umfang und Grenzen des Anlegerschutzes im Investmentgesetz. Der Trennungsgrundsatz und die Grenzen der Aufrechnung im InvG,
in: BKR 2011, S. 353-366

Möslein, Florian — Contract Governance und Corporate Governance im Zusammenspiel,
in: JZ 2010, S. 72-80

Möschel, Wernhard — Die Finanzkrise – Wie soll es weitergehen?,
in: ZRP 2009, S. 129-133

Mol, Hans-Gerd — Investmentfonds-ABC. Vermögensaufbau für jedermann
2. Aufl.
München 1997

Müller, Gunter — Die Rechtsstellung der Depotbank im Investmentgeschäft nach deutschem und schweizerischem Recht Benningen (Schweiz) 1969

Müller, Kim J. — Notarielle Vollstreckungstitel, in: RNotZ 2010, S. 167-188

Müller, Klaus — Die Überwachung der Geschäftstätigkeit der Kapitalanlagegesellschaft durch die Depotbank, in: DB 1975, S. 485-489

Münchener Kommentar zum Aktiengesetz Goette, Ulf Habersack, Matthias Kalss, Susanne (Hg.) — Band 2, §§ 76 – 117 AktG, MitbestG, DrittelbG 3. Aufl., München 2008

zit. als: Bearbeiter, in: MüKoAktG, § Rn.

Münchener Kommentar zum Bürgerlichen Gesetzbuch Säcker, Franz Jürgen Rixecker, Roland (Hg.) — Band 1, §§ 1-240 BGB, ProstG, AGG 6. Aufl., München 2012

Band 2, §§ 241-432 BGB 6. Aufl., München 2012

Band 3, §§ 433-610 BGB 6. Aufl., München 2012

Band 4, §§ 611-704 BGB, EFZG, TzBfG, KSchG 5. Aufl., München 2009

Band 5, §§ 705-853 BGB, PartGG, ProdHaftG 5. Aufl., München 2009

Band 6, §§ 854-1296 BGB, WEG, ErbbauRG 5. Aufl., München 2009

Band 9, §§ 1922-2385 BGB, §§ 27-35 BeurkG 5. Aufl., München 2010

zit. als: Bearbeiter, in: MüKoBGB, § Rn.

Band 11, Art. 15-248 EGBGB, IPR, Internationales Wirtschaftsrecht
5. Aufl., München 2010

zit. als: Bearbeiter, in: MüKoIntKapMR, Rn.

Münchener Kommentar zur Insolvenzordnung
Kirchhof, Hans-Peter
Lwowski, Hans-Jürgen
Stürner, Rolf
(Hg.)
Band 1, §§ 1-102 InsO
2. Aufl., München 2007

zit. als: Bearbeiter, in: MüKoInsO, § Rn.

Münchener Kommentar zur Zivilprozessordnung mit Gerichtsverfassungsgesetz und Nebengesetzen
Rauscher, Thomas
Wax, Peter
Wenzel, Joachim
(Hg.)
Band 2, §§ 511-945 ZPO
3. Aufl., München 2007

zit. als: Bearbeiter, in: MüKoZPO, § Rn.

Mutter, Stefan
Unternehmerische Entscheidungen und Haftung des Aufsichtsrats der Aktiengesellschaft
Köln 1994

Nickel, Carsten
Die Novelle des Investmentgesetzes. Die wesentlichen Änderungen für die Praxis
Stuttgart 2008

zit. als: C. Nickel, S.

Nickel, Nils-Holger
Portfoliooptimierung im Fondsmanagement von Kapitalanlagegesellschaften. Konzeption, Entwurf und Implementierung eines Decision Support Systems
Aachen 2005

zit. als: N.-H. Nickel, S.

Nieding, Klaus	Rechtliche Zulässigkeit der Umlage von steuergesetzlich bedingten Kosten auf Investmentfonds-Anleger, in: WM 1995, S. 965-971
Nirk, Rudolf	Zur Justizabilität unternehmerischer Entscheidungen des Aufsichtsrats. Marginalien zu den ‚ARAG/Garmenbeck'-Entscheidungen, in: Carsten Thomas Ebenroth; Dieter Hesselberger; Manfred Eberhard Rinne (Hg.), Verantwortung und Gestaltung. Festschrift für Karlheinz Boujong zum 65. Geburtstag, München 1996, S. 393-413 zit. als: Nirk, in: FS Boujong, S. 393 (Bezugseite)
Obermann, Peter	Investmentfonds auf dem Prüfstand. Anlegerentscheidungen anhand der Rechenschaftsberichte Hamburg 1975
Ohl, Karl	Die Rechtsbeziehungen innerhalb des Investment-Dreiecks Berlin 1989
Oldenburg, Alexander	Ein Marktprozeßansatz in der Analyse des Gesetzes über Kapitalanlagegesellschaften (KAGG) – insbesondere bei Publikums-Immobilienfonds Berlin 1999
Oppenländer, Frank Trölitzsch, Thomas (Hg.)	Praxishandbuch der GmbH-Geschäftsführung 2. Aufl. München 2011
Ortmanns, Jens	Offene Immobilienfonds in der Krise. Vorschläge zur Reform der Bestimmungen des Investmentgesetzes zur Liquiditätssteuerung bei offenen Immobilienfonds, in: ZfIR 2006, S. 229-235

Otte, Gerhard	Zwanzig Jahre Topik-Diskussion: Ertrag und Aufgaben, in: Rechtstheorie 1 (1970), S. 183-197
Päsler, Rüdiger H.	Handbuch des Investmentsparens Wiesbaden 1991
Palandt, Otto	Bürgerliches Gesetzbuch 71. Aufl. München 2012
Park, Tido	Kapitalmarktstrafrecht. Handkommentar 2. Aufl. Baden-Baden 2008
Patzner, Andreas Döser, Achim Kempf, Ludger J.	Investmentrecht. Aufsicht, Besteuerung. Handkommentar Baden-Baden 2012 zit. als: Bearbeiter, in: HK-Investmentrecht, § Rn.
Pawlowski, Hans-Martin	Methodenlehre für Juristen. Theorie der Norm und des Gesetzes 3. Aufl. Heidelberg 1999 zit. als: Pawlowski, Methodenlehre, Rn.
Peltzer, Martin	Übernahmeangebote nach künftigem Europa-Recht und dessen Umsetzung in deutsches Recht, in: Heinz-Dieter Assmann; Nathalie Basaldua; Friedrich Bozenhardt; Martin Peltzer (Hg.), Übernahmeangebote. ZGS Sonderheft 9, 1990, S. 179-233 Berlin
Podewils, Max	Investmentgesellschaften in der Bundesrepublik Köln 1960

Posner, Richard A. — A Failure of Capitalism. The Crisis of '08 and the Descend ino Depression
Cambridge (USA) 2009

Prütting, Hans
Gehrlein, Markus
(Hg.) — ZPO Kommentar
3. Aufl.
Köln 2011

zit. als: Bearbeiter, in: P/G-ZPO, § Rn.

Prütting, Hans
Wegen, Gerhard
Weinrich, Gerd
(Hg.) — BGB Kommentar
6. Aufl.
Köln 2011

zit. als: Bearbeiter, in: P/W/W, § Rn.

PwC Deutsche Revision
(Hg.) — Risikomanagement bei Kapitalanlagegesellschaften. Ein ganzheitlicher Risikoansatz
Frankfurt am Main 2001

Raab, Thomas — Austauschverträge mit Drittbeteiligung
Tübingen 1999

Raiser, Thomas — Pflicht und Ermessen von Aufsichtsratsmitgliedern. Zum Urteil des OLG Düsseldorf im Fall ARAG/Garmenbeck,
in: NJW 1996, S. 552-554

Rastätter, Jürgen — Zur Zulässigkeit der Vollstreckungsunterwerfung in notariellen Kaufverträgen,
in: BWNotZ 1992, S. 85-89

Reiter, Markus
Plumridge, Karola — Das neue Investmentgesetz. Teil I,
in: WM 2012, S. 343-354

Reiss, Malte — Pflichten der Kapitalanlagegesellschaft und der Depotbank gegenüber dem Anleger und die Rechte des Anlegers bei Pflichtverletzungen
Berlin 2006

Reuter, Alexander — Wie insolvenzfest sind Sicherheiten bei konsortialen (Projekt-)Finanzierungen und deren Refinanzierung?, in: NZI 2010, S. 167-173

Reuter, Dieter
Martinek, Michael — Ungerechtfertigte Bereicherung
Tübingen 1983

Reuter, Gerhard — Investmentfonds und die Rechtsstellung der Anteilinhaber
Frankfurt a.M. 1965

Rinas, Michael — Novelle des Investmentgesetzes. Gesetzesentwurf sieht mehr Wettbewerb und Transparenz vor, in: BBEV 2007, S. 184-189

Ringleb, Henrik-Michael
Kremer, Thomas
Lutter, Marcus — Kommentar zum Deutschen Corporate Governance Kodex. Kodex Kommentar
3. Aufl.
München 2010

zit. als: Bearbeiter, in: Ringleb-CGK, Rn.

Rintelen, Askan v. — Probleme und Grenzen der Vollstreckungsunterwerfung in der notariellen Urkunde, in: RNotZ 2001, S. 3-39

Roegele, Elisabeth
Görke, Oliver — Novelle des Investmentgesetzes, in: BKE 2007, S. 393-400

Roll, Hans-Achim — Vermögensverwaltung durch Kreditinstitute. Zur rechtssystematischen Erfassung anhand von standardisierten Vertragsmustern
Berlin 1983

Roth, Günter Hermann — Das Treuhandmodell des Investmentrechts. Eine Alternative zur Aktiengesellschaft?
Frankfurt a.M. 1972

Rott, Eberhard
Kornau, Michael S.
Zimmermann, Rainer
Testamentsvollstreckung. Vermögensnachfolgegestaltung für Steuerberater und Vermögensverwalter
Wiesbaden 2008

Ruda, Walter
Ziele privater Kapitalanleger
Wiesbaden 1988

Rüthers, Bernd
Fischer, Christian
Birk, Axel
Rechtstheorie. Begriff, Geltung und Anwendung des Rechts
6. Aufl.
München 2011

zit. als: Rüthers/Fischer, Rn.

Sack, Rolf
Typusabweichung und Institutsmissbrauch im Gesellschaftsrecht. Dargestellt am Beispiel der GmbH & Co. KG,
in: DB 1974, S. 369-373

Saenger; Ingo
Gesellschaftsrecht
München 2010

Saenger, Ingo
Zivilprozessordnung
4. Auflage
Baden-Baden 2011

zit. als: Bearbeiter, in: Saenger-ZPO, § Rn.

Sartowski, Rafael
Pflichtenkollision bei der Effektenberatung. Untersuchung zivilrechtlicher Informationsweiterleitungspflichten im Rahmen von Interessenkonflikten und Informationsbarrieren in Kreditinstituten
Frankfurt a.M. 2005

Schacht, Guido
Die deutsche Kapitalmarktaufsicht im internationalen Vergleich. Ein Beitrag zur Diskussion um die Notwendigkeit eines Wertpapieramtes in der Bundesrepublik Deutschland
München1980

Schäcker, Hanns-Erhard	Entwicklung und System des Investmentsparens Frankfurt a.M. 1961
Schäfer, Frank A.	Anlegerschutz und die Sorgfalt eines ordentlichen Kaufmanns bei der Anlage der Sondervermögen durch Kapitalanlagegesellschaften. Unter besonderer Berücksichtigung der Theorien zur Aktienkursprognose und zur Zusammenstellung von Portefeuilles Baden-Baden 1987
Schäfer, Jürgen Conzen, Georg	Praxishandbuch der Immobilien-Investitionen 2. Aufl. München 2011 zit. als: Bearbeiter, in: Schäfer/Conzen, S.
Schildt, Bernd	Konkurrenzprobleme im Bereicherungsrecht, in: JuS 1995, S. 953-959
Schiller, Katja	Der Verbotsbegriff des § 134 BGB am Beispiel der Mindestvergütungsregelungen der §§ 5 bis 12 EEG Göttingen 2005
Schimansky, Herbert	Verkauf von Kreditforderungen und Unterwerfung unter die sofortige Zwangsvollstreckung, in: WM 2008, S. 1049-1052
Schimansky, Herbert Bunte, Hermann-Josef Lwowski, Hans-Jürgen	Bankrechts-Handbuch 4. Aufl. München 2011 zit. als: Bearbeiter, in: BRH, § Rn.
Schimrock, Hans	Arbeitsweise, Zielsetzung und Möglichkeiten der deutschen Investmentgesellschaften Berlin 1960

Schmidt, Karsten	Gesellschaftsrecht 4. Aufl. Köln 2002 zit. als: K.Schmidt, Gesellschaftsrecht, S.
Schmidt-Futterer Blank, Hubert (Hg.)	Mietrecht. Großkommentar des Wohn- und Gewerberaummietrechts 10. Aufl. München 2011
Schmitz, Holger	Individuelle Depotverwaltung mit Investmentfonds. Möglichkeiten und Grenzen individueller Vermögensverwaltung unter Verwendung von „mitverwalteten" Investmentfonds Frankfurt a.M. 2009
Schmolke, Klaus	Die Regelung von Interessenkonflikten im neuen Investmentrecht. Reformvorschläge im Lichte des Regierungsentwurfs zur Änderung des Investmentgesetzes, in: WM 2007, S. 1909-1916
Schneider, Gero	Der Immobilienkaufvertrag Frankfurt a.M. 2010 zit. als: G. Schneider, S.
Schneider, Sven H.	Darlehensgewährung an Immobilien-Gesellschaften gem. § 69 InvG, in: NZG 2008, S. 5-9
Schneider, Uwe H. Burgard, Ulrich	Scalping als Insiderstraftat, in: ZIP 1999, S. 381-390
Schneider, Sven H.	„Unternehmerische Entscheidungen" als Anwendungsvoraussetzung für die Business Judgement Rule, in: DB 2005, S. 707-712

Schön, Wolfgang	Prinzipien des bargeldlosen Zahlungsverkehrs, in: AcP 198 (1998), S. 401-456
Schöner, Hartmut Stöber, Kurt	Grundbuchrecht 14. Aufl. München 2008
Schreiber, Klaus	Handbuch Immobilienrecht 3. Aufl. Berlin 2011
Schulte, Hans	Zu den Gesichtspunkten des Bundesgerichtshofs bei der Fortbildung des Gesellschaftsrechts, in: Wolfgang Hefermehl; Rudolf Gmür; Hans Brox (Hg.), Festschrift für Harry Westermann zum 65. Geburtstag, Karlsruhe 1974, S. 525-540 zit. als: Schulte, in: FS Westermann, S. 525 (Bezugseite)
Schultz-Süchting, Niko Thomas, Gunther	Fremdfinanzierung offener Immobilienfonds, in: WM 2009, S. 2156-2163
Schultz-Süchting, Niko Thomas, Gunther	Investmentrecht in internationalen Immobilientransaktionen. Transaktionsrelevante Themen des Investmentgesetzes bei ausländischen Immobilienaquisitionen, in: WM 2008, S. 2285-2293
Schulze, Reiner Dörner, Heinrich Ebert, Ina	Bürgerliches Gesetzbuch. Handkommentar 6. Aufl. Baden-Baden 2009 zit. als: Bearbeiter, in: BGB-HK, § Rn.
Schulze-Osterloh, Joachim	Das Prinzip der gesamthänderischen Bindung München 1972
Schuster, Leo	Investment-Handbuch Stuttgart 1971

Schwark, Eberhard	Anlegerschutz durch Wirtschaftsrecht. Entwicklungslinien, Prinzipien und Fortbildung des Anlegerschutzes, zugleich ein Beitrag zur Überlagerung bürgerlich-rechtlicher Regelung und gewerbepolizeilicher Überwachung durch Wirtschaftsrecht München 1979
Schwintowski, Hans-Peter	Bankrecht 3. Aufl. Köln 2011
Schwintowski, Hans-Peter Schäfer, Frank A.	Bankrecht 2. Aufl. Köln 2004
Schwintowski, Hans-Peter	Finanzmarktkrise. Ursachen, Grundsatzfragen, institutionelle Konesquenzen, in: Stefan Grundmann; Christian Hofmann; Florian Möslein (Hg.), Finanzkrise und Wirtschaftsordnung, S. 41-53 Berlin 2009
Seegebarth, Nils	Stellung und Haftung der Depotbank im Investment-Dreieck Frankfurt a.M. 2004
Seeger, Bernhard	Die „einseitige Abhängigkeit“. Zum Umfang der Beurkundungsbedürftigkeit zusammengesetzter Grundstücksgeschäfte, in: MittBayNot 2003, S. 11-21
Seiler, Oliver	Der Bereicherungsausgleich im Überweisungsverkehr. Unter Berücksichtigung des Zuweisungsrechts des Gutschriftempfängers und der Stornierungsbefugnis der Kreditinstitute Berlin 1998

Semmler, Johannes	Entscheidungen und Ermessen im Aktienrecht, in: Mathias Habersack; Uwe Hüffer; Peter Hommelhoff (Hg.), Festschrift für Peter Ulmer zum 70. Geburtstag am 2. Januar 2003, Berlin 2003, S. 627-642 zit. als: Semmler, in: FS Ulmer, S. 627 (Bezugseite)
Senn, Wendelin	Die westdeutschen Investmentgesellschaften als Mittel zur Förderung der Kapitalmarktpolitik Stuttgart 1959
Sethe, Rolf	Anlegerschutz im Recht der Vermögensverwaltung Köln 2005
Seufert, Axel Ostertag, Kerstin	Der Grundstückskaufvertrag. Erläuterungen für Praktiker beim Kauf von bebauten und unbebauten Grundstücken, Teilflächen und Teileigentum Stuttgart 2010
Siara, Georg Tormann, Wolfgang	Gesetz über Kapitalanlagegesellschaften vom 16. April 1957 mit einer ausführlichen Einleitung von August Neuburger Frankfurt a.M. 1957
Siebert, Wolfgang	Das rechtsgeschäftliche Treuhandverhältnis. Ein dogmatischer und rechtsvergleichender Beitrag zum allgemeinen Treuhandproblem Berlin 1933
Socher, Oliver Hanke, Kerstin	Fachbegriffe aus M & A und Corporate Finance. Die Finanzkrise, in: NJW 2010, S. 495-497

Soergel, Hans Theodor Siebert, Wolfgang Ahrens, Claus (Hg.)	Bürgerliches Gesetzbuch Band 2, Allgmeiner Teil 2, §§ 104-240 13. Aufl., Stuttgart 1999 Band 5/3, Schuldrecht 3/3, §§ 328-432 13. Aufl., Stuttgart 2010 Band 21, Erbrecht 1, §§ 1922-2063 13. Aufl. Stuttgart 2001
Solomon, Dennis	Der Bereicherungsausgleich in Anweisungsfällen. Rechtsvergleichende Untersuchung zum deutschen Recht und zu den Rechtsordnungen des Common Law Tübingen 2004
Sprockhoff, Tilman	Die Bankenhaftung bei Abschluss und Umsetzung eines Vermögensverwaltungsvertrags in der richterlichen Praxis, in: WM 2005, 1739-1747
Staake, Marco	Die Bestimmung des Leistenden im Bereicherungsrecht. Zugleich eine Besprechung von BGH, Urteil vom 21.10.2004, in: WM 2005, S. 2113-2122
Staub, Hermann (Begr.) Canaris, Claus-Wilhelm Schilling, Wolfgang (Hg.)	Handelsgesetzbuch. Großkommentar 4. Aufl. Berlin 2001 zit. als: Bearbeiter, in: Staub-HGB, § Rn.
Staudinger, Julius von	Bürgerliches Gesetzbuch Berlin zit. als: Bearbeiter, in: StaudingerBGB(Jahr), § Rn.
Steder, Karl-Heinz	Das Recht der Investmentfonds, in: Verlag Moderne Industrie (Hg.), Handbuch der Wertpapieranlage, Zürich 1974, S. 834-857

Stedig, Rolf — Verstärkung der Atypizität - Entwicklungstrend des typisierten Gesellschaftsrechts?. Gedanken zur Architektur des Gesellschaftsrechts,
in: NZG 2000, S. 182-185

Stöber, Kurt — Forderungspfändung. Zwangsvollstreckung in Forderungen und andere Vermögensgegenstände
15. Aufl.
Bielefeld 2010

Straus, Kirsten — Neue Regelungen für Derivate in Wertpapierfonds. Die Änderungen des Gesetzes über Kapitalanlagegesellschaften (KAGG) im Rahmen des 3. Finanzmarktförderungsgesetzes,
in: WM 1998, S. 2221-2236

Stresemann, Christina — Bereicherungsrechtliche Rückabwicklung bei zu Unrecht vom Haftpflichtversicherer erbrachten Leistungen
Karlsruhe 1993

Sünner, Eckart — Der Bericht des Aufsichtsrats an die Hauptversammlung nach § 171 Abs. 2 AktG,
in: AG 2008, S. 411-416

Suttmann, Christoph — Insichgeschäfte im Gesellschaftsrecht,
in: MittBayNot 2011, S. 1-15

Thiel, Jürgen — Der Schutz der Anleger von Wertpapierfonds im deutschen und amerikanischen Recht
Frankfurt a.M. 1982

Tormann, Wolfgang — Die Investmentgesellschaften
5. Aufl.
Frankfurt a.M. 1978

Ulmer, Peter	Haftungsfreistellung bis zur Grenze grober Fahrlässigkeit bei unternehmerischen Fehlentscheidungen von Vorstand und Aufsichtsrat. Kritische Bemerkungen zur geplanten Kodifizierung der business judgement rule im UMAG-Entwurf (§ 93 I 2 AktG), in: DB 2004, S. 859-863
Väth, Arno	Die Grundstücks-Investmentaktiengesellschaft als Pendant zum REIT. Entwicklung einer Konzeption auf Basis der KAGG-Novelle '98. Köln 1999
Van Kann, Jürgen	Immobilientransaktionen. Praxishandbuch zur Strukturierung, Vertragsgestaltung und Bewertung Berlin 2007
Veltmann, Till	Instrumente des Anlegerschutzes im Investmentrecht Aachen 2007
Vögele, Alexander Kobes, Melanie	Verrechnungspreise im Asset Management, in: IStR 2001, 787-792
Vogler, Matthias Engelhard, Sven Gundert, Martin	Risikomanagementsysteme. Stand der Umsetzung, in: DB 2000, S. 1425-1431
Volhard, Patricia Wilkens, Sarah	Änderungen im Investmentrecht, in: DB 2008, S. 1195-1199
Vom Berge und Herrendorff, Hans-Siegmund	Der Schutz des Investmentsparers. Darstellung unter Berücksichtigung des Gesetzes über Kapitalanlagegesellschaften vom 16.4.1957 Köln 1962
Waldner, Wolfram	Immobilienkaufverträge 2. Aufl. München 2011

Wedemann, Frauke | Die Beurkundungsbedürftigkeit verbundener Verträge bei Grundstücksgeschäften,
in: WM 2010, S. 395-399

zit. als: Wedemann, in: WM 2010, S. 395 (Bezugseite)

Weirich, Hans-Armin | Grundstücksrecht. Systematik und Praxis des materiellen und formellen Grundstücksrechts
3. Aufl.
München 2006

Weiss, Susanne
Buchner, Markus | Wird das UMAG die Haftung und Inanspruchnahme der Unternehmensleiter verändern?
in: WM 2005, S. 162-171

Weitnauer, Wolfgang | Die AIFM-Richtlinie und ihre Umsetzung,
in: BKR 2011, S. 143-147

Wendt, Peter | Treuhandverhältnisse nach dem Gesetz über Kapitalanlagegesellschaften
Münster 1968

Werlen, Thomas | Konzeptionelle Grundlagen des schweizerischen Kapitalmarktrechts
Zürich 1994

Wiedemann, Herbert | Der Kapitalanlergerschutz im deutschen Gesellschaftsrecht,
in: BB 1975, S. 1591-1598

Wiedemann, Herbert | Verantwortung in der Gesellschaft – Gedanken zur Haftung der Geschäftsleiter und der Gesellschafter in der Kapitalgesellschaft,
in: ZGR 2011, S. 183-217

Wiegand, Wolfgang | Die Entwicklung des Sachenrechts im Verhältnis zum Schuldrecht,
in: AcP 190 (1990) S. 112-138

Windbichler, Christine — Gesellschaftsrecht
22. Aufl.
München 2009

Winkelhaus, Jan-Dirk — Der Bereicherungsausgleich im Lichte des neuen Zahlungsdiensterechtes ,
in: BKR 2010, S. 441-449

Wolf, Christina — Drittleistung und Leistungsmittlung
Berlin 1995

Wolf, Manfred — Prinzipien und Anwendungsbereich der dinglichen Surrogation. Teil 1. Grundlagen,
in: JuS 1975, S. 643-646

Wolf, Manfred — Prinzipien und Anwendungsbereich der dinglichen Surrogation. Teil 2. Die dingliche Surrogation bei einzelnen Fallgestaltungen,
in: JuS 1975, S. 710-717

Wolfsteiner, Hans — Die vollstreckbare Urkunde. Handbuch mit Praxishinweisen und Musterformulierungen
3. Aufl.
München 2011

Wolsteiner, Hans — Die vollstreckbare Urkunde nach der 2. Zwangsvollstreckungsnovelle,
in: DNotZ 1999, S. 306-326

Wolfsteiner, Hans — Die Zwangsvollstreckung findet aus Urkunden statt. Zur Rechtsnature der vollstreckbaren Urkunde (zugleich eine Besprechung von Entscheidungen des OLG Koblenz, des LG Mainz, des LG München II, des LG Waldshut-Tiengen, des LG Köln und des AG Köln zur Zwangsvollstreckungsunterwerfung im Bauträgervertrag),
in: DNotZ 1990, S. 531-551

Zetzsche, Dirk | Zwischen Anlegerschutz und Standortwettbewerb: Das Investmentänderungsgesetz, in: ZBB 2007, S. 438-454

Zöller, Richard | Zöller. Zivilprozessordnung
29. Auflage
Köln 2012

zit. als: Bearbeiter, in: Zöller-ZPO, § Rn.

Zufferey, Jean-Baptiste | La réglementation des systèmes sur les marchés financiers secondaires. Contribution dogmatique et comparative à l'elaboration d'un droit suisse des marchés financiers
Fribourg (Schweiz) 1994

www.ingramcontent.com/pod-product-compliance
Ingram Content Group UK Ltd.
Pitfield, Milton Keynes, MK11 3LW, UK
UKHW021842290926
8980IPUK00005B/591

9 783631 646410